Michael Dürr · Peter Schlobinski
Einführung in die deskriptive Linguistik

WV studium

Band 163

Michael Dürr · Peter Schlobinski

# Einführung in die deskriptive Linguistik

Westdeutscher Verlag

Der Westdeutsche Verlag ist ein Unternehmen der Verlagsgruppe
Bertelsmann International.

© 1990 Westdeutscher Verlag GmbH, Opladen

Umschlaggestaltung: Horst Dieter Bürkle, Darmstadt
Druck und buchbinderische Verarbeitung:
W. Langelüddecke, Braunschweig
Printed in Germany

ISBN 3-531-22163-9

# Inhalt

Vorwort . . . . . . . . . . . . . . . . . . . . . . . . . . . . . . . . . . . . . 7
Praktische Hinweise . . . . . . . . . . . . . . . . . . . . . . . . . . . . . .10
Abkürzungen und Symbole . . . . . . . . . . . . . . . . . . . . . . . . . 11
Sprachenkarten . . . . . . . . . . . . . . . . . . . . . . . . . . . . . . . . .14
**1. Einleitung** . . . . . . . . . . . . . . . . . . . . . . . . . . . . . . . . .17
**2. Phonetik / Phonologie** . . . . . . . . . . . . . . . . . . . . . . . . . 29
2.1    Artikulatorische Phonetik . . . . . . . . . . . . . . . . . . . . . 31
2.1.1  Konsonanten . . . . . . . . . . . . . . . . . . . . . . . . . . . . . 31
2.1.2  Vokale . . . . . . . . . . . . . . . . . . . . . . . . . . . . . . . . .37
2.1.3  Weitere Modifikationen von Lauten . . . . . . . . . . . . . . . 38
2.2    Phonologie . . . . . . . . . . . . . . . . . . . . . . . . . . . . . . 39
2.2.1  Phonologische Regeln . . . . . . . . . . . . . . . . . . . . . . . .40
2.2.2  Phonologische Systeme . . . . . . . . . . . . . . . . . . . . . . . 44
2.2.3  Phonotaktische Regeln . . . . . . . . . . . . . . . . . . . . . . .48
2.2.4  Suprasegmentale Phänomene . . . . . . . . . . . . . . . . . . . 50
2.3    Exkurs: Phonetik / Phonologie und Schrift . . . . . . . . . . . 52
2.4    Zusammenfassung und ausgewählte Literatur . . . . . . . . 56
2.5    Übungsaufgaben . . . . . . . . . . . . . . . . . . . . . . . . . . . 56

**3. Morphologie** . . . . . . . . . . . . . . . . . . . . . . . . . . . . . . .71
3.1    Das Wort . . . . . . . . . . . . . . . . . . . . . . . . . . . . . . . 71
3.2    Das Morphem . . . . . . . . . . . . . . . . . . . . . . . . . . . . 74
3.3    Morphemtypen . . . . . . . . . . . . . . . . . . . . . . . . . . . . 77
3.4    Wortbildung . . . . . . . . . . . . . . . . . . . . . . . . . . . . . 80
3.5    Flexion . . . . . . . . . . . . . . . . . . . . . . . . . . . . . . . . 84
3.6    Zusammenfassung und ausgewählte Literatur . . . . . . . . 87
3.7    Übungsaufgaben . . . . . . . . . . . . . . . . . . . . . . . . . . . 88

**4. Syntax** . . . . . . . . . . . . . . . . . . . . . . . . . . . . . . . . . . 99
4.1    Kernsatz und Satzkern . . . . . . . . . . . . . . . . . . . . . .100
4.1.1  Intransitive Sätze . . . . . . . . . . . . . . . . . . . . . . . . . 102
4.1.2  Transitive Sätze . . . . . . . . . . . . . . . . . . . . . . . . . . 103
4.1.3  Ditransitive Sätze . . . . . . . . . . . . . . . . . . . . . . . . . 105
4.1.4  Transitivität und Ergativität . . . . . . . . . . . . . . . . . . .106
4.1.5  Sätze mit nicht-verbalen Prädikaten . . . . . . . . . . . . . . 109
4.2    Erweiterung des minimalen Satzes . . . . . . . . . . . . . . . 110
4.2.1  Erweiterung der Satzkonstituenten . . . . . . . . . . . . . . . 110
4.2.2  Periphere Angaben . . . . . . . . . . . . . . . . . . . . . . . . . 117

4.3     Wortarten.....................................119
4.4     Wort- und Satzgliedstellung....................121
4.5     Diathesen.....................................125
4.6     Komplexe Sätze...............................128
4.6.1   Koordination..................................128
4.6.2   Subordination.................................129
4.6.2.1 Sätze als Argumente..........................131
4.6.2.2 Adverbialsätze...............................132
4.6.2.3 Attributsätze.................................133
4.7     Elliptische Ausdrücke.........................135
4.8     Zusammenfassung und ausgewählte Literatur.........137
4.9     Übungsaufgaben...............................137

5. Semantik.........................................151
5.1     Lexikalische Semantik und Satzsemantik............151
5.2     Raumsemantik...............................159
5.2.1   Primäre Raumdeixis..........................161
5.2.2   Sekundäre Raumdeixis........................163
5.2.3   Spezifizierung von Raumlage und Bewegung..........166
5.3     Temporalität.................................168
5.4     Zusammenfassung und ausgewählte Literatur.........177
5.5     Übungsaufgaben...............................178

6. Pragmatik........................................193
6.1     Sprachspiel und Sprechereignis..................196
6.2     Sprechakte / Sprechhandlungen..................199
6.3     Gesprächsanalyse.............................203
6.4     Beispiele für Sprechereignisse..................208
6.4.1   Analyse eines Verkaufsgesprächs.................209
6.4.2   Argumentationsanalyse.........................211
6.4.3   Erzählanalyse.................................215
6.5     Thematische Kohärenz.........................221
6.6     Zusammenfassung und ausgewählte Literatur.........229
6.7     Übungsaufgaben...............................230

7. Ausblick: Datenerhebung und Korpusanalyse.......245

Anmerkungen.......................................256

Lösungshinweise....................................258

Literaturverzeichnis.................................296

Register (mit Glossar)...............................306

Über die Autoren...................................315

# Vorwort

In seinem 1961 in zweiter Auflage erschienenen Buch *"An Introduction to Descriptive Linguistics"* stellt Henry A. Gleason fest, daß die deskriptive Linguistik zu wenig berücksichtigt worden ist:

«One approach has, however, received little attention until very recently: descriptive linguistics, the discipline which studies languages in terms of their internal structures. It differs from the other approaches in that it focuses its attention on different facets of human speech.»

Dies hat sich nicht zuletzt durch sein Buch im englischen Sprachraum geändert. Im deutschsprachigen Raum jedoch wird die deskriptive Linguistik nach wie vor vernachlässigt, obwohl ihre Ursprünge gerade in der deutschen Sprachwissenschaft des neunzehnten Jahrhunderts lagen. Betrachtet man die Entwicklung der Sprachwissenschaft in den letzten Jahrzehnten, dann kann man sich des Eindrucks nicht erwehren, der Sprachwissenschaftler sei in Zukunft durch den Neurophysiologen oder Informatiker zu ersetzen. Im herrschenden, von stark formalen Theorieansätzen geprägten Diskurs geht es nicht um konkrete Sprachen und ihre Sprecher, sondern abstrakt um Sprachwissen. Sprachfähigkeit wird als biologisches Programm gesehen und seine Umsetzung in ‚künstlich intelligente' Computerprogramme zum vorrangigen Forschungsziel erklärt. Die Analysen sind vielschichtig, in die Tiefe gehend und abstrakt; und es wird der Anspruch erhoben, die den Analysen zugrundeliegenden Modelle seien ‚erklärungsadäquat'. Andererseits fällt der Rückgriff auf Sprachen und Sprachbeispiele gering aus. In der Regel beschränkt man sich auf wenige Satzanalysen, die zudem meist aus dem Englischen oder Deutschen stammen. Deskriptive Ansätze geben sich demgegenüber bescheidener und sehen in einer ‚beobachtungsadäquaten' analytischen Beschreibung den wesentlichen Teil der Erklärung sprachlicher Strukturen erfüllt. Sie haben den Vorzug, stärker empirisch orientiert zu sein, und berücksichtigen viele Sprachen und sprachliche Phänomene.

In den letzten zehn Jahren haben sich in der deskriptiven Linguistik entscheidende Fortschritte ergeben. Sie spiegeln sich jedoch in Einführungen in das Fach bisher nicht wider. Viel zu oft wird ein bestimmter formaler Ansatz als die Methode schlechthin präsentiert. Dies führt meist auch zu einer wenig anschaulichen, theorielastigen Präsentation des Stoffes. Es kommt hinzu, daß Linguistik im deutschsprachigen Raum überwiegend im Rahmen spezifischer

Philologien betrachtet wird und nicht im größeren Zusammenhang der Allgemeinen und Vergleichenden Sprachwissenschaft. Den Einführungen fehlt daher im Hinblick auf Sprachen und sprachliche Phänomene oft die sprachenübergreifende Breite. Viele Sprachwissenschaftler werden sich natürlich mit einer Sprache bzw. Sprachfamilie schwerpunktmäßig beschäftigen und hierbei auch einer bestimmten theoretischen Ausrichtung folgen. Man darf jedoch darüber die Vielfalt sprachlicher Phänomene nicht aus dem Blick verlieren. Dies sollte vor allem dem Studienanfänger deutlich gemacht werden. Sprachwissenschaft wird hierzulande in starkem Maße auf die Themen und Konventionen reduziert, die in der jeweiligen Philologie etabliert sind – ein Kanon wird präsentiert, der von den Studierenden später als Rezeptwissen reproduziert werden soll. Die Vermittlung der Fähigkeit, eigenständig und kritisch mit Sprachdaten umzugehen, tritt demgegenüber in den Hintergrund. Wir hoffen daher, mit diesem Buch eine Lücke zu füllen und wollen eine breite und offene Einführung in die Linguistik geben, die jede unangemessene Theoriebeladenheit vermeidet und anschaulich mit vielen Beispielen und Übungen arbeitet. Es geht uns vorrangig darum, das praktische Rüstzeug zu vermitteln, das gebraucht wird, um Sprachen anhand konkreter Sprachmaterialien zu beschreiben. Dies mag dem einen oder anderen als konservativ erscheinen, aber wir meinen, daß der originäre Gegenstand der Sprachwissenschaft Sprachen sind und daß eine Einführung über Sprachen und die Vielfalt sprachlicher Phänomene erfolgen sollte, wobei gerade uns ‚fremde‘, außereuropäische Sprachen ihren Platz haben müssen. Natürlich kann eine Einführung wie die vorliegende ein intensives Studium der Sprachwissenschaft nicht ersetzen – sie soll es auch nicht. Wenn das Buch den Leser befähigen und motivieren kann, linguistische Fragen anhand von Sprachmaterialien selbständig zu bearbeiten und sich mit theoretisch ausgerichteter Fachliteratur weitergehend zu beschäftigen, so hat es seine Funktion erfüllt. Die vorliegende Einführung ist dem Wunsch nach einem praxisbezogenen Arbeitsbuch entsprungen, der in unseren Einführungsveranstaltungen zur Linguistik mehrfach geäußert wurde. Sie wendet sich an Studierende der Sprachwissenschaft, der Germanistik, Anglistik und Romanistik, aber auch der Ethnologie, und sie versucht, die Grenzen zwischen den Philologien zu überschreiten.

Vorfassungen der Übungsaufgaben und des Einführungstextes sind mehrfach in Kursen benutzt worden. Wir erhielten durch Teilnehmer unserer Lehrveranstaltungen viele Anregungen. Verschiedene Kollegen und Freunde haben dazu beigetragen, daß das Buch in überarbeiteter Form erscheinen kann: Saskia Bordemann, Uschi Bredel, Norbert Dittmar, Peter Eisenberg, Manuela Fischer, Peter Lutzeier, Utz Maas, Peter Masson, Evi Schlobinski und im besonderen Stephan Schütze-Coburn haben sich der Mühe unterzogen, die erste Manuskriptfassung kritisch zu lesen und zu kommentieren. Xinyi Chen nahm sich die Zeit, die chinesischen Beispiele zu überprüfen und die Schriftzeichen in die Druckvorlage einzuzeichnen. Ihnen allen sei an dieser Stelle herzlich gedankt.

Bücher wie das vorliegende verarbeiten vielfältigste Informationen aus vielen verschiedenen Quellen. Es läßt sich kaum vermeiden, daß sich hier und da Fehler und Inkonsistenzen einschleichen und manches fehlt. Hinweise und Verbesserungsvorschläge nehmen wir daher dankbar entgegen. Die trotz der Überarbeitung verbliebenen inhaltlichen und typographischen Mängel gehen natürlich allein zu unseren Lasten.

Berlin/Osnabrück, im Dezember 1989                    Michael Dürr
                                                      Peter Schlobinski

# Praktische Hinweise

Die Darstellung ist in fünf Kapitel – Phonetik/Phonologie, Morphologie, Syntax, Semantik und Pragmatik – eingeteilt, die weitgehend den jeweiligen Bereichen der Linguistik entsprechen. Obwohl es prinzipiell möglich ist, ein Kapitel unabhängig von den anderen durchzuarbeiten, empfehlen wir systematisch vorn zu beginnen, da in manchen Fällen Informationen vorausgesetzt werden, die in einem vorhergehenden Kapitel eingeführt worden sind.

Sollte der Leser das eine oder andere einmal vergessen haben, so kann er sich durch Nachschlagen im Register schnell wieder orientieren. Bei den meisten behandelten Begriffen verweisen wir auf die Einführung im Text, einige wesentliche Begriffe wurden aber im Register kurz definiert, insbesondere, wenn wir sie im Text nur gestreift haben. In das Register wurden neben Begriffen auch die erwähnten Sprachen aufgenommen; die Karten auf den Seiten 14-16 zeigen ungefähr die Regionen, in denen sie gesprochen werden oder wurden. Auf Abkürzungen wurde möglichst verzichtet, sie ließen sich aber in einigen Fällen nicht vermeiden. Verwendete Abkürzungen und Symbole finden sich auf den folgenden Seiten erklärt. Eine Kurzfassung mit den wichtigsten Abkürzungen und Konventionen ist zur schnellen Orientierung auf dem hinteren Innendeckel des Buches abgedruckt. Im Text wird mit hochgestellten Zahlen auf Anmerkungen verwiesen, die Zitate belegen und auf die von uns verwendete Literatur hinweisen. Sie sind nur für diejenigen von Interesse, die einzelne Aspekte weiterverfolgen wollen, und wurden daher ans Ende des Buches gestellt.

Die Übungsaufgaben sind ein wesentlicher Bestandteil dieses Buches. Man sollte sie sorgfältig durcharbeiten, denn sie ermöglichen die Kontrolle des Kenntnisstandes und helfen, Praxis im Umgang mit sprachlichen Daten zu erlangen. Wie sich in unseren Lehrveranstaltungen gezeigt hat, dürfte der Leser keine größeren Schwierigkeiten beim Lösen der Übungsaufgaben haben. Einige Aufgaben sind aber komplexer als andere und bei der einen oder anderen muß man schon etwas Geduld aufbringen, bevor sich eine Lösung findet. Aufgaben, die eine längere Bearbeitungszeit erfordern, sind mit einem Stern gekennzeichnet.

Die Lösungen am Ende des Buches sollten tatsächlich nur als Hinweise verstanden werden. Zum einen sind sie oft kurz gehalten, zum anderen sind abweichende Lösungen nicht notwendigerweise falsch. Jeder Vorschlag, der die gegebenen Daten widerspruchsfrei beschreibt, ist angemessen, obwohl übergeordnete Gesichtspunkte die eine oder andere Lösung weniger günstig erscheinen lassen können. Um dem an einer der Sprachen oder Fragestellungen interessierten Leser ein Weiterarbeiten zu ermöglichen, wird in den Lösungshinweisen auf die Herkunft der Daten und auf Literatur hingewiesen. In einigen Fällen nehmen wir Lösungen zum Anlaß, Aspekte zu vertiefen, die im Text nur gestreift werden konnten, aber in der jeweiligen Aufgabe relevant sind.

Bei der Präsentation des Sprachmaterials haben wir uns auf das Wesentliche beschränkt. Für die zitierten Beispielen und Übungsaufgaben wurde eine vereinfachte lautliche Wiedergabe gewählt, bei Schriftsprachen bevorzugt die offizielle Orthographie. Die morphologische Analyse wurde nur so weit durchgeführt, wie es zum Verständnis der Beispiele jeweils notwendig war. Unter fremdsprachige Beispiele und Übungsaufgaben haben wir oft deutsche Kurzübersetzungen – sogenannte Interlinearglossierungen – gestellt.

## Abkürzungen und Symbole

### Allgemein

| | |
|---|---|
| * | grammatisch inkorrekt |
| ? | fraglich; unter bestimmten Bedingungen akzeptabel |
| **Fett** | wichtige neu eingeführte Begriffe |
| › ‹ | kennzeichnet Bedeutungen |
| *Kursiv* | kennzeichnet illustrierende Sprachbeispiele |
| „ " | kennzeichnet Übersetzungen fremdsprachiger Wörter und Sätze |

Längere Sprachbeispiele oder solche mit Interlinearglossierung werden in Normalschrift gesetzt und durch Absatz und Einrückung gekennzeichnet, mit Übersetzung in kursiv.

### Phonetik / Phonologie

| | | | |
|---|---|---|---|
| V | Vokal | / / | Phonem |
| K | Konsonant | [ ] | Phon bzw. phonetische Merkmale |
| Ø | Null-(Phonem/Allophon) | < > | Graphem |
| { } | entweder oder | ( ) | optional |
| → | wird realisiert als | / | unter der Bedingung, daß |

| ↓ | fallende Intonation | # | Junktur |
|---|---|---|---|
| ↑ | steigende Intonation | | |

Drucktechnisch bedingte Abweichungen vom IPA:

| š = | ʃ | ž = | ʒ | ñ = | ɲ |
|---|---|---|---|---|---|
| ł = | ɬ | δ = | ð | λ = | ʎ |
| γ = | ɣ | γ̇ = | ʁ | η = | ŋ |
| ë = | ə | | | | |
| : = | ˑ (Länge/Dehnung) | | | | |

Besondere Konventionen:

| aⁿ oⁿ | [bei den Tonsprachen Mixtekisch und Navajo] = ã õ |
|---|---|
| ´ ` | [Mixtekisch] = Hoch- und Tiefton, Mittelton unbezeichnet |
| ´ | [Navajo, Tlingit, Haida] = Hochton, Tiefton unbezeichnet |
| 1 | Hochgestellte Zahlen bezeichnen z.T. Tonlagen, wobei mit dem tiefsten Register als 1 begonnen wird. |
| ¯ | [Latein, Sanskrit] = Längezeichen über Vokalen |

## Morphologie / Morphosyntax

Ø- / -Ø  Null-Morphem bzw. Null-Allomorph (als Prä- bzw. Suffix)

VERBFORMEN
[-FIN] infinit
[+FIN] finit

KASUS

| Abl | Ablativ | Gen | Genitiv |
|---|---|---|---|
| Abs/A | Absolutiv | Ins | Instrumental |
| Akk | Akkusativ | Lok | Lokativ |
| Dat | Dativ | Nom | Nominativ |
| Erg/E | Ergativ | Vok | Vokativ |

| PERSON | | NUMERUS | |
|---|---|---|---|
| 1 | 1. Person | s | Singular |
| 2 | 2. Person | p/Pl | Plural |
| 3 | 3. Person | | |

## Wortarten / syntaktische Kategorien

| ADJ | Adjektiv | P | Präposition/Postposition |
|---|---|---|---|
| ADV | Adverb | PP | Präpositionalphrase |
| ART | Artikel | PART | Partikel |
| K | Konjunktion | PRO | Pronomen |
| KL | Klassifikator | REL | Relativpronomen |
| N | Nomen | S | Satz |
| NP | Nominalphrase | V | Verb |

## Syntaktisch-semantische Funktionen / Relationen

| adv | Adverbial | io | indirektes Objekt |
|---|---|---|---|
| attr | Attribut | präd | Prädikat |
| do | direktes Objekt | subj | Subjekt |
| Mod | Modifikator | Poss | Possessor-Possessum |

## Syntaktisch-semantische Kategorien

| [+trans] | oder | trans | transitiv |
|---|---|---|---|
| [-trans] | oder | intrans | intransitiv |
| [+def] | oder | def | definit |
| [-def] | oder | indef | indefinit |

## Tempus / Aspekt / Modus

| Fut | Futur | Ink | inkompletiv | Ind | Indikativ |
|---|---|---|---|---|---|
| Verg | Vergangenheit | Kom | kompletiv | Konj | Konjunktiv |
| Präs | Präsens | Inz | Inzeptiv | Pot | Potential |

## Semantik / Pragmatik

| p | Proposition |
|---|---|
| Top | Topik |
| Fok oder [+F] | Fokus |

## Transkriptionskonventionen

| (( )) | Kommentare |
|---|---|
| (.) oder − | kurze Pause |
| (2.0) | Dauer der Pause (in Sekunden) |
| ( ) | unverständliche Passage |
| (er) | nicht sicher gehörtes Wort, hier *er* |
| = | direkter Anschluß bei Sprecherwechsel |
| > < | höheres Sprechtempo |
| KAPITÄLCHEN | lauter gesprochen |
| Unterstreichung | Emphase |

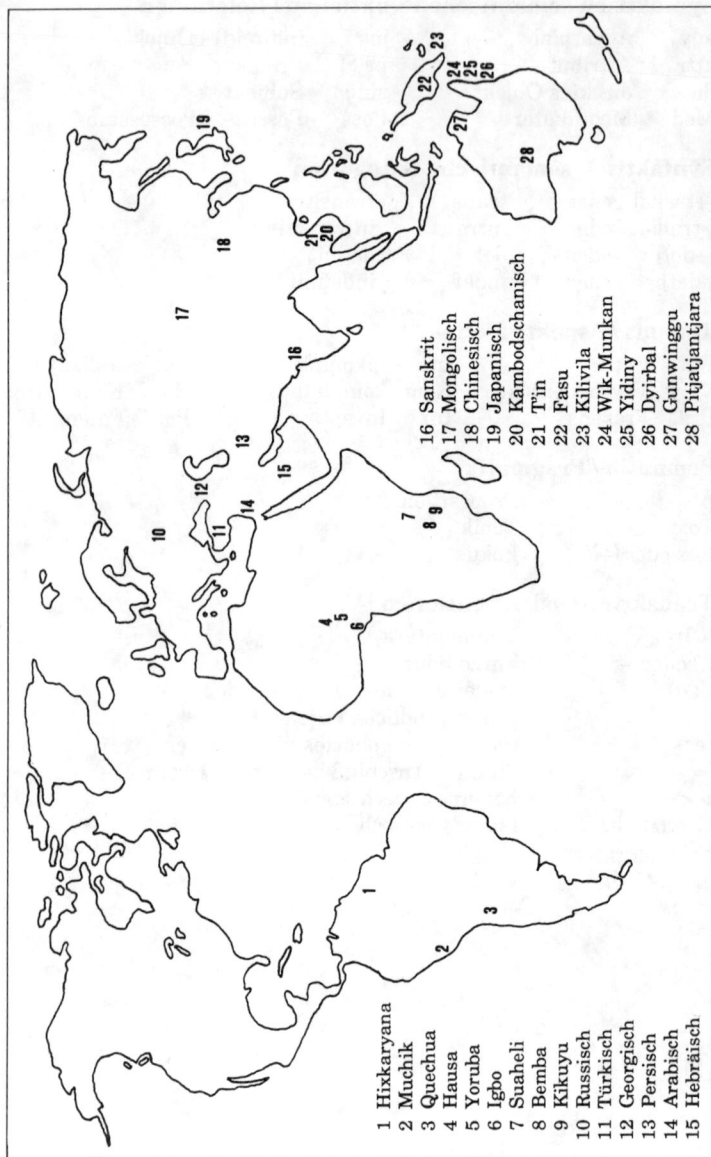

1 Hixkaryana
2 Muchik
3 Quechua
4 Hausa
5 Yoruba
6 Igbo
7 Suaheli
8 Bemba
9 Kikuyu
10 Russisch
11 Türkisch
12 Georgisch
13 Persisch
14 Arabisch
15 Hebräisch
16 Sanskrit
17 Mongolisch
18 Chinesisch
19 Japanisch
20 Kambodschanisch
21 T'in
22 Fasu
23 Kilivila
24 Wik-Munkan
25 Yidiny
26 Dyirbal
27 Gunwinggu
28 Pitjatjantjara

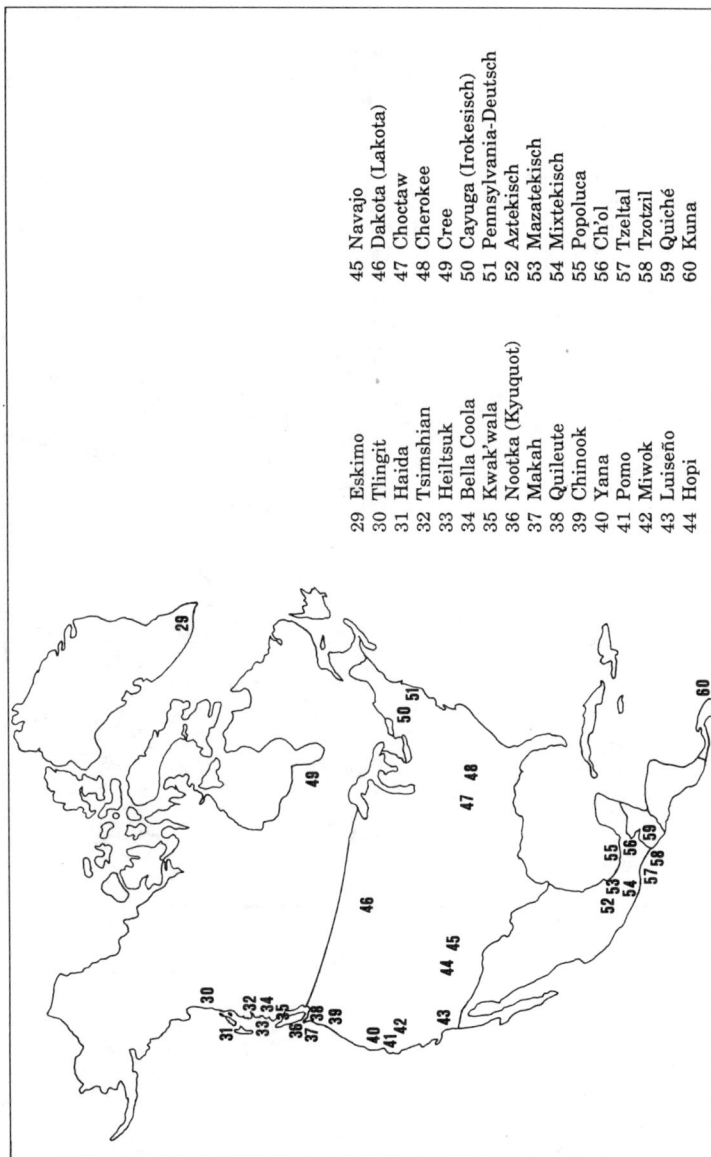

29 Eskimo
30 Tlingit
31 Haida
32 Tsimshian
33 Heiltsuk
34 Bella Coola
35 Kwak'wala
36 Nootka (Kyuquot)
37 Makah
38 Quileute
39 Chinook
40 Yana
41 Pomo
42 Miwok
43 Luiseño
44 Hopi

45 Navajo
46 Dakota (Lakota)
47 Choctaw
48 Cherokee
49 Cree
50 Cayuga (Irokesisch)
51 Pennsylvania-Deutsch
52 Aztekisch
53 Mazatekisch
54 Mixtekisch
55 Popoluca
56 Ch'ol
57 Tzeltal
58 Tzotzil
59 Quiché
60 Kuna

61 Isländisch
62 Irisch
63 Walisisch
64 Englisch
65 Dänisch
66 Deutsch
67 Tschechisch
68 Französisch
69 Ungarisch
70 Spanisch
71 Italienisch
72 Latein
73 Serbokroatisch
74 Maltesisch

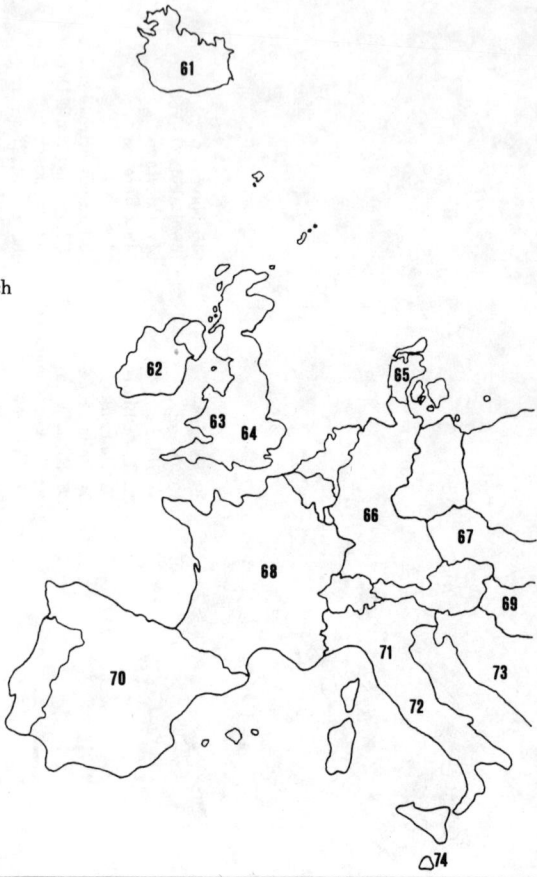

# 1. Einleitung

Die ablehnende Haltung gegenüber der wissenschaftlichen Beschäftigung mit Sprache(n), die Shakespeare Jack Cade, dem Anführer eines Bauernaufstands, in den Mund legt, ist nicht nur auf das ausgehende Mittelalter beschränkt. Eine skeptische Reserviertheit ist auch heute noch anzutreffen – sie scheint nicht ganz unbegründet zu sein, wenn man sich vergegenwärtigt, daß angehende Philologen eine Fachzeitschrift aufschlagen und dort beispielsweise lesen, daß Sätze wie *ein Umstand, den zu berücksichtigen Hans immer vergessen hat* als sogenannte ‚Rattenfänger-Konstruktion' auf die folgende Weise analysiert werden können:

»Für die Rattenfänger-Konstruktion könnte [...] eine Analyse so aussehen, daß der bewegte Infinitiv rechts an COMP adjungiert wird, während das Relativpronomen aus dem Infinitiv über COMP-zu-COMP Bewegung in die – für die Verb-Endstellung des Matrix-Satzes verantwortliche – Basisposition des Matrix-COMPs gerät.«

Gegen diese Form der Analyse wendet der Autor jedoch ein, daß

»hier maximale Projektionen an ein Head adjungiert werden. Man kann dies als einen Verstoß gegen die erweiterte Version einer Strukturbewahrungshypothese ansehen, derzufolge maximale Projektionen nur an maximale Projektionen und Heads (wenn überhaupt) nur an Heads adjungiert werden können.«[1]

Wozu, fragt man sich nach der Lektüre, das so selbstverständlich Erscheinende und uns so Vertraute derart kompliziert ‚erklären', daß selbst die Analyse von Sätzen aus der Muttersprache nur Unverständnis hervorruft?

Lassen wir es einmal dahingestellt sein, ob für deutsche Sätze derartige Regeln gelten, wie sie oben formuliert sind. Unbestreitbar ist, daß jeder von uns die Strukturmuster seiner Muttersprache wie selbstverständlich im Kindesalter erworben hat und seitdem in der Lage ist, sie mit ihren Feinheiten zu verwenden. Sprache umgibt uns so selbstverständlich wie Wasser den Fisch: »Die Sprache ist« – wie der bekannte Sprachwissenschaftler Edward Sapir in seinem Buch *"Language"* 1921 schrieb – »so eng mit unserem Alltagsleben verbunden, daß wir uns selten die Mühe machen, über ihr Wesen

nachzudenken.«[2] Wir können zwar nicht wie junge Fische sofort
schwimmen und entwickeln unsere Sprachkenntnisse erst Schritt
für Schritt, aber nach einigen Jahren schon können wir uns darin
als erfahrene Schwimmer betrachten. Um so verärgerter sind wir,
wenn wir in die Grundschule kommen und nicht mehr so reden dürfen, wie ‚uns der Schnabel gewachsen' ist. Uns wird gesagt, daß es so
etwas wie ‚richtiges' Deutsch gibt, und wir müssen lernen, wie diese
uns ‚fremde', vom Berlinischen, Pfälzischen oder ... abweichende
Sprache geschrieben wird. Der bisher spielerisch-selbstverständ-
liche Umgang mit Sprache wird zum Ernst des Lebens. Obwohl wir
als Kinder intuitiv die Regeln der gesprochenen Sprache erlernt
haben, bereiten uns nun die Regeln der Rechtschreibung Schwierigkeiten, obwohl – oder vielleicht gerade weil – wir sie erklärt bekommen. Die von außen vorgegebenen und nicht selbst entwickelten
Regeln erscheinen willkürlich und als Zwang, so daß unsere intuitive Fähigkeit, Regeln zu gebrauchen, uns in dem Moment im Stich
läßt, wo wir Regeln bewußt anwenden sollen. Die Grundregel, mit
der die Vermittlung der Schriftsprache nach der sogenannten
Lautierungsmethode begonnen wird, ist im Prinzip sehr einfach:
»Schreib, wie es (im Hochdeutschen) gesprochen wird«. Aber nicht
alle Schulkinder sprechen zu Hause Hochdeutsch, und selbst wenn
diese Voraussetzung weitgehend erfüllt wird, ergeben sich immer
noch genügend Schwierigkeiten, bevor ein Kind Deutsch richtig
schreiben kann. Dies zeigt der folgende Brief einer Erstklässlerin:

Lieber Opa Liebe Tante gerder

Wie get es euch. ich war mit Peter Schwimmen und ich war auch mit
meinen Freunden Schwimmen. wir sint auch bot gefaren. Donnerstag ist
Andrej wider hir. er ist in Ameland. wir haben Andrejß zimer Renowird.

liebe grüße

eure Simone

Während Fehler wie das *d* in *renowird* und das *t* in *sint* systematisch damit zusammenhängen, daß im Deutschen das *d* am Wortende wie *t* gesprochen wird, ist für das lernende Kind überhaupt
nicht einzusehen, warum das lange *i* teils mit *i* wie in *wir*, teils mit
*ie* wie in *wie* oder *hier* geschrieben wird, das lange *a* mit *a* oder *ah*
wie in *war* bzw. *gefahren*, das lange *o* schließlich in *Boot* in noch
anderer Form mit Doppelschreibung als *oo*.

Kaum sind diese Probleme bewältigt, so steht die erste Fremdsprache auf dem Stundenplan. Als neue Schwierigkeit plagt man
sich mit dem Erlernen der richtigen Aussprache. Eine harte Nuß ist
vor allem die Bildung von Lauten, die es im Deutschen nicht gibt,
z.B. das englische *th* oder die französischen Nasalvokale und das
stimmhafte *j*, ohne die man in Frankreich noch nicht einmal richtig

„Guten Tag" (*bon jour*) sagen kann. Für das Französische muß man sich auch die Behauchung der Konsonanten *p*, *t* und *k* mühsam abgewöhnen, die man im Deutschen automatisch ausführt. Im Englischen darf man nicht stimmhaftes und stimmloses *s* durcheinanderbringen, da sie in manchen Wörtern anders als im Deutschen Bedeutung unterscheiden; während im Deutschen beispielsweise *Siel* nach regionalem Geschmack entweder stimmlos oder stimmhaft ist, ist englisch *seal* „Robbe; Siegel" immer stimmlos, *zeal* „Eifer, Begeisterung" immer stimmhaft. Die abweichende Lautung der fremden Sprache wird, soweit dies möglich ist, in Form von abstrakten Regeln vermittelt, die man aber anders als die Regeln der Muttersprache beim Aussprechen oft vergißt oder gar durch die ‚in Fleisch und Blut übergegangenen' der Muttersprache ersetzt, obwohl man an sich um die eigentlich richtige Regel weiß. Dieses unbewußte Durchschlagen der Regeln der Muttersprache führt also zu sogenannten Interferenzen.

Natürlich gilt es bei Fremdsprachen nicht nur die Lautung zu erlernen; wohl noch mehr Schwierigkeiten bereitet die Grammatik. Mag die englische Pluralbildung der Substantive noch über weite Passagen regelmäßig durch Anhängen von -*s* erfolgen, so machen die verschiedenen lateinischen Deklinationen schon mehr Mühe. Bei unregelmäßigen Verben schließlich gibt es kaum noch etwas zu verstehen, dafür um so mehr auswendig zu lernen. Auf der Ebene der Satzbildung wird alles noch komplexer, da nur selten Wort für Wort übersetzt werden kann. Tut man es dennoch, so sind jene immer wiederkehrende Fehler die Folge, die Schüler und Lehrer gleichermaßen zur Verzweiflung bringen:

The applicant spoke fluently French.
It gives many people who want to learn English.
The boy packed me and struck me down.
She has worked at the university since four semesters.
The door opens itself.

Diese Sätze lassen sich im Englischen <u>so</u> nicht sagen. Hier spielt zum einen die Stellung der Wörter im Satz eine Rolle; während der Satz *der Bewerber sprach flüssig Französisch* korrektes Deutsch ist, darf in seinem englischen Pendant das Adverb nicht zwischen Verb und direktes Objekt treten, sondern muß nach dem Objekt stehen. Zum anderen kann die Bedeutung und die Verwendung von Wörtern abweichen. Das englische Verb *give* wird nicht unpersönlich im Sinne von „es gibt" verwendet, *pack* „(ein)packen" hat nicht wie Deutsch *packen* auch die Bedeutung von „jemanden festhalten", „schlagen" heißt zwar *strike*, aber „niederschlagen" nicht *\*strike* *down*, sondern *knock down*. Für die Präposition *seit* wird nicht immer *since* verwendet; anders als *\*die Tür öffnet* ist *the door opens* ein vollständiger und korrekter Satz. Es spielen noch andere Faktoren eine Rolle, aber es dürfte bereits deutlich geworden sein, daß die Bauprinzipien englischer Sätze von denen deutscher Sätze in vielen Punkten abweichen. Die Schwierigkeiten, die diese Unterschiede bei der Übersetzung von der einen in die andere Sprache bereiten, veranschaulicht die folgenden Passage aus Mark Twains *"A Tramp Abroad"*, deren Übersetzer – wie unschwer zu erkennen sein dürfte – eher im Englischen als im Deutschen zu Hause ist:

»Harris und ich waren damals bereits seit vielen Wochen schwer bei der Arbeit, und wenn wir mit unserem Deutsch auch ganz gut vorwärtsgekommen waren, so war es doch nur unter den größten Schwierigkeiten und mit vieler Aufopferung möglich gewesen, waren uns doch schon drei Lehrer inzwischen dahingegangen. Wer niemals Deutsch studiert hat, kann sich keine Vorstellung machen, wie kompliziert diese Sprache ist.«

[Im Original:] «Harris and I had been hard at work on our German during several weeks at that time, and although we had made good progress, it had been accomplished under great difficulty and annoyance, for three of our teachers had died in the mean time. A person who has not studied German can form no idea of what a perplexing language it is.»[3]

Krasse Fehler wie in den weiter oben zitierten ‚englischen' Sätzen sind nicht zu entdecken, aber dennoch: *schwer bei der Arbeit sein* ist im Deutschen keine gebräuchliche Wendung und *waren uns doch schon drei Lehrer inzwischen dahingegangen* mutet unpassend und antiquiert an. Neben dem grammatisch richtigen Gebrauch spielt also auch noch ein viel schwerer in Regeln zu fassendes Gespür für Gebräuchlichkeit und Angemessenheit eine entscheidende Rolle. Sätze können grammatisch korrekt gebraucht werden, sind aber dennoch nicht akzeptabel. Umgekehrt können Sätze zwar gegen die grammatische Norm verstoßen, wie sie z.B. für das Deutsche in der *„Duden-Grammatik"* festgelegt ist; sie sind aber trotzdem in vielen Situationen durchaus akzeptabel.

Um eine fremde Sprache ohne grobe Fehler sprechen oder schreiben zu können, sollten zunächst einmal die Ordnungsprinzipien erlernt werden, die ihrer Lautung, ihrer Grammatik und ihrem Wortschatz zugrunde liegen, wobei Gemeinsamkeiten mit der Muttersprache das Nachvollziehen in der Regel erleichtern, Unterschiede es aber erschweren. Den Schülern wird die eigenständige Suche nach den Ordnungsprinzipien abgenommen. Der Lehrer erklärt die abweichenden Prinzipien und läßt sie durch ständiges Wiederholen (‚pattern drill') einüben. Nicht selten werden die Regeln der Fremdsprache didaktisch schlecht, weil unnötig abstrakt vermittelt, und der Schüler muß diese schwer verständlichen Regeln neben einer Vielzahl von Ausnahmen auswendig lernen:

> »In festen Wendungen und in adverbialen Bestimmungen, die eine nominale Erweiterung enthalten, steht der ablativus sociativus in seiner reinen Form, sonst gewöhnlich mit einer Präposition (*cum*).«[4]

Der Eindruck von der zu erlernenden Sprache wird oft genug von der einzigen einfachen ‚Regel' – »Keine Regel ohne Ausnahme« – am nachhaltigsten geprägt. Dies alles, verbunden mit der Prüfungssituation und mit den Interessen der Schüler fernen Lesestücken, läßt oft jene Abneigung vor Sprachen und Grammatik aufkommen, die schon Lateinschüler im Mittelalter kannten. Die Beschäftigung mit Sprachen wird für die so Geplagten zu einer trockenen und komplizierten Angelegenheit.

Andererseits ist es eine langwierige und sehr viel schwierigere Aufgabe, als Erwachsener eine Sprache ohne Anleitung zu erlernen. Hierfür mag das Deutsch einer Türkin als Beispiel dienen, die ihre Deutschkenntnisse im Laufe ihres Aufenthalts in Deutschland erworben hat:[5]

> meine firma nix nehmen ausländisch
> diese firma nehmen bei mir net
> mein chef telefoniert
> dann nehmen bei mir
> ich bin vertrag kommen
> eine mein mann chef wohnung putzen
> ein jahr später sagen bei mir
> hab net brauche putzfrau
> dann bei mir sagen
> du will eine fabrik
> ich sagen
> ich hören
> diese fabrik gut

Doch immerhin, obwohl die Regeln der deutschen Grammatik nur sehr unvollständig beherrscht werden und die Sprecherin nur über einen beschränkten Wortschatz und einen kleinen Satz von Regeln verfügt, sind solche Äußerungen weitgehend verständlich. Aus dem begrenzten Wissen im Gespräch das Beste zu machen, stellt eine bemerkenswerte intellektuelle Leistung dar; aber leider ist die Neigung weit verbreitet, von der unvollständigen Sprachbeherrschung auf einen Mangel an Intelligenz oder an Kultur zu schließen und den betreffenden Sprecher wie die noch nicht voll sprechfähigen Mitglieder der Sprachgemeinschaft zu behandeln, im Deutschen z.B. wie Kinder einseitig zu duzen (vgl. *dann bei mir sagen: »du will eine fabrik«*). Durch diese Verhaltensmuster werden Sprachbarrieren und somit letztlich auch Kommunikationsbarrieren aufgebaut, die alte Vorurteile bestätigen und soziale Probleme verschärfen.

Ähnliche Mißverständnisse prägten lange Zeit – und prägen leider oft bis heute – die Beschäftigung mit fremden Sprachen. Das Abweichen von der Muttersprache, der uns aufgrund langer Gewöhnung vollkommen logisch erscheinenden Sprache, wird als Defizit angesehen. Hier können wir auf die bereits erwähnte ironisch-kritische Auseinandersetzung Mark Twains mit der deutschen Sprache zurückkommen. Seine Aufzählung von ‚Mängeln' des Deutschen zeigt: schlecht ist, was anders als im Englischen ist, z.B.:

»Zu allererst würde ich den Dativ überhaupt in Fortfall bringen. Er gibt durch sein ›e‹ dauernd zu Verwechslungen mit dem Plural Anlaß. Außerdem weiß doch kein Mensch, wann er sich im Dativ befindet [...]
Als nächstes würde ich die Verben mehr an den Anfang stellen. Man kann das schönste Zeitwort haben, aber in der heutzutage üblichen deutschen Satzstellung bringt man es nie und nimmer unbeschadet mit dem richtigen Hauptwort zusammen. [...]
Viertens würde ich eine Neuordnung der Artikel vornehmen und die Geschlechtsbezeichnungen nach dem Willen unseres Herrn und Schöpfers verteilen. Das ist für mich lediglich ein Akt der Achtung vor Gott.
Fünftens würde ich die ewig langen Substantiva ausmerzen oder doch zum mindesten verlangen, daß sie zerlegt und mit Erfrischungspausen versehen werden.«[6]

So gelangt Mark Twain zu folgendem Fazit:

»Meine philologischen Studien haben mir zur Genüge bewiesen, daß ein begabter Mensch Englisch (ausgenommen Orthographie und Aussprache) in dreißig Stunden, Französisch in dreißig Tagen, Deutsch aber nur in dreißig Jahren lernen kann. Es ist ganz offenkundig, daß die deutsche Sprache zurechtgestutzt und renoviert werden muß. Wenn sie so bleibt, wie sie ist, sollte man sie sanft und ehrenvoll zu den toten Sprachen legen, denn nur die Toten haben genügend Zeit, sie zu lernen.«[7]

Angesichts solcher Urteile ist es nicht verwunderlich, daß weltweit die Neigung besteht, Sprecher anderer Sprachen mit abwertenden Namen zu bezeichnen, sei es im antiken Griechenland als *barbaroi*, sei es bei den Azteken im alten Mexiko als *popoloca*, was beides im Sinne von nicht sprechfähige (und folglich auch nicht vernunftbegabte) „Stammler" zu verstehen ist. Wenn schon die Nachbarvölker nicht die Klarheit der eigenen Sprache besitzen und nur stammelnd und ohne Vernunft reden, so gilt dies erst recht für noch fernere Sprachen, die seit dem 16. Jahrhundert von Missionaren und Forschungsreisenden, später auch von Ethnologen, erforscht wurden. Hierbei gingen sie naturgemäß von den eigenen Sprachkenntnissen aus, also von europäischen Sprachen und von dem Sprachverständnis der lateinischen Schulgrammatik. Der Andersartigkeit von Sprachen konnten Grammatiker aber nicht gerecht werden, indem sie ihre Strukturen in das Prokrustesbett der lateinischen Schulgrammatik zwangen – wie Wanderer auf dem Bett des antiken Wegelagerers wurden sie durch Abhacken des ‚Mehr' und Strecken des ‚Weniger' qualvoll zu Tode gebracht. Selbst ein so profunder Kenner von Sprachen wie Wilhelm von Humboldt, der sich nicht nur mit den europäischen Sprachen, sondern auch mit Indianersprachen Amerikas, dem Chinesischen, dem Kavi (Altjavanischen), dem Alt- ägyptischen und noch zahlreichen anderen Sprachen beschäftigt hat, konnte dem Mißverständnis nicht entrinnen, unter Grammatik nur die aus europäischen Sprachen geläufigen grammatischen Kate- gorien zu verstehen. Auf diese Weise erklärt sich die folgende Aus- sage aus der Studie „*Ueber den grammatischen Bau der Chinesi- schen Sprache*" von 1826, in der er sich mit dem chinesischen Sprachtyp auseinandersetzt: »Die Chinesische [*Sprache*][8] überhebt sich einer genauen, ja im Grunde aller Bezeichnung der grammati- schen Formen.«[9]

Neben unhinterfragt tradierten Grammatikkonzepten führte die starke Fixierung auf Schriftsprachen zu weiteren Mißverständ- nissen im Hinblick auf schriftlose Sprachen, so daß viele falsche Vorstellungen über ‚primitive' Sprachen entstanden. Nicht wenige können sogleich als Unsinn abgetan werden, z.B. wenn jemand nach nur ein paar Tagen Aufenthalt behauptet, die dortige Sprache be- stünde nur aus einigen wenigen hundert Wörtern. Schwieriger und nur durch tieferes Eindringen in die Materie sind andere Mißver- ständnisse auszuräumen. Ältere Ansichten, nach denen Ergativität – eine besondere, in Europa nur im Baskischen zu findende Art der Kasusmarkierung – der Ausfluß einer in Passivität und Fatalismus verhafteten primitiven Mentalität sei,[10] die das handelnde Subjekt in seiner Bedeutung noch nicht wahrgenommen hat, entzogen sich lange Zeit der Überprüfung. Aber aufgrund neuerer typologisch- vergleichender Studien hat sich gezeigt, daß in solchen Sprachen meist ganz im Gegenteil eher eine Heraushebung des Handelnden vorliegt. Wenn ein vielzitierter Sprachwissenschaftler wie Benjamin Lee Whorf behauptet, das Hopi (Arizona, USA) kenne keine zeitli- chen Ausdrücke,[11] so muß man diese Sprache schon genauer ken- nen, um festzustellen, daß das scheinbar ‚Fehlende', vor allem die uns geläufigen Tempusmarkierungen bei der Konjugation, auf an- dere, uns indirekt erscheinende Weise zum Ausdruck gebracht wird. Ähnliches gilt für Sprachen, deren ‚Primitivität' sich im Fehlen logischer Konjunktionen zu manifestieren scheint. In beiden Fällen wird das Nichterkennen in starkem Maße von der Prägung der Wahrnehmung durch die traditionelle Grammatik bewirkt. Wenn ein so bedeutender Ethnologe wie Bronislaw Malinowski 1923 schreibt:

»So führt uns die Betrachtung der mit jeder praktischen Betätigung verknüpften Sprecharten zu dem Schluß, daß die Sprache in ihren primitiven Formen vor dem Hintergrund menschlicher Betätigungen und als ein Modus menschlichen Verhaltens in praktischen Dingen betrachtet und studiert werden muß. Wir müssen erkennen, daß die Sprache ursprünglich, unter primitiven, nichtzivilisierten Völkern, niemals als bloßer Spiegel reflektierten Denkens gebraucht wurde. Die Art und Weise, in der ich sie jetzt, beim Schreiben dieser Worte, benutze, [...] ist eine sehr weit hergeholte, abgeleitete Funktion der Sprache. Hierbei wird die Sprache zu einem verdichteten Stück Reflexion, eine Aufzeichnung von Fakten oder Gedanken. In ihren primitiven Verwendungsarten fungiert die Sprache als ein Bindeglied konzertierter, einvernehmlicher menschlicher Tätigkeit, als ein Stück menschlichen Verhaltens. Sie ist ein Handlungsmodus, nicht ein Instrument der Reflexion.«[12]

so gelangt er zu wichtigen Einsichten in den Handlungscharakter der Sprache; er erkennt jedoch nicht, daß seine Beobachtungen über primitive Sprachen, von denen er zugestandenermaßen Relikte auch in den europäischen Schriftsprachen wiederfindet, für alle gesprochenen Sprachen gelten. Und trotz der Flut an Gedrucktem, der wir gegenüberstehen, und dem unbestreitbaren Einfluß der Schriftsprache auf die gesprochene Sprache dominiert selbst bei uns im Alltag die mündliche Rede. Als weiteres Beispiel sei noch der Umgang vieler Ethnologen mit traditionellen Erzählungen aus fremden Kulturen angeführt. Weil europäische Erzählmuster angelegt werden und nicht die in der jeweiligen Sprachkultur geltenden, glaubt der Bearbeiter festzustellen, daß die Erzählungen schlecht oder gar fehlerhaft erzählt werden, was natürlich als ein weiterer Beweis für die mangelnde Denkfähigkeit der Erzähler gedeutet wird. Auf diese Weise entgehen dem Bearbeiter alle Feinheiten des Erzählstils der betreffenden Sprache – sei es, daß er stilistisch bedingte Wiederholungen herausstreicht, sei es, daß er grundlegend an der Übersetzung scheitert. Entweder übersetzt er die Texte in einem an europäischen Märchen orientierten Stil und ihm entgehen Form und Sinn, weil er die Erzählung als einfältige Kindergeschichte mißversteht, oder aber er übersetzt mit der Vorstellung falsch verstandener Wörtlichkeit und mißdeutet die schwer verständliche Sprache der Übersetzung, die zudem aus ihrem kulturellen Kontext herausgelöst ist, als esoterischen Tiefsinn.

Weitaus seltener, weitaus sympathischer, aber ebensowenig angemessen ist die gegenteilige Reaktion auf fremde Sprachen, nämlich die grenzenlose Begeisterung, so z.B. im Falle des Quiché (eine Maya-Sprache aus Guatemala), über das der Missionar Francisco Ximénez um 1700 schrieb:

«De tal modo es aqueste orden, que en un medio cuarto de hora puede uno hablar y saber todas las simplicidades de la lengua, aunque no sus significados.»[13]

[Die Ordnung (in dieser Sprache) ist so groß, daß man in einer Viertelstunde die Grundregeln der Sprache lernen kann, wenn auch nicht die Bedeutung der Wörter.]

Ximénez gelangt in seiner Untersuchung zu dem Ergebnis, daß das Quiché aufgrund seiner Vollkommenheit die ursprüngliche, Adam unmittelbar von Gott gegebene Sprache sein muß, da ihr anders als anderen Sprachen all jene Merkmale der babylonischen Sprachverwirrung fehlen, z.B. so unnötige und unlogische Schnörkel wie das Verb *sein*.

Wie die angeführten Beispiele gezeigt haben dürften, wird die Wahrnehmung trotz gelegentlich anzutreffender Begeisterung für das scheinbar Exotische offensichtlich doch nachhaltig von der Sprachkultur geprägt, aus der man stammt. Viele Mißverständnisse beruhen aber nicht auf der mangelnden Bereitschaft zur Wahrnehmung, sondern oft genug angesichts aufrichtigen Bemühens eher auf der Unfähigkeit, das Andersartige zu erfassen. Dies zeigt sich besonders im Falle von Lauten, die in europäischen Sprachen nicht vorkommen, wofür beispielhaft die folgende Beschreibung eines Lautes des Muchik (Peru) durch den Mediziner Ernst W. Middendorf stehen mag:

»Bei *ŭ* dagegen ist der *u*-Laut vorherrschend, meist länger gedehnt und erinnert an unreine Diphthonge des Hamburger Platts und an die Aussprache des *au* bei den Schwaben in dem Worte ›Gaul‹. Von dergleichen [...] Lauten kann natürlich keine Beschreibung eine deutliche Vorstellung, höchstens einen allgemeinen Begriff geben. Der Verfasser hat bei seinem längeren Aufenthalt in Eten sich wiederholt bemüht, die Bewegungen der Zunge und des Gaumens bei der Artikulation dieses sonderbaren Lautes zu analysieren und denselben nachzuahmen, allein seine Versuche hatten nur das Ergebnis, die Heiterkeit der Eingeborenen zu erregen.«[14]

Angesichts solcher Mißverständnisse und Ohnmachtserklärungen drängt sich die Frage auf, wie man sich einer Sprache – vor allem einer fremden – nähern kann, ohne an den Eigenheiten der Sprache zu verzweifeln.

Die sicherste Grundlage für jede Beschreibung sind unseres Erachtens zusammenhängende, aus verschiedenen Bereichen stammende Sprachdaten, gleichgültig ob sie gesprochene oder geschriebene Sprache repräsentieren. Die Auswertung solcher umfangreicher, planvoll erhobener Korpora bietet am ehesten die Gewähr, daß man sich nicht in die Irre leiten läßt. Selbstverständlich ist die Korpusanalyse nicht völlig unproblematisch. Vor allem darf der Geltungsbereich der gefundenen Regeln nicht ohne Überprüfung über das Korpus hinaus generalisiert werden. Vielfach muß der Kontext, aus dem die Daten stammen, bei der Analyse berücksichtigt werden. Bei fremdsprachigen Korpora darf man nicht zu sehr

auf die Übersetzung vertrauen. Arbeitet man anhand von Korpora,
verfällt man nicht so leicht in den Fehler, die Analyse auf über-
mäßig gesuchte und so gut wie nie verwendete Beispiele aufzu-
bauen. Es ist fraglich, ob man sich dem Verständnis bestimmter
grammatischer Konstruktionen anhand ‚deutscher' Sätze wie den
folgenden angemessen nähern kann:[15]

> Sie versammeln ihre Sachen.
> Nun ärgert man sich wo.
> Jetzt wird sich versammelt.
> Der Berg verschieft sich.

Um den Linguisten Eugene Nida zu zitieren: «Descriptive analysis
must be based upon what people say», und nicht darauf «what
people think they should say».[16] Bei Korpusdaten läßt sich nicht nur
die Gebräuchlichkeit einschätzen oder, bei entsprechend umfangreichen Korpora, statistisch untersuchen, sie eignen sich auch besser
als isoliert erhobene Wörter oder Sätze dafür, dem zu untersu-
chenden Problem im größeren Zusammenhang der Sprache gerecht
zu werden.

Sprachwissenschaft ist für uns vor allem eine empirisch arbei-
tende Disziplin. Nicht abstrakte, von Bedeutung und Funktion losgelöst betrachtete sprachliche Strukturen interessieren uns, sondern konkrete sprachliche Äußerungen im Kontext und mit ihrem
sozialen und kulturellen Hintergrund. Sprachliche Strukturen
können nicht sinnvoll betrachtet werden, ohne ihre Bedeutung und
ihre Funktion zu berücksichtigen. In diesem Sinne verstehen wir
den hier zugrundeliegenden Ansatz als funktional. Andererseits
sehen wir bei funktionalen Arbeiten nicht selten die Gefahr, die
Strukturkomponente eher gering zu achten, und wählen daher an
vielen Stellen eine strukturalistische Herangehensweise. Dem Anspruch, in die Sprachwissenschaft anhand von Korpora und unter
voller Berücksichtigung der Äußerungskontexte einzuführen, können wir hier nicht nachkommen – Charakter und Umfang einer Einführung machen dies unmöglich. Wir können meist nur Einzelbei-
spiele zitieren. Wo es sich anbietet und wir die Korpora kennen, aus
denen die Beispiele stammen, versuchen wir die größeren Zusammenhänge einzubeziehen. Mit den Übungsaufgaben bieten wir didaktisch aufbereitete Miniatur-Korpora, an denen der Leser die
Arbeitsweisen im kleinen üben kann. Von der Lösung der Aufgaben
bis zur Auswertung eines umfangreichen Korpus ist es aber noch ein
weiter Weg. Allenfalls im Kapitel Pragmatik kommen wir dem Anspruch näher, Sprachdaten im größeren Zusammenhang zu behan-

deln. Eine weiterführende Perspektive entwickeln wir im Schluß-kapitel. Als Ziel haben wir uns gesetzt,

- zu vermitteln, wie man mit Sprachdaten umgeht, um zu einer angemessenen Beschreibung zu gelangen. Darunter wird ver-standen, daß die dokumentierten sprachlichen Phänomene in ihren Strukturen und Funktionen widerspruchsfrei beschrieben sind.
- grundlegende Begriffe und Konzepte zu verschiedenen Ebenen der Sprachbeschreibung zu behandeln. Was als grundlegend be-trachtet werden sollte, ist durchaus nicht unumstritten und hängt in starkem Maße vom jeweiligen theoretischen Ansatz ab. Für uns ist grundlegend, was beim Umgang mit Sprachmaterial von Nutzen ist, wobei wir strukturalistischen und funktionalen Ansätzen folgen.
- auf die Vielfalt sprachlicher Phänomene aufmerksam zu ma-chen und auch solche Phänomene zu behandeln, die man durch das Studium der Schulsprachen nicht kennt und die im Rahmen der lateinischen Grammatiktradition nicht ohne weiteres be-schrieben werden können. Mit Hilfe fremder Sprachen wird manche gewohnte und uns deshalb ‚logisch' und ‚natürlich' er-scheinende Sichtweise relativiert.

Aufgrund dieser Zielsetzungen versuchen wir nicht, alles in einen theoretischen Ansatz und dessen Formalisierungen zu zwängen, sondern verwenden, wo es sich ergibt, beispielhaft Vorgehensweisen verschiedener Ansätze nebeneinander. Der Stoff wird nach den etablierten Bereichen der deskriptiven Linguistik unterteilt:

- Phonetik/Phonologie: beschäftigt sich mit der Art der Sprach-laute (Phonetik) bzw. mit ihrer Funktion in den einzelnen Spra-chen (Phonologie)
- Morphologie: beschäftigt sich mit Wörtern und ihren bedeu-tungstragenden Bausteinen
- Syntax: beschäftigt sich mit der Art und Weise, wie Wörter zu größeren strukturellen Einheiten (Aussagen, Fragen, etc.) zu-sammengefügt werden
- Semantik: beschäftigt sich mit der Bedeutung von Wörtern und dem Zusammenwirken von Bedeutungen in komplexen Ein-heiten
- Pragmatik: beschäftigt sich mit Handlungs- und Situationsbe-zügen sprachlicher Äußerungen.

Diese Einteilung sollte aber nicht zu Schubladendenken führen, da es vielfältige Zusammenhänge und Wechselwirkungen zwischen den Bereichen gibt. Die in anderen Büchern streng getrennten Bereiche

der Linguistik fließen bei uns daher trotz der Aufteilung in verschiedene Kapitel ineinander.

   In einem Buch wie dem vorliegenden ist es nahezu unmöglich,
alle Aspekte angemessen zu behandeln, die für das Beschreiben von
Sprachen wichtig sind. Daher muß manches weggelassen oder vereinfacht werden, und vieles wird nur gestreift. Jeder der über einen
der behandelten Bereiche intensiver gearbeitet hat, wird das eine
oder andere vermissen. Schwerpunkte, die uns im Hinblick auf Arbeitsweisen oder Fragestellungen besonders lohnend erschienen,
haben wir ausführlicher behandelt. Unsere persönlichen Arbeitsge-
biete spielten hierbei natürlich eine Rolle, ebenso auch bei der
Auswahl der vertretenen Sprachen. Entscheidend ist für uns, dem
Leser die Vielfalt sprachlicher Phänomene nahe zu bringen und wie
man damit umgeht. Wenn der Leser durch das Buch Interesse und
Freude an der keinesfalls ‚trockenen' Linguistik findet, würde er
dieses Interesse und diese Freude mit den Autoren teilen.

Literatur zur Einführung in die Sprachwissenschaft: Zwei Klassiker
haben an Aktualität nichts eingebüßt: die grundlegende Einführung
in die strukturalistische Sprachwissenschaft von Bloomfield (1933) –
und dies, obwohl auf sie die Feststellung gemünzt ist «Linguistics
without meaning is meaningless» – sowie die sprachtheoretischen
Überlegungen des Psychologen Bühler (1934), der viele Einsichten
des funktionalen Ansatzes vorwegnahm. Weitere Einblicke in grammatische Strukturen geben die Formalisierungen von Hockett
(1962), insbesondere die Kapitel 5 und 6. Die Grundlegung neuerer
Ansätze der Sprachwissenschaft finden sich in dem Sammelband
von Fodor & Katz (Hrsg., 1964), in dem u.a. Beiträge so bedeutender
Sprachwissenschaftler wie Noam Chomsky, Morris Halle oder Zellig
S. Harris enthalten sind, aber auch Beiträge von Logikern wie
Rudolf Carnap und Willard V. Quine. Einen kurzen und verständlich geschriebenen Überblick über aktuelle sprachtheoretische Ansätze bietet Sells (1985). Im Hinblick auf die deskriptive Linguistik
sind die Einführungs- und Übungsbücher von Gleason (1955, 1961)
und von Pike & Pike (1982) zu erwähnen. Nützliche Hinweise zur
Arbeit im ‚Feld' bietet Samarin (1967). Als Nachschlagewerk für linguistische Begriffe hat sich für den deutschsprachigen Raum Bußmann (1983) durchgesetzt. Über neuere Arbeiten zu bestimmten Gebieten der Linguistik informieren Bibliographien, die neue Bücher
und unselbständige Beiträge sachlich erschließen; aus der Vielzahl
seien hier nur die *„Bibliographie linguistischer Literatur"*, die
*"Linguistic Bibliography"* und die Bibliographie der ‚Modern Language Association' genannt, die jedes Jahr neu erscheinen.

## 2. Phonetik / Phonologie

Wenn wir ein deutsches Wort lesen, wissen wir in der Regel, wie wir es auszusprechen haben. Diese Kompetenz läßt uns jedoch bei fremden Sprachen im Stich, selbst wenn sie sich ‚unserer' Alphabetschrift bedienen. Einzelne Buchstaben und Buchstabenverbindungen haben von Sprache zu Sprache eine unterschiedliche Aussprache, vgl. *ch* im deutschen Wort *ach*, im englischen *church*, im französischen *chose* und im italienischen *Chianti*. Aber auch innerhalb des Deutschen gibt es Unterschiede in der Aussprache. Von einem Pfälzer gesprochen hören sich die Wörter *Kirche* und *Kirsche* gleich an, bei einem Sachsen klingen *Stühle* fast wie *Stiele*. Der eine oder andere Leser mag die damit verbundenen Schwierigkeiten ‚richtig' Deutsch schreiben zu lernen aus seiner Grundschulzeit kennen. Kaum hat man begriffen, daß *\*zwelf Gartenschtiele* falsch, *zwölf Gartenstühle* dagegen richtig ist, schon verwirrt einen die Lehrerin wieder, indem sie *\*ölf Bösenstühle* als Fehler anstreicht.

Aber spricht ein dem hochdeutschen Standard verpflichteter Rundfunksprecher jeden Buchstaben immer gleich aus? Auch das ist nicht der Fall, man denke nur an Fälle wie *radlos*, das sich genauso wie *ratlos* anhört. Obwohl *d* und *t* beide im Auslaut gleich ausgesprochen werden, sind es doch zwei für uns als verschieden erkennbare Laute, z.B. in den Wörtern *Dorf* gegen *Torf*. Es gibt aber auch Buchstaben, die unterschiedlich ausgesprochen werden, ohne daß wir die Aussprachen unmittelbar als verschieden erkennen. Dies ist z.B. bei *Kind* gegen *Kopf* der Fall, wo sich – zumindest bei genauerem Hinhören – das *k* des ersten Wortes ‚heller' anhört als beim zweiten. Dieser Kontrast ist besonders deutlich im Kölnischen, wo das *k* in *der hat ja 'n Ding am Kopp* mit einem sehr dunklen *k* gesprochen wird. Das hellere und das dunklere *k* sind im Deutschen und seinen Dialekten Aussprachevarianten des *k*, sie können in anderen Sprachen aber verschiedene Laute sein. Während im Deutschen nur ein Wort *Kalb* existiert, gibt es z.B. im Arabischen zwei verschieden geschriebene Wörter *kalb(un)* „Hund" (mit Anlaut ك ) und *kalb(un)* „Herz" (mit ق ). Es dürfte deutlich geworden sein,

- daß zwischen der Verschriftung, der sogenannten graphemischen Notation, und der Aussprache von Lautketten keine Eins-zu-Eins-Relation besteht, und
- daß die herkömmliche lateinische Alphabetschrift nicht alle möglichen Unterscheidungen von Lauten wiedergeben kann.

Wenn wir uns wissenschaftlich mit Sprache beschäftigen wollen, benötigen wir daher einen anderen Bezugsrahmen für die Wiedergabe sprachlicher Laute, den uns das neutrale und zugleich differenziertere System der **Phonetik** bieten kann. Die Phonetik erlaubt sowohl die exaktere schriftliche Wiedergabe des Gehörten als auch die stärkere Systematisierung der Eindrücke, die wir mit gehörten Lauten verbinden. Die exakte schriftliche Wiedergabe von Sprachlauten – sogenannte **Phone** – ist mit Hilfe einer **phonetischen Umschrift** möglich. Weit verbreitet ist das von der ‚International Phonetic Association' entwickelte internationale phonetische Alphabet (**IPA**), obwohl in den einzelnen Philologien teilweise besondere Konventionen verwendet werden. Der in der deutschen Orthographie mit *sch* wiedergegebene Laut (z.B. in *schön*) wird nach dem IPA mit ʃ notiert, nach einer anderen weit verbreiteten Konvention mit š; in der angelsächsischen Literatur findet sich meist *y* (wie in *yes*) für den IPA-Laut *j*, dem deutschen *j* in *ja*. Das IPA beruht zwar auf der lateinischen Schrift (erweitert durch abgewandelte Formen und durch Zeichen des griechischen Alphabets u.a.), unterscheidet sich aber aufgrund ihrer Eindeutigkeit von der Wiedergabe von Lauten in den Orthographien der einzelnen Sprachen, die sehr unterschiedlich sein kann. Verwechslungen zwischen einem Laut und Lautketten werden ebenfalls verhindert: Im Gegensatz zu Fällen wie deutsch *ch* oder *sch* wird in ihr ein Laut nicht durch eine Folge mehrerer Zeichen wiedergegeben, die selbst Laute sind. Die phonetische Umschrift wird in eckige Klammern [ ] eingeschlossen, z.B. *Phon* [fo:n] oder *Schicht* [šiçt].

Begriffe wie das oben verwendete Paar ‚hell' und ‚dunkel' sind zunächst nichts weiter als von visuellen Differenzierungen abgeleitete Metaphern, mit denen wir Höreindrücke klassifizieren. Versuche haben jedoch gezeigt, daß die subjektive Wahrnehmung von Lauten sehr unterschiedlich ist, auch wenn die Laute physikalisch gesehen einander gleichen. Wie Laute gehört werden, hängt nicht zuletzt davon ab, welche Muttersprache man erworben hat und aus welchem Kulturkreis man stammt. Das unmittelbare Vertrauen auf die **auditive Phonetik** ist also problematisch. Auf der anderen Seite ist es durch technische Apparate möglich, Laute exakt zu messen, z.B. die Frequenz ihrer Schwingungen. Bei der physikalisch orientierten **akustischen Phonetik** treten die systematischen Eigenschaften von Lauten, aber auch die individuellen Unterschiede des Sprechapparates zutage. Nach dem Gehör als gleich eingestufte Laute haben unterschiedliche Meßwerte, die von der Grundfrequenz abhängen: Bei einem tiefen Baß treten etwa 80 Schwingungen in der Sekunde auf, beim höchsten Sopran etwa 2000. Für praktische

Zwecke brauchen wir ein Beschreibungssystem, das einerseits nicht
allein auf der metaphorischen Beschreibung von Eindrücken beruht,
andererseits aber auch nicht auf einer zu stark differenzierenden
Meßtechnik, zumal diese sehr aufwendig und auch kostspielig ist.
Dieses Beschreibungssystem findet man in der **artikulatorischen
Phonetik**, d.h., wenn man die Laute auf die Art und Weise ihrer
Bildung untersucht.

## 2.1 Artikulatorische Phonetik

Wie werden Laute gebildet? Entscheidend ist zunächst einmal, daß
die menschliche Stimme durch das Zusammenwirken mehrerer Or-
gane zustande kommt: (1) den Lungen und der Luftröhre, (2) dem
Kehlkopf mit den Stimmlippen und (3) dem Mund und Rachen. Ein
Ton entsteht dadurch, daß der Luftstrom durch die Schwingung der
Stimmbänder periodisch unterbrochen oder in seiner Intensität ge-
schwächt wird. Von der Zahl der Schwingungen in der Sekunde (der
Frequenz, gemessen in Hertz) hängt die Höhe des Tones ab. Die einzelnen Laute entstehen durch den Mund-Rachen-Raum mit Hilfe
von Lippen, Zunge (lateinisch *lingua*), Zähnen, usw. In den meisten
Sprachen beruht die Bildung von Lauten auf einem in der Lunge er-
zeugten Luftstrom, der aus Mund und/oder Nase austritt. Weitaus
seltener sind die sogenannten Implosive, die durch Einatmen gebildet werden. Weitere Unterschiede zwischen den Lauten entstehen
durch die Art und Weise, wie die Luft die verschiedenen Stationen
von der Lunge bis zur Außenwelt durchströmt. Kann der Luftstrom
relativ ungehindert austreten, handelt es sich um einen **Vokal**;
werden ihm durch die gehobene Zunge, durch geschlossene Lippen
o.a. Hindernisse in den Weg gelegt, hat man es mit einem **Konsonanten** zu tun.

### 2.1.1 Konsonanten

Um verstehen zu können, welche Hindernisse im Mundraum bei der
Bildung von Konsonanten eine Rolle spielen, bedarf es eines Ein-
blicks in die Anatomie des Mund- und Rachenraumes:

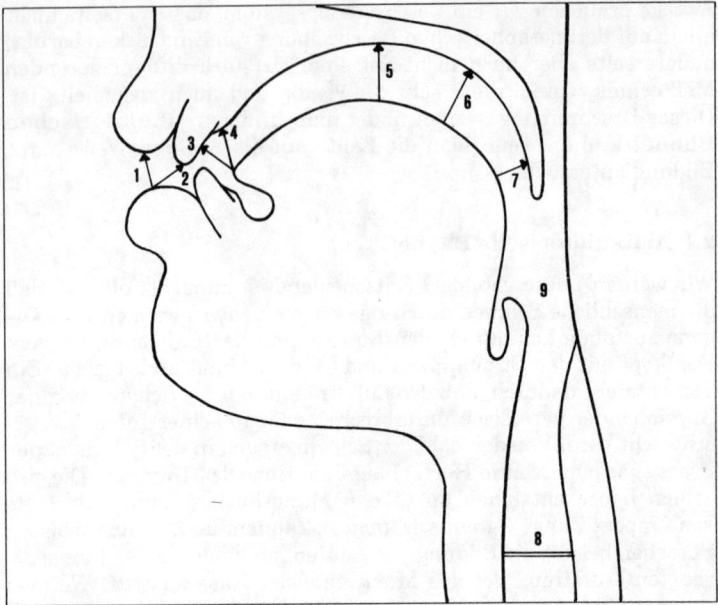

| 1. bilabial | 4. alveolar | 7. uvular |
|---|---|---|
| 2. labiodental | 5. palatal | 8. glottal (laryngal) |
| 3. dental | 6. velar | 9. pharyngal |

Abb. 1-1: Artikulationsorte

Die anatomischen Begriffe dienen zur Beschreibung der **Artikulationsstelle** von Konsonanten:

- <u>labial</u>    Lippen (*labium* „Lippe")                p, b
- <u>dental</u>    Oberzahnreihe (*dens* „Zahn")       t, d
- <u>alveolar</u> Zahnfach des Kiefers (*alveolum* „Mulde"),
            Oberzahndamm                        s, z
- <u>palatal</u>    Gaumen (*palatum*)                   c, j
- <u>velar</u>    Gaumensegel (*velum palatinum*)    k, g
- <u>uvular</u>    Zäpfchen am Gaumen (*uvulum*)     q, ɢ
- <u>glottal</u>    Stimmritze (*glottis*) am Kehlkopf (*larynx*)   ʔ, h

| labial | dental | alveolar | palatoalveolar | palatal | velar | glottal |
|---|---|---|---|---|---|---|
| Buch | Torf | Schicht | | ich | Gier | Haus |
| Pils | Dorf | | | Kind | | |
| Föhn | Zeit | | | | ach | |
| book | time | shit | jungle | | great | house |
| pig | dime | | | | king | |
| fog | thin | | | | | |

Obwohl fast überall im Mund- und Rachenraum Laute gebildet werden können, reicht in der Regel für praktische Zwecke eine solche grobe Zoneneinteilung aus. Es ist hierbei zu beachten, daß die Artikulationsstelle kein genau ermittelbarer Punkt ist, sondern ein Bereich, in dem der betreffende Laut an jeder Stelle erkennbar gebildet werden kann. Dies ist auch der Grund dafür, daß die Beschreibung eines Lautes einer bestimmten Sprache schwanken kann. So finden sich z.B. [t] und [d] des Deutschen sowohl als alveolar wie auch als dental artikuliert und klassifiziert. In solchen Fällen kann aus den Nöten der Beschreibung durchaus auch eine Tugend gemacht werden, indem kombinierte Zoneneinteilungen wie alveodental gebildet werden. Die bei der Lautbildung beteiligte Zunge ist bei einer groben Beschreibung meist kein notwendiges Kriterium, so daß in vielen Sprachen nicht angegeben werden muß, ob die Zungenspitze (apikal) oder der Zungenrücken (dorsal) verwendet wird.

Die Artikulationsstelle allein reicht jedoch noch nicht aus, um Konsonanten hinreichend zu unterscheiden; [t], [d] und [n] z.B. haben die gleiche Artikulationsstelle [dental], sind aber trotzdem im Deutschen verschiedene Laute. Neben der Frage nach dem Wo stellt sich auch die nach dem Wie, d.h. nach der **Artikulationsart**:

1) Verschlußlaute (Plosive, Okklusive): An einer bestimmten Stelle wird im Rachen- bzw. Mundraum durch Stimmritzen, Zunge oder Lippen der Luftstrom unterbrochen und aufgestaut, ehe die Luft explosionsartig freigesetzt wird. Zu den Verschlußlauten gehören im Deutschen und Französischen [b], [p], [d], [t], [g] und [k], z.B. *Brücke, pont* „Brücke", *Dach, toit* „Dach", *Gewissen, conscience* „Gewissen". Im Deutschen *Ei* findet sich der Glottisverschlußlaut [ʔ], aber nicht im Französischen *œuf* „Ei", .

2) Reibelaute (Frikative, Spiranten): Stimmritzen, Zunge oder Lippen bilden eine Verengung, durch die die Luft gepreßt wird, z.B. [z] und [x] in *Sache* oder [s] in *aus*.

3) <u>Nasale</u>: Das Gaumensegel ist gesenkt und die Luft entweicht durch die Nase, während der Rachen als Resonanzraum an einer bestimmten Stelle verschlossen wird z. B. [n] und [m] in <u>Na</u>m<u>e</u>.

4) <u>Seitenlaute</u> (Laterale): Die Luft strömt entweder auf einer oder auf beiden Seiten an den Gaumen angelegten Zunge vorbei, z.B. [l] in <u>L</u>a<u>ge</u> oder englisch [ɫ] in <u>bottle</u> [botl] „Flasche".

5) <u>Vibranten</u>: Die Zungenspitze oder das Zäpfchen vibrieren, z.B. das deutsche Zäpfchen-r (regional) in <u>Straßenbahn</u> [štʀa:sënba:n] oder das spanische Zungenspitzen-r in <u>ferrocarril</u> [ferrokarril] „Eisenbahn".

6) <u>Halbvokale</u> (Gleitlaute): Die Zunge bewegt sich entweder aus der Position eines Vokals – meist [i] oder [u] – weg oder auf die Position eines Vokals zu, z.B. [j] in <u>ja</u> oder [w] im englischen <u>well</u>.

Ein weiterer Typ ist schließlich die Artikulation von Lauten mit zurückgebogener Zungenspitze, die sogenannte **Retroflexion**, die man im amerikanischen Englisch findet – man denke an *J. R.* [dʒei a:ɽ] – oder z.B. im Chinesischen *rén* [ˈʐën] „Mensch". Für Laute, die man unbegrenzt lange dehnen kann (Frikative, Laterale, Vibranten, Semivokale), gibt es die Bezeichnung **Kontinuant**. Laterale und Vibranten werden häufig als **Liquide** zusammengefaßt.

Eine weitere Unterscheidung, die jedoch immer nur gemeinsam mit einer anderen auftreten kann, wird benötigt, um Laute wie [d] und [t] zu differenzieren, die sowohl die gleiche Artikulationsstelle [dental] wie auch Artikulationsart [plosiv] haben. Beim [d] schwingen im Gegensatz zum [t] zusätzlich die Stimmlippen des Kehlkopfes, [d] unterscheidet sich also von [t] durch seine **Stimmhaftigkeit** (Sonorität). Stimmhafte Konsonanten wie [b], [d] und [g] nennt man **Sonoranten**.

Neben Konsonanten mit einer einzigen Artikulationsart oder -stelle gibt es auch enge Lautverbindungen, bei denen einer der beiden Faktoren wechselt. Weit verbreitet sind die sogenannten **Affrikaten**, die aus einem Verschlußlaut und einem Reibelaut zusammengesetzt sind, die an der fast gleichen Stelle artikuliert werden, z.B. im Deutschen das alveodentale *tz* [ts] oder das labiodentale *pf* [pf]. Häufig findet sich auch die Modifikation eines Lautes durch einen zweiten Bestandteil. Solche sogenannte sekundäre Artikulationen sind z.B. im Deutschen die Behauchung (**Aspiration**) von Verschlußlauten, die man sich beim Französischlernen mühsam abgewöhnen muß, oder die zusätzliche **Rundung** der Lippen bei der Bildung des [k] zu [kʷ], die in der Verschriftlichung des Deutschen mit *qu* (z.B. *Quark*) wiedergegeben wird.

Mit Hilfe dieser Unterscheidungen können wir jetzt einen
großen Teil der Konsonanten klassifizieren. Allerdings ist die Liste
der bisher aufgezählten Merkmale nicht vollständig. Aus der Abbildung 1-2 kann man die Zeichen entnehmen, mit denen die einzelnen Konsonanten und eventuelle sekundäre Artikulationen in
dem standardisierten IPA wiedergegeben werden.

Man kann Konsonanten auch in spezifischerer Weise zueinander in Beziehung setzen, als es durch solche Tabellen geschieht,
indem man sie hinsichtlich ihrer verschiedenen Merkmale miteinander vergleicht. Das velare [k] des Deutschen ist relativ zum
palatovelaren [ḵ] weiter hinten im Mund artikuliert, während das
velare [k] des Arabischen relativ zum postvelaren [q] weiter vorn
artikuliert ist. Anderseits haben alle diese drei Laute einige
Gemeinsamkeiten: sie sind anders als z.b. der ach-Laut [x] Verschlußlaute, sie sind im Gegensatz zum [g] stimmlos und sie sind
Konsonanten und keine Vokale. Die einzelnen Merkmale lassen sich
in einer Merkmalsmatrix darstellen. Bei dieser Darstellungsweise
wird angegeben, ob ein Merkmal vorhanden ist oder nicht, so im
Deutschen:

[k]
$$\begin{bmatrix} -\text{vokalisch} \\ +\text{plosiv} \\ -\text{stimmhaft} \\ +\text{velar} \end{bmatrix}$$

[ḵ]
$$\begin{bmatrix} -\text{vokalisch} \\ +\text{plosiv} \\ -\text{stimmhaft} \\ -\text{velar} \end{bmatrix}$$

[g]
$$\begin{bmatrix} -\text{vokalisch} \\ +\text{plosiv} \\ +\text{stimmhaft} \\ +\text{velar} \end{bmatrix}$$

[x]
$$\begin{bmatrix} -\text{vokalisch} \\ -\text{plosiv} \\ -\text{stimmhaft} \\ +\text{velar} \end{bmatrix}$$

THE INTERNATIONAL PHONETIC ALPHABET                (Revised to 1979)

|  | Bilabial | Labiodental | Dental, Alveolar, or Post-alveolar | Retroflex | Palato-alveolar | Palatal | Velar | Uvular | Labial-Palatal | Labial-Velar | Pharyngeal | Glottal |
|---|---|---|---|---|---|---|---|---|---|---|---|---|
| Nasal | m | ɱ | n | ɳ |  | ɲ | ŋ | ɴ |  |  |  |  |
| Plosive | p b |  | t d | ʈ ɖ |  | c ɟ | k g | q ɢ |  | k͡p g͡b |  | ʔ |
| (Median) Fricative | ɸ β | f v | θ ð s z | ʂ ʐ | ʃ ʒ | ç ʝ | x ɣ | χ ʁ | ɥ | ʍ | ħ ʕ | h ɦ |
| (Median) Approximant |  | ʋ | ɹ | ɻ |  | j | ɰ |  |  | w |  |  |
| Lateral Fricative |  |  | ɬ ɮ |  |  |  |  |  |  |  |  |  |
| Lateral (Approximant) |  |  | l | ɭ |  | ʎ | ʟ |  |  |  |  |  |
| Trill | ʙ |  | r |  |  |  |  | ʀ |  |  |  |  |
| Tap or Flap |  |  | ɾ | ɽ |  |  | ʀ̝ |  |  |  |  |  |
| Ejective | pʼ |  | tʼ |  |  |  | kʼ |  |  |  |  |  |
| Implosive | ɓ |  | ɗ |  |  |  | ɠ |  |  |  |  |  |
| (Median) Click | ʘ |  | ʇ ʗ |  |  |  |  |  |  |  |  |  |
| Lateral Click |  |  | ʖ |  |  |  |  |  |  |  |  |  |

S (pulmonic air-stream mechanism) · C (non-pulmonic air-stream)

**OTHER SYMBOLS**

ɕ, ʑ Alveolo-palatal fricatives
ʓ, ʒ Palatalized ʃ, ʒ
ɹ̣ Alveolar fricative trill
ɺ Alveolar lateral flap
ɧ Simultaneous ʃ and x
ʦ Variety of ʃ resembling s, etc.
ɪ = ɩ
ʊ = ɷ
ɐ = Variety of ə
˞ = r-coloured ə

**DIACRITICS**

˳ Voiceless n̥ d̥
ˬ Voiced ş ţ
ʰ Aspirated tʰ
ˌ Breathy-voiced b̤ a̤
ˌ Dental t̪
ˌ Labialized t̫
ʲ Palatalized t̓
ˠ Velarized or Pharyngealized t̴ ɫ
ˌ Syllabic n̩ ḷ
ˬ or ˆ Simultaneous sf (but see also under the heading Affricates)

˙ or ˌ Raised e̝, e̞, ẹ, w
˯ or ˌ Lowered e̞, e̞, ɛ̞
˖ Advanced u̟, ̟
˗ or ˌ Retracted i̠, ̠, t̠
¨ Centralized ë
˜ Nasalized ã
ɹ, ʷ r-coloured a˞
ː Long aː
ˑ Half-long aˑ
˘ Non-syllabic ŭ
˗ More rounded ɔ̹
˗ Less rounded y̜

**VOWELS**

| | Front | | Back |
|---|---|---|---|
| Close | i y | ɨ ʉ | ɯ u |
| Half-close | e ø | ə | ɤ o |
| Half-open | ɛ œ | ɐ | ʌ ɔ |
| Open | a | ɶ | ɑ ɒ |
| | Unrounded | | Rounded |

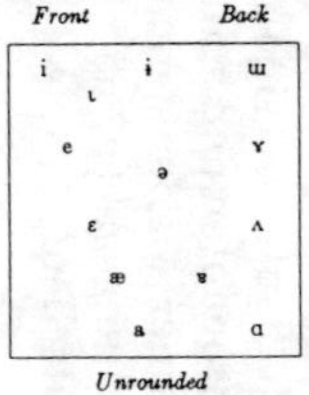

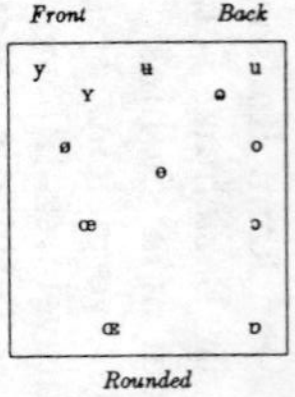

**STRESS, TONE (PITCH)**

ˈ stress, placed at beginning of stressed syllable: ˌ secondary stress: ˉ high level pitch, high tone: ˊ high rising: ˏ low rising: ˋ high falling: ˎ low falling: ˇ rise-fall: ˆ fall-rise.

AFFRICATES can be written as digraphs, as ligatures, or with slur marks: thus ts, t͜s, t͡s; tʃ, t͜ʃ, t͡ʃ; dʒ, d͜ʒ, d͡ʒ. ʧ, ʤ may occasionally be used for tʃ, dʒ.

Abb. 1-2: Das Internationale Phonetische Alphabet (IPA)[1]

## 2.1.2 Vokale

Bei Vokalen strömt die Luft ungehindert aus dem Mundraum aus, wobei die Stimmritzen schwingen. Sofern man nicht flüstert, sind Vokale also stimmhaft. Verschiedene Vokale ergeben sich durch die Lage der Zunge im Mund und gegebenenfalls durch die Rundung der Lippen. Die Lage der Zunge im Mund kann durch ein einfaches Koordinatensystem beschrieben werden, in dem die Horizontallage der Zunge (vorn-hinten) und die Vertikallage der Zunge (hoch-tief) angegeben ist. Man stellt dies in einem sogenannten Vokalviereck dar, in dem es drei Extrempositionen gibt, die den Vokalen [i], [a] und [u] entsprechen:

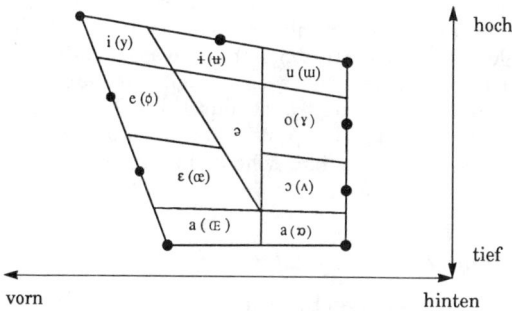

Abb. 1-3: Vokalviereck nach IPA

Flacher als beim [a] kann die Zunge nicht im Mund liegen. Hebt man die Zungenspitze über die Position des [i] oder den Zungenrücken über die des [u], entsteht automatisch ein Hindernis für den Luftstrom – der entsprechende Laut wird ein Reibelaut. Zwischen diesen Extremen kann überall ein Vokal gebildet werden, aber wie bei den Konsonanten differenziert man aus praktischen Gründen das Koordinatensystem im IPA nur grob aus. Neben der Zungenlage spielt noch die Lippenrundung eine Rolle: [u] und [o] sind gerundet, [i], [e] und [a] ungerundet, wobei es zu [i] und [e] im Deutschen die gerundeten Entsprechungen [y] und [ø] gibt:

| bitte | [bitë] | süß | [zys] |
|-------|--------|-----|-------|
| Beet | [be:t] | möchtegern | [møçtëgɛrn] |
| Rose | [ʀo:zë] | offen | [ɔfën] |
| Hut | [hu:tʰ] | Hund | [hunt] |
| Rate | [ʀa:të] | Ratte | [ʀatë] |

Neben diesen qualitativen Merkmalen unterscheiden sich Vokale
auch durch Quantität, d.h. durch ihre Dauer. Diese quantitativen
Unterschiede haben jedoch oft auch einen qualitativen Bestandteil,
da lange Vokale in der Regel höher liegen als ihre kurzen Entsprechungen. Diese Ausdifferenzierung innerhalb eines Vokalbereichs
wird mit dem Begriffspaar gespannt – ungespannt bezeichnet.

Auch bei Vokalen gibt es Verbindungen aus zwei Bestandteilen.
Die sogenannten Diphthonge gehen fließend von einem Vokal in
einen anderen über, wobei meist einer der beiden Bestandteile dominiert. Je nach der Lage der beiden Vokale zueinander kann man
steigende und fallende Diphthonge unterscheiden. Bei fallenden Di-
phthongen, wie z.B. [ai] in *Mais*, wird der erste Teil des Diphthongs
betont. Bei steigenden wie [ua] in französisch *roi* tritt das zweite
Element stärker hervor. Daneben gibt es auch sekundäre Artikulationen von Vokalen. Am bekanntesten sind die Nasalvokale (z.B. im
Französischen oder Portugiesischen), bei denen das Gaumensegel
bei der Bildung gesenkt wird und auch durch die Nase Luft entweicht, z.B. in Französisch *bon* [bõ] „gut". Man findet das Phänomen
der Nasalierung aber auch in bairischen Dialekten, z.B. [bã:m]
„Baum".

### 2.1.3 Weitere Modifikationen von Lauten

Vokale und manche Konsonanten können noch in anderer Weise modifiziert werden als in der bisher erwähnten. Diese im folgenden aufgezählten Modifikationen sind auditiv und auch artikulatorisch
weniger gut faßbar und haben daher eine noch stärkere Relativität
als Konsonanten oder Vokale. Vokale, Kontinuanten und auch Nasale können quantitativ verschieden sein, kürzer oder länger, z.B.
*matt* neben *Maat* oder bei Dehnungen von Vokalen und Konsonanten in der gesprochenen Sprache wie *Ey Du!*. Länge wird meist
durch eine hinter den gelängten Laut gestellten Doppelpunkt bezeichnet: [mat] gegen [ma:t] oder im Italienischen *pala* [pa:la]
„Schaufel" gegen *palla* [pal:a] „Ball, Kugel".

Die Schwingung der Stimmlippen, die bei der Bildung von Vokalen und einem Teil der Konsonanten auftritt, kann unterschiedlich schnell sein. Je schneller sie schwingen, desto höher ist die
Stimmlage. Der Intonationsverlauf kann auf einer Skala in seinem
zeitlichen Verlauf als Kurve aufgetragen werden, so z.B. die unterschiedlichen Intonationskonturen von Aussage- und Fragesätzen im
Deutschen:

<u>Entscheidungsfrage:</u>

[ ⌢⌢⌢⌢⌢⌣⌢⌢ ]

Ist morgen der erste?

<u>Aussage:</u>

[ ⌢⌢⌢⌢⌢⌢⌢⌢ ]

Morgen ist der erste.

In manchen Sprachen dienen unterschiedliche Stimmlagen dazu, Wörter in ihrer Bedeutung zu unterscheiden, z.B. im Mixtekischen von San Miguel el Grande (Mexiko):[2]

| [ ‾ ‾ | | [ ‾ ˉ | | [ ‾ _ |
|---|---|---|---|---|---|
| [kutši] | gegen | [kutši] | gegen | [kutši] |
| *baden* | | *Schwein* | | *Durst haben* |

Sprachen wie das Mixtekische, in denen durch Tonverläufe Wortbedeutungen unterschieden werden, nennt man **Tonsprachen**. Die **Töne** werden oft, so auch nach IPA, durch diakritische Zeichen wiedergegeben: [kutši], [kutšī] und [kutši]. Eine weitere Modifikation ist schließlich die Lautstärke, die im Deutschen vor allem als Akzent eine Rolle spielt, z.B. ['umge:ën] gegen [um'ge:ën], wobei die Lage des Akzents durch die Voranstellung des Zeichens ' ausgedrückt wird. Der Akzent kann hinsichtlich seiner Quantität in Haupt- und Nebenakzent unterschieden werden. Diese mit anderen Lauten kombinierbaren, selbst aber keine Laute darstellenden Phänomene nennt man **suprasegmental**.

## 2.2 Phonologie

Nachdem wir die Unterschiede zwischen Lauten beschrieben haben, wenden wir uns wieder dem anfangs erwähnten Problem der Bedeutung dieser Unterschiede im System der Sprache zu. Betrachtet man Gruppen ähnlich klingender Wörter wie *Laus – Haus – Maus, Maat – matt* oder *Suppe – Puppe – Schuppe – Kuppe*, so sieht man, daß in diesen Fällen Wörter sich nur in einem einzigen Laut unterscheiden, d.h. **Minimalpaare** sind. Die Frage nach der bedeutungsdifferenzierenden Funktion von Lauten in einer Sprache ist Gegenstand der **Phonologie**, oder, wie es der Vater der modernen Phonologie, Trubetzkoy, beschreibt:[3]

»Schallgegensätze, die in der betreffenden Sprache die intellektuelle Bedeutung zweier Wörter differenzieren können, nennen wir phonologische (oder phonologisch distinktive) Oppositionen. Solche Schallgegensätze dagegen, die diese Fähigkeit nicht besitzen, bezeichnen wir als phonologisch irrelevant oder indistinktiv.«

Die aufgrund von Minimalpaaren identifizierten Laute mit bedeutungsunterscheidender Funktion nennt man **Phoneme**. In der Notation schließt man sie zwischen / / ein.

Es gibt aber wesentlich weniger Phoneme in einer Sprache als
Laute, die nach dem im vorausgehenden Kapitel eingeführten Raster artikulatorisch unterschieden werden können. Dies zeigt sich
z.B. an den Phonemen /x/ und /k/ des Deutschen, die im Hochdeutschen verschiedene Varianten haben können, bei /k/ u.a. eine vordere, palatovelare [k̟ʰ] und eine hintere, velare [kʰ]. Hinzu kommt
noch regional, so z.B. im Kölnischen, der postvelare Laut [q]:

|  | palatovelar | velar | postvelar |
|---|---|---|---|
| Graphemisch: | <ich> | <ach> | |
| Phonemisch: | /ix/ | /ax/ | |
| Phonetisch: | [iç] | [ax] | |
| | | | |
| Graphemisch: | <Kind> | <Kopf> | <Kopf> |
| Phonemisch: | /kind/ | /kopf/ | /kopf/ |
| Phonetisch: | [k̟ʰint] | [kʰopf] | [qop] |

Die Vertauschungen ?[kʰint], ?[k̟ʰopf] oder ?[qopf] wären als solche verstehbar, würden aber für einen Deutschen ‚komisch' klingen.
Solche nicht distinktiven Lautvarianten nennt man **Allophone**. Der
Unterschied zwischen palatovelar, velar und postvelar ist im Deutschen bei Verschlußlauten nicht distinktiv. Solche Unterschiede
sind aber in anderen Sprachen distinktiv. Man erinnere sich an das
ganz zu Anfang angeführte Beispiel aus dem Arabischen, wo es
nicht nur /kalb(un)/ „Hund", sondern auch /qalb(un)/ „Herz" gibt,
also ein den Distinktionswert beweisendes Minimalpaar. Ein anderes Beispiel sind die aspirierten Verschlußlaute, die im Deutschen
keinen phonemischen Status haben, sondern Varianten der stimmlosen Verschlußlaute sind. Im Chinesischen hingegen sind stimmlose Verschlußlaute und stimmlos-aspirierte Verschlußlaute verschiedene Phonemreihen, vgl. z.B. Minimalpaare wie *tà* /ˈtʰa/ „Tür"
gegen *dà* /ˈta/ „groß". Inwieweit die Laute nun Phoneme oder Allophone sind, hängt somit von der einzelnen Sprache ab, die man betrachtet.

## 2.2.1 Phonologische Regeln

Die Beziehung zwischen einem Phonem und seinen Allophonen wird
durch die phonetischen Merkmale der Phoneme bestimmt. Die Allophone unterscheiden sich meist nur in einem Merkmal, entweder in
der Artikulationsart, in der Artikulationsstelle oder durch eine se

kundäre Modifikation wie z.B. Aspirierung. Häufig wirken sich auch die Artikulationsart und -stelle der im Wort oder Satz unmittelbar benachbarten Phoneme bei der Verwendung eines bestimmten Allophons aus. Im Falle der vorderen und der hinteren Variante von /k/ ist es im Deutschen so, daß das vordere Allophon [k] nur vor einem der vorderen Vokale /i/, /y/, /e/, /ø/ und /ɛ/ steht, während das hintere Allophon [k̟] vor einem der hinteren Vokale /u/ und /o/ oder vor /a/ vorkommt. Da das eine Allophon in einem Teil der möglichen phonologischen Umgebungen vorkommt, das andere Allophon im genau anderen Teil, ist die Verteilung regelhaft; die beiden Allophone schließen einander aus, d.h. sie haben eine komplementäre Distribution. Die oben für die Allophone von /k/ formulierte Verteilungsregel läßt sich auch kürzer formalisiert darstellen:

/k/	→	[k] / ___	{u,o,a}
		[k̟]		in allen übrigen Fällen,
				d.h. nach {i,y,e,ø,ɛ}

Noch kürzer, und im vorliegenden Fall auch verständlicher, wird die Regel, wenn man anstelle der Aufzählung der Laute nur die ihnen gemeinsamen Merkmale vorn bzw. nicht-vorn notiert, also entweder

/k/	→	[k̟] / ___	V
				[+vorn]
oder:
/k/	→	[+vorn] / ___ V
				[+vorn]

Vor allem bei der letzten Schreibung wird die Anpassung der Artikulationsstelle der Laute deutlich. Diese sogenannte **Assimilation** benachbarter Laute hinsichtlich ihrer Artikulationsstelle oder -art ist die wohl häufigste Form phonetischer Veränderungen und zugleich die natürlichste; durch sie können Folgen von Lauten in möglichst gleichbleibender Weise gesprochen werden, d.h. mit weniger Aufwand.

Die Regelschreibweise beruht auf festen Konventionen: der Pfeil zeigt die Veränderung des Phonems zu einem seiner Allophone an; der Schrägstrich trennt die Veränderungsregel von den Bedingungen, unter denen sie eintritt; der horizontale Strich gibt die Position des zu verändernden Phonems bei der Bedingung an:

| Notation | lies: |
|---|---|
| /x/ → [$x_1$] | Phonem /x/ wird als Allophon [$x_1$] realisiert, |
| / | wenn es im Kontext von ... steht: |
| / ___ $y_1$ | vor dem Laut / der Lautverbindung $y_1$ |
| / $y_1$ ___ | nach dem Laut / der Lautverbindung $y_1$ |
| / $y_1$ ___ $y_2$ | zwischen $y_1$ und $y_2$ |

Hierbei werden als Umgebung jeweils nur die für die Regel relevanten Faktoren angegeben, d.h. im Falle der Allophone von /k/ wird der vorausgehende Kontext nicht vermerkt, weil er keinerlei Rolle spielt. Die durch die vorausgehende Umgebung bestimmten Regeln nennt man **progressiv**, die durch die nachfolgende bestimmten **regressiv**. Wenn die Regel für verschiedene Laute gelten kann, von denen jeder für sich die bedingende Umgebung sein kann, so wird die Aufzählung dieser Laute in geschweifte Klammern { } eingeschlossen. Normalerweise werden sie in einer senkrechten Reihe geschrieben, aus Gründen der praktischen Schreibung wählen wir hier die horizontale, durch Kommata abgetrennte Wiedergabe. Anstelle der Aufzählung der konkreten Laute, für die die Regel gilt, kann man aber auch nur die den Lauten gemeinsamen Merkmale angeben, wie z.B. die Artikulationsstelle. Solche Merkmale werden in eckigen Klammern entweder unmittelbar als bedingende Umgebung angegeben oder aber hinter einem Platzhalter – V = Vokal, K = Konsonant – tiefgestellt.

Außer Lauten gibt es noch andere Arten der Umgebung: Laute, die einer Pause benachbart sind – vor allem Anfang und Ende von Wörtern oder Sätzen – sind häufig durch phonologische Regeln besonders gekennzeichnet. Für diese sogenannten **Junkturen** wird im folgenden vereinfachend immer das Doppelkreuz # verwendet. Die sogenannte Auslautverhärtung des Deutschen, wie z.B. in *Rad* [ra:t] oder *Kalb* [kʰalp], kann man in folgender Form wiedergeben:

$$\begin{bmatrix} +plosiv \\ +stimmhaft \end{bmatrix} \rightarrow [\text{-stimmhaft}] / \_\_\_ \#$$

Das Vorkommen des im Deutschen nicht phonemischen Glottisverschlußlautes, z.B. *ein Ei* [ʔain ʔai], kann durch die folgende Regel beschrieben werden:

$$/V/ \quad \rightarrow \quad [ʔV] / \# \_\_\_$$

Eine letzte wichtige Konvention braucht man für Fälle wie die bei französischen Muttersprachlern häufig zu hörende Weglassung der anlautenden Laryngale des Deutschen, z.B. [er at ain ai] für [ʔer hat ʔain ʔai]. Beim Schwinden von Lauten wird die durchstrichene Null (Ø) als Symbol für Nichts benutzt:

$$\{h, ʔ\} \quad \rightarrow \quad Ø / \# \_\_\_$$

Die Konvention Ø braucht man auch dann, wenn Laute nicht weggelassen, sondern hinzugefügt werden. So wird in manchen süditalienischen Dialekten /ora/ „Stunde" als [gora] und /orto/ „Garten" als [gortu] realisiert. Hierfür läßt sich folgende Regel formulieren:

Ø        →    g / # ___ V

Neben den bereits erwähnten Assimilationen gibt es auch noch andere Arten phonetischer Veränderungen. Die Auslautverhärtung stellt einen weiteren Typ dar, den der Hinzufügung eines Merkmals. Er ist vor allem bei Lauten im Randbereich (An- oder Auslaut) von Wörtern oder Sätzen zur Kennzeichnung der Grenzen häufiger anzutreffen. Einige andere Veränderungen kommen zwar auch als systematische phonologische Regeln einer Sprache vor, sind aber besser an Entlehnungen aus anderen Sprachen zu zeigen. Da Häufungen ähnlicher Laute in Folge nicht nur monoton oder dissonant klingen, sondern auch Fehlerquellen beim Sprechen und Hören sein können, gibt es neben der Assimilation auch den gegenteiligen Prozeß, die Dissimilation, z.B. geht das deutsche Wort *Kartoffel* auf das italienische *tartufolo* zurück. Aus dem lateinischen *arbor* „Baum" wurde im Italienischen *albero*, im Spanischen *árbol*. Weitere Formen sind die oben bereits erwähnten Tilgungen von Lauten und das Gegenstück, die Einfügung von Lauten zwischen schwer aussprechbaren Lautverbindungen, z.B. die türkische Form /filim/ von *Film*. Verschiedentlich ergeben sich auch Umstellungen von Lauten, man vgl. den Berliner Titel „*Der Schreifritz*" der Operette „*Der Freischütz*".

Aber nicht alle phonetischen Variationen sind durch Regeln faßbar, die nur die phonologische Umgebung berücksichtigen. Zum einen gibt es den Typ der freien Variation, bei der zwei mögliche Lautungen nebeneinander existieren, z.B. [laŋ] neben [laŋk] „lang" im norddeutschen Raum. Ein anderer Fall ist das Berlinische, in dem die Rundungsregel durch den folgenden phonologischen Kontext eingeschränkt ist:

/i/        →     [y] / ___ {r,m,l,š}

Jedoch beeinflussen die folgenden Konsonanten nicht im gleichen Maße die phonetische Variation: folgt dem /i/ ein /m/, so ist die Wahrscheinlichkeit für die gerundete Variante höher als bei einem folgenden /l/, was in der Schreibung der Regel jedoch nicht zum Ausdruck gebracht wurde. Solche Regeln, die nur mit einer bestimmten Wahrscheinlichkeit erfolgen, nennt man **variable Regeln**. Die Verwendung von Allophonen wird auch bestimmt durch außersprachliche Faktoren wie das soziale Umfeld, in dem die Äußerung gemacht wird. Ein weiterer Typ sind Fälle wie die Varianten der Pluralbildung deutscher Substantive. Die Verteilung von *-e, -er* und *-en* hängt von anderen als phonologischen Faktoren ab.

## 2.2.2 Phonologische Systeme

Vergleicht man Phoneme und phonologische Regeln verschiedener
Sprachen, so drängt sich der Eindruck der Zufälligkeit auf. Die Ver-
teilung der aspirierten Verschlußlaute im Quiché ist in mancher
Hinsicht ein Spiegelbild derjenigen des Deutschen:

| Deutsch | /tat/ | *Tat* | [tʰa:tʰ] oder [tʰa:t] |
|---|---|---|---|
| Quiché | /tat/ | *Vater* | [ta:tʰ] |

Im Quiché gibt es wie im Deutschen das Phänomen der Auslautverhärtung. Allerdings wird die Regel im Quiché weitreichender angewendet als im Deutschen, so daß die deutsche Regel im Hinblick
auf die Artikulationsart spezifiziert werden muß, um die im Auslaut
nicht verhärteten Phoneme /m/, /n/, /l/ und /r/ auszuschließen. Für
das Quiché ist zu berücksichtigen, daß es keine stimmhaften Verschlußlaute gibt:

Deutsch $\begin{bmatrix} +\text{plosiv} \\ +\text{frikativ} \\ +\text{stimmhaft} \end{bmatrix}$ → [-stimmhaft] / ___ #

Quiché $\quad$ [+stimmhaft] $\quad$ → $\quad$ [-stimmhaft] / ___ #

Auch der systematische Stellenwert – Phonem oder Allophon – kann
unterschiedlich sein:

| | Phonem | Allophone (unvollständig) |
|---|---|---|
| Deutsch | /k/ | [k̟] [k̟ʰ] [k] [kʰ] |
| Arabisch | /k/ | [k] |
| | /q/ | [q] |
| Chinesisch | /k/ | [k] |
| | /kʰ/ | [kʰ] |
| Gunwinggu (Australien) | /k/ | [g] [k] [kʰ] |

Ähnliches findet sich auch bei den Vokalen. Während z.B. im Deutschen /i/, /e/, /u/ und /o/ eigene Vokalphoneme sind, finden sich im
Dyirbal (Australien) [e] und [o] nur als Allophone der beiden Phoneme /i/ und /u/. In vielen australischen Sprachen gibt es nur wenige
Phoneme, z.B. hat Dyirbal nur 13 konsonantische und 3 vokalische
Phoneme. Andererseits zeichnen sich viele Indianersprachen des
westlichen Nordamerika durch eine Vielzahl von Konsonanten aus,
so verfügt z.B. das Kwak'wala (British Columbia, Kanada) über 46
konsonantische Phoneme. Den vier Verschlußlauten des Dyirbal /b/,
/d/, /ɟ/ und /g/ stehen im Kwak'wala 19 gegenüber, die sich nach ihrer Artikulationsart in drei parallelen Reihen anordnen lassen:[4]

| stimmhaft:               | b  | d  | g  | gʷ  | ɢ  | ɢʷ  |
|--------------------------|----|----|----|-----|----|-----|
| stimmlos:                | p  | t  | k  | kʷ  | q  | qʷ  |
| (stimmlos-)glottalisiert:| p' | t' | k' | k'ʷ | q' | q'ʷ |

Der systematische Vergleich zeigt aber, daß trotz dieser scheinbaren Zufälligkeit gewisse Regelmäßigkeiten beobachtbar sind, die auf unterschiedlichsten Ebenen liegen können. So bewegt sich die Zahl der Phoneme in der Mehrzahl der Sprachen in einem Rahmen zwischen 25 und 40, wobei allerdings die Anzahl nicht immer genau festgestellt werden kann, da manche Phone (und auch Regeln) nur in Teilbereichen einer Sprache vorkommen, z.B. bei Lehnwörtern wie *Dschungel* [džuŋgël] oder bei Interjektionen wie *brr* [brr] (mit ansonsten im Deutschen nicht vorkommendem Zungenspitzen-r). Manche dieser Beobachtungen erlauben Vorhersagen über das wahrscheinliche Verhalten von Sprachen. So sind Hintervokale zumeist gerundet, Vordervokale dagegen ungerundet; gerundete Vordervokale kommen typischerweise in Opposition zu ungerundeten Entsprechungen vor, so daß man von der Existenz eines Phonems /ø/ mit ziemlicher Sicherheit auf die Existenz von /e/ schließen kann. Ebenso gibt es keine Sprache, in der nicht zumindest eine Verschlußreihe mit Phonemstatus vorkommt und eine dieser Reihen – auch wenn es die einzige ist – ist in der Regel stimmlos.

Manches deutet auch auf den Einfluß biologischer Grundkonstanten hin, die die Wahl der Laute mitbestimmen. In einer klassischen Arbeit hat Roman Jakobson[5] darauf hingewiesen, daß das Wortpaar Mutter – Vater in sehr vielen Sprachen der Welt durch eine Opposition /ma(ma)/ gegen /pa(pa)/ oder /na(na)/ gegen /ta(ta)/ ausgedrückt wird. Die beiden Wörter unterscheiden sich nur in der Artikulationsart durch den Wechsel Nasal – Verschlußlaut. Der Vokal /a/, die Opposition Verschlußlaut – Nasal und auch die Artikulationsstellen bilabial/labiodental oder (alveo-)dental sind das, was beim Spracherwerb vom Kleinkind allgemein zuerst beherrscht wird. Schließlich gibt es auch Beziehungen zwischen bestimmten Lautgruppen und ihrer Umgebung, die in vielen Sprachen immer wieder in ähnlicher Weise vorkommen: /k/ zeigt im Deutschen nach /i/ und /e/ ein weiter vorn artikuliertes Allophon als nach anderen Vokalen. Solche Frontierungen von Konsonanten finden sich nach Vordervokalen in vielen anderen Sprachen der Welt, u.a. sind auch die Veränderungen des klassischen lateinischen /k/ vor /i/ und /e/ im Vulgärlatein (zu [ts]) und in modernen romanischen Sprachen auf alte nicht-phonemische Frontierungen zurückzuführen. Laute mit gleicher Artikulationsstelle oder -art verhalten sich häufig in gleicher Weise – neben /k/ wird im Deutschen auch /x/ vor Vordervokalen frontiert. Obwohl solche generalisierenden Aussagen nicht

immer und in allen Sprachen gelten, sind sie doch mit einer hohen
Wahrscheinlichkeit zutreffend und helfen bei der Erklärung phonologischer Regeln. Diese hier nur kurz angedeutete Art der Herangehensweise an die Phonologie nennt man **natürliche Phonologie**.

Die komplexen Beziehungen innerhalb eines phonologischen Systems sowie das Konzept der Natürlichkeit können dazu führen, daß
die unmittelbarste Form einer phonologischen Regel nicht die beste
Lösung ist. Betrachten wir z.b. das klassische Mongolisch, wo sich
die folgenden Vokalphoneme finden:

| Vordervokale | | Hintervokale | |
|---|---|---|---|
| /i/ | /y/ | | /u/ |
| /e/ | /ø/ | /a/ | /o/ |

Innerhalb eines mongolischen Wortes gibt es die phonologische Regel der Vokalharmonie. Sie bewirkt, daß innerhalb eines Wortes entweder nur vordere oder nur hintere Vokale stehen können; treten
z.b. an ein Substantiv Fallendungen, so gleichen sich die Vokale von
Substantiv und Endung hinsichtlich der Artikulationsstelle anein-
ander an, z.B. /-nar/ bzw. /-ner/ „Plural": /egetši-ner/ „ältere Schwe-
stern", /bøle-ner/ „Kinder der Schwester(n)" und /degyy-ner/ „jüngere
Brüder", aber /aqa-nar/ „ältere Brüder", /naɣatšu-nar/ „Brüder der
Mutter" und /atši-nar/ „Enkelsöhne". Aufgrund ihres Verhaltens
müssen die Vokale anders als im ersten Schema klassifiziert
werden:

| Vordervokale | | | Hintervokale | |
|---|---|---|---|---|
| − | + | [Rundung] | − | · + |
| /i/ | /y/ | | | /u/ |
| /e/ | /ø/ | | /a/ | /o/ |

In dieser Systematik klafft plötzlich eine Lücke über dem /a/, die
sich bei genauerer Betrachtung schließen läßt. Ein Teil der Wörter
mit /i/ verhält sich nämlich in der gleichen Weise wie Wörter mit
hinterem Vokal. Gestützt durch sprachgeschichtliche Indizien kann
in solchen Fällen ein weiterer ungerundeter Hintervokal */i/ ange-
setzt. er macht zum einen die Vokalharmonie absolut regelmäßig
und füllt zum anderen die Lücke im Vokalsystem. Obwohl er phonetisch vollständig mit /i/ zusammengefallen ist, ist es dennoch
sinnvoll, ihn als eigenes Vokalphonem zu behandeln.[6]

In verschiedenen Fällen ist es sinnvoll, Lautveränderungen
nicht auf eine einzige Regel zurückzuführen, sondern auf eine Abfolge von mehreren Regeln. Im Kuna, einer in Panama und Kolumbien gesprochenen Indianersprache, ergeben sich beim Hinzutreten
weiterer Elemente Veränderungen des vorausgehenden Stammes:[7]

| | |
|---|---|
| 1. takke | *er sieht* |
| 2. tuppu | *Insel* |
| 3. mae | *er saugt* |
| 4. neka | *Haus* |
| 5. ma-sa | *er saugte* |
| 6. nej-takke | *er sieht das Haus* |
| 7. tup-takke | *er sieht die Insel* |
| 8. taj-sa | *er sah* |

Es wird jeweils der auslautende Vokal des Stamms getilgt. Wenn mehr als drei Konsonanten zusammentreffen, wird einer der Konsonanten ebenfalls getilgt, und zwar jeweils der erste. Schließlich wird, wie im Falle von *taj-sa* zu *takke*, ein *k* noch zu *j*, sofern es vor einem anderen Konsonanten als *k* zu stehen kommt. Im Gegensatz zu den bisher angeführten Regeln zeichnet sich diese Beschreibung von Lautveränderungen dadurch aus, daß die einzelnen Bestandteile nur nacheinander und nur in der angegebenen Reihenfolge korrekte Formen beschreiben. Nur wenn der Vokal getilgt wird, können mehr als zwei Konsonanten zusammentreffen, bzw. im besonderen Fall ein *k* mit einem anderen Konsonanten. Es liegt also eine sogenannte **Regelabfolge** vor, bei der die Ergebnisse der ersten und mittleren Regeln nur hypothetische Zwischenstufen sind, um zum tatsächlichen Ergebnis zu gelangen:

Regel 1: V $\rightarrow$ $\emptyset$ / ___ # {K,V}

Regel 2: K $\rightarrow$ $\emptyset$ / ___ KK

Regel 3: k $\rightarrow$ j / ___ K (außer k)

| | Regel 1 | Regel 2 | Regel 3 |
|---|---|---|---|
| 5. mae + -sa | ma-sa | | |
| 6. neka + takke | *nek-takke | $\rightarrow$ | nej-takke |
| 7. tuppu + takke | *tupp- + takke | $\rightarrow$ | tup-takke |
| 8. takke + -sa | *takk- + -sa | $\rightarrow$ *tak- + -sa $\rightarrow$ | taj-sa |

Regel 1 muß angewendet worden sein, bevor eine der beiden anderen Regeln eintreten kann. Die Regeln 2 und 3 sind voneinander unabhängig, aber z.T. muß auf das Ergebnis von Regel 2 noch Regel 3 angewendet werden, wobei die Ergebnisse der ersten und mittleren Regeln nur als hypothetische Zwischenstufen zu verstehen sind: (5): R1, (6): R1 + R3, (7): R1 + R2 und (8): R1 + R2 + R3. Tritt noch ein weiteres Element an den Stamm, so wird die Regelabfolge mehrfach durchlaufen und aufgrund der größeren Zahl der Schritte komplexer, sie behält aber immer ihre Gültigkeit:

| ma-s-moka | *er saugte auch* | $R_1$ | $+ R_1 + R_2$ |
| ta-s-moka | *er sah auch* | $R_1 + R_2 + R_3$ | $+ R_1 + R_2$ |
| ta-s-suli | *er sah nicht* | $R_1 + R_2 + R_3$ | $+ R_1 + R_2$ |

## 2.2.3 Phonotaktische Regeln

Bisher standen nur einzelne Phoneme und ihre Veränderungen im Blickfeld, nicht aber die Anordnung dieser Phoneme zu Lautketten. Mit der von Sprache zu Sprache z.T. recht unterschiedlichen Struktur von Lautketten beschäftigt sich die **Phonotaktik.** Während im Serbokroatischen *Krk* [kr̩k] der Name einer Insel ist, könnte ein solches Wort im Deutschen schwerlich vorkommen. Im Chinesischen wird eine deutsche Weltfirma zu 西门子 *xīménzǐ* [⁻ɕi´mën˅tsz̩], da sich der Name so leichter spricht. Innerhalb von Wörtern – der Begriff Wort ist hier zunächst wie in der Alltagssprache verwendet, die fachsprachliche Verwendung wird im folgenden Kapitel Morphologie eingeführt – gibt es jedoch noch kleinere Einheiten mit phonotaktischer Struktur: die Sprechsilben. Eine Silbe ist die kleinste Sprecheinheit, die aus einem Silbenträger (auch Silbenkern) besteht – in der Regel einem Vokal – und eventuellen weiteren Lauten, die mit dem Silbenträger eine untrennbare Einheit bilden, dem sogenannten Silbenrand. Ein einsilbiges Wort wie *Hof* würde man in folgender Weise wiedergeben:

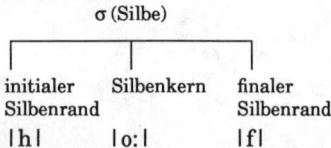

σ (Silbe)

| initialer Silbenrand | Silbenkern | finaler Silbenrand |
| I h I | I o: I | I f I |

Die Untrennbarkeit der Silbe läßt sich am deutlichsten mit Hilfe der akustischen Phonetik zeigen. Eine auf Tonband aufgenommene Silbe kann unabhängig von der Feinheit der Meßtechnik an keiner Stelle in Konsonant oder Vokal zerschnitten werden, man hört immer beide Elemente gleichzeitig. Silben sind entweder offen, d.h. sie enden mit einem Vokal, oder geschlossen, d.h. hinter dem silbentragenden Vokal steht noch zumindest ein Konsonant. Die Silbenstruktur kann von Sprache zu Sprache sehr unterschiedlich sein. Im Japanischen finden sich ausschließlich offene Silben des Typs Konsonant-Vokal wie *wa* und *ga*, während es im Deutschen einsilbige Wörter wie *Strumpf* gibt, also geschlossene Silben des Typs K-K-K-V-K-K. Diese Häufung von Konsonanten in einer Silbe werden bei Entlehnungen aus dem Deutschen in andere Sprachen, in denen solche Konsonantenhäufungen nicht möglich sind, verändert: entweder werden sie durch Weglassung vereinfacht, oder aber sie werden auf mehrere Silben aufgeteilt, indem Vokale eingefügt werden. Im Chinesischen, wo im Silbenauslaut nur einer von drei Konsonanten zulässig ist (die Nasale *n* /n/ und *ng* /ŋ/ sowie der Retroflexlaut *r* /ʐ/), erscheinen so deutsche Städtenamen in stark veränderter Form:

| | | |
|---|---|---|
| 法兰克福 | fǎ lán kè fú | *Frankfurt* |
| 科隆 | kē lóng | *Köln* |
| 海德尔堡 | hǎi dé bǎo | *Heidelberg* |
| 多特蒙德 | duō tè měng dé | *Dortmund* |

Aber auch der Silbenträger kann ein Konsonant sein, so daß Silben wie *pst, hm, brr* als Interjektionen zulässig sind oder Serbokroatisch /krk/ und Chinesisch /tsz̩/ als Wörter. Solche silbentragenden Konsonanten – meist handelt es sich um Liquide oder Nasale – werden durch ˌ gekennzeichnet. Neben der Zahl der Konsonanten ist oft auch ihre Kombinatorik beschränkt, d.h. nur bestimmte Verbindungen sind möglich; so gibt es im Hochdeutschen im Anlaut Kombinationen wie

| | | | | | |
|---|---|---|---|---|---|
| š t | und | š p | nicht aber | *š f | |
| š r | | š l | | | |
| š t r | | š p r | | *š t l | |

Im Französischen finden sich im Anlaut ähnliche Verbindungen aus [s] + Konsonant, im Spanischen dagegen haben die auf den gleichen lateinischen Ursprung zurückgehenden Wörter ein zusätzliches [e], da [s] + Konsonant im Anlaut nicht zulässig ist:

| Französisch | Spanisch | |
|---|---|---|
| station [stasjõ] | estación [estasjon] | *Station, Haltestelle* |
| spiral [spiral] | espiral [espiral] | *spiralförmig* |
| sphère [sfɛ:r] | esfera [esfera] | *Kugel* |

Dies führt auch dazu, daß jedes der Wörter im Spanischen drei Silben hat, im Französischen aber nur eine (*sphère*) oder zwei. Bei Wörtern gelten ähnliche Einschränkungen, die allerdings z.T. durch die Silbenstruktur vorbestimmt sind. Die Feststellung, daß im Japanischen jedes Wort auf Vokal endet, ist nur eine Folge der Silbenstrukturregeln. Die bereits oben erwähnte Vokalharmonie des Mongolischen ist ein anderer Fall von Einschränkung – innerhalb eines Wortes können entweder nur Hinter- oder nur Vordervokale vorkommen.

Die phonotaktische Struktur von Silben oder Wörtern ist häufig für Veränderungen verantwortlich wie Umstellung, Tilgung oder

Einfügung von Lauten. Ein schönes Beispiel, das zugleich ein weiteres Beispiel für eine abstrakte, sich dem tatsächlichen Ergebnis schrittweise annähernde Regelabfolge darstellt, ist die Aussprache [a:m̩t] für *Abend*:

| | | | |
|---|---|---|---|
| 1. Auslautverhärtung: | *a:bënd | → | a:bënt |
| 2. Schwa-Tilgung: | a:bënt | → | *a:bnt |
| 3. Resyllabisierung: | *a:bnt | → | *a:bn̩t |
| 4. Assimilation: | *a:bn̩t | → | *a:bm̩t |
| 5. Geminierung: | *a:bm̩t | → | *a:mm̩t |
| 6. Reduzierung: | *a:mm̩t | → | a:m̩t |

Da sich der Nasal hinsichtlich der Artikulationsstelle an den vorausgehenden Verschlußlaut angleicht, spricht man von progressiver Nasalassimilation. Die Folge aus der Angleichung von Verschlußlaut und Nasal wird weiter zu einem doppelten, sogenannten geminierten *m* vereinfacht, das dann tatsächlich als einfaches silbisches *m* gesprochen wird. Ein weiteres Beispiel sind Sprachen, bei denen die nicht-distinktive Vokallänge durch die Silbenstruktur bestimmt wird. Offene Silben haben in solchen Fällen immer lange Vokale, geschlossene Silben kurze Vokale.

## 2.2.4 Suprasegmentale Phänomene

Wir haben uns bisher nur mit Lauten und ihrer Verkettung zu Silben und Wörtern beschäftigt, d.h. mit Lautsegmenten auf verschiedenen Ebenen. Ein wesentlicher Teilbereich der Phonologie fehlt aber noch, auf den nur bei der Behandlung der Phonetik kurz hingewiesen wurde, nämlich die suprasegmentalen Phänomene. Intonation, Töne, Akzent und quantitative Unterschiede sind immer mit Segmenten verbunden, seien es Laute, Silben oder Wörter. Sie können daher nie von Segmenten losgelöst betrachtet werden, auch wenn sie nicht immer fest an bestimmte Segmente gebunden sein müssen. Suprasegmental können in manchen Sprachen auch sekundäre Modifikationen von Konsonanten oder Vokalen sein, wie z.B. Nasalierung.

Intonation, Akzent und auch Quantität stehen z.T. auch miteinander in Beziehung. Sie werden aber nicht nur von phonologischen oder phonotaktischen Faktoren bestimmt, sondern auch von der Grammatik oder der Pragmatik. Beispielsweise können sich Bildungen mit den gleichen Bestandteilen, aber mit anderem grammatischen Charakter im Akzent unterscheiden. Rhetorische Betonung und ähnliche Erscheinungen sind Beispiele für das pragmatische

Zusammenwirken suprasegmentaler Phänomene, die in der Literaturwissenschaft Prosodie genannt werden.

Die Intonationskontur legt sich – nur in ihrem Gesamtverlauf distinktiv – über größere Sprecheinheiten, wie z.B. Sätze, wobei vor allem die Stimmlage beim Einsetzen oder aber das Ansteigen bzw. Absinken der Stimme am Ende des Satzes (oder eines Satzteils) für bestimmte Intonationskonturen kennzeichnend sind. Während der Intonationsverlauf mit Satzarten verbunden sein kann, z.B. Aussage- und Fragesätze im Deutschen (Beispiele s.o.), hat die Stimmlage bei Tonsprachen innerhalb des Wortes oder der Silbe distinktiven Wert. Tonsprachen können zwei Grundtypen angehören: bei solchen mit Konturtönen ist der unterschiedliche Verlauf der Stimmlage relevant, also vor allem das Absinken oder Ansteigen innerhalb der Silbe oder des Wortes, während bei solchen mit Registertönen jede Silbe in einer von mehreren (weitgehend) gleichbleibenden Stimmlagen gesprochen wird. So verfügt das Mixtekische von Alacatlazala über drei phonemische Tonregister, nämlich [ ⁻ ] Hoch-, (ohne Markierung) Mittel- und [ _ ] Tiefton:

Registertöne:

/saβi̱/  *Regen*  /i̱i̱  žiki̱  liβi/      *ein kleiner Kürbis*
           *ein Kürbis klein*

Im Chinesischen gibt es vier verschiedene Töne, wobei der Tonverlauf anhand einer Skala verdeutlicht werden kann:

Konturtöne:

| Hochton | [⁻ɕyɛ] | xuē | *Boot* |
| Steigton | [ˊɕyɛ] | xué | *studieren* |
| Fall-Steigton | [ˇɕyɛ] | xuě | *Schnee* |
| Fallton | [ˋɕyɛ] | xuè | *Blut* |

Tonverändernde phonologische Regeln können sowohl durch die segmentale Umgebung als auch durch die umgebenden Töne bewirkt werden. Im Chinesischen hat ein Wort im Fall-Steigton wie *ni̬* in der Begrüßung *ni̬ ha̬o* „Guten Tag" vor einem anderen Wort im Fall-Steigton nicht mehr seinen ursprünglichen Ton, sondern wird mit Steigton als [ˊni ˇxau] gesprochen. Ein etwas erhöhte Mittelton im mixtekischen Beispiel /žiki̱/ ist durch die umgebenden Töne bedingt, bei /saβi̱/ hat die zweite Silbe vor einer Pause eine tiefere Lage.

In vielen Sprachen ist der Akzent nicht bedeutungsunterscheidend, sondern wird durch die Wortstruktur bestimmt. Im Tschechischen wird immer die erste, im Quiché (und vielen anderen Maya-Sprachen) immer die letzte Silbe akzentuiert. Im Spanischen wird der Akzent zwar ebenfalls weitgehend starr aufgrund phonologi-

scher Regeln gesetzt, kann aber im Einzelfall distinktive Funktion
haben, z.B. /'tomo/ „ich nehme", aber /to'mo/ „er nahm". Im Deutschen z.B. unterscheidet der Akzent bestimmte feste Fügungen, wie
*Herr Horstmeyer* /ˌhɛr 'hɔrstˌmaiër/ von freieren wie *Herr Horst
Meyer* /ˌhɛr 'hɔrst 'maiër/ oder man denke an englisch *a blackbird*
gegen *a black bird*. In vielen Sprachen zeichnet sich die Silbe, die
den Akzent trägt, nicht nur durch die größere Lautstärke aus,
sondern auch durch eine höhere Stimmlage. Daher ist bei manchen
Sprachen schwer zu entscheiden, ob der Akzent phonemisch ist oder
ob es sich um eine Tonsprache handelt. Auch zwischen Akzent und
Länge besteht in manchen Sprachen eine enge Beziehung: Im Deutschen z.B. sind alle akzentuierten Vokale zugleich lang. Im Un-
garischen hingegen sind beide Erscheinungen völlig unabhängig, da
unabhängig von der Länge immer die erste Silbe den Akzent trägt,
z.B. *ólom* /'o:lom/ „Blei" gegen *ollóm* /'ol:o:m/ „meine Schere" oder der
Name des Komponisten *Béla Bartók* /'be:lɔ 'bɔrto:k/. Sofern die Vokallänge nicht distinktiv ist, tendieren Vokale meist dazu, in offenen
Silben länger als in geschlossenen zu sein.

## 2.3 Exkurs: Phonetik / Phonologie und Schrift

Zu Anfang dieses Kapitels haben wir gesehen, daß zwischen der
graphemischen Repräsentation durch die Schrift und der Aussprache keine Eins-zu-Eins-Relation besteht und uns daraufhin für eine
Wiedergabe nach dem von Einzelsprachen unabhängig konzipierten
IPA entschieden, wenn auch in einer für die praktischen Zwecke
dieses Buches vergröberten Form. Dies ist für eine linguistische Betrachtungsweise natürlich sinnvoll, da aber die Wahrnehmung
sprachlicher Phänomene in unserem Kulturkreis primär durch geschriebene Sprache geprägt ist, wollen wir zum Abschluß dieses
Kapitels noch kurz auf einige Aspekte der Schrift eingehen.

Das zentrale Problem jeder Schrift – der Alltagsorthographie
wie auch des IPA – ist die Segmentierung des Lautflusses in graphe-
misch wiedergebbare Fragmente. Das Zeicheninventar muß genügen, um alles in der jeweiligen Sprache Mitteilenswerte wiederzugeben, sollte aber zugleich noch überschaubar bleiben. Für ‚unsere'
Alphabetschrift spricht vor allem die geringe Zahl der Schriftzeichen, bei einer Silbenschrift werden einige Hundert verschiedene
Zeichen benötigt, in einer Wortschrift viele Tausende. Phonetisch
betrachtet ist es aber dennoch eigentlich verwunderlich, daß sich
phon-orientierte Alphabetschriften am weitesten durchgesetzt haben, und nicht etwa Silbenschriften, die der organischen Untrennbarkeit der Silben weit eher gerecht werden als die ‚artifizielle'

Sektion in Phone bzw. Phoneme. Wobei man noch weitergehen kann: Denkt man an den von keiner Pause unterbrochenen Redefluß, so erscheint selbst die Zuordnung von Zeichen zu ganzen Wörtern als unnatürliches Segmentieren. In Sprachen ohne Schrift fehlt daher auch häufig eine Bezeichnung für unseren Begriff ›Wort‹. Der ihm am nächsten kommende Begriff wird ähnlich wie der Plural *Worte* meist nicht nur für ›Wort/Wörter‹ verwendet, sondern auch für größere Redeeinheiten. Im Hinblick auf die suprasegmentalen Eigenschaften größerer Redeeinheiten bleibt bei jedem Schriftsystem vieles auf der Strecke, was in der gesprochenen Äußerung enthalten ist, da Intonationskonturen, Akzentuierungen etc. in der Schrift durch Interpunktion und Kursivdruck o.ä. nur unzureichend wiedergegeben werden können.

Aber durch den spielerischen Umgang mit Sprache kann man auch ohne Schrift lernen, den Redefluß zu segmentieren. Durch Reimpaare, bei denen es sich oft zugleich auch um Minimalpaare handelt, können in Wörtern und Silben An- und Auslaut segmentiert und Phonemdistinktionen entdeckt werden. In Form eines Rebusrätsels kann durch das Malen eines konkret darstellbaren Gegenstandes, der gleich oder ähnlich klingt, ein Sprecher mit Intuition auch abstrakte Begriffe indirekt darstellen: Er kann einen Begriff durch zwei Bilder wiedergeben, eines für den Lautwert, eines für die grobe Andeutung der Bedeutung oder mehrere bildhafte Lautzeichen zur Wiedergabe anderer Lautketten kombinieren. Werden solche Darstellungsmöglichkeiten allmählich systematisiert, so können vollwertige Schriftsysteme entstehen.

Das Lautsystem prägt über den Weg der Verschriftung der eigenen Sprache in starkem Maße die intuitive Fähigkeit des nicht in Phonetik Ausgebildeten, Lautsysteme fremder Sprachen zu erfassen, und nicht nur im Hinblick darauf, ob man [çianti], [šianti], [tšianti] oder formvollendet [kianti] bestellt. Eine solche Prägung stellte natürlich vor allem vor der Entwicklung phonetischer Notationen ein Problem dar. Tonunterschiede, die in europäischen Sprachen kaum vorkommen, wurden fast immer überhört, egal wie wichtig sie für die Phonologie der ‚gehörten' Sprache waren. Ähnliches galt z.B. bei lateinamerikanischen Indianersprachen für phonemisch distinktive Quantitätsunterschiede im Vokalsystem, die spanischen Missionaren und Forschungsreisenden fremd waren, da sie in ihrer Muttersprache keine Rolle spielten. Den Unterschied zwischen /k/ und /q/ und den glottalisierten Lauten nahm man meist ebensowenig wahr, z.B. findet sich im kolonialen Quiché als defektive Orthographie <cac> für [q'aq'] „Feuer", [k'ak'] „neu", [kaq] „rot", u.a. Hierdurch kann die Wiedergabe von Lautketten zum Problem wer-

den; allerdings wurde neben der mehrdeutigen Schreibung <cac>
gelegentlich auch eines der von Missionaren eingeführten neuen
Zeichen verwendet, mit denen die Laute eindeutig wiedergegeben
werden konnten, so z.B. <ɛaɛ> [qʼaqʼ] „Feuer". In anderen Fällen
wurde ein Laut durch mehrere Zeichen umschrieben, um sich durch
die Kombination indirekt dem Lautwert zu nähern. Beispielsweise
wurde ein stimmloses [ɫ] im 19. Jahrhundert bei Stammesbezeich-
nungen wie *Tlingit* [ɫingit] (südliches Alaska) oder *Kwakiutl*
[kʷaguɫ] (als Sprache Kwak'wala) meist durch <tl> dargestellt, gelegentlich aber auch durch <hl>, <lh>, <chl> oder <lch>. Bei einer
schriftsprachlich geprägten Tradition wirkt sich die Schriftsprache
auf die Wahrnehmung der gesprochenen Sprache aus. Für uns sind
Redefragmente wie Buchstaben oder Wörter nicht zuletzt deshalb
unhinterfragte Realitäten, weil wir mit ihnen groß geworden sind.

Geschriebene Sprachen haben häufig festgesetzte ‚Recht'-Schrei-
bungen, über die z.B. in Deutschland die Dudenredaktion wacht.
Dies gilt nicht nur für die Zuordnung von Zeichen bzw. Zeichenket-
ten zu Lauten oder Lautketten – man erinnere sich nur an die verschiedene Aussprache ([ç], [x], [š], [tš], [k]) von <ch> in europäischen
Sprachen –, sondern auch für die Abstraktion von regionalen Varianten. Man schreibt überall in Deutschland gleich, spricht das Geschriebene aber oft in unterschiedlicher Weise aus, z.B. klingt
<treu> in Sachsen [trai] und ist homophon zu <drei>, in nördliche-
ren Regionen hört man eher die der Schrift nähere Lautung [trøi].
Diese Normierung ist jedoch – zumindest in Deutschland – erst relativ spät erfolgt, lange Zeit war die Verschriftung des Deutschen
durch regionale Schreiberschulen geprägt. Bei der Wahl der Konventionen ist aber vieles Entscheidungssache, wobei auch politische
Aspekte wie die Schaffung einer Nationalsprache eine Rolle spielen.
Will ein Staat den nationalen Minderheiten gegenüber die Staats-
sprache durchsetzen, so wird er darauf drängen, daß sie ihre Sprachen in möglichst ähnlicher Weise wie die Landessprache schreiben,
um so eine günstige Ausgangssituation für zweisprachigen Unter-
richt zu schaffen. Für Indianersprachen Lateinamerikas sind solche
von der Landessprache abgeleitete, sogenannte ethnophonemische
Orthographien weit verbreitet. Dies hat zur Folge, daß das Phonem
/k/ gemäß der spanischen Orthographie mit <c>, vor <e> und <i>
aber mit <qu> geschrieben wird, obwohl dies in den betreffenden
Sprachen nicht notwendig wäre, da in ihnen – anders als im lateinamerikanischen Spanisch – <c> vor <e> und <i> nicht für /s/ steht.
Die Wiedergabe des Mittelhochdeutschen ist z.B. im Falle der Auslautverhärtung <tac> „Tag" – <tage> „Tage", <lant> „Land" –
<lender> „Länder" phonetisch geprägt, die des Neuhochdeutschen

dagegen phonemisch. Im Französischen hat man im Humanismus
Graphien wie <sept> „sieben" oder <doigt> „Daumen" für [sɛt] bzw.
[dwa] anstelle der altfranzösischen Schreibungen <set> und <doit>
eingeführt, um durch den zusätzlichen, nicht gesprochenen Konsonanten die etymologische Beziehung zu den lateinischen Formen
*septem* und *digitus* anzuzeigen. Die neuhochdeutsche Orthographie
<ie> für [i:] bewahrt die mittelhochdeutsche Lautung der so ge-
schriebenen Wörter, z.B. <hier> [hi:r] oder <lieb> [li:p], mittelhochdeutsch aber <hier> [hier] und <liep> [liep]. Besonders ausgeprägt
sind solche historisierende Tendenzen in der heutigen irischen
Schriftsprache, die in der Orthographie einen älteren Lautstand
konserviert, der sich erheblich von der gesprochenen Sprache unterscheiden kann, z.B. <Baile Atha Cliath> [bl̩a: 'kli̯ëh] „Dublin" oder
<Meán Fhómhair> [m̩a:n o:ɼ] „September". In solchen Fällen wird
ein entscheidender Vorteil der Alphabetschrift relativiert, nämlich
die Möglichkeit durch die Grapheme die Phone oder Phoneme eindeutig wiederzugeben. Allerdings wird diese Entsprechung aus
praktischen Gründen auch in Fällen wie <malen> und <mahlen>
oder <como> „wie" und <cómo> „wie? (als Fragewort)" aufgegeben,
in denen durch die Orthographie gleichlautende Wörter (Homophone) unterschieden werden. In den meisten Alphabetschriften ist
daher zugleich auch eine bildhafte (ikonische) Komponente enthalten, die jedoch andere Schriftsysteme in noch stärkerem Maße auszeichnet. Beispielsweise geben die hebräische und die arabische
Schrift primär das Konsonantengerüst der Wörter wieder, wogegen
Vokale den Charakter zusätzlicher (fakultativer) Diakritika haben;
diese Praxis ist den Gegebenheiten der Sprachen angepaßt, da arabische Wörter selbst dann noch ein gleichbleibendes Erscheinungs-
bild *ktb* oder *kbr* behalten, wenn sie wie *kitab* „Buch" – *kutub*
„Bücher" oder *kabir* „groß" – *akbar* „sehr groß" einen der häufigen
grammatischen Vokalwechsel erleiden. Noch ausgeprägter ist das
ikonische Prinzip in der chinesischen Schrift zu finden. Einerseits
gibt es eine kleine Gruppe von Schriftzeichen, die auf alte Bildzeichen zurückgehen, z.B. 日 *rì* „Sonne" auf das Bildzeichen ☉ oder
山 *shān* „Berg" auf ⛰ . Andererseits sind über 90 Prozent der
Schriftzeichen aus einem Klassenindikator und einem Lautindikator
zusammengesetzt, wobei durch eine begrenzte Zahl von Klassenindikatoren ein grober Hinweis auf die Bedeutung gegeben wird, die
dem mit dem Lautindikator angezeigten Lautwert zu eigen ist.
Durch diese Kombination aus Bedeutungs- und Lautindikatoren, die
allerdings durch sprachgeschichtliche Lautveränderungen aufge-
weicht wurde, können die zahlreichen Homophone des Chinesischen
in der Schriftsprache problemlos auseinandergehalten werden.

| 王 | wáng | *König* | |
|---|---|---|---|
| 旺 | wàng | *blühend* | (mit 日 *rì* „Sonne") |
| 马 | mǎ | *Pferd* | |
| 蚂 | mà | *Heuschrecke* | (mit 虫 *cóng* „Insekt") |
| 妈 | mā | *Mutter* | (mit 女 *nǚ* „weiblich") |
| 尧 | yáo | *Familienname eines chinesischen Kaisers* | |
| 晓 | xiǎo | *Morgendämmerung* | (mit 日 *rì* „Sonne") |
| 娆 | ráo | *reizend* | (mit 女 *nǚ* „weiblich") |
| 挠 | náo | *sich kratzen* | (mit 手 *shǒu* „Hand") |

## 2.4 Zusammenfassung und ausgewählte Literatur

Im Zentrum dieses Kapitels stand die Beschreibung, Klassifikation und Systematisierung von Lauten. Bei den Konsonanten dienten uns als Kriterien Art und Ort der Behinderung des Luftstroms im Mund- und Rachenraum und in zweiter Linie Kriterien wie Stimmhaftigkeit oder Aspirierung. Bei den Vokalen bietet die Lage der Zunge (vorn gegen hinten, oben gegen unten) das entscheidende Klassifikationskriterium.

Für die Systematisierung von Lauten haben wir den Begriff des Phonems, der kleinsten bedeutungsunterscheidenden Einheit, eingeführt. Die Beziehungen zwischen den Phonemen und ihren Realisierungen (Allophonen) konnten wir wiederum am besten in Form phonologischer Regeln beschreiben. Bestimmte komplexe lautliche Prozesse lassen sich nur abstrakt durch eine Abfolge von Regeln nachvollziehen.

Neben der segmentalen Lautklassifikation haben wir noch die suprasegmentale betrachtet, also lautliche Phänomene, die zunächst unabhängig von Einzellaut oder Silbe sind. Hierzu gehören Phänomene wie Akzent, Länge oder Töne.

Ausgewählte Literatur: Anderson (1985a), von Essen (1957), Coulmas (1989), Gibbon & Richter (1984), Hyman (1975), Jakobson (1941), Kohler (1977), Lass (1984), Maas (1989), Pike (1947), International Phonetic Association (1949), Vieregge (1989), Wurzel (1970).

## 2.5 Übungsaufgaben

### 1. Lautklassifikation

☞ Beschreiben Sie die folgenden Laute hinsichtlich ihrer Artikulationsstelle und -art sowie ihrer Stimmhaftigkeit.

| g | δ | q | θ | f |
|---|---|---|---|---|
| β | x | t | s | γ |

## 2. Deutsch

Anhand von Minimalpaaren wie /pig/ neben /big/ oder /fig/ kann man feststellen, daß Konsonanten – hier /p/, /b/ und /f/ – in einer sogenannten ‚paradigmatischen' Beziehung zueinander stehen.

☞ Geben Sie für das Wort /giçt/ sämtliche deutsche Minimalpaare, indem Sie den anlautenden Konsonanten verändern.

☞ Bestimmen Sie Artikulationsart und -stelle der in paradigmatischer Beziehung zueinander stehenden Konsonanten.

## 3. Amerikanisches Englisch der Pennsylvania-Deutschen

Pennsylvania-Deutsch wird von den deutschstämmigen Mennoniten in Lancaster County gesprochen, die in der ersten Hälfte des achtzehnten Jahrhunderts aus der Schweiz nach Pennsylvania auswanderten. Der Erwerb des amerikanischen Englisch der Pennsylvania-Deutschen hängt stark von den religiösen Traditionen der einzelnen Gruppen ab. So zeigen sich in der Sprache derjenigen, die Englisch als zweite Sprache angenommen haben, u.a. die folgenden lautlichen Interferenzerscheinungen:

| amerikanisches Englisch | | Englisch der Mennoniten | |
|---|---|---|---|
| 1. <big> | [big] | [bik] | *groß* |
| 2. <pulled> | [puld] | [pult] | *zog* |
| 3. <tab> | [tæb] | [tæp] | *Henkel* |
| 4. <leave> | [li:v] | [li:f] | *verlassen* |

☞ Welcher lautliche Prozeß liegt den Interferenzen zugrunde? Begründen Sie das Phänomen, indem Sie die Herkunft der Migrantengruppen berücksichtigen.

## 4. Deutsch

☞ Geben Sie die folgenden Beispiele in phonetischer Umschrift wieder:

    1. <Auf Parkende, Autos und Fußgänger achten>
    2. <Auf parkende Autos und Radfahrer achten>
    3. <Einakter>        <Ein Nackter>
    4. <Wohlleben>      <wohl eben>
    5. <erstrangig>       <erst rang ich>

## 5. Germanisch

Das Germanische, die hypothetische Ahnsprache des Englischen, Deutschen und der anderen germanischen Sprachen, unterscheidet sich durch bestimmte Lautwandelprozesse als ein selbständiger Zweig von den übrigen indoeuropäischen Sprachen. In der Indogermanistik werden diese Lautwandelprozesse als erste oder germanische Lautverschiebung bezeichnet.

☞ Welche lautlichen Prozesse werden unter den Terminus germanische Lautverschiebung zusammengefaßt?

|     | Indoeuropäisch | | | Germanisch | | |
|-----|----|----|----|---|---|---|
| 1a  | p  | t  | k  | f | θ | x |
| 1b  | pʰ | tʰ | kʰ | f | θ | x |
| 2   | b  | d  | g  | p | t | k |
| 3   | bʰ | dʰ | gʰ | β | δ | γ |

## 6. Sächsisch

Dem ‚Sächsischen‘, genauer eigentlich der obersächsischen Umgangssprache, wird eine lässig-‚butterweiche‘ Aussprache nachgesagt. Man kann sich ihr nähern, wenn man den praktischen Ratschlag beherzigt, den Stefan Heym in einer Talkshow gab: »nur den Unterkiefer vorschieben.« – Ein Beispiel: »Gindr! Nennd eire Gindr nichd Gindr! Sonsd, wenn'r ›Gindr‹ rufd, gomm'n alle Gindr, bloß nich eier Gindr!«[8]

Dieses schöne, wenn auch humoristisch überzeichnete ‚Zitat‘ macht zwei Eigenheiten des Sächsischen augenfällig: zum einen die Neutralisierung des Kontrastes zwischen den stimmhaften und den stimmlosen Verschlußlauten des Hochdeutschen (phonetisch als unaspirierte stimmlose Verschlußlaute [p], [t] und [k]), zum anderen die Entrundung der gerundeten Vordervokale. ☞ Bilden Sie unter Anwendung dieser beiden Regeln weitere sächsische Formen.

## 7. Berlinisch

Das Berlinische galt lange Zeit als ein schlichtweg ‚unreiner‘, nicht regelhafter Dialekt. Selbst der Heimatdichter Willibald Alexis, der sich nach eigenem Bekunden immerhin »bei Berlin dem großen Naturgeist nahe fühlte«, beschreibt das Berlinische »als Jargon, aus dem verdorbenen Plattdeutsch und allem Kehricht und Abwurf der höheren Gesellschaftssprache auf eine so widerwärtige Weise komponiert, daß er nur im ersten Moment Lächeln erregt, auf die Dauer aber das Ohr beleidigt.«[9] Wenig schmeichelhaft äußert sich auch Friedrich Engels 1885 in einem Brief an Minna Kautsky: »Vergiften Sie alle jebildeten Berliner und zaubern sie eine wenigstens erträgliche Umgebung dorthin, und bauen Sie das ganze Nest von oben bis unten um, dann kann vielleicht noch was Anständiges draus werden. Solange aber *der* Dialekt da gesprochen wird, schwerlich.«[10]

☞ Prüfen Sie anhand der folgenden Beispiele im Hinblick auf die Rundung des /i/, ob das Berlinische tatsächlich so regellos ist, wie vielfach behauptet worden ist.

| | | | | | |
|---|---|---|---|---|---|
| 1. | [yma] | *immer* | 7. | [hisn̩] | *hissen* |
| 2. | [yrë] | *irre* | 8. | [naxthyml̩] | *Nachthimmel* |
| 3. | [tyš] | *Tisch* | 9. | [byrnë] | *Birne* |
| 4. | [bitë] | *bitte* | 10. | [fif] | *Pfiff* |
| 5. | [fyš] | *Fisch* | 11. | [inën] | *innen* |
| 6. | [mylš] | *Milch* | 12. | [tik] | *Tick* |

## 8. ‚Goethe-Deutsch'

In der folgenden Strophe aus dem Gedicht „*Glück der Entfernung*"[11] des deutschen Dichterfürsten gibt es für den heutigen Leser einige Ungereimtheiten. ☛ Worin genau bestehen im einzelnen die Ungereimtheiten?

> »Trink', o Jüngling! heil'ges Glücke
> Taglang aus der Liebsten Blicke;
> Abends gaukl' ihr Bild dich ein.
> Kein Verliebter hab' es besser;
> Doch das Glück bleibt immer größer,
> Fern von der Geliebten sein.«

## 9. Walisisch

Das Walisische oder Kymrische gehört zur britannischen (p-keltischen) Gruppe der keltischen Sprachen und wird vor allem im Westen und Nordwesten von Wales noch von insgesamt etwa 700.000 Menschen gesprochen. Die schriftsprachliche Tradition begann im sechsten Jahrhundert und gehört zu den ältesten in Europa, aber seit langem wird das Kymrische durch das Englische, die politisch und sozial dominierende Sprache, zurückgedrängt, was sich z.B. auch in zahlreichen Lehnwörtern wie *desg* oder *beisicl* zeigt. Bei der Schreibung wurde die Orthographie der heutigen Schriftsprache gewählt; hierbei entspricht: <c> = /k/, <ng> = /ŋ/, <ch> = /x/, <ph> = /f/, <f> = /v/, <th> = /θ/ und <dd> = /ð/.

☛ Systematisieren Sie die Lautveränderungen bei der Possessivbildung nach Wechsel in Artikulationsart und -stelle.

| | | | | |
|---|---|---|---|---|
| 1. calon | *Herz* | | 14. beisicl | *Fahrrad* |
| 2. fy nghalon i | *mein Herz* | | 15. fy meisicl i | *mein Fahrrad* |
| 3. dy galon di | *dein Herz* | | 16. dy feisicl di | *dein Fahrrad* |
| 4. ei galon ef | *sein Herz* | | | |
| 5. ei chalon hi | *ihr Herz* | | 17. ei beisicl hi | *ihr Fahrrad* |
| 6. pen | *Kopf* | | 18. gwaith | *Arbeit* |
| 7. fy mhen i | *mein Kopf* | | 19. fy ngwaith i | *meine Arbeit* |
| 8. dy ben di | *dein Kopf* | | 20. dy waith di | *deine Arbeit* |
| 9. ei phen hi | *ihr Kopf* | | 21. gwaith hi | *ihre Arbeit* |
| 10. tad | *Vater* | | 22. desg | *Pult, Schreibtisch* |
| 11. fy nhad i | *mein Vater* | | 23. fy nesg i | *mein Pult* |
| 12. dy dad di | *dein Vater* | | 24. dy ddesg di | *dein Pult* |
| 13. ei thad hi | *ihr Vater* | | 25. ei desg hi | *ihr Pult* |

☛ Das Paradigma ist nicht ganz regelmäßig. Versuchen Sie, die von der lautlichen Systematik her zu erwartenden ‚regelmäßigen' Formen zu rekonstruieren.

## 10. Deutsch

Im Deutschen werden die Plosive /p,t,k/ mehr oder weniger stark aspiriert. ☞ Bestimmen Sie anhand der folgenden Beispiele, wann im Deutschen eine Aspirierung erfolgt und wann nicht, unabhängig davon, ob die Aspirierung stark (Kʰ) oder schwach (Kᴴ) erfolgt.

1. [tʰaːtʰ]                 *Tat*
2. [kʰɛkʰ]                  *keck*
3. [pʰakᴴen]                *packen*
4. [kʰopʰ]                  *Kopp (regional für hochdeutsch Kopf)*
5. [kʰopfloːs]              *kopflos*
6. [pʰakʰ]                  *Pack*
7. [pʰlatᴴe]                *Platte*
8. [antʰail]                *Anteil*
9. [møkᴴliç]                *möglich*
10. [kʰopfloːziçkʰaitʰ]     *Kopflosigkeit*

| 11. [kʰeːks] | *Keks* | 21. [appʰʀal] | *Abprall* |
| 12. [ʀaps] | *Raps* | 22. [apbinden] | *abbinden* |
| 13. [ɛksë] | *Echse* | 23. [vɛkᴴpʰakᴴen] | *wegpacken* |
| 14. [psiː] | *Psi* | 24. [ɛntᴴkʰomen] | *entkommen* |
| 15. [pšoʀ] | *Pschorr* | 25. [vɛkᴴtʰun] | *wegtun* |
| 16. [apʰšalten] | *abschalten* | 26. [ɛntdekᴴen] | *entdecken* |
| 17. [veks] | *(des) Wegs* | 27. [enttʰoyštʰ] | *enttäuscht* |
| 18. [vɛkᴴšauen] | *wegschauen* | 28. [entlaufen] | *entlaufen* |
| 19. [vɛkgeːën] | *weggehen* | 29. [vɛkkʰulɛrn] | *wegkullern* |
| 20. [apʰgëpʰʀalt] | *abgeprallt* | 30. [apʰtʰʀeːtᴴen] | *abtreten* |

## 11. Quiché

Quiché gehört zur Familie der Maya-Sprachen und wird in Guatemala von etwa 800.000 Menschen gesprochen. Im Gegensatz zu den meisten anderen erwähnten Indianersprachen ist Quiché innerhalb seines Verbreitungsgebietes Mehrheitssprache und der Anteil der Einsprachigen ist relativ hoch. Die nachfolgenden Daten stammen aus dem Dialekt von Nahuala-Ixtahuacán.

☞ Geben Sie die Regeln für die Verteilung der Allophone. [ʀ] steht hier ausnahmsweise für die stimmlose Entsprechung von [r].

| /p/: | [p] | [pʰ] | /t/: | [t] | [tʰ] |
| /k/: | [k] | [kʰ] | /q/: | [q] | [qʰ] |
| /r/: | [r] | [ʀ] | /l/: | [l] | [ɬ] |
| /j/: | [j] | [ç] | /w/: | [w] | [ɸ] |

| 1. kaː? | *Mahlstein* | 15. q'apoːx | *Mädchen* |
| 2. kuːkʰ | *Eichhörnchen* | 16. ikax | *Axt* |
| 3. po?tʰ | *Bluse* | 17. kaʀ | *Fisch* |
| 4. raqan | *sein Fuß* | 18. xuɬ | *Höhle* |

| | | | | |
|---|---|---|---|---|
| 5. | taph | *Krabbe* | 19. ule:Φ | *Erde* |
| 6. | ka:qh | *ihr Schwein* | 20. po:ç | *Vogelscheuche* |
| 7. | ʔath | *du* | 21. ja:kh | *Fuchs* |
| 8. | nutath | *mein Vater* | 22. ijo:m | *Hebamme* |
| 9. | qa:qh | *unser Schwein* | 23. elak'o:m | *Dieb* |
| 10. | po:m | *Kopal* (mesoamerikanischer Weihrauch) | | |
| 11. | a:ta:m | *früh* | 24. pa:ʀ | *Stinktier* |
| 12. | tsi:x | *Wort* | 25. t'uʔç | *Topf* |
| 13. | ʔuts | *gut* | 26. wara:ɫ | *hier* |
| 14. | q'u:q' | *Quetzal* | 27. le:x | *Tortilla* |
| | | *(mittelamerikanischer Vogel bzw. dessen Federn)* | | |

## 12. Kuna

Kuna wird auf den San-Blas-Inseln (Panama) und auf dem Festland von Panama und Kolumbien von gut 20.000 Menschen gesprochen. Es wird zur Chibcha-Sprachfamilie gerechnet. Da die meisten Sprachen dieser Sprachfamilie wenig erforscht sind, ist über die Zuordnung noch lange nicht das letzte Wort gesprochen. Die Volksgruppe der Kuna besitzt eine reiche orale Tradition, die auch gut dokumentiert ist. Neben umfangreichen Textsammlungen sind vor allem die Arbeiten von Joel Sherzer zur Ethnographie des Sprechens hervorzuheben.

Neben obligatorischen phonologischen Regeln verfügt das Kuna auch über variable Regeln, deren Anwendung von der Redesituation abhängig ist. Formelle Rede (Mythen, Ansprachen, ...) zeichnet sich durch Anwendung weniger Regeln aus, informelle Rede (Alltagsgespräche) hingegen durch Anwendung des gesamten Inventars, wobei informell und formell nur Extreme eines Kontinuums darstellen:

Regel 1: V → Ø / ___ Suffix (variabel)
Regel 2: K → Ø / ___ KK
Regel 3: k → j / ___ K
Regel 4: l → r / ___ K

Die Konsonantenverbindung /ss/ wird phonetisch als [ts] realisiert.
☞ Stellen Sie die schrittweise Anwendung der Regeln (Regelfolge) für die untenstehenden Formen dar:

1. Zugrundeliegende Form:
   *sunmakke - sa - suli
   sprechen - Vergangenheit - nicht
   er sprach nicht

1a sunmajsasuli (formell)
1b sunmatsuli (informell)

2.  Zugrundeliegende Form:
    **\*dakke - sa - suli - moga**
    *sehen - Vergangenheit - nicht - auch*
    *er sah auch nicht*

2a  dajsasulimoga  (formell)
2b  dajsasurmoga
2c  datsulimoga
2d  datsurmoga  (informell)

## 13. Deutsch

In den folgenden Beispielen finden Sie in Kolumne I Infinitivformen
und in Kolumne II die entsprechenden Perfektpartizipien.

☞ Geben Sie die Akzentregeln an, die aus dem Verb *stehen* die
Form *mißverstehen* ableiten und erklären Sie, warum das Perfekt-
partizip von *stehen* mit der Vorsilbe *ge-* und *mißverstehen* ohne diese
Vorsilbe gebildet wird.

| | I | II | | I | II |
|---|---|---|---|---|---|
| 1. | 'glauben | ge'glaubt | 8. | 'arbeitet | ge'arbeitet |
| 2. | 'tropfen | ge'tropft | 9. | 'mißˌverstehen | 'mißverˌstanden |
| 3. | ver'stehen | ver'standen | 10. | 'überbeˌlasten | 'überbeˌlastet |
| 4. | ent'nehmen | ent'nommen | 11. | unter'richten | unter'richtet |
| 5. | miß'glücken | miß'glückt | 12. | 'unterbelichten | 'unterbeˌlichtet |
| 6. | über'füttern | über'füttert | 13. | be'lichten | be'lichtet |
| 7. | mar'schieren | mar'schiert | 14. | 'gehen | ge'gangen |

## 14. Spanisch

☞ Beschreiben Sie die Regeln, nach denen der Wortakzent (') gesetzt wird.

| | | | | | |
|---|---|---|---|---|---|
| 1. | ko'mer | *essen* | 15. | manθa'nal | *Apfelbaum* |
| 2. | ko'mida | *das Essen* | 16. | 'rosa | *Rose* |
| 3. | 'komo | *ich esse* | 17. | 'rosas | *Rosen* |
| 4. | 'komes | *du ißt* | 18. | ro'sal | *Rosenstrauch* |
| 5. | ko'memos | *wir essen* | 19. | gra'βar | *gravieren* |
| 6. | komen'θad | *Beginnt!* | 20. | graβa'dor | *Graveur* |
| 7. | komen'θar | *beginnen* | 21. | graβa'dora | *Tonbandgerät* |
| 8. | ko'mjenθo | *ich beginne* | 22. | 'graβe | *schwer (Adjektiv)* |
| 9. | 'duda | *Zweifel* | 23. | graβe'ar | *drücken, lasten* |
| 10. | du'dar | *zweifeln* | 24. | graβe'mente | *schwer (Adverb)* |
| 11. | du'das | *Zweifel (Plural)* | 25. | gra'βad | *Graviert!* |
| 12. | du'dable | *zweifelhaft* | 26. | 'graβas | *du gravierst* |
| 13. | man'θana | *Apfel* | 27. | 'graβo | *ich graviere* |
| 14. | man'θanas | *Äpfel* | 28. | gra'βado | *Stich* |

## 15. Suaheli

Suaheli gehört zu den Bantusprachen. Es ist in Ostafrika weit verbreitet, wobei es auch von Sprechern anderer (Bantu-)Sprachen als Verkehrssprache (lingua franca) der Region verwendet wird. Mit etwa 50 Millionen Sprechern und einer umfangreichen Literaturproduktion ist es die bedeutendste afrikanische Sprache.

☛ Wie ist die Silbenstruktur (Silbengrenze ist gekennzeichnet durch -) aufgebaut und nach welchen Regeln erfolgt die Akzentuierung?

|  |  |  |  |
|---|---|---|---|
| 1. | mbuzi | [mbu-'zi] | *Ziege* |
| 2. | mchungwa | [mtšu-'ŋwa] | *Orangenbaum* |
| 3. | au | ['a-u] | *oder* |
| 4. | shida | [ši-'da] | *Ärger* |
| 5. | ndege | [ndɛ-'gɛ] | *Vogel* |
| 6. | mbu | ['m-bu] | *Moskito* |
| 7. | kahawa | [ka-'ha-wa] | *Kaffee* |
| 8. | kaa | ['ka:] | *sitzen* |
| 9. | ng'ombe | [ŋo-'mbe] | *Kuh* |
| 10. | mto | ['m-to] | *Fluß* |
| 11. | mtoto | [mto-'to] | *Kind* |
| 12. | mboga | [mbo-'ga] | *Gemüse* |
| 13. | kifuniko | [ki-fu-'ni-ko] | *Deckel* |
| 14. | mwanakondoo | [mwa-na-'kon-do:] | *Lamm* |
| 15. | faida | [fa-'i-da] | *profitieren* |
| 16. | wakati | [wa-'ka-ti] | *Zeit* |

## 16. Deutsch

Die folgenden Äußerungspaare unterscheiden sich durch Pausen (//), durch unterschiedliche Akzentuierungen oder durch unterschiedliche Tonhöhenverläufe

☛ Vergleichen Sie die einzelnen Äußerungspaare. Welche Verständnisunterschiede ergeben sich?

1a  Klaus denkt // Hans lenkt
1b  Klaus denkt Hans lenkt

2a  'Klaus denkt Hans lenkt
2b  Klaus denkt 'Hans lenkt

3a  Klaus denkt Hans lenkt ↑
3b  Klaus denkt Hans lenkt ↓

## 17. Kuna

Die Kuna-Indianer kennen ein Wortspiel, das „Rückwärtsreden" (*sorsik sunmakke*) genannt wird. Hierbei wird jeweils die erste Silbe an das Ende des Wortes gehängt.

☞ Beschreiben Sie anhand der Wortspielvarianten die Silbenstruktur des Kuna.

| | | | | |
|---|---|---|---|---|
| 1. ibja / jaib | *Auge* | 4. saban / bansa | *Unterleib* |
| 2. dage / geda | *kommen* | 5. aswe / weas | *Avocado* |
| 3. ina / nai | *Medizin* | 6. mola / lamo | *Tuch, Stoff* |

Die nachstehenden Beispiele sind in grob phonetisch verschriftlicht.
☞ Phonemisieren Sie die Daten aufgrund der Wortspielvarianten.

| | | | | |
|---|---|---|---|---|
| 7. biriga / gabir | *Jahr* | 13. dake / gedag | *sehen* |
| 8. di: / idi | *Wasser* | 14. sate / desad | *nein* |
| 9. gam:ai / maigam | *schlafend* | 15. ua / wau | *Fisch* |
| 10. mu: / umu | *Großmutter* | 16. uaja / wajau | *Ohr* |
| 11. sapan / bansab | *Brennholz* | 17. ia / jai | *älterer* |
| 12. dage / geda | *kommen* | | *Bruder* |

## 18. Mazatekisch

Das Mazatekische ist eine mexikanische Indianersprache, die im Bundesstaat Oaxaca von etwa 120.000 Menschen gesprochen wird. Sie gehört zur Familie der Otomangue-Sprachen. Mazatekisch ist eine Tonsprache. Der Dialekt von Huautla de Jiménez, aus dem das folgende Beispiel stammt, hat vier phonemische Tonhöhen sowie Steig- und Falltöne, die von einer Höhenstufe zur anderen fallen oder steigen. Aufgrund der Komplexität des Tonsystems wird anstelle der IPA-Notation eine andere, in diesem Falle praktischere Form der Wiedergabe von Tönen gewählt, nämlich diejenige durch Indexzahlen: 4 = Hoch, 3 = Mittelhoch, 2 = Mitteltief, 1 = Tief, 42 = Fallton von Hoch nach Mitteltief, 14 = Steigton von Tief nach Hoch, etc. Neben der normalen gesprochenen Sprache gibt es noch eine phonemische Pfeifsprache, die vor allem bei Gesprächen über größere Distanz hinweg verwendet wird. Diese Pfeifsprache besitzt nahezu das volle Spektrum von Ausdrucksmöglichkeiten der gesprochenen Sprache.

Der nachfolgende Text gibt ein solches gepfiffenes Gespräch zwischen zwei Personen (Sprecher A und B) mit seiner normalsprachlichen Entsprechung wieder. ☞ Kennzeichnen Sie die Beziehungen, die beide Fassungen in phonologischer Hinsicht verbinden.

| | | |
|---|---|---|
| 1. A: | hña⁴ ti²-ʔmi² | *Wohin gehst Du?* |
| 2. B: | tši²kī⁴ ti³-vhi²kʔa¹² | *Ich gehe Brennholz holen.* |
| 3. A: | tsī³ khoi²tšʔa³ tši²kī⁴² | *Wollen wir nicht zusammen Brennholz holen gehen?* |
| 4. B: | sʔai¹-la³-ni² khoi²tšʔa³ | *Wir können später welches holen gehen.* |
| 5. A: | tšo⁴ja²-la³-nai⁴² | *Warte auf mich.* |

6. B: to$^1$-nka$^2$ he$^{23}$-ti$^3$-vhia$^{21}$-ʔni$^2$   *Aber ich bin gerade im*
   *Begriff zu gehen.*
7. A: to$^1$-hnko$^2$tho$^3$-la$^3$ tšo$^4$ja$^2$-nai$^{42}$   *Warte doch noch etwas.*

Gepfiffener Text:

## 19. Mixtekisch (Dialekt von Ayutla, Guerrero)*

‚Mixtekisch' gehört zu der in Zentral- und Südmexiko verbreiteten Sprachfamilie der Oto-Mangue-Sprachen. Es wird von etwa 320.000 Personen im mexikanischen Bundesstaat Oaxaca und angrenzenden Regionen gesprochen, also einer der besonders strukturschwachen Regionen Mexikos; durch Tausende von Arbeitsmigranten hat die Sprache eine sekundäre Verbreitung bis nach Kalifornien erhalten. Eigentlich kann man nicht von einer mixtekischen Sprache sprechen, da die verschiedenen ‚Dialekte' nicht mehr gegenseitig verständlich sind – sie unterscheiden sich in ähnlich starkem Maße wie die Sprachen Deutsch und Holländisch oder wie Französisch und Spanisch. Die Abgrenzung von ›Dialekten‹ und ›Sprachen‹ stellt sich bei außereuropäischen Sprachen häufig als Problem. Dies hängt auf der einen Seite mit der unzureichenden Dokumentation der Sprachen zusammen, zum anderen aber auch mit Vorstellungen, die mit dem Begriff ›Dialekt‹ verbunden sind. In einer schriftlosen Sprachkultur ohne ‚hochsprachliche' Norm ist eine Varietät natürlich etwas anderes als in einer europäischen Sprache, in der dialektale bzw. dialektal gefärbte Sprechweisen immer relativ zu der überregionalen ‚hochsprachlichen' Norm der Schriftsprache betrachtet werden. In Lateinamerika werden die indianischen Sprachen oft als *dialectos* bezeichnet, wobei dies eine abwertende Konnotierung hat: Es ist ein weit verbreitetes Vorurteil, daß die indianischen Sprachen »keine Grammatik hätten«, wobei ungerechtfertigterweise ›Grammatik‹ mit der normierten Grammatik einer Schriftsprache wie dem Spanischen gleichgesetzt wird.

☛ Beschreiben Sie die Bildung der Negation.

A
1. nu'ña-ra  [ _ ⁻ ⁻      *er wird öffnen*
2. nuña-'ra  [ _ – ⁻      *er wird nicht öffnen*
3. 'šaku-ra  [ ⁻ ⁻ ⁻      *er schreit, weint*
4. šaku-'ra  [ _ – ⁻      *er schreit nicht*
5. 'šini-ra  [ ⁻ ⁻ ⁻      *er versteht*
6. šini-'ra  [ _ – ⁻      *er versteht nicht*

B   7. ša'ku-ra  [ ‾ ‾ _      *er lacht*
     8. šaku-'raa [ _ – \    *er lacht nicht*
     9. ši'ni-ra   [ ‾ ‾ _      *er weiß*
   10. šini-'raa  [ _ – \    *er weiß nicht*

C  11. lu'lu-ra   [ ‾ ‾ _      *er ist klein*
   12. lulu'u-ra  [ _ / _      *er ist nicht klein*
   13. 'kakã-ra  [ – _ _      *er wird fragen*
   14. kakã'ã-ra [ _ / _      *er wird nicht fragen*
   15. 'wiši-ra   [ _ _ _     *er friert*
   16. wiši'ĩ-ra  [ _ / _      *er friert nicht*

☛ Entscheiden Sie, ob in der vorliegenden Sprache Betonung (verbunden mit Intonation) phonemisch ist oder ob sie phonemische Töne hat. Hierzu noch zusätzliche Daten:

D  17. 'šini-ra  [ ‾ _ ‾     *sein Hut*
   18. šini-'ra  [ – _ ‾     *sein Kopf*
   19. 'šini-ra  [ ‾ _ ‾     *er ist betrunken*
   20. 'šini-ra  [ _ _ _     *er wußte*
   21. 'šaku-ra  [ – _ _     *er lachte*
   22. 'šaku-ra  [ _ _ _     *er weinte*
   23. 'nuña-ra  [ ‾ ‾ ‾     *er öffnet*

## 20. Chinesisch*

Das Chinesische gehört zu den sino-tibetanischen Sprachen und ist mit etwa einer Milliarde Sprechern die sprecherreichste Sprache der Welt. Es ist auch eine der wenigen Sprachen, deren Sprachgeschichte bis ins zweite Jahrtausend vor Christus hinein durch Schriftzeugnisse dokumentierbar ist. Unter Chinesisch wird im engeren Sinne die heute im Norden gesprochene Varietät verstanden, die *pŭtōnghuà* genannt wird; vor allem im englischen Sprachraum ist die Bezeichnung Mandarin-Chinesisch üblich. Das Pŭtōnghuà entwickelt sich zu einer überregionalen Normsprache, nicht zuletzt deshalb, weil die seit den fünfziger Jahren eingeführte Alphabetschrift *pīnyīn* auf dem Lautsystem des Pŭtōnghuà aufgebaut ist:

| b | d | g | | | /p/ | /t/ | /k/ | | |
|---|----|---|---|---|------|------|------|---|---|
| p | t | k | | | /pʰ/ | /tʰ/ | /kʰ/ | | |
| z | zh | j | | | /ts/ | /tʂ/ | /tɕ/ | | |
| c | ch | q | | | /tsʰ/ | /tʂʰ/ | /tɕʰ/ | | |
| s | sh | x | h | r | /s/ | /ʂ/ | /ɕ/ | /x/ | /ʐ/ |

Die vier Töne werden als Akzente über die Vokalgrapheme gesetzt, der neutrale Ton wird nicht wiedergegeben. In der Literatur (vgl. Kapitel 2.2.4) wird davon ausgegangen, daß die Töne folgenden Verlauf haben: Ton 1 (Hochton [55]), Ton 2 (Steigton [35]), Ton 3 (Fall-Steig-Ton [214]), Ton 4 (Fallton [51]).

☛ Überprüfen Sie dies, indem Sie die folgenden Meßwerte analysieren. Die folgenden Meßwerte geben die Grundfrequenzen (in Hz) wieder, die über die Silben *ma* (1. bis 4. Ton) und *yi* (ebenfalls 1. bis

4. Ton) von 5 chinesischen Frauen (f) und 5 chinesischen Männern (m) gesprochen wurden.

| Nr. | | 1(m) | 2(f) | 3(m) | 4(f) | 5(m) | 6(f) | 7(m) | 8(f) | 9(m) | 10(f) | arithmetisches Mittel |
|---|---|---|---|---|---|---|---|---|---|---|---|---|
| 1. | mā | 125 | 280 | 200 | 250 | 120 | 250 | 150 | 270 | 130 | 280 | **206** |
| 2. | má | 115 | 215 | 160 | 215 | 090 | 190 | 100 | 225 | 120 | 215 | **165** |
| | | 135 | 260 | 200 | 245 | 120 | 265 | 170 | 245 | 140 | 280 | **206** |
| 3. | mǎ | 115 | 185 | — | 195 | — | 175 | 100 | 220 | 115 | 190 | **162** |
| | | 090 | 150 | — | — | — | 150 | 085 | 195 | 095 | 175 | **134** |
| | | 115 | 185 | — | 175 | — | 180 | 115 | 220 | 120 | 215 | **166** |
| 4. | mà | 120 | 285 | — | 290 | 120 | 240 | 210 | 280 | 125 | 260 | **215** |
| | | 120 | 215 | — | 270 | 100 | 215 | 105 | 220 | 095 | 215 | **173** |
| 5. | yī | 140 | 280 | 190 | 255 | 115 | 240 | 150 | 280 | 135 | 215 | **200** |
| 6. | yí | 120 | 215 | 175 | 210 | 095 | 195 | 105 | 215 | 115 | 220 | **167** |
| | | 140 | 255 | 215 | 270 | 135 | 250 | 175 | 275 | 135 | 305 | **194** |
| 7. | yǐ | 120 | 185 | — | 180 | — | 170 | 085 | 215 | 115 | 190 | **158** |
| | | 090 | 160 | — | 155 | — | 160 | 070 | 200 | 100 | 185 | **140** |
| | | 115 | 185 | — | 165 | — | 185 | 115 | 250 | 115 | 215 | **168** |
| 8. | yì | 155 | 280 | — | 275 | — | 255 | 210 | 300 | 125 | 265 | **233** |
| | | 120 | 225 | — | 240 | — | 240 | 120 | 220 | 090 | 215 | **183** |

## 21. Deutsch

Für Langvokale gibt es im Deutschen verschiedene graphische Realisierungen, z.B. /e:/ → {<e>, <ee>, <eh>} wie in *Heer, her, hehr*. Es gibt keine feste Regel, nach der man vorhersagen könnte, wann Langvokale mit Dehnungs-h geschrieben werden und wann nicht. Allerdings gibt es bei der Schreibung mit Dehnungs-h gewisse regelmäßige Einschränkungen. ☛ Welche?

| | | | | | |
|---|---|---|---|---|---|
| 1. | Kahn | 8. | hohl | 15. | wählen |
| 2. | Hohn | 9. | Ruhm | 16. | Fete |
| 3. | loben | 10. | Tat | 17. | rädern |
| 4. | Keks | 11. | führen | 18. | hoch |
| 5. | Lehm | 12. | sehr | 19. | stöhnen |
| 6. | rufen | 13. | Uwe | 20. | Zahl |
| 7. | zögern | 14. | Maat | 21. | Wohl |

## 22. Spanisch

Im Spanischen weichen Lautung und Orthographie in einigen Punkten voneinander ab. Diese Abweichungen sind sprachgeschichtlich bedingt und gehen z.T. noch auf das Lateinische zurück. In anderen romanischen Sprachen wie z.B. dem Französischen ist die Diskrepanz zwischen Lautung und orthographischer Repräsentation noch stärker ausgeprägt.

☛ Beschreiben Sie die Diskrepanz zwischen Phonem und Graphem anhand der Wiedergabe der Phoneme /x/, /g/, /θ/ und /k/.

Hinweis: Der Akut ´ auf Vokalen bezeichnet im Spanischen die unregelmäßige Betonung (vgl. Aufgabe 14), die Grapheme *b* und *v* sind Schreibvarianten des Phonems /b/, das intervokalisch als [β] erscheint.

1. xente &lt;gente&gt; *Leute*
2. xigante &lt;gigante&gt; *Riese*
3. xoβen &lt;joven&gt; *junger Mensch*
4. xaβon &lt;jabón&gt; *Seife*
5. xugo &lt;jugo&gt; *Saft*
6. gato &lt;gato&gt; *Katze*
7. gera &lt;guerra&gt; *Krieg*
8. gisado &lt;guisado&gt; *Schmorfleisch*
9. gusto &lt;gusto&gt; *Geschmack*
10. goβjerno &lt;gobierno&gt; *Regierung*
11. θima &lt;cima&gt; *Gipfel, Wipfel*
12. θentro &lt;centro&gt; *Zentrum*
13. θapato &lt;zapato&gt; *Schuh*
14. θorro &lt;zorro&gt; *Fuchs*
15. θurdo &lt;zurdo&gt; *Linkshänder*
16. kimika &lt;química&gt; *Chemie*
17. keso &lt;queso&gt; *Käse*
18. kaβeλo &lt;cabello&gt; *Haar*
19. komida &lt;comida&gt; *Essen*
20. kura &lt;cura&gt; *Geistlicher*

## 23. Deutsch

Im folgenden Textausschnitt ist ein Kommentar wiedergegeben, der die Fernsehübertragung eines Fußballspiels begleitet.

☛ Erstellen Sie unter Beachtung der Zeichensetzungsregeln des Deutschen eine schriftsprachliche Version.

☛ Diskutieren Sie am Beispiel das Verhältnis von Zeichensetzungsregeln und Segmentierungen in der gesprochenen Sprache.

guten abend meine damen und herren (.) das wort von den minimalisten hat hier in mexiko die runde gemacht gemeint war die deutsche mannschaft ↑ die mit geringen (.) mit geringstem aufwand BISHER die größtmögliche wirkung hier erzielt hat ↓ ohne eine wirklich spielerisch (.) überzeugende Leistung mit vier zu vier toren nur ins halbfinale einziehen (.) das ist ja schließlich gar nicht so einfach ↑ (.)

## 24. Tschechisch & Deutsch*

☞ Versuchen Sie die IPA-Wiedergabe der Phone durch die offizielle Orthographie zu bestimmen. Liegt der Verwendung der diakritischen Zeichen eine bestimmte Systematik zugrunde?

☞ Lesen Sie die ebenfalls in IPA wiedergegebene deutsche Übersetzung des Textes, die aus einer Veröffentlichung der ‚International Phonetic Association' entnommen ist. Vergleichen Sie die grobe mit der feineren Wiedergabe.

severaːk a sluntse se haːdali, gdo z ɲix je silɲeiʃiː ; f tom spatɾili potsestneːho, kteriː kraːtʃel zahalen plaːʃcem. ujednali tedi, ʒe ten se maː povaʒovaci za silɲeiʃiːho, gdo prvɲi: dokaːʒe, abisi potsestni: svleːkl plaːʃc. tu zatʃal severaːk foukaci ze fʃi: siːli ; ale tʃiːm viːts foukal, ciːm viːtse se potsestni: zahaloval do sveːho plaːʃce. konetʃɲe vzdal se severaːk marneːho uːsiliː. pak zatʃalo slunko sviːcit a hɾaːt, a za ɲejaki: okamʒik potsestniː, ktereːmu bilo horko, sxoɟil plaːʃc. tak musil severaːk uznaci, ʒe sluntse je silɲeiʃiː.

Severák a slunce se hádaly, kdo z nich je silnější; vtom spatřily pocestného, který kráčel zahalen pláštěm. Ujednaly tedy, že ten se má považovati za silnějšího, kdo první dokáže, abysi pocestný svlékl plášť. Tu začal severák foukati ze vší síly; ale čím víc foukal, tím více se pocestný zahaloval do svého pláště. Konečně vzdal se severák marného úsilí. Pak začalo slunko svítit a hřát a za nějaký okamžik pocestný, kterému bylo horko, shodil plášť. Tak musil severák uznati, že slunce je silnější.

ainst ʃtriten zix nortvint unt zone, veːr fon iːnen baiden voːl der ʃtɛrkere vɛːre, als ain vanderer, deːr in ainen varmen mantel ɡeˈhʏlt vaːr, des veːɡes daːˈheːr kaːm. ziː vurden ainix, das deːrjeːnige fyːr den ʃtɛrkeren ɡɛlten zolte, deːr den vanderer tsviɲen vyrde, zainen mantel aptsuːneːmen. der nortvint bliːs mit aler maxt, aːber je: meːr ɛr bliːs, dɛsto: fɛster hʏlte zix der vanderer in zainen mantel ain. ɛntlix ɡaːp der nortvint den kampf auf. nuːn ɛrˈvɛrmte diː zone diː luft mit iːren froyntlixen ʃtraːlen, unt ʃoːn naːx veːnigen augenbliken tsoːk der vanderer zainen mantel aus. daː muste der nortvint tsuːɡeːben, das diː zone fon iːnen baiden der ʃtɛrkere vaːr.

ˈʔainst ʃtʀɪtən zɪç ˈnoʁtvɪnt ʔʊnt ˈzɔnə, ˈveːʁ fɔn ʔiˑnən ˈbaɪdən voːl dɐ ˈʃtɛʁkɐʀə vɛːʀə, ʔals ʔaɪn ˈvandɐʀɐ, deːʁ ʔɪn ʔaɪnən vaʁmən ˈmantəl ɡəˈhʏlt vaːʁ, dəs veːɡəs daːˈheːʁ kaːm. ziˑ vɐʁdən ˈʔaɪnɪç, das ˈdeːʁjeːnɪɡə fyːʁ dən ˈʃtɛʁkɐʀən ɡɛltən zɔltə, deːʁ dən ˈvandɐʀɐ ˈtsvɪŋən vyʁdə, zaɪnən ˈmantəl ˈʔaptsuˑneːmən. dɐ ˈnoʁtvɪnt ˈbliːs mɪt ˈʔalɐ ˈmaxt, ʔaːbɐ je: ˈmeːʁ ʔɛʁ ˈbliːs, dɛstoˑ ˈfɛstɐ ˈhʏltə zɪç dɐ ˈvandɐʀɐ ʔɪn zaɪnən ˈmantəl ˈʔaɪn. ˈʔɛntlɪç ɡaːp dɐ ˈnoʁtvɪnt dən ˈkampf ˈʔaɔf. ˈnuːn ɛʁˈvɛʁmtə diˑ ˈzɔnə diˑ ˈlɔft mɪt ˈʔiːʁən ˈfʀɔʏntlɪçən ˈʃtʀaːlən, ʔʊnt ˈʃoːn naˑx ˈveːnɪɡən ˈʔaɔɡənblɪkən ˈtsoːk dɐ ˈvandɐʀɐ zaɪnən ˈmantəl ˈʔaɔs. daː ˈmʊstə dɐ ˈnoʁtvɪnt ˈtsuːɡeːbən, das diˑ ˈzɔnə fɔn ʔiˑnən ˈbaɪdən dɐ ˈʃtɛʁkɐʀə vaːʁ.

## 25. Chinesisch

☞ Beschreiben Sie die verschiedenen Bildungsweisen der nachfolgenden chinesischen Schriftzeichen.

<u>Hinweise:</u> Als Grundformen sind die Nummern 1 bis 9 gegeben, in Verbindungen finden sich die in Klammern stehenden Varianten. Die Bedeutung der Zeichen ist stark vereinfacht wiedergegeben und einige der Zeichen sind selten gebrauchte Formen.

| Nr. | Zeichen | Lautung | Bedeutung |
|---|---|---|---|
| 1. | 人 | rén | *Mensch* ( 亻) |
| 2. | 木 | mù | *Baum* |
| 3. | 馬 | mǎ | *Pferd* |
| 4. | 山 | shān | *Berg* |
| 5. | 水 | shuǐ | *Wasser* ( 氵) |
| 6. | 虫 | chóng | *Insekt, Reptil* |
| 7. | 女 | nǚ | *Frau* |
| 8. | 言 | yán | *sprechen, Wort* |
| 9. | 日 | rì | *Sonne, Tag(eslicht)* |
| 10. | 从 | cóng | *Menschenmenge* |
| 11. | 众 | zhòng | *zahlreich* |
| 12. | 林 | lín | *Wald* |
| 13. | 森 | sēn | *Urwald, Dickicht* |
| 14. | 晶 | jīng | *glänzend* |
| 15. | 昌 | chāng | *glänzend (florierend)* |
| 16. | 誩 | jìn | *disputieren, streiten* |
| 17. | 淼 | miǎo | *grenzenlose Wasserfläche* |
| 18. | 螞 | mǎ | *Ameise* |
| 19. | 媽 | mā | *Mutter, alte Frau* |
| 20. | 榪 | mà | *Brett* |
| 21. | 傌 | mà | *Figur des Schachspiels* |
| 22. | 嗎 | má | *viel reden* |
| 23. | 訕 | shàn | *lächerlich machen, üble Nachrede treiben* |
| 24. | 汕 | shàn | *Korb zum Fischfang* |
| 25. | 枞 | cōng | *(bestimmter) Nadelbaum* |
| 26. | 沐 | mù | *sich die Haare waschen* |
| 27. | 淋 | lín | *befeuchten, tropfen* |

# 3. Morphologie

## 3.1 Das Wort

Im vorigen Kapitel haben wir bereits erwähnt, daß Folgen von Lauten größere Einheiten bilden können, zu denen u.a. auch Wörter gehören. In Schriftsprachen wie dem Deutschen sind Zwischenräume (Spatien), Groß- und Kleinschreibung sowie die Interpunktion Mittel, Wörter und andere Einheiten abzutrennen. In der gesprochenen Sprache können Wortgrenzen durch Pausen gekennzeichnet sein oder aber durch phonologische Regeln wie z.B. die Auslautverhärtung. Die so erhaltenen Einheiten machen für uns Sinn, was zugleich die Probe für richtiges Verstehen ist. Wir sind jedoch auch in der Lage, scheinbar sinnlose Einheiten zu unterteilen, z.B. im folgenden ‚Nonsense'-Gedicht aus *„Alice hinter den Spiegeln"*:1

> »Verdaustig wars und glasse Wieben
> Rotterten gorkicht im Gemank;
> Gar elump war der Pluckerwank,
> Und die gabben Schweisel frieben.«

»»Das reicht fürs erste‹, unterbricht Alice Goggelmoggel, ›da kommen schon recht viele schwere Wörter vor.‹« Ob sie schwer sind oder nicht, sei dahingestellt – doch woher wissen wir, daß es sich um Wörter handelt? Immerhin, jeder Muttersprachler des Deutschen wird die Zeichenkette <die gabben Schweisel> beim Lesen intuitiv in die Wörter *die* [di:], *gabben* [gäbën] und *Schweisel* [švaisël] aufteilen. Würde aber ein Setzer die Kette zu <diegabbenschweisel> verschmelzen, so wäre man selbst dann in der Lage, intuitiv mehrere Wörter zu erkennen. Wahrscheinlich würde ein Leser entweder ebenfalls die drei Wörter *die, gabben* und *Schweisel* trennen oder aber nur zwei Wörter *die* [di:] und *Gabbenschweisel* [gäbënšvaisël], obwohl es ihm vermutlich schwerfallen dürfte, hierfür Gründe zu nennen.

Um eine Lautkette in Wörter aufteilen zu können, muß man ein Wort von einem anderen unterscheiden können. Dies setzt voraus, daß man weiß, was ein Wort ist. Wie wir weiter unten noch sehen werden, ist die Einheit ›Wort‹ von Sprache zu Sprache – z.T. sehr – unterschiedlich gefaßt. So entsprechen in den folgenden Beispielen drei bzw. vier Wörter des Deutschen jeweils nur einem einzigen in den Indianersprachen:

| Deutsch: | ich sah dich | Quiché: | šatwilo |
| | | | *ich sah dich* |
| Deutsch: | ich gebe es dir | Aztekisch: | nimitsmaka |
| | | | *ich gebe es dir* |

Die bereits angesprochene intuitive Kompetenz erlaubt daher nur
für die eigene Muttersprache ein sicheres Urteil – die wenigsten
können aber explizit sagen, nach welchen Kriterien man Wörter erkennen kann. Diese Explizierung wird jedoch notwendig, sofern
man sich wissenschaftlich mit Sprachen beschäftigt, vor allem dann,
wenn es sich um fremde Sprachen handelt, bei denen die Kompetenz
für eine andere Muttersprache irreführend sein kann. Hinzu
kommt, daß es in vielen Sprachen eine kleine Gruppe von Fällen
gibt, bei denen die Einheit Wort problematisch ist: Ist z.B. *Ihr-
Schlüssel-weg-Tür-zu-Soforthelfer* oder *washing machine* ein Wort
oder nicht?

Wort ist keine fest definierbare Einheit, sondern nur eine prototypische, d.h. die Kriterien erlauben die Trennung in den meisten,
nicht aber in allen Fällen. Da zudem auch sprachspezifisch große
Unterschiede existieren, kann der Begriff ›Wort‹ nicht direkt definiert werden, sondern muß indirekt durch ein Bündel von Indikatoren beschrieben werden, die bei der sprachspezifischen Definition
der Einheit Wort häufig eine Rolle spielen:[2]

- Phonologische Indikatoren: Hierzu gehören Pausen, Akzent sowie allophonische Variationen. In der Regel hat ein Wort nie
  mehr als einen Hauptakzent (vgl. z.B. die Duden-Regeln für Ge-
  trennt- und Zusammenschreibung); aus diesem Grund besteht
  die Lautkette [di:'gabën'švaisël] aus mehr als einem Wort. Innerhalb eines Segments nicht zulässige Konsonantenverbindungen sind ebenfalls Indizien für die Worttrennung – kein Muttersprachler des Deutschen würde auf die Idee kommen, die Laut-
  folge z.B. in [gabë] *[nšvaisël] zu trennen.
- Grammatische Indikatoren: Hier sind häufig vorkommende Endungen anzuführen, z.B. im Deutschen *-er/-en/-et*, oder häufige
  Wörter mit grammatischer Funktion wie Artikel.
- Isolierbarkeit: Ein Wort muß auch selbständig vorkommen können, so z.B. als Antwort auf eine Frage.
- Beweglichkeit: Ein Wort muß alleinstehend im Satz oder Satzteil beweglich sein, z.B. *es geht mir gut* neben *mir geht es gut*.
- Nichtunterbrechbarkeit: Ein Wort darf nicht durch andere un-
  terbrochen werden.

Allerdings gelten diese Kriterien nicht uneingeschränkt. Man denke
nur an deutsche Verben wie *einladen*, die sicherlich ein Wort sind,

für die aber das letzte Kriterium nicht immer gilt, z.B. *Die Gans lädt den Fuchs zum Essen ein.* Als Beispiel dafür, wie bei der Aufspaltung von Lautketten in einzelne Wörter diese Kriterien zusammenwirken, können die folgenden Sprachdaten aus der uns fremden kalifornischen Indianersprache Luiseño stehen:[3]

| | | |
|---|---|---|
| (1) | 'no:'pokwaq | *Ich renne.* |
| (2) | 'hunwut'pokwaq | *Der Bär rennt.* |
| (3) | 'tša:m'moqnawun'hunwuti | *Wir töten den Bären.* |
| (4) | 'tša:m'wotiwun'hunwuti | *Wir schlagen den Bären.* |
| (5) | 'no:'hunwuti'wotiq | *Ich schlage den Bären.* |
| (6) | 'no:'hunwuti'to:wq | *Ich sehe den Bären.* |
| (7) | 'hunwut'nej'to:wq | *Der Bär sieht mich.* |

Aus dem Vergleich von Sprachmaterial und Übersetzung kann man einzelnen Lautfolgen Bedeutungen zuweisen, die deutschen Wörtern entsprechen. Die Sätze (1) und (2) unterscheiden sich in den Elementen ['no:] und ['hunwut] bzw. „ich" und „der Bär" und haben den Bestandteil ['pokwaq] gemeinsam. Der naheliegende Verdacht, daß ['no:] „ich", ['hunwut] „der Bär" und ['pokwaq] „renne/rennt" bedeutet, kann durch weiteres Sprachmaterial bestätigt werden: Für „ich" findet sich regelmäßig ['no:] und für „der Bär/den Bären" ['hunwut]/ ['hunwuti]. Durch systematisches Vergleichen von Sprachbeispielen kann man auf diese Weise grob Wörter segmentieren, wobei die oben angeführten Kriterien als zusätzliche Argumente dienen. Wenn man noch weiteres Sprachmaterial heranzieht, könnte eine solche Argumentation für das Luiseño etwa folgendermaßen aussehen: Anhand der Betonungen kann man die Zahl der Wörter in der Lautkette bestimmen, da jedes Wort genau eine betonte Silbe besitzt – nicht mehr und nicht weniger. Allerdings würde sich zeigen, daß – anders als es in den Beispielen den Anschein hat – die Betonung nicht immer auf die erste Silbe fällt, sondern wechselnd auf die erste oder zweite, z.B. im Wort [ʔe'heŋmaj] „Vogel", so daß man nicht vor jedem Akzent trennen dürfte. Konsonantenverbindungen können nicht pauschal als Indikatoren für Worttrennungen herangezogen werden, da auch im Wortinnern zwei Konsonanten zusammentreffen können wie in ['hunwut] oder ['pokwaq]. Häufig vorkommende Endungen wie -*um* „Plural", z.B. in ['hunwut-um], oder -*i* „Akkusativ", z.B. in ['hunwut-i] und ['hunwut-um-i], sind gute Indikatoren für Wortgrenzen. Die Beweglichkeit von Subjekt und Objekt im Verhältnis zum Verb – das Objekt ['hunwuti] steht in den Sätzen (5) und (6) zwischen Subjekt und Verb, in den Sätzen (3) und (4) dagegen nach dem Verb – ist zusätzlich zu der Betonung ein weiterer Indikator dafür, daß es sich um jeweils eigenständige Wörter handelt.

## 3.2 Das Morphem

Nach den aufgeführten Kriterien ist sowohl *Dozent* ein Wort wie
auch *Gastdozent* oder *Dozentin*. Die letzten beiden Wörter geben uns
differenzierende Information, die über das Gemeinsame von *Dozent*
„Person, die (an der Unversität) unterrichtet" hinausgeht. Es gibt
eine Grundbedeutung ›Dozent‹ und diese Grundbedeutung wird
durch *Gast* und *-in* näher spezifiziert. *Gast* ist wiederum selbst ein
Wort, das sowohl selbständig vorkommen kann wie auch näher spezifiziert, z.B. zu *Stammgast*. *-in* hingegen kann weder allein stehen,
noch erfüllt es die anderen für ein Wort notwendigen Bedingungen.
Es ist nur Bestandteil eines Wortes, trägt aber ebenfalls Bedeutung,
nämlich die, das weibliche Geschlecht der Person zu kennzeichnen
(vgl. *Lehrer-in*, *Student-in*):

Dozent               -in
*Grundbedeutung  weiblich*

Keiner der Bestandteile kann weiter segmentiert werden, ohne daß
seine Bedeutung zerstört wird. Derartige kleinste bedeutungs-
tragende Einheiten nennt man **Morpheme**, und zwar unabhängig
davon, ob sie selbständig als Wort vorkommen können oder nicht.
Morpheme zeichnen sich dadurch aus, daß sich in ihnen eine strukturierte Lautkette mit einer Bedeutung verbindet. Wie in der Phonologie Phoneme lassen sich auch Morpheme durch Minimalpaare
feststellen:

|               | Be-sicht-ig-ung |
| be-dank-en    | be-sicht-ig-en  |
| dank-en       | sicht-en        |
| Dank          | Sicht           |
| dank-bar      | sicht-bar       |
| un-dank-bar   | un-sicht-bar    |

Die gleiche Bedeutung kann durch verschiedene Lautketten realisiert werden: Das Pluralmorphem *-er* ist im Deutschen nicht das
einzige, es gibt neben *Kind-er* auch *Tisch-e* und *Ohr-en*. In Analogie
zu den Begriffen Allophon und Phon der Phonologie werden Varianten mit gleicher Bedeutung, aber komplementärer Distribution, als
**Allomorphe** eines Morphems zusammengefaßt bzw. gegebenenfalls
als Morphe behandelt. Umgekehrt kann allerdings auch eine Lautkette für verschiedene Morpheme stehen. Die Lautkette *-er* hat im
Deutschen z.B. die folgenden verschiedenen Bedeutungen:

| $-er_1$ | *Plural:*           | Kind    | – | Kind-er    |
| $-er_2$ | *Person, die x-t:*  | Fisch   | – | Fisch-er   |
| $-er_3$ | *Komparativ:*       | schnell | – | schnell-er |

Allomorphe können phonologisch bedingt sein, wobei die Umgebung
die Wahl des Allomorphs bestimmt wie im Falle des Plurals im
Englischen bei Wörtern wie *bags* [bæg-z] oder *cats* [kæt-s]:

/-s/      *Plural* → [+stimmhaft] /      K      _____
                     [+stimmhaft]

Wie kompliziert solche **morphophonemischen** Regeln beim Zusammentreffen mehrerer Morpheme in einem Wort werden können,
haben wir bereits im vorigen Kapitel am Beispiel des Kuna gesehen.
Allomorphe können aber auch wie im Falle des deutschen Plural-
morphems jeweils eine bestimmte willkürliche Gruppe von Wörtern
auszeichnen; die Willkürlichkeit der Gruppen löst sich jedoch vielfach bei einer sprachhistorischen Herangehensweise auf.

-er:      Kind-er, Rind-er
-e:       Tisch-e, Schuh-e, Fisch-e
-en:      Ohr-en, Frau-en, Lehrerin(n)-en
-Ø:       Fischer-Ø, Lehrer-Ø

Während in den ersten drei Gruppen zum Grundmorphem jeweils
ein Allomorph hinzukommt, das einen eigenen Lautkörper besitzt –
man spricht von Ergänzungsmorphen –, sind bei der letzten Gruppe
Singular- und Pluralform identisch. Man kann daher sagen, daß die
Pluralität durch ein Allomorph ohne eigenen Lautkörper zum Ausdruck kommt, d.h. durch ein sogenanntes **Null**-Allomorph.

   In Fällen wie *Tischler* erscheint die Unterscheidung zweier
gleichlautender Formen durch ein zusätzliches ,Nichts‘, das Plural
bedeutet, arbiträr. Die Ansetzung eines Nullmorphems dürfte dagegen unmittelbar einsichtig sein, wenn in einer Liste mit verschiedenen Formen mehrere Morpheme mit Lautkörper vorkommen und
ein einzelnes ohne Lautkörper, aber mit fester Bedeutung. In
solchen Fällen füllt das Nullmorphem (Ø) eine Lücke im System,
wie z.B. im Falle der dritten Person Singular im Quiché:

š-in-ulik      *ich kam*
š-at-ulik      *du kamst*
š-Ø-ulik       *er kam*

Gelegentlich wird durch ein Morphem die Lautgestalt des
Grundmorphems nicht um einen Bestandteil erweitert, sondern die
Lautgestalt des Grundmorphems wird verändert wie z.B. im Falle
von *Mutter – Mütter*. Solche Morphe nennt man Ersetzungsmorphe,
die Lautveränderung des Grundmorphems Umlautung. Dieser Umlaut findet sich jedoch auch mit Ergänzungsmorphen verbunden wie
im Falle von *Haus – Häus-er*. Häufig gehen solche Phänomene
sprachgeschichtlich auf geschwundene Ergänzungsmorphe zurück,

die phonologische Veränderungen beim Grundmorphem hervorrie-
fen; die frühere Kombination aus Ergänzungsmorph + phonologische
Regel wird dann als Ersetzungsmorph umgedeutet. Bei den Pluralformen, die im Deutschen den Umlaut zeigen, ist dies auch tatsächlich der Fall: Sie hatten im Althochdeutschen ein Pluralmorphem -i,
das die Frontierung des Vokals des Grundmorphems bewirkte. In
manchen Fällen gibt es aber auch völlig verschiedene Formen eines
Grundmorphems, wie z.B. im Englischen für „sein": *am, are, is*. Solche Ersetzungsmorphe werden als **suppletive** Formen bezeichnet.

Die Analyse von Morphemen ist nicht immer eindeutig möglich,
vor allem, wenn in ihnen Merkmale gebündelt erscheinen. Betrachtet man Verbformen im Deutschen wie *ich lege, du legst, ...; ich legte,
du legtest, ...* oder *ich rufe, du rufst, ...; ich rief, du riefst, ...* , so
würde man möglicherweise zur folgenden Analyse gelangen:[4]

Schwache Verben (regelmäßige Präteritumbildung mit *t*)

|           | Singular Präsens | Singular Präteritum | Plural Präsens | Plural Präteritum |
|-----------|----------|-----------|--------|-----------|
| 1. Person | leg-e    | leg-t-e   | leg-en | leg-t-en  |
| 2. Person | leg-st   | leg-t-est | leg-t  | leg-t-et  |
| 3. Person | leg-t    | leg-t-e   | leg-en | leg-t-en  |

Starke Verben (Präteritumbildung mit Umlautung)

|           | Singular Präsens | Singular Präteritum | Plural Präsens | Plural Präteritum |
|-----------|----------|-----------|--------|-----------|
| 1. Person | ruf-e    | rief-Ø    | ruf-en | rief-en   |
| 2. Person | ruf-st   | rief-st   | ruf-t  | rief-t    |
| 3. Person | ruf-t    | rief-Ø    | ruf-en | rief-en   |

Man könnte aber genausogut annehmen, daß im Präteritum bei
schwachen Verben das Morphem -*te* vorliegt. Dies würde zu einer al-
ternativen Analyse führen, die den Vorzug hätte, daß der Unterschied bei der Personenmarkierung aufgehoben wäre, der bei der ersten Interpretation zwischen schwachen und starken Verben besteht.

Schwache Verben

|           | Singular Präsens | Singular Präteritum | Plural Präsens | Plural Präteritum |
|-----------|----------|-----------|--------|-----------|
| 1. Person | leg-e    | leg-te-Ø  | leg-en | leg-te-n  |
| 2. Person | leg-st   | leg-te-st | leg-t  | leg-te-t  |
| 3. Person | leg-t    | leg-te-Ø  | leg-en | leg-te-n  |

## Starke Verben

|  | Singular<br>Präsens | Singular<br>Präteritum | Plural<br>Präsens | Plural<br>Präteritum |
|---|---|---|---|---|
| 1. Person | ruf-e | rief-Ø | ruf-en | rief-en |
| 2. Person | ruf-st | rief-st | ruf-t | rief-t |
| 3. Person | ruf-t | rief-Ø | ruf-en | rief-en |

Der Grad der Analyse kann ebenfalls variieren. In Fällen wie *die Kinder – den Kindern* oder *die Tische – den Tischen* etc. könnte man versucht sein, die jeweiligen Endungen in zwei Morpheme zu zerlegen, in das Pluralmorphem *-er* bzw. *-e* und das Dativmorphem *-n*. In ähnlicher Weise könnten bei den Artikeln *der, den* und *dem* und den Fragewörtern *wer, wen, wem* als Kasusmorpheme *-r, -n* und *-m* segmentiert werden.[5] Es ist aber zweifelhaft, ob dies auch sinnvoll ist, da die Regelhaftigkeit der Analyse nur auf einen sehr kleinen Bereich der gegenwärtigen deutschen Sprache beschränkt ist.

## 3.3 Morphemtypen

Morpheme können hinsichtlich ihres Verhaltens und hinsichtlich ihrer Funktion in verschiedene Gruppen eingeteilt werden. Vielen Morphemen kann man eine mehr oder minder konkrete Bedeutung zuweisen, wie z.B. *Frau, Mann, Haus* oder *schön*; diese sogenannten **lexikalischen** Morpheme gehören den Wortarten an, die wie Nomina, Verben, Adjektive und Adverbien zumindest theoretisch unbegrenzt – d.h. offen – sind. Auf der anderen Seite gibt es **grammatische** Morpheme wie Pronomina, Artikel oder Konjunktionen. Morpheme wie, *-te, es* und *und* haben keine eigentliche Bedeutung außerhalb der ‚Welt‘ der Sprache, sondern bringen den Notwendigkeiten der Grammatik gemäß die in einer Sprache grammatikalisierten Kategorien zum Ausdruck: *\*sie kauf- Buch es interessant ist Wunderlich geschrieben wurde* ist ohne die grammatischen Hilfswörter kein verständlicher Satz der deutschen Sprache (lies: *sie kaufte das Buch, weil es interessant ist und von Wunderlich geschrieben wurde*). Diese grammatischen Morpheme gehören auch Wortarten an, die nur über eine begrenzte Zahl von Elementen verfügen, d.h. geschlossen sind.

Manche Morpheme bilden den Grundbestandteil – die Wurzel – eines Wortes; solche Grundmorpheme werden auch als **Lexeme** bezeichnet. Viele dieser Morpheme können allein bereits als Wort vorkommen, sind also wortfähig. Im Gegensatz zu diesen **freien** Morphemen gibt es andere, sogenannte **gebundene**, die zwar gleichfalls den Grundbestandteil eines Wortes bilden, aber nicht aus sich heraus wortfähig sind, da sie immer durch ein weiteres Morphem ergänzt werden müssen:

<u>frei:</u>

| | | | |
|---|---|---|---|
| Salz | Salz | schön | schön |
| | salz-en | | schön-tun |
| | Salz-faß | | ver-schön-ern |
| | salz-ig | | Schön-heit |
| | | | schön-er |

<u>gebunden:</u>

| | | | |
|---|---|---|---|
| such- | Such-e | sag- | Sag-e |
| | such-en | | sag-en |
| | Such-aufgabe | | Ja-sag-er |

Daneben gibt es andere gebundene Morpheme wie z.B. *ver-*, *-en* oder *-ig*, die nicht als Grundbaustein eines Wortes vorkommen können, sondern nur an einen solchen gebunden. Morpheme, die an ein Grundmorphem gebunden vor oder nach stehen, nennt man **Affixe**. Stehen sie vor dem Grundmorphem, so handelt es sich um **Präfixe**, stehen sie nach ihm, um **Suffixe**:

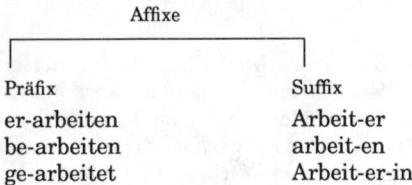

Affixe

| Präfix | Suffix |
|---|---|
| er-arbeiten | Arbeit-er |
| be-arbeiten | arbeit-en |
| ge-arbeitet | Arbeit-er-in |

Weitaus seltener findet sich eine weitere Affixart, die sogenannten **Infixe**, die in das Grundmorphem eingefügt werden, z.B. Kambodschanisch (Khmer):

| | | | |
|---|---|---|---|
| so:m | *fragen, bitten* | s-m-o:m | *Bettler* |
| tšù:ëñ | *Geschäfte machen* | tš-hm-ù:ëñ | *Geschäftsmann* |

Im Gegensatz zu freien Morphemen sind Affixe normalerweise nicht beweglich. Während sowohl *mir geht es gut* als auch *es geht mir gut* möglich ist, ist innerhalb eines Wortes nur eine einzige Reihenfolge zulässig: *un-dank-bar*, nicht aber z.B. *\*bar-dank-un*. Während im Deutschen sowohl Präfigierung als auch Suffigierung vorkommen und mit ihnen jeweils verschiedene Funktionen verbunden sind, gibt es Sprachen, in denen nahezu ausschließlich das eine oder das andere Prinzip Verwendung findet:

| | Präfixe | Suffixe |
|---|---|---|
| Deutsch | + | + |
| Türkisch, Eskimo | − | + |
| Kambodschanisch | + | − |
| klass. Chinesisch | − | − |

Die Funktion von Präfixen und Suffixen ist in manchen Sprachen deutlich geschieden, z.B.:

| | Präfixe | Suffixe |
|---|---|---|
| Lateinisch, Russisch | Bedeutung des Grundmorphems wird modifiziert | grammatische Bedeutung wird kodiert |
| Quiché | grammatische Bedeutung wird kodiert | Bedeutung des Grundmorphems wird modifiziert |

## Latein

| re- | mittē | -ba | -nt | -ur |
|---|---|---|---|---|
| *zurück* | *schicken* | *Imperfekt* | *3.Person Plural* | *Passiv* |

*sie wurden zurückgeschickt*

## Quiché

| š- | Ø- | u- | tel | -eba? |
|---|---|---|---|---|
| *Vergangenheit* | *3. Person Singular „es (Obj.)"* | *3. Person Singular „er (Subj.)"* | *auf der Schulter sein* | *etwas in eine bestimmte Raumlage bringen* |

*er nahm es auf die Schulter*

Diese Aussage ist für das Quiché allerdings nur z.T. zutreffend, da in vielen Fällen die Verbformen durch ein Suffix abgeschlossen werden, das grammatische Bedeutung kodiert. Diese beiden Beispiele bilden einen guten Übergang von der formalen Seite der Morpheme zu der Frage, wie sich denn Affixe auf die Bedeutung eines Grundmorphems auswirken.

Die Zahl der Affixe und ihre Verwendung ist je nach Sprache gleichfalls sehr verschieden. Während das klassische Chinesisch keinerlei Affixe besaß und daher Wörter normalerweise aus nur einem einzigen Morphem bestanden, verfügen z.B. einige nordamerikanische Indianersprachen über reiche Affixinventare; so gibt es im Nootka etwa 500 Suffixe. Die Zahl der Affixe in einem Wort kann in solchen Sprachen recht groß sein, vgl. z.B. das folgende Wort aus dem südgrönländischen Eskimo:[6] *qasu-i:ɣ́-saɣ́-βiɣ́-šaɣ́-si-ñ̃ñit-luinaɣ́-naɣ́-puq* „es gelang einem überhaupt nicht, einen Rastplatz zu finden". Das Wort setzt sich aus den folgenden Bestandteilen zusammen (man beachte die morphophonemische Regel, nach der *k* und *q* vor Konsonanten zu den Frikativen γ bzw. γ́ werden): als Grundmorphem *qasu* „ermüdet sein", + *i:q* „nicht sein, sein ohne ..." = *qasu-i:q* „nicht ermüdet sein, ausruhen" + *saq* „veranlassen" = *qasu-i:ɣ́-saq* „ausruhen lassen" + *ββik* „Platz für ..." = *qasu-i:ɣ́-saɣ́-βik* „Platz zum Ausruhenlassen, Rastplatz" + *šaq* „Suffix, das Wiederholung anzeigt

(Repetitiv)" + *si* „finden" + *ññit* „nicht" = „das wiederholte Nichtfinden eines Rastplatzes" + *luinaq* „gänzlich" + *naq* „dort ist" = „dort ist gänzliches wiederholtes Nichtfinden eines Rastplatzes" + *puq* „er, man, von ihm (Pronomen der dritten Person)".

## 3.4 Wortbildung

Die Kombination von Grundmorphemen untereinander oder von einem Grundmorphem und Affixen ist in fast allen Sprachen der Welt ein Prinzip der Wortbildung, wobei die zusätzlichen Morpheme die Bedeutung des Grundmorphems modifizieren und auf diese Weise neue, abgeleitete Lexeme schaffen. Werden mindestens zwei Grundmorpheme miteinander kombiniert, so spricht man von **Komposition**. Wird ein Grundmorphem durch mindestens ein Affix erweitert, so spricht man von **Derivation**. Obwohl solche Verbindungen aus mehreren Bestandteilen bestehen, verhalten sie sich in vieler Hinsicht wie einfache Lexeme. Um sie von Wurzeln zu unterscheiden, bezeichnet man solche Verbindungen gelegentlich als Wortstämme. Bei der Komposition können gleiche und verschiedene Wortarten kombiniert werden, bei der Derivation wird entweder die Bedeutung verändert oder es ändert sich die Wortart:

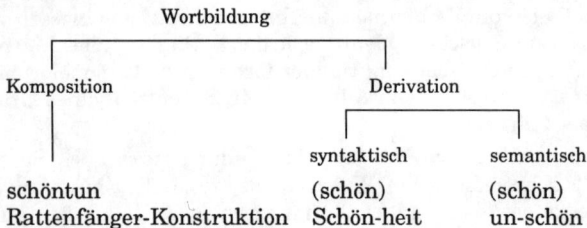

```
                        Wortbildung
        ┌───────────────────────┴──────────────┐
    Komposition                            Derivation
        │                         ┌──────────────┴──────────┐
        │                     syntaktisch           semantisch
    schöntun                    (schön)               (schön)
    Rattenfänger-Konstruktion   Schön-heit            un-schön
```

Bei der Komposition steht im Deutschen wie auch im Englischen der bestimmende Bestandteil vor dem näher bestimmten. So handelt es sich bei einer *Rattenfänger-Konstruktion* um eine ›Konstruktion‹ und nicht um einen ›Fänger‹. Die Bildung hat die folgende Struktur:

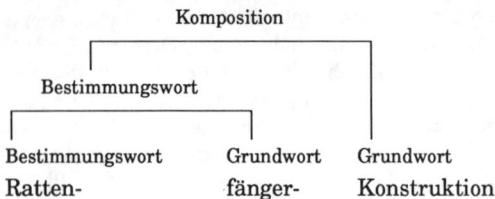

```
                    Komposition
        ┌───────────────────┴──────────────────┐
    Bestimmungswort                             │
   ┌────────┴─────────┐                         │
Bestimmungswort   Grundwort                 Grundwort
Ratten-           fänger-                   Konstruktion
```

Das Grundwort legt die Grundbedeutung der Fügung fest wie auch
die Wortart und das Genus, das Bestimmungswort modifiziert die
Bedeutung zu ›eine spezielle Konstruktion‹. Das Beispiel zeigt auch,
daß ein Bestimmungswort selbst wiederum aus einem Bestimmungswort und einem Grundwort zusammengesetzt sein kann. Die
Beziehung zwischen verschiedenen Bestimmungswörtern und ihrem
Grundwort kann recht vielfältig sein, z.b. beim Grundwort *Kuchen*:

| | |
|---|---|
| Butter-kuchen | *Kuchen mit dem hohem Butteranteil* |
| Zwiebel-kuchen | *Kuchen mit Zwiebeln als Zutat* |
| Erdbeer-kuchen | *Kuchen mit aufgelegten Erdbeeren* |
| Hunde-kuchen | *Kuchen für Hunde* |
| Baum-kuchen | *Kuchen in Gestalt eines Baumstammes* |
| Marmor-kuchen | *Kuchen mit dem Muster von Marmor* |
| Blech-kuchen | *Kuchen, der auf einem Blech gebacken wird* |

Bei der Derivation kann man zwischen zwei Arten unterscheiden: der syntaktischen und der lexikalischen Derivation. Bei der
**syntaktischen** Derivation ändert sich die grammatische Verwendung im Satz, d.h. die Wortart, z.B. *Salz – salz-en – salz-ig*. Bei
der **lexikalischen** findet eine Bedeutungsveränderung statt, z.B.
*schön – un-schön*. Diese Unterscheidung ist natürlich nur eine Ar-
beitshilfe, da manche Derivationsprozesse sich nicht ohne weiteres
in diese einfache ‚Opposition‘ pressen lassen. Dies zeigt sich vor
allem bei morphologisch komplexen Sprachen, in denen die Vielfalt
der Bedeutungsmodifikationen, die durch Derivationsaffixe zum
Ausdruck kommen, enorm sein kann – man betrachte das oben erwähnte Beispiel aus dem Grönländischen oder Derivationssuffixe
des Kwak'wala wie [-ʔënga] „im Traum gewonnene Information",
z.B. [guxʷʔënga] „im Traum gesehenes Haus", oder [-alisëm] „aufgrund nicht-äußerlicher Faktoren sterben", z.B. [xʷëlj-alisëm] „vor
Sehnsucht/Verlangen sterben" oder [këlalisëm] „vor Angst sterben".
Obwohl es semantisch sehr spezifische Derivationen gibt, sind Deri-
vationsmorpheme häufig durch eine große Vagheit ausgezeichnet,
d.h. durch eine Vielzahl von im Einzelfall unterschiedlichen Bedeutungen:

-er: *jemand, der x-t / etwas, das x-t*

| | |
|---|---|
| – *Person, die gerade ge-x-t hat:* | Find-er |
| – *Person, die immer x-t:* | Trink-er |
| – *Person, die berufsmäßig x-t:* | Bau-er |
| – *Mittel, das man zum x-en braucht:* | Düng-er. |

Neben Komposition und Derivation gibt es noch eine dritte Art der
Wortbildung, die aber im Deutschen kaum eine Rolle spielt, nämlich

die sogenannte **Reduplikation**. Ein Morphem oder ein bestimmter
Bestandteil eines Morphems wird hierbei verdoppelt:

Yoruba (Westafrika):

| púpɔ̀ | *viel* | púpɔ̀púpɔ̀ | *sehr viel* |
|---|---|---|---|
| díɛ̀ | *wenig* | díɛ̀díɛ̀ | *sehr wenig* |
| wéré | *schnell* | wéréwéré | *sehr schnell* |

Ch'ol (Mexiko):

| $K_1V_1K_2$ | | $K_1V_1$-$K_1V_1K_2$ | |
|---|---|---|---|
| jëš | *blaugrün* | jë-jëš | *grünlich* |
| sëk | *weiß* | së-sëk | *weißlich, hell* |
| ʔik' | *schwarz* | ʔi-ʔik' | *schwärzlich, dunkel* |

Durch die Verdoppelung wird oft im weitesten Sinne ein ‚Mehr an'
zum Ausdruck gebracht, in manchen Sprachen aber auch im Gegenteil ein ‚Weniger' oder ‚in der Art von'. Im Deutschen findet sich die
Reduplikation, verbunden mit Vokalwechsel, vor allem bei dem kleinen Teilbereich der lautmalerischen Wörter, z.B. *Singsang, piff-paff,*
*klipp-klapp*, etc. Durch Reduplikation kann auch grammatische Bedeutung zum Ausdruck gebracht werden, wie z.B. bei der Perfekt-
bildung lateinischer Verben:

| pendēre | *bezahlen* | pependī | *ich habe bezahlt* |
|---|---|---|---|
| poscēre | *verlangen* | poposcī | *ich habe verlangt* |

Daneben gibt es noch einige besondere Formen der Wortbildung,
die aber nur in Einzelfällen vorkommen, jedoch nicht systematisch.
Bei Wörtern wie *verdaustig* (‚englisch' *slithy*) aus „*Alice hinter den*
*Spiegeln*" liegt ein Sonderfall von Komposition vor, bei dem die Bestandteile *verdaut* + *durstig* verkürzt und verschmolzen wurden:[7]

«Well, *'slithy'* means 'lithe and slimy'. 'Lithe' is the same as 'active'. You see it's
like a portmanteau – there are two meanings packed up into one word.»

Diese **Portmanteau**-Bildungsmethode liegt beispielsweise dem
Wort *Smog* zugrunde, einer Kombination aus *smoke* + *fog*. Sie
kommt auch bei grammatischen Formen wie Deutsch *im* oder Französisch *au* vor, die für eine Verbindung von Präposition und Artikel
stehen, nämlich *in* + *dem* bzw. *à* + *le*. Im alltäglichen Gebrauch können Komposita auch zum nicht-spezifischen Grundmorphem reduziert werden, z.B. *Rad* für *Fahrrad* oder – nur im jeweiligen Kontext
eindeutig – *Gib' mir mal den Schlüssel!*, womit sowohl ein *Tür*- als
auch ein *Schraubenschlüssel* gemeint sein könnte. Neue Lexeme
können auch auf Namen oder Abkürzungen zurückgehen, wie z.B.
das Verb *lynchen* auf den Namen des übereifrigen Friedensrichters
Lynch aus dem amerikanischen Westen oder das Wort *AIDS*, das für
"*Acquired Immune Deficiency Syndrome*" steht.

Insgesamt zeichnen sich alle drei Arten der Wortbildung durch ein breites Spektrum an Bedeutungsmodifikationen aus, das sie bewirken. Hierbei muß die zum Ausdruck einer bestimmten Bedeutung gewählte Art der Wortbildung nicht unbedingt die gleiche sein:

| Deutsch: Komposition | Französisch: Derivation |
|---|---|
| Apfel-baum | pomm-ier |
| Birn-baum | poir-ier |

Durch die vielfältigen Wortbildungsprozesse können von einem Grundlexem eine Vielzahl neuer Lexeme abgeleitet werden, die in ihrer Bedeutung eine mehr oder weniger enge Beziehung zum Grundlexem haben und mit diesem zusammen eine Wortfamilie bilden:

| Ver-kauf | – Kauf | – An-kauf |
|---|---|---|
| ver-kauf-en | – kauf-en | – an-kauf-en |
| ver-käuf-lich | – käuf-lich | |
| Ver-käuf-er | – Käuf-er | – An-käuf-er |

Zugleich haben Wortbildungsprozesse einen hohen Grad an Vagheit, der von der Notwendigkeit herrührt, viele verschiedene Einzelfälle mit einem möglichst ökonomischen Inventar an Prozessen zu verändern. In manchen Fällen wird die abgeleitete Bedeutung in einem Maße verschoben und zugleich verfestigt – d.h. **lexikalisiert** –, so daß die Beziehung zwischen dem Grundmorphem und der abgeleiteten Form nicht mehr vorhersagbar ist, z.B. *Rollschuh, Lederschuh, Hausschuh*, aber *Handschuh*, oder *herauslegen, hineinlegen*, aber *hereinlegen*. Ein weiteres Merkmal der Wortbildung ist der z.T. sehr unterschiedliche Grad der Produktivität. Bestimmte Bildungsmuster führen fast immer zu sinnvollen oder zumindest denkbar möglichen Formen, wie z.B. *gut – un-gut, schön – un-schön, wahr – un-wahr, angenehm – un-angenehm*. Allerdings ist auch die Kombinierbarkeit produktiver Affixe nicht unbegrenzt, man kann zwar z.B. *Hund – Hünd-chen, Haus – Häus-chen* und *Pferd – Pferd-chen* bilden, wohl aber nur schwerlich *Wal – ?Wal-chen* oder *Hochhaus – ?Hochhäuschen*. Ein anderer Aspekt der Produktivität, nämlich der der Nachvollziehbarkeit, zeigt sich bei Komposita: Während wir Komposita wie *Erd-beere* oder *Stachel-beere* ohne weiteres verstehen, ist uns der erste Bestandteil in *Brom-beere* oder *Heidel-beere* nicht mehr geläufig.

## 3.5 Flexion

Wenden wir uns nun der Kodierung grammatischer Bedeutung zu, die in vielen Sprachen durch die Morphologie geleistet wird. Flexionsaffixe haben im allgemeinen eine hohe Produktivität, da sie grammatikalisierte Merkmale von Wörtern wie beispielsweise im Deutschen ›Mehrzahl‹, ›Nominativ‹ oder ›Präsens‹ markieren. Sie tragen nicht zur lexikalischen Bedeutung bei. Daher entstehen bei der Flexion – anders als bei der Derivation und Komposition – keine neuen Wörter, sondern nur Wortformen eines Lexikoneintrages. So findet sich in einem italienisch-deutschen Wörterbuch nur die Entsprechung *vedere* „sehen", ohne daß flektierte Formen wie *vedi* „du siehst" oder *vidi* „ich sah" besonders aufgeführt werden.

In vielen Sprachen sind bestimmte Flexionsaffixe obligatorisch, so daß ein Wort im Satzkontext ohne sie nicht vorkommen kann, wie z.B. das Verb *les-* in *sie lesen das Buch* – da sie gebundene grammatische Morpheme sind, gilt natürlich für sie in gleichem Maße das, was über grammatische Morpheme im allgemeinen gesagt wurde. Fast immer stehen die Flexionsaffixe weiter vom Grundmorphem eines Wortes entfernt, d.h. näher an den Rändern des Wortes, wobei in manchen Sprachen – so z.B. dem Quiché – das Grundmorphem von den Flexionsaffixen umrahmt wird:

| Flexion | | Wurzel (+Derivation) | | Flexion |
|---------|---|---------------------|---|---------|
| ka- | Ø- | biq' | -ilax | -ik |
| *Gegen-wart* | *3. Person Singular* | *schlucken* | *ein Geräusch machen* | *Flexions-endung* |
| *er schluckt hörbar* | | | | |
| š- | Ø- | u- | biq' | -o |
| *Ver-gangen-heit* | *3. Person Singular* „es" | *3. Person Singular* „er" | *schlucken* | *Flexions-endung* |
| *er schluckte es* | | | | |

Verbindungen von Grundmorphemen oder von einem Grundmorphem mit Derivationsaffixen verhalten sich hinsichtlich der Flexion in gleicher Weise wie einfache Grundmorpheme, z.B.

| Dozent | – | Dozent | -en |
|--------|---|--------|-----|
| Gast-dozent | – | (Gast-dozent) | -en |
| Dozent   -in | – | (Dozent-inn) | -en |
| Gast-dozent-in | – | (Gast-dozent-inn) | -en |

Im Hinblick auf die Art und Weise, wie grammatikalisierte Merkmale durch Flexionsmorpheme zum Ausdruck gebracht werden, kann man zwei Grundtypen unterscheiden. In manchen Sprachen, so auch dem Deutschen und Lateinischen, werden bei der Flexion in einem Affix mehrere Informationen gebündelt. Im lateinischen *bon-ae* steckt im Suffix *-ae* die Information, daß „gut" hier sowohl im Dativ, der Einzahl und im weiblichen Genus vorliegt; im Plural würde die entsprechende Form *bon-īs* lauten. Sprachen wie das Lateinische nennt man im engeren Sinne **flektierende** Sprachen. Dem stehen die sogenannten **agglutinierenden** Sprachen gegenüber, in denen die Merkmale getrennt durch jeweils eigene Affixe ausgedrückt werden, z.B. Mongolisch (mit r → Ø /__ -d „Plural"):

|  | Singular |  | Plural |  |
|---|---|---|---|---|
| Nominativ | nökör | *der Freund* | nökö-d | *die Freunde* |
| Akkusativ | nökör-i | *den Freund* | nökö-d-i | *die Freunde* |
| Dativ | nökör-tür | *dem Freund* | nökö-d-tür | *den Freunden* |

Besonders bei flektierenden Sprachen können gelegentlich verschiedene Formen zusammenfallen, wie z.B. erste und dritte Person Präteritum im Deutschen *(ich) las – (er) las* oder Genitiv Singular und Nominativ Plural in einigen lateinischen Deklinationen *filiae* „der Tochter" – „die Töchter". Man spricht in solchen Fällen von **Synkretismus**.

Die Flexion konzentriert sich auf die beiden wichtigsten Pole einer Folge von Wörtern, die eine Aussage darstellen sollen, nämlich um das Verb und das Nomen. Die nominale Flexion bezeichnet man als **Deklination**. Andere Wortarten werden in vielen Sprachen nicht oder in geringem Maße flektiert: Artikel und Adjektive werden im Deutschen zwar flektiert, nicht aber z.B. im Quiché. Folgen von aufeinander bezogenen Wörtern müssen in einigen Sprachen hinsichtlich der Merkmale ihrer Flexion übereinstimmen, wie z.B. im Lateinischen Nomen und zugehöriges Adjektiv:

| Nominativ | discipul<u>us</u> sedul<u>us</u> | *der fleißige Schüler* |
|---|---|---|
| Nominativ | fili<u>a</u> sedul<u>a</u> | *die fleißige Tochter* |
| Dativ | fili<u>is</u> sedul<u>is</u> | *den fleißigen Töchtern* |
| Akkusativ | discipul<u>ōs</u> sedul<u>ōs</u> | *die fleißigen Schüler* |

Diese sogenannte **Kongruenz** findet sich jedoch nicht in allen Sprachen, wie bereits das Englische zeigt:

| die schwarz<u>e</u> Katz<u>e</u> | the black cat |
|---|---|
| die schwarz<u>en</u> Katz<u>en</u> | the black cat<u>s</u> |

In Abhängigkeit von der Wortart werden bei der Flexion bestimmte grammatische Kategorien zum Ausdruck gebracht, wobei aber z.T. recht große Unterschiede zwischen den Sprachen bestehen. Im Deutschen oder Lateinischen müssen beim Nomen und auch bei anderen Wortarten wie Adjektiv und Pronomen die Kategorien Kasus, Numerus und Geschlecht markiert werden:

| | Lateinisch | Deutsch |
|---|---|---|
| Nominativ | vīnum bonum | der gute Wein |
| Genitiv | vīnī bonī | des guten Weines |
| Dativ | vīnō bonō | dem guten Wein(e) |
| Akkusativ | vīnum bonum | den guten Wein |

In Maya-Sprachen wie dem Quiché wird weder Kasus noch Geschlecht markiert, Numerus wird nur in einigen wenigen Fällen besonders gekennzeichnet. Andererseits ist die uns fremde Flexionskategorie ›Besitzbarkeit‹ obligatorisch: Bestimmte Nomina – vor allem Körperteil- oder Verwandtschaftsbezeichnungen – können immer nur mit einem Possessivpräfix flektiert vorkommen; andere Nomina verändern sich durch ablautartige Vokallängung oder durch ein hinzutretendes Suffix, wenn sie mit einem Possessivpräfix gebraucht werden. Besondere Formen der Besitzbarkeit wie die Teil-Ganzes-Beziehung o.ä. werden ebenfalls mit Affixen markiert, beispielsweise *tšikop* „Tier", *nu-tšikop* „mein Tier" und *u-tšikop-il tše?* „Tier des Holzes (*tše?*), d.h. Termite" oder *\*baq* „Knochen", *nu-baq-il* „mein Knochen (als Bestandteil des eigenen Körpers)" neben *nu-baq* „mein Knochen (-werkzeug)".

Die Flexion des Verbs bezeichnet man als **Konjugation**. Im Deutschen und Lateinischen werden Angaben über Tempus, Numerus, und Aktiv/Passiv gemacht sowie über Numerus und Person des Subjekts. Solche mit den notwendigen Konjugationsmerkmalen versehenen Verben nennt man **finite Verbformen**:

| Lateinisch | Deutsch |
|---|---|
| amō | ich liebe |
| amā-s | du liebst |
| amā-mus | wir lieben |
| amā-tis | ihr liebt |
| amā-ba-m | ich liebte |
| amā-bā-s | du liebtest |
| amā-re-m | ich würde lieben |
| amā-rē-s | du würdest lieben |
| amo-r | ich werde geliebt |
| amā-ris | du wirst geliebt |

Im Mongolischen stellt sich die Konjugation dagegen völlig anders dar. Es gibt kein morphologisch unterscheidbares Passiv; Person und Numerus des Subjekts werden nicht im Verb zum Ausdruck gebracht. Genausowenig gibt es Zeiten in unserem Sinne oder die Un-

terscheidung zwischen Indikativ und Konjunktiv. Eine Form wie
z.B. *jabu-mui* kann daher sowohl „ich gehe", „du gehst", „er geht"
bedeuten als auch „ich werde gehen", ..., *jabu-luɣa* „er ist gegangen"
oder „er wird gehen", wobei das Suffix beinhaltet, daß der Sprecher
sich seiner Sache völlig sicher ist. Auf der anderen Seite gibt es aber
Formen wie *jabu-muu* „Geht er?", „Wird er gehen?" oder wie *jabu-*
*ɣudžai* „Was ist, wenn er kommt?", bei der das Suffix die Angst ausdrückt, daß jemand eine nicht erwünschte Handlung ausführen
könnte. In einer Sprache wie dem Aztekischen, dessen Verbflexion
sich in jeder anderen Hinsicht nicht sonderlich von der einer europäischen Sprache unterscheidet, wird nicht nur das Subjekt, sondern auch das direkte und sogar das indirekte Objekt im Verb zum
Ausdruck gebracht:

| | |
|---|---|
| ni-mits-notsa | *ich* (ni-) *rufe dich* (mits-) |
| ti-netš-miktia | *du* (ti-) *tötest mich* (netš-) |
| ni-mits-Ø-maka | *ich gebe es* (Ø-) *dir* (mits-) |
| ni-mits-im-pijeli-s | *ich werde sie* (im-) *für dich* (mits-) *bewachen* |

Sobald man verschiedene Sprachen betrachtet, drängt sich der Eindruck auf, daß die Kategorien, die bei der Flexion zum Ausdruck
kommen, von Sprache zu Sprache in starkem Maße wechseln. Obwohl dieser Eindruck in vieler Hinsicht zutreffend ist, ist er es in
anderer nicht und bedarf der Relativierung: Was nämlich in einer
Sprache durch Flexion markiert wird, kann in einer anderen
Sprache eventuell als freies grammatisches Morphem zum Ausdruck
kommen oder gar nicht, z.B. Pluralität im Quiché: neben *ri oxer*
*winaq* „der frühere Mensch, die früheren Menschen" kommt gelegentlich auch *ri oxer taq winaq* „viele (*taq*) frühere Menschen" vor.
Der Dativform des Lateinischen *filiō* in *Pater filiō librōs dōnāvit*
„Der Vater schenkte <u>dem Sohn(e)</u> Bücher" entspricht im Englischen
ein im Hinblick auf Kasus unflektiertes Nomen *The father gave his*
<u>*son*</u> *books* oder *The father gave books to his* <u>*son*</u>. Ein Vergleich der
Konjugation des Deutschen und des Lateinischen zeigt, daß beim
Futur und bei verschiedenen anderen Tempora das Lateinische ein
Wort als finites Verb hat, im Deutschen aber die Formen aus einem
Hilfsverb und einem Infinitiv bzw. Partizip zusammengesetzt sind,
z.B. *amā-b-ō : ich werde lieben* oder *amā-ris : du wirst geliebt*.

## 3.6 Zusammenfassung und ausgewählte Literatur

Wir haben uns in diesem Kapitel mit den Grundbausteinen der
Sprache beschäftigt, den Morphemen. Morpheme sind die kleinsten
bedeutungstragenden Einheiten. Sie können frei vorkommen und

Wörter bilden wie z.B. *Arbeit*, sie können aber auch nur gebunden
und nicht wortfähig vorkommen und heißen dann Affixe. Morpheme
kodieren einerseits lexikalische Bedeutung, andererseits grammatische. Aus Morphemen werden einfache und komplexe Wörter aufgebaut. Sind bei der Wortbildung Affixe beteiligt, spricht man von Derivation, werden Grundmorpheme verbunden von Komposition. Bei
der Flexion geht es hingegen um die Kodierung grammatischer Bedeutung. Die nominale Flexion bezeichnet man als Deklination, die
verbale als Konjugation. Die Flexion ist wichtig für den Aufbau syntaktischer Strukturen; man spricht daher auch von der Morphosyntax, die uns im nächsten Kapitel beschäftigen wird.

<u>Ausgewählte Literatur:</u> Anderson (1985b), Bybee (1985), Fleischer
(1976), Nida (1949), Wurzel (1984).

## 3.7 Übungsaufgaben

### 1. Tschechisch

☞ Versuchen Sie, in den nachfolgenden Sätzen die Wortgrenzen zu
ermitteln. Es wird die Orthographie des Tschechischen verwendet,
jedoch zusätzlich mit ' der Wortakzent vermerkt. <u> = /uː/

| | | |
|---|---|---|
| 1. | 'chci'jít'domů | *Ich will nach Hause gehen.* |
| 2. | 'chci'jít'dodivadla | *Ich will ins Theater gehen.* |
| 3. | 'chceš'jít'domů? | *Willst du nach Hause gehen?* |
| 4. | 'chceš'jít'zdivadla? | *Willst du aus dem Theater gehen?* |
| 5. | 'chci'jíst'doma | *Ich will zu Hause essen.* |
| 6. | 'přijdu'zdomova | *Ich komme von zu Hause.* |
| 7. | 'přijdeš'zdomova? | *Kommst du von zu Hause?* |
| 8. | 'jdu'domu | *Ich gehe nach Hause.* |
| 9. | 'jíš'doma | *Ißt du zu Hause?* |
| 10. | 'jdeš'domu | *Gehst du nach Hause?* |
| 11. | 'musim'přijít'domů | *Ich muß nach Hause kommen.* |
| 12. | 'musíš'přijít'domů | *Mußt du nach Hause kommen?* |
| 13. | 'musim'jít'domů | *Ich muß nach Hause gehen.* |
| 14. | 'musim'přijít'zdomova | *Ich muß von zu Hause kommen.* |
| 15. | 'musíš'přijít'zdomova | *Mußt du von zu Hause kommen?* |
| 16. | 'musíš'přijít'zdivadla | *Mußt du aus dem Theater kommen?* |
| 17. | 'přijdu'zdivadla | *Ich komme aus dem Theater.* |
| 18. | 'přijdu | *Ich komme.* |
| 19. | 'musim'jít'dodivalda | *Ich muß ins Theater gehen.* |
| 20. | 'jdu | *Ich gehe.* |

## 2. Deutsch

☞ Bilden Sie weitere Wörter entsprechend den vorgegebenen Kategorien und tragen Sie diese in die Tabelle ein.

| | -Nomen | -Verb | -Adjektiv | -Präposition |
|---|---|---|---|---|
| Nomen- | Regelfolge ... | | | |
| Verb- | ... | | | |
| Adjektiv- | | | | |
| Präposition- | | | | |

## 3. Deutsch

☞ Stellen Sie die Strukturen der folgenden Nominalkomposita in Baumgraphen dar; gehen Sie dabei von dem folgenden Beispiel aus:

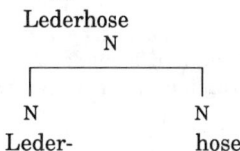

Lederhose

N

┌──────────────┐

N            N

Leder-       hose

1. Schreibunterlage, 2. Kleinkind, 3. Altstadt, 4. Armbanduhr, 5. Reiseschreibmaschine, 6. Klarsichtschutzscheibe.

## 4. Mixtekisch (Dialekt von San Miguel el Grande)

☞ Arbeiten Sie die unterschiedlichen Bildungsweisen der nachstehenden Komposita heraus.

<u>Hinweis:</u> <VV> = [V:]; ´ bezeichnet den Hoch-, ` den Tiefton; der Mittelton bleibt unbezeichnet. Unterschiede im Tonmuster zwischen isolierten Formen und solchen in Komposita sollten nicht berücksichtiget werden.

| | | | | | |
|---|---|---|---|---|---|
| 1. βeʔe | *Haus* | 10. tì-suʔma | *Skorpion* |
| 2. kàa | *Metall* | 11. suʔmà | *Schwanz* |
| 3. βeʔe kàa | *Metallhaus* | 12. tì-ñuu | *Eule* |
| | *(Haus mit Wellblechdach)* | | |
| 4. βe-kàa | *Gefängnis* | 13. ñuu | *Nacht* |
| 5. βe-ñùʔu | *Kirche* | 14. žunu | *Baum* |
| 6. βeʔe žuù | *Steinhaus* | 15. nu-ndèʔé | *Fruchtbaum* |
| 7. kiti | *Tier* | 16. nu-ndíká | *Bananenbaum* |
| 8. kiti žúkú | *Wildtier* | 17. ndika | *Banane* |
| 9. žuku | *Berg* | 18. ndeʔè | *Frucht* |

## 5. Chinesisch

☞ Beschreiben Sie die Bildung zusammengesetzter Formen. Die in Isolation vorkommenden Formen sind die als 1. bis 8. aufgelisteten.

| 1. ménr | Tür, Tor | 11. báihuā | weiße Blume |
|---|---|---|---|
| 2. huār | Blume | 12. hónghuā | rote Blume |
| 3. yǐzi | Stuhl | 13. lóufáng | mehrstöckiges Gebäude |
| 4. fángzi | Haus | 14. lóutī | Treppe |
| 5. shàngbiān | oben (auf) | 15. ménhù | Tür, Tor |
| 6. xiàbiān | unter | 16. ménkǒu | Eingang, Türöffnung |
| 7. lǐbiān | im Innern von | 17. shānshàng | auf dem Berg |
| 8. màibiān | außerhalb von | 18. lóuxià | im Untergeschoß |
| 9. mùyǐ | Holzstuhl | 19. ménwài | vor der Tür |
| 10. ruǎnyǐ | Polsterstuhl | 20. jiāli | zu Hause |

21. cóngshàng dàoxià    von oben nach unten

## 6. Deutsch

Im Deutschen können Nomina durch eine Reihe von Suffixen abgeleitet werden. ☞ Geben Sie anhand der folgenden Beispiele an, wie
im Deutschen eine Teilklasse grammatisch derivierter Nomina gebildet wird.

| 1. (der) | Schrei | 10. (der) | Schreier |
|---|---|---|---|
| 2. (das) | Liefern | 11. (die) | Bebauung |
| 3. (das) | Bauen | 12. (die) | Belieferung |
| 4. (der) | Bau | 13. (das) | Geschrei / Geschreie |
| 5. (die) | Schreierei | 14. (der) | Schreier |
| 6. (die) | Lieferung | 16. (das) | Gebaue (umgangssprachlich) |
| 7. (der) | Bauer | 17. (die) | Anlieferei |
| 8. (der) | Auslieferer | 18. (die) | Schreie (jugendsprachlich) |
| 9. (das) | Schreien | 19. (die) | Bauerei |
| | | 20. | *Schreiung |

## 7. Aztekisch (Nahuatl des 16. Jahrhunderts)

Nahuatl gehört zu den uto-aztekischen Sprachen; verschiedene Dialekte werden
heute noch von etwa einer Million Personen in Mexiko gesprochen. Aztekisch ist
die gebräuchliche, wenn auch nicht ganz korrekte Bezeichnung für diejenige
Dialektgruppe des Nahuatl, die im Zentrum des aztekischen ‚Reiches' gesprochen
wurde. Nach der Eroberung durch die Spanier 1521 entstanden innerhalb von wenigen Jahrzehnten zahlreiche Chroniken und Verwaltungsakten in Nahuatl, da
die Sprache neben Spanisch inoffiziell die zweite Amtssprache des Vizekönigreichs
Neuspanien war. Die Texte wurden in lateinischer Schrift teils von missionierten
und alphabetisierten Angehörigen der alten indianischen Oberschicht, teils von
spanischen Missionaren verfaßt. Nahuatl war – von den semitischen Sprachen
Hebräisch und Arabisch abgesehen – die erste außereuropäische Sprache, mit der
sich europäische Philologen intensiv beschäftigt haben. Die ersten Grammatiken
und Wörterbücher entstanden Mitte des 16. Jahrhundert. Sie lehnen sich an die
spanische Grammatik und die Wörterbücher (Latein-Spanisch, Spanisch-Latein)
an, die Antonio de Nebrija in den Jahren 1492 und 1495 als erste Werken dieser

Art für eine lebende europäische Sprache veröffentlichte. Die vermutlich beste Grammatik wurde von dem Jesuiten Horacio Carochi im Jahre 1645 verfaßt; ihr entstammen auch die folgenden Beispiele. Sie gibt auch als einzige die im Nahuatl distinktive Vokallänge an, was im folgenden jedoch vernachlässigt wird.

Hinweis: *-tł*, *-tłi* und *-li* sind Allomorphe eines Suffixes, das die Singulargrundform eines Nomens kennzeichnet. Sie haben die folgende Distribution: -tł → -tłi / K ___ bzw. -tłi → -li / l ___

☞ Beschreiben Sie den Unterschied zwischen Singular- und Pluralform.

|     | Singular | Plural | |
| --- | --- | --- | --- |
| 1. | tekʷtłi | tetekʷtin | *Fürst* |
| 2. | pilli | pipiltin | *junger Mann* |
| 3. | siʔtłi | sisiʔtin | *Hase* |
| 4. | totštłi | tototštin | *Kaninchen* |
| 5. | mistłi | mimistin | *Puma* |
| 6. | oselotł | ooseloʔ | *Jaguar* |
| 7. | weʔšolotł | weweʔšoloʔ | *Truthenne* |
| 8. | masatł | mamasaʔ | *Hirsch* |
| 9. | kojotł | kokojoʔ | *Kojote* |
| 10. | koatł | kokoaʔ | *Schlange* |

Die folgenden drei Beispiele sind Diminutiv-Formen zu *pilli* „junger Mann". Das Diminutivsuffix *-pil* nimmt im Gegensatz zu den Suffixen *-ton* und *-tsin* nicht das Suffix *-tłi*:

| -pil | *Diminutiv der Anerkennung, des Lobes* |
| --- | --- |
| -ton(tłi) | *Diminutiv der Herabsetzung, Geringschätzung* |
| -tsin(tłi) | *Diminutiv des Mitgefühls* |

|     | Singular | Plural |
| --- | --- | --- |
| 11. | pilpil | pipilpipil |
| 12. | piltontłi | pipiltotontin |
| 13. | piltsintłi | pipiltsitsintin |

☞ Beschreiben Sie die Reduplikation bei den folgenden Verbformen.

|     |     |     |
| --- | --- | --- |
| 1. | tšoka | *weinen, klagen* |
|  | tšoʔtšoka | *immer wieder weinen* |
|  | tšotšoka | *sehr (intensiv oder lange andauernd) weinen* |
| 2. | itšteki | *etwas stehlen* |
|  | iitšteki | *(intensiv oder lange andauernd, auch berufsmäßig) etwas stehlen* |
|  | iʔitšteki | *immer wieder bzw. überall etwas stehlen* |
| 3. | ni-wetska | *ich lache* |
|  | ni-weʔwetska | *ich lache immer wieder* |
|  | ni-wewetska | *ich lache sehr (lange)* |

4. nik-notsa          *ich rufe (ermahne) ihn*
   nik-nonotsa        *ich berate ihn*
   nik-noʔnotsa       *ich unterhalte mich mit ihm*
5. in-tšan            o-jaʔ-keʔ
   *ihr Heim*         *sie\*gingen*
   *sie gingen nach Hause (in ein gemeinsames Zuhause)*
6. in-tšaʔtšan        o-jaʔjaʔ-keʔ
   *sie gingen nach Hause (ein jeder zu sich nach Hause)*

## 8. Maltesisch

Maltesisch ist Amtssprache des ca. 350.000 Einwohner zählenden Inselstaates Malta, wobei Zweisprachigkeit – Maltesisch und Italienisch – auf Malta weit verbreitet ist. Maltesisch gehört zu den semitischen Sprachen und wird zur Maghreb-Untergruppe des Arabischen gezählt. Es weicht jedoch aufgrund starker italienischer Einflüsse deutlich von den anderen semitischen Sprachen ab.

☛ Beschreiben Sie die Pluralbildung der folgenden Nomina:

| Singular | Plural | | Singular | Plural | |
|----------|--------|------|----------|--------|------|
| 1. basla | basal | *Zwiebel* | 9. šemš | šmuš | *Sonne* |
| 2. baqra | baqar | *Kuh* | 10. demγa | dmuγ | *Träne* |
| 3. tamla | tamal | *Dattel* | 11. qošra | qšur | *Hülse* |
| 4. qmis | qomos | *Hemd* | 12. bint | bniet | *Tochter* |
| 5. triq | toroq | *Straße* | 13. denb | dnieb | *Schwanz* |
| 6. toqba | toqob | *Loch* | 14. qoffa | qfief | *Korb* |
| 7. sodda | sodod | *Bett* | 15. sinna | snien | *Zahn* |
| 8. qalb | qlub | *Herz* | | | |

☛ Beschreiben Sie die Bildung der folgenden Verbalnomina:

| finites Verb | | Konkret-einmalig | Abstrakt-generell |
|--------------|--------------|----------|----------|
| 16. daħak | *er lacht* | daħka | daħk |
| 17. marad | *er ist krank* | marda | mard |
| 18. ħolom | *er träumt* | ħolma | ħolm |
| 19. raqad | *er schläft* | raqda | rqad |
| 20. daħal | *er tritt ein* | daħla | dħul |
| 21. ħaredž | *er geht hinaus* | ħardža | ħrudž |
| 22. ħadem | *er arbeitet* | ħidma | ħdim |

## 9. Türkisch

Im Türkischen gibt es bei der Deklination nur eine Flexionsklasse, d.h. alle Nomina werden in übereinstimmender Weise flektiert. Das Türkische ist ein typisches Beispiel für eine agglutinierende Sprache. ☛ Charakterisieren Sie das Deklinationssystem am Beispiel von *yıl* „Jahr".

<u>Hinweis:</u> Der Einfachheit halber sind bestimmte Possessivformen wie *yıl-im* „mein Jahr" vernachlässigt worden. Es wurde die offizielle Orthographie verwendet, wobei <y> = [i] und <ı> = [ɨ] ist.

|  | Singular | Plural |
|---|---|---|
| Nominativ | yıl | yıllar |
| Genitiv | yılin | yıllarin |
| Dativ | yıla | yıllara |
| Akkusativ | yıli | yıllari |
| Ablativ | yıldan | yıllardan |
| Lokativ | yılda | yıllarda |

## 10. Sanskrit*

Das Sanskrit gehört zu den Sprachen der indogermanischen Sprachfamilie, die am frühesten durch Schriftzeugnisse belegbar sind. Seine ‚Entdeckung' im späten achtzehnten Jahrhundert war der wesentliche Stimulus für die Entstehung der sprachvergleichenden Linguistik und der Indogermanistik. Neben den reichen literarischen Zeugnissen sollte auch die weit über zweitausendjährige Tradition der Grammatikschreibung nicht vergessen werden, deren bekanntester Vertreter wohl Pāṇini (vermutlich viertes Jahrhundert vor Christus) ist:[8]

»Ein Neutrum ist das Herz, so hat
Grammatik mich belehrt,
Drum, als es hin zur Liebsten zog,
Hab ich's ihm nicht verwehrt;
Was mag für Unglück denn geschehn,
Wenn Neutra zur Geliebten gehn? –
Doch nun bleibt's dort und kost mit ihr
Und will nicht mehr zurück zu mir!
Was tu ich da? Wie schaff ich's fort?
Wie bring ich es zur Ruh?
O Pāṇini, o Pāṇini,
Mein Unglück wurdest du!«

Sanskrit wird zumeist in der Nagari-Schrift wiedergegeben, der seit langem in Indien gebräuchlichsten Schriftform, die im siebten Jahrhundert erstmals durch Inschriften belegt werden kann. Die Nagari-Schrift vereinigt Merkmale einer Alphabetschrift mit denjenigen einer Silbenschrift, da Vokale als diakritische Zeichen markiert werden, wobei /a/ unbezeichnet bleibt. Die folgenden Beispiele sind in einer bei Indologen und Indogermanisten gebräuchlichen Transliteration wiedergegeben: <Kh> = aspirierter Verschlußlaut (sowohl stimmhaft als auch stimmlos), <r> = silbischer Liquid, <h> = auslautende Aspirierung nach Vokal, Unterpunktung (außer ṛ und ḥ) = retroflexer Laut, <j> = /dž/, <y> = /j/, <V̄> = /V:/.

Damit sich das leidvolle Mißverständnis des indischen Grammatikschülers nicht wiederholt, folgen nun zu analysierende Beispiele ohne Neutra und ohne Geliebte. ☛ Erstellen Sie eine tabellarische Übersicht über die Endungen und achten Sie auf Synkretismen:

## 1. kānta „geliebt" + pitṛ „Vater"

| | Singular | Dual | Plural |
|---|---|---|---|
| Nom | kāntaḥ pitā | kāntau pitarau | kāntāḥ pitaraḥ |
| Akk | kāntam pitaram | kāntau pitarau | kāntān pitṝn |
| Inst | kāntena pitrā | kāntābhyām pitṛbhyām | kāntaiḥ pitṛbhiḥ |
| Dat | kāntāya pitre | kāntābhyām pitṛbhyām | kāntebhyaḥ pitṛbhyaḥ |
| Abl | kāntāt pituḥ | kāntābhyām pitṛbhyām | kāntebhyaḥ pitṛbhyaḥ |
| Gen | kāntasya pituḥ | kāntayoḥ pitroḥ | kāntānām pitṝnām |
| Lok | kānte pitari | kāntayoḥ pitroḥ | kānteṣu pitṛṣu |
| Vok | kānta pitar | kāntau pitarau | kāntāḥ pitaraḥ |

## 2. kānta „geliebt" + rājan „König"

| | Singular | Dual | Plural |
|---|---|---|---|
| Nom | kāntaḥ rājā | kāntau rājānau | kāntāḥ rājānaḥ |
| Akk | kāntam rājānam | kāntau rājānau | kāntān rājñaḥ |
| Inst | kāntena rājñā | kāntābhyām rājabhyām | kāntaiḥ rājabhiḥ |
| Dat | kāntāya rājñe | kāntābhyām rājabhyām | kāntebhyaḥ rājabhyaḥ |
| Abl | kāntāt rājñaḥ | kāntābhyām rājabhyām | kāntebhyaḥ rājabhyaḥ |
| Gen | kāntasya rājñaḥ | kāntayoḥ rājñoḥ | kāntānām rājñām |
| Lok | kānte rājñi | kāntayoḥ rājñoḥ | kānteṣu rājasu |
| Vok | kānta rājan | kāntau rājānau | kāntāḥ rājānaḥ |

## 3. kānta „geliebt" + mātṛ „Mutter"

| | Singular | Dual | Plural |
|---|---|---|---|
| Nom | kāntā mātā | kānte mātarau | kāntāḥ mātaraḥ |
| Akk | kāntām mātaram | kānte mātarau | kāntāḥ mātṝḥ |
| Inst | kāntayā mātrā | kāntābhyām mātṛbhyām | kāntābhiḥ mātṛbhiḥ |
| Dat | kāntāyai mātre | kāntābhyām mātṛbhyām | kāntābhyaḥ mātṛbhyaḥ |
| Abl | kāntāyāḥ mātuḥ | kāntābhyām mātṛbhyām | kāntābhyaḥ mātṛbhyaḥ |
| Gen | kāntāyāḥ mātuḥ | kāntayoḥ mātroḥ | kāntānām mātṝnām |
| Lok | kāntāyām mātari | kāntayoḥ mātroḥ | kāntāsu mātṛṣu |
| Vok | kānte mātar | kānte mātarau | kāntāḥ mātaraḥ |

## 11. Latein

☞ Bestimmen Sie aus den Daten die einzelnen Tempus- und Personalsuffixe. <V> = [V:]

| | | | | |
|---|---|---|---|---|
| 1. laudābō | *ich werde loben* | | 11. instābam | *ich bedrängte* |
| 2. lavābant | *sie wuschen* | | 12. dabāmus | *wir gaben* |
| 3. tacēbis | *du wirst schweigen* | | 13. habēbit | *sie wird haben* |
| 4. prōmovēmus | *wir kommen voran* | | 14. increpābātis | *ihr scheltetet* |
| 5. desperābās | *du verzweifeltest* | | 15. flētis | *ihr weint* |
| 6. moneō | *ich mahne* | | 16. domābam | *ich bändigte* |
| 7. solvēbō | *ich werde lösen* | | 17. laudābat | *er lobte* |

| | | | |
|---|---|---|---|
| 8. florēbunt | *sie werden blühen* | 18. placēbat | *es gefiel* |
| 9. crepābunt | *sie werden krachen* | 19. solvēbāmus | *wir lösten* |
| 10. lavābimus | *wir werden waschen* | 20. laudō | *ich lobe* |

☛ Im Konjugationsparadigma gibt es eine kleine Unregelmäßigkeit. Welche?

## 12. Aztekisch

Verben wie „töten" und „schlagen" erfreuen sich seit langem als Beispiele besonderer ,Beliebtheit'. Dies sollte man allerdings nicht auf dementsprechende Neigungen oder Phantasien der Linguisten – im folgenden des Jesuiten Carochi – zurückführen, sondern darauf, daß diese Verben aus semantischen Gründen zur Illustration bestimmter Bildungen besonders geeignet sind.

☛ Beschreiben Sie das System der Pronominalmarkierung in den folgenden Beispielen.

| | | |
|---|---|---|
| 1. | temiktia | *er tötet jemanden* |
| 2. | nitemiktia | *ich töte jemanden* |
| 3. | nimitsmiktia | *ich töte dich* |
| 4. | titłamiktia | *du tötest etwas (ein Tier)* |
| 5. | tikinmiktia | *du tötest sie (Plural)* |
| 6. | tinetšmiktia | *du tötest mich* |
| 7. | netšmiktia | *er tötet mich* |
| 8. | mitsmiktia | *er tötet dich* |
| 9. | kinmiktia | *er tötet sie (Plural)* |
| 10. | nikmiktia | *ich töte ihn* |
| 11. | kimiktia | *er tötet ihn* |
| 12. | momiktia | *er tötet sich selbst* |
| 13. | timomiktia | *du tötest dich selbst* |
| 14. | ninomiktia | *ich töte mich selbst* |

☛ Beschreiben Sie die Markierung des dreiwertigen Verbs *maka* „geben".

<u>Hinweis:</u> Sätze mit identischer Übersetzung sollen nur hinsichtlich morphosyntaktischer Unterschiede verglichen werden. Der Unterschied in semantischer und pragmatischer Hinsicht steht hier nicht zur Debatte.

| | | |
|---|---|---|
| 15. | nikmaka tłaškalli in nopiltsin | *ich gebe meinem Sohn Brot* |
| 16. | niktemaka tłaškalli | *ich gebe jemandem Brot* |
| 17. | niktłaškalmaka in nopiltsin | *ich gebe meinem Sohn Brot* |
| 18. | nitetłaškalmaka | *ich gebe jemandem Brot* |
| 19. | niktłamaka in nopiltsin | *ich gebe meinem Sohn Brot* |
| 20. | nitetłamaka | *ich gebe jemandem etwas* |
| 21. | nimitsmaka tłaškalli | *ich gebe dir Brot* |
| 22. | nimitstłamaka | *ich gebe dir etwas* |

## 13. Quiché (16. Jahrhundert)*

Die folgenden Beispiele entstammen nicht einem der modernen Dialekte des Quiché. Wie auch bei einigen anderen Indianersprachen Mesoamerikas entwickelte sich in der Zeit nach der Eroberung durch die Spanier im 16. Jahrhundert eine von der indianischen Oberschicht getragene schriftsprachliche Tradition. Für das Quiché liegt mit dem „Popol Vuh" ein ‚Klassiker' vor. Aus diesem literarischen Werk über Mythen und Geschichte des Quichévolkes stammen die folgenden Beispiele, deren Analyse, wie bereits im Einleitungskapitel zitiert, nach Francisco Ximénez, dem Entdecker des Popol Vuh und Verfasser einer Grammatik des Quiché, keine Schwierigkeiten bereiten dürfte: «De tal modo es aqueste orden, que en un medio cuarto de hora puede uno hablar y saber todas las simplicidades de la lengua, aunque no sus significados.»

☛ Beschreiben Sie das Flexionssystem des Quiché, das Tempus-/Aspekt- und Personenmarkierungen umfaßt. Gehen Sie dabei schrittweise vor; bearbeiten Sie also zunächst nur die Formen der Gruppe A, dann die der Gruppe B, etc.

| A | 1. škamik | *er starb* | 6. šoxkamik | *wir starben* |
|---|-----------|------------|-------------|---------------|
|   | 2. škebek | *sie werden gehen* | 7. šekamik | *sie starben* |
|   | 3. kišbek | *ihr geht* | 8. kinbek | *ich gehe* |
|   | 4. škoxbek | *wir werden gehen* | 9. kiškamik | *ihr sterbt* |
|   | 5. koxkamik | *wir sterben* | 10. katkamik | *du stirbst* |

| B | 11. škibano | *sie machten es* | 16. šqabano | *wir machten es* |
|---|-------------|------------------|-------------|-------------------|
|   | 12. šibano | *ihr machtet es* | 17. kaqabano | *wir machen es* |
|   | 13. kubano | *er macht es* | 18. kakibano | *sie machen es* |
|   | 14. šubano | *er machte es* | 19. škiti?o | *sie bissen ihn* |
|   | 15. kabano | *du machst es* | 20. šuk'amo | *er holte es* |

| C | 21. škišqati?o | *wir werden euch beißen* |
|---|----------------|--------------------------|
|   | 22. šoxik'amo | *ihr habt uns geholt* |
|   | 23. šoxiti?o | *ihr habt uns gebissen* |
|   | 24. škeqasik'ix | *wir werden sie rufen* |
|   | 25. škišnusik'ix | *ich werde euch rufen* |
|   | 26. škitš'ako | *sie besiegten ihn* |
|   | 27. koxkitš'ako | *sie besiegen uns* |
|   | 28. šeqatš'ako | *wir besiegten sie* |
|   | 29. škišqakamisax | *wir werden euch töten* |
|   | 30. škisik'ix | *sie riefen ihn* |
|   | 31. kinikamisax | *ihr tötet mich* |
|   | 32. kinkiq'alux | *sie umarmen mich* |
|   | 33. koxiti?o | *ihr beißt uns* |
|   | 34. koxkiq'alux | *sie umarmen uns* |

## 14. Bella Coola

Bella Coola /bëlxʷëla/ ist eine Sprache der Salish-Sprachfamilie, die an der Pazifikküste Kanadas in British Columbia noch von etwa hundert älteren Personen gesprochen wird. Zusammen mit benachbarten Sprachen, insbesondere denjenigen der Wakash-Familie, können sie als typische Vertreter des polysynthetischen Sprachtypus angesehen werden – die Zahl der Affixe geht jeweils in die Hunderte.

Die folgenden Varianten dreier Sätze sind alle grammatisch korrekt; der Grad der Akzeptabilität und die pragmatische Einbettung sind jedoch verschieden und sollen hier nicht zur Debatte stehen.

☛ Versuchen Sie, anhand der Beispielsätze die Inkorporation von lexikalischen Elementen in das Wort zu beschreiben – aber denken Sie möglichst nicht zu sehr über die Bedeutungszusammenhänge nach.

1a  kma              ti-suxa-ts-tx
    *schmerzen       nah-Hand / Arm-ich / mein-Artikel*
1b  kma-ak-ts
    *schmerzen-Hand / Arm-ich / mein*
    *mein Arm / meine Hand schmerzt*

2a  tsp-is       ti-ʔimlk-tx          ti-suxa-ts-tx
    *abreiben-er  nah-Mann-Artikel     <s. 1a>*
2b  tsp-ak-tss                ti-ʔimlk-tx
    *abreiben-Hand-er / mich  <s. 1a>*
    *der Mann reibt meine Hand ab*

3a  kma        ti-kułank      ti-kułułik      ti-suxa-ts-tx
    *schmerzen  nah-Seite      nah-Rücken      <s. 1a>*
3b  kma        ti-skułank-ułik-ak-ts-tx         -ułik   *Rücken*
3c  kma        ti-skułank     ti-kułułik-ak-ts-tx
3d  kma-ank-ułik-ak-ts-tx                        -ank   *Seite*
3e  kma-ank    ti-kułułik-ak-ts-tx
    *die Seite meines Handrückens schmerzt*

## 15. Esperanto

Esperanto ist die bekannteste Welthilfssprache, die von dem polnischen Arzt Dr. Zamenhof Ende des 19. Jahrhunderts entwickelt worden ist. Esperanto hat wie eine natürliche Sprache ein phonologisches, morphologisches und syntaktisches System. Die Wortstämme stammen vorwiegend aus romanischen Sprachen, aber auch vom Deutschen abgeleitete Wörter kommen vor, z.B. *schranko*.

☛ Führen Sie – so weit möglich – eine vollständige Morphemanalyse anhand der folgenden Beispiele durch.

1. mantelo        *Mantel*          6. sur la tabloj    *auf den Tischen*
2. sub la lito    *unter dem Bett*  7. super la sego    *über dem Stuhl*

3. domo        *Haus*              8. doma        *häuslich*
4. apud la sofo *neben dem Sofa*   9. patra       *väterlich*
5. varmo       *Wärme*            10. varmaj manteloj *warme Mäntel*

## 16. Blisstalk

Bei dem von Charles Bliss (1965) entwickelten nonverbalen Kommunikations-
system handelt es sich um eine universelle Symbolsprache für sprechunfähige
Körper- und Mehrfachbehinderte.

☛ Führen Sie anhand der folgenden Beispiele eine morphologische
Analyse durch.

1. ⌒     *Gehirn*
2. ⊥₁ ⌒  *ich denke*
3. ⋏₃ ⌒  *sie dachte*
4. ⋏₃ ⌒  *er wird denken*
5. ⊢ △   *Das Bett wird gemacht*
6. ⋏ △ ⊢ *Der Mann macht das Bett*

## 17. Berlinisch

Im Berlinischen gibt es ein Phänomen, das als ‚Akkudativ' bezeichnet wird. ☛ Erklären Sie anhand der folgenden Passage aus den
*„Notizen aus meinem Leben"* des Berliner Bankiers Johann David
Müller (erste Hälfte des 19. Jh.), was unter dem Akkudativ zu verstehen ist.[9]

> Um jedoch zu den nöthigen Vorschüssen zu gelangen [...] hatte ich mir an
> meinem Freunde und Protektor Rothe, Haupt-Rendant der Seehandlungs-
> Casse gewandt, ihm meine Lage vorgestellt und ihn an sein früheres Ver-
> sprechen erinnert. Er hatte Vertrauen zu meiner Redlichkeit, zu meinem
> Eifer empor zu kommen und übersah überhaupt, daß by diesen Unterneh-
> mungen, die schnell realisiert werden konnten, keine Gefahr für mich und
> ihm vorhanden war, und so übernahm er denn auch bereitwillig die Garantie
> by der Seehandlungs-Direktion für einen Vorschuß von 5000 Thlr., der by den
> zweiten Contract auf 10000 Thlr. erhöht wurde. Während ich by dieser Un-
> ternehmung für eigene Rechnung natürlich aus den Dienstverhältnis des p.
> Schwartz scheiden mußte, um meine eigene Geschäfte nun zu leiten.

# 4. Syntax

Im letzten Kapitel haben wir uns mit Morphemen und Wörtern beschäftigt, den Grundbausteinen der Sprache. Einzelne Wörter sind jedoch mehr als nur isolierbare Einheiten. Sie bilden verknüpft, gelegentlich aber auch einzeln, größere Informationseinheiten. Wie diese komplexeren Einheiten aufgebaut sind, ist Gegenstand der Syntax. Gehen wir von einigen Beispielen aus, von den Wörtern *ninemi* (Aztekisch), *pluit* (Lateinisch) und *lái* (Chinesisch). Das Verb *lái* finden wir in jedem Wörterbuch des Chinesischen. Es bedeutet „kommen". Wenn jedoch ein Sprecher *lái* äußert, um jemanden zum Kommen zu bewegen, wird das Wort als Aufforderung verstanden. Im Deutschen würde man in diesem Fall *Komm!* gebrauchen, also den Verbstamm ohne das Infinitivsuffix. Mit nur einem einfachen Wort läßt sich also eine Aufforderung bzw. ein Befehl ausdrücken. In vielen Sprachen der Welt werden Imperative mit Hilfe eines Verbs, häufig mit dem Verbstamm, ausgedrückt, z.B. *lái, komm* oder entsprechend in der australischen Sprache Pitjatjantjara *pica*. Dieses spezielle Konstruktionsmuster eines Imperativs bezeichnet man als Imperativsatz.

Verständigung erfolgt jedoch nicht in erster Linie mit Imperativen; Sprecher beziehen sich durch ihre Äußerungen vielmehr auf Sachverhalte in der Welt. Mit dem aztekischen Wort *ninemi* „ich lebe" wird etwas ausgesagt, indem auf einen Vorgang/Zustand Bezug genommen wird. Diese Aussage wird im Deutschen durch zwei Wörter kodiert, durch ein Personalpronomen und eine Verbform. Mit *pluit* gibt ein lateinischer ‚Klassiker' einen Zustand wieder, der im Deutschen durch „es regnet" ausgedrückt wird. Wenn wir uns noch an das im vorigen Kapitel angeführte Eskimo-Wort *qasui·γsaγβiγšaγsiññitluinaγnaγpuq* erinnern, das Deutsch mit „es gelang einem überhaupt nicht, einen Rastplatz zu finden" wiedergegeben werden kann, wird deutlich, daß diese einzelnen Wörter jeweils im Deutschen dem entsprechen, was wir intuitiv einen Satz nennen würden. Da mit ihnen Aussagen kodiert werden, spricht man von Aussagesätzen.

Diese Beispiele zeigen, daß Sprecher (und Schreiber) Wörter/ Morpheme nicht zum Selbstzweck gebrauchen, sondern um damit Aussagen zu treffen oder aufzufordern. Zu diesem Zweck werden Wörter/Morpheme in der Regel zu größeren Einheiten zusammengestellt. Die Struktur dieser Einheiten ist primärer Gegenstand der Syntax, wobei sich mehrere Fragen aufdrängen:

- Aus welchen Elementen sind (syntaktische) Strukturen aufgebaut? Beispielsweise aus Verb und Nomen: *Petra arbeitet.*
- Wie sind diese Elemente markiert? Beispielsweise durch Kasus- und Tempussuffixe: *magister laudābat* „der Lehrer lobte".
- Wie sind die Elemente positionell angeordnet? Beispielsweise *Peter met John, *met Peter John,* etc.
- Welche Funktion haben die Elemente in der Struktur? Welcher Funktionszusammenhang besteht z.B. zwischen *es* und *regnet* in *es regnet* oder *Peter, John* und *met* in *Peter met John*?
- Wie hängt die Markierung der Elemente, die Anordnung und die Funktion der Wörter in größeren Gefügen zusammen?
- Wie verbinden sich suprasegmentale Merkmale, insbesondere Intonationskonturen, mit syntaktischen Einheiten?

Bei der Beschreibung syntaktischer Strukturen ist die Unterscheidung von syntagmatischen und paradigmatischen Beziehungen ein Schlüssel zur Analyse. **Syntagmatische** Beziehungen zwischen Elementen stellen die linearen Verknüpfungsfolgen von Wörtern und Satzgliedern dar, **paradigmatische** hingegen die Beziehung der Elemente zueinander als Teile des syntaktischen Systems. Auf der syntagmatischen Ebene werden bei einem Satz wie *er arbeitet* die Relationen zwischen *er* und *arbeitet* betrachtet, auf der paradigmatischen Ebene z.B. die Tatsache, daß *er* durch *Werner* oder *der Student* ersetzt werden kann. Man kann die Relationen in folgender Weise darstellen:

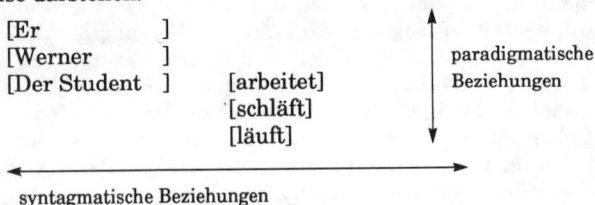

```
[Er            ]                          ↑
[Werner        ]                          |   paradigmatische
[Der Student   ]   [arbeitet]             |   Beziehungen
                   [schläft]              |
                   [läuft]                ↓
←─────────────────────────────────────
   syntagmatische Beziehungen
```

## 4.1 Kernsatz und Satzkern

In der Einleitung haben wir verschiedene Wörter behandelt, die zugleich auch Sätze sind. Solche Ein-Wort-Sätze wie chinesisch *lái* bestehen nur aus einer verbalen Grundform. Ein Mitspieler wie *es* in *es regnet* wird nicht explizit zum Ausdruck gebracht, ist aber in Form des Angesprochenen implizit vorhanden. Das Verb *lái* bildet den Kern des Imperativs so wie *regnet* den Aussagekern von *es regnet*. Dieser Aussagekern wird in der Grammatik als **Prädikat** bezeichnet. **Sätze** zeichnen sich nun dadurch aus, daß sie ein Prädikat haben. Anders formuliert: In seiner minimalen Form besteht ein Satz (S) aus einem Prädikat, z.B. S → *lái*, S → *komm* oder S → *ninemi*. In diesen Beispielen handelt es sich jeweils um Sätze mit verbalen Prädikaten. Prototypischerweise fungieren als Prädikat Verben. Es gibt aber in vielen Sprachen auch nominale Prädikate, wie wir noch sehen werden.

Das Prädikat als Kern eines Satzes steht in der Regel nicht allein. Im Falle des aztekischen *ninemi* ist in der deutschen Entsprechung „ich lebe" nicht nur das Verb, sondern auch ein weiteres Wort notwendig, nur *?lebe* würde als Übersetzung nicht genügen. Verben wie *leben* eröffnen Leerstellen, die durch **Ergänzungen** besetzt werden müssen. Im Deutschen ist ein Aussagesatz nicht vollständig, wenn nicht zumindest die eröffneten Leerstellen mit jeweils einem passenden Wort besetzt werden. Verben, die wie *leben* oder *gehen* obligatorisch eine Stelle eröffnen –, nicht mehr und nicht weniger – heißen **intransitive Verben**. Intransitive Verben sind also einstellige Verben. Auch im Aztekischen und Quiché sind „leben" und „gehen" intransitive Verben. Anders jedoch als im Deutschen ist das Pronomen (*in-* bzw. *ni-*) in das Verb inkorporiert:

| Quiché | Aztekisch | Deutsch |
|--------|-----------|---------|
| k-in-k'ase?ik | ni-nemi | *ich lebe* |
| k-in-bek | ni-jaw | *ich gehe* |

Das Pronomen fungiert hier jeweils als Pronominalpräfix. Während im Deutschen die Ergänzung verb-extern ist, ist sie in Sprachen wie dem Quiché oder dem Aztekischen verb-intern. In dem Satz *ich gehe* ist also das Pronomen *ich* eine obligatorische externe Ergänzung zu dem intransitiven Verb *gehen*. Von daher kann man beim Aztekischen und ähnlich aufgebauten Sprachen von **wortinterner Syntax**, bei Sprachen wie dem Deutschen oder Chinesischen von **wortexterner Syntax** reden.

Die Idee, daß Wörter notwendige Ergänzungen verlangen, findet sich bereits in Bühlers *„Sprachtheorie"* von 1934. Dort wird gesagt, daß in jeder Sprache »Wörter einer bestimmten Wortklasse eine oder mehrere Leerstellen um sich eröffnen, die durch Wörter bestimmter anderer Wortklassen ausgefüllt werden müssen«.[1] Diese Vorstellung findet sich weiter ausgearbeitet im Konzept der **Valenz**. Hierunter versteht man die Fähigkeit von Wörtern, Leerstellen zu eröffnen und die Besetzung dieser Leerstellen zu regeln, wobei diese Fähigkeit vor allem Verben auszeichnet. Die notwendigen Ergänzungen, die die eröffneten Leerstellen füllen, nennt man **Argu-**

**mente.** Die Anzahl der besetzten Leerstellen, der Valenzpartner, und auch die Spezifikation der Partner hängt von der Bedeutung des einzelnen Verbs ab. Wie wir gesehen haben, ist für intransitive Verben wie *gehen* ein Argument valenznotwendig. Man kann zwar *er geht* oder *der Mann geht* sagen, nicht aber *das Atom geht*. Die Besetzung der Leerstelle ist also durch die Verbbedeutung eingeschränkt: *gehen* setzt einen belebten Mitspieler voraus, der die Handlung des Gehens ausführt – es sei denn, man verwendet das Verb metaphorisch, um bei einem unbelebten Mitspieler die dynamische Komponente hervorzuheben: *der Hefeteig geht* oder *die Uhr geht*. Das Argument des Verbs *gehen* nimmt hinsichtlich der Handlung eine bestimmte Rolle ein, und zwar typischerweise die eines dynamischen und kontrollierenden belebten Mitspielers, eines Agens. Diese sogenannten **semantischen Rollen** der Ergänzung sind ebenfalls von der Verbbedeutung abhängig: Während im Falle von *er geht* das Pronomen ein agentives Subjekt kodiert, ist es bei dem Ausruf *Ich bin verliebt!* die Frage, ob *ich* ein Agens kodiert oder nicht vielmehr ein Patiens, ein leidendes Subjekt. Neben mehr oder weniger stark valenzgebundenen Ergänzungen gibt es auch valenzunabhängige Angaben. Alle diese Eigenschaften der Verben sind neben der Bedeutung im engeren Sinn Bestandteil des Lexikoneintrags für ein Verb.

## 4.1.1 Intransitive Sätze

Intransitive Sätze haben als Prädikat ein intransitives Verb und somit genau eine obligatorische Ergänzung. Im Deutschen ist dieses Argument formal auf das Verb abgestimmt: Zum einen steht es im Nominativ, zum anderen korrespondiert das Nomen in Person und Numerus mit dem Verb. So kann man im Deutschen sagen *er geht*, aber nicht *ihn geht*. Korrekt ist im Deutschen auch *ich gehe*, aber nicht *du gehe* oder *ich gehen*. Die Tatsache, daß die verbabhängige Ergänzung einen speziellen Kasus zugewiesen bekommt, bezeichnet man als **Rektion**. Das Pronomen im obigen Beispiel ist vom Verb kasusregiert, und zwar im Nominativ. Ganz allgemein spricht man von Rektion, wenn die Kasusform eines Wortes von einem anderen abhängt. Die formale Übereinstimmung von Teilen des Satzes hinsichtlich bestimmter grammatischer Kategorien mit Hilfe von morphologischen Markierungen bezeichnet man dagegen als **Kongruenz**. Wie wir gesehen haben, kongruiert im Deutschen die obligatorische Ergänzung mit dem intransitiven verbalen Prädikat in Person und Numerus. Im Chinesischen ist dies nicht so, denn es gibt generell keine morphologische Markierung von Kasus, Numerus oder Person. Daher findet sich zwischen Pronomen und Verb auch weder Rektion noch Kongruenz: *tā lái* „er *(tā)* kommt" versus *tāmen lái* „sie *(tāmen)* kommen" und *wǒ lái* „ich *(wǒ)* komme".

## 4.1.2 Transitive Sätze

Es gibt aber auch Verben, die mehr als genau eine Leerstelle eröffnen. Im Deutschen hat *nehmen* obligatorisch <u>zwei</u> Ergänzungen wie bei *ich nehme es*. Da zwei Mitspieler auftreten, stellt sich bei diesen sogenannten **transitiven Verben** anders als bei intransitiven das Problem, die Mitspieler, die ja in verschiedener Weise an der Handlung beteiligt sind, auseinanderzuhalten. Dies ist im Deutschen meist ohne Weiteres möglich: Das **Subjekt** steht im Nominativ und kongruiert mit dem Verb, während das andere, das **Objekt**, im Akkusativ steht und nicht mit dem Verb kongruiert. In dem Beispielsatz *je t'aime* „ich liebe dich" hat das Pronomen *je* die syntaktische Funktion eines Subjekts, während das Pronomen *t(e)* die syntaktische Funktion eines Objekts hat. Das pronominale Subjekt bildet den Ausgangspunkt der Satzbedeutung und kodiert den aktiv Liebenden, während das pronominale Objekt das faktische Objekt des Liebenden, das Geliebte, kodiert.

Ein **transitiver Satz** im Deutschen läßt sich nun wie folgt definieren: Er besteht aus einem Subjekt, einem direkten Objekt und einem Prädikat. Das Prädikat besteht aus einem transitiven Verb, die Subjekt- und Objektfunktion ist durch ein Pronomen oder Nomen (bzw., wie wir noch sehen werden, durch andere, komplexere nominale Fügungen) realisiert. Den Satz *Mutter liebt dich* kann man in einem Strukturbaum wie folgt darstellen:

| Syntaktische Struktur/Funktionen | S | | |
|---|---|---|---|
| | Nomen$_{Subj}$ | Verb$_{Präd}$ | Pronomen$_{Obj}$ |
| Morphologische Markierung | (3s)(Nom) | (3s) | (2s)(Akk) |
| Graphische Realisierung | &lt;Mutter&gt; | &lt;liebt&gt; | &lt;dich&gt; |

Der Strukturbaum besteht aus den syntaktischen Elementen Nomen, Verb, Pronomen und, auf einer anderen, übergeordneten Ebene, Satz (als ‚Wurzel'). Anders formuliert, Nomen, Verb und Pronomen sind als **Konstituenten** im Satz enthalten, was man auch häufig wie folgt dargestellt findet [N V PRO]$_S$. Mit Nomen, Verb und Pronomen sind hierbei konkrete Vertreter der jeweiligen Wortarten bezeichnet, die die in der darunterstehenden Zeile vermerkten morphologischen Markierungen aufweisen. Die syntaktischen Funktionen Subjekt, Prädikat und Objekt werden durch tiefgestellte Indizes vermerkt. Die formale grammatische Struktur korrespondiert mit einer Bedeutungsstruktur:

| Handelnder (Agens) | Handlung | Objekt der Handlung (Patiens) |
|---|---|---|
| $\updownarrow$ | $\updownarrow$ | $\updownarrow$ |
| Eine Person X, die liebt | *lieben* | Eine Person Y, die von X geliebt wird |

Bei transitiven Sätzen stellt sich im Gegensatz zu intransitiven das Problem, die semantischen Rollen der Mitspieler zu unterscheiden. Es ist schon ein Unterschied, ob *der Hund die Katze beißt* oder ob *die Katze den Hund beißt*. Im Deutschen wird diese Eindeutigkeit – mit Ausnahme von Personennamen – durch die Kasusmarkierungen erreicht. In vielen Sprachen ist dies jedoch anders. So ist das Chinesische zwar in seiner syntaktischen Grundstruktur dem Deutschen ähnlich – der Satz „Mutter liebt dich" würde *māma ài nǐ* lauten –, da es aber im Chinesischen keine Kasusmarkierungen gibt, ist die Frage, wie entschieden werden kann, wer im Beispielsatz wen liebt:

| wǒ | ài | nǐ | *Ich liebe dich.* |
|---|---|---|---|
| *ich* | *lieben* | *du* | |

Im chinesischen Beispiel ist die Subjektfunktion mit der Erstposition verbunden, während das direkte Objekt nach dem Verb steht. Durch diese festgelegte Stellung der Mitspieler ist der Satz nicht ambig und wir können die wichtige Frage, wer wen liebt, zweifelsfrei beantworten: *wǒ ài nǐ* „ich liebe dich", aber *nǐ ài wǒ* „du liebst mich". Im Englischen ist die Subjekt- und Objektfunktion nur bei Pronomina kasusdifferenziert, z.B. *I love her*, bei Nomina hingegen ist wie im Chinesischen die Position entscheidend: *God loves man*. Die Erstposition ist immer Subjekt. Da im Deutschen die Eindeutigkeit bereits durch die Kasusmarkierungen gewährleistet ist, kann im Gegensatz zum Chinesischen oder Englischen die Position der Elemente im Satz variiert werden, ohne daß sich die Satzbedeutung grundlegend ändert: *dich liebe ich*.

Es gibt allerdings auch Sprachen, in denen Mitspieler weder durch Kasusmarkierungen noch durch eindeutige Satzstellungen markiert sind. In verschiedenen Sprachen wie dem Quiché müssen die beiden Leerstellen obligatorisch nur verb-intern gefüllt werden, während die externe Nennung optional ist:

š-Ø-u-sik'ix       vuqub kaqiš   ri     mama
*Kom-3sA-3sE-rufen*     *<Name>*      *ART*    *Greis*
*Vucub Caquix rief den alten Mann.*

š-Ø-u-sik'ix       vuqub kaqiš
*Kom-3sA-3sE-rufen*     *<Name>*
*Vucub Caquix rief ihn / er rief Vucub Caquix.*

š-Ø-u-sik'ix       ri      mama
*Kom-3sA-3sE-rufen*     *ART*    *Greis*
*Er rief den alten Mann / der alte Mann rief ihn.*

š-Ø-u-sik'ix
*Kom-3sA-3sE-rufen*
*Er rief ihn.*

Die Mitspielerrollen sind in solchen Sprachen oft nur indirekt aus dem Kontext ermittelbar, und können unter Umständen nicht eindeutig festgelegt werden. Im folgenden Satz aus dem Sierra Popoluca (Mexiko) kann die Eindeutigkeit nur durch einen nachgesetzten Zusatz erreicht werden:[2]

i-joh         petoh   heʔm     šiwan;
*er/ihn-bezahlte*   *Peter*   *ART*      *Johann*
Ø-joh-ta       heʔm    petoh
*er-wurde*bezahlt*   *ART*    *Peter*
*Johann/Peter bezahlte Peter/Johann; Peter wurde bezahlt.*

### 4.1.3 Ditransitive Sätze

Neben Sätzen mit transitiven Verben, die ein Objekt als Valenzpartner nehmen, treten sogenannte ditransitive Verben auf, die valenzmäßig zwei Objekte binden: *ich schenke ihm einen Topf* oder *I give him a book*. Verben wie *schenken* oder *give* sind dreistellig. Neben dem Pronomen in Subjektfunktion tritt in Objektfunktion ein weiteres Pronomen auf, das durch den Dativ markiert ist und das im Gegensatz zum direkten Objekt als **indirektes Objekt** bezeichnet wird. Die drei Stellen können auch wie im Aztekischen verb-intern gefüllt werden:

ni-mits-tła-maka            *Ich gebe dir etwas.*
*ich-dir-etwas-geben*

Das Subjekt kodiert das Agens des durch das Verb ausgedrückten Prozesses, das direkte Objekt das an der Handlung beteiligte Thema, das an einen Empfänger (Rezipienten) gerichtet ist, der durch das indirekte Objekt ausgedrückt ist. Stellen wir uns die

Bedeutung des Satzes schematisch als ein abstraktes Situations-
diagramm vor, so sieht dies etwa folgendermaßen aus:

Agens $\xrightarrow[\text{wird übermittelt}]{\text{ein Objekt}}$ Rezipiens / Ziel

Der Satz *ich schenke ihm einen Topf* hat den folgenden Aufbau:

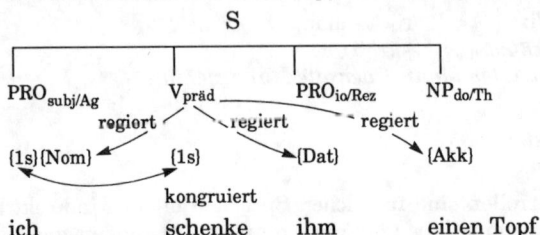

S

PRO$_{\text{subj/Ag}}$     V$_{\text{präd}}$          PRO$_{\text{io/Rez}}$     NP$_{\text{do/Th}}$

regiert          regiert          regiert

{1s}{Nom}          {1s}          {Dat}          {Akk}

kongruiert

ich          schenke          ihm          einen Topf

Im Strukturbaum sind die syntaktischen Funktionen der Konstituenten subj =
Subjekt, io = indirektes Objekt, do = direktes Objekt, die semantischen Rollen Ag
= Agens, Rez = Rezipiens und Th = Thema. Das Element NP bezeichnet eine Nominalphrase, also eine Erweiterung eines einzelnen Nomens, die wie ein einfaches
Nomen Satzkonstituente ist. Im vorliegenden Fall handelt es sich um ein Nomen
mit einem nebengeordneten Artikel. Sowohl Nomen, Artikel als auch die übergeordnete Einheit Nominalphrase sind im Satz enthalten: [[ART N]$_{\text{NP}}$]S. Die Beziehungen ›regiert‹ bzw. ›kongruiert‹ werden durch Pfeile zum Ausdruck gebracht.

Im Deutschen ist das Subjekt häufig mit einem Agens assoziiert und
mit dem Nominativ markiert, das indirekte Objekt mit einem Rezipienten oder einem Ziel und dem Dativ, das direkte Objekt als Thema mit dem Akkusativ. Während das indirekte Objekt immer dativ-
markiert ist und von einem Ursprungspunkt her gesehen ein Ziel
kodiert – man prüfe dies an weiteren Beispielen –, ist das Subjekt
nicht immer agentiv, z.B. *er bekommt ein Buch*, wo das Subjekt den
Rezipienten kodiert.

### 4.1.4 Transitivität und Ergativität

Transitivität ist eine universelle Eigenschaft einer Teilklasse von
Verben. Doch bedeutet dies tatsächlich – wie die angeführten Beispiele nahelegen –, daß Argumente immer Subjekt- oder Objektfunktion haben? Oder anders gefragt: Sind Subjekt- und Objektfunktion universelle Eigenschaften von Sprachen? Greifen wir zunächst noch einmal auf das Deutsche zurück. Sowohl im transitiven
als auch intransitiven Satz kongruiert ein Pronomen (auch ein
Nomen) in Subjektfunktion mit dem Verb hinsichtlich Numerus und
Person, und es steht im Nominativ, z.B. *sie schläft* oder *er liebt dich*.

Bei einer kleinen Teilklasse von Verben stimmt dies jedoch nicht
mehr. Verben wie *frieren* können ein Pronomen in Subjektfunktion
nehmen, das im Akkusativ steht und nicht mit dem Verb kongruiert: *mich friert, ihn friert;* man findet auch *mir ist kalt.* Im Sierra
Miwok, einer Indianersprache Kaliforniens, gibt es intransitive und
transitive Verben, die den Genitiv regieren:[3]

| | | |
|---|---|---|
| ʔini-ni-t̪ | kani-ŋ | *Ich kann kommen.* |
| *kommen-Potential-mein* | *ich-Gen* | |
| kawaju-ŋ | kalaŋ-e-ʔ-si̱ | *Das Pferd trat ihn.* |
| *Pferd-Gen* | *treten-Verg-Nom-sein* | |

Offensichtlich gelten die bisher gemachten Aussagen in diesen Fällen nicht mehr: Ist *mich* in *mich friert* Subjekt oder Objekt? Wie ist
die Beziehung zu *es friert mich,* wo durch das Subjekt *es* die Welt
der deutschen Grammatik wieder heil ist? Immerhin, der Begriff
Argument ist neutral genug, um diese Erscheinungen zu beschreiben. Im Deutschen erfordert *frieren* ein Rezipiens-Argument im Nominativ oder Akkusativ, im Miwok „treten" ein Agens-Argument im
Genitiv. In den meisten Sprachen, so auch im Deutschen, treten
diese Kasusmarkierungen nur selten auf und können deshalb als
Brüche im System der Kasusmarkierung zu ‚Ausnahmen' erklärt
werden. Gerade solche Ausnahmefälle aber helfen, die Beziehung
zwischen semantischen Kasusrollen und grammatischer Mitspieler-
kodierung besser verstehen zu lernen. Insbesondere zeigt sich, daß
aufgrund dieser und ähnlicher Erscheinungen syntaktische Funktionen wie Subjekt und Objekt nicht als universell eingestuft werden können. In manchen Grammatiken des Deutschen werden Erscheinungen wie *mich friert* unter dem Begriff Ergativstrukturen
behandelt,[4] um die Begriffe Subjekt und Objekt aufrecht zu erhalten. Während solche Ergativstrukturen im Deutschen Sonderfälle
sind, und es sinnvoll ist, sie als solche zu behandeln, ist in Sprachen
wie dem Quiché Ergativität die vorherrschende Art der Markierung.

Unter **Ergativität** versteht man ein Prinzip der Kasusmarkierung von Ergänzungen intransitiver und transitiver Verben, das in
gewisser Weise spiegelverkehrt zu Nominativ-Akkusativ-Sprachen
wie dem Deutschen funktioniert. Wir hatten bereits darauf hingewiesen, daß bei transitiven Sätzen die Notwendigkeit auftritt, die
semantischen Rollen der Mitspieler eindeutig zu kodieren, während
sich bei intransitiven Verben dieses Problem nicht stellt. Bei der
Markierung kann nicht nur die Methode der Kodierung – vor allem
Kasusmarkierungen oder feste Stellung – variieren, sondern auch
die Behandlung der Mitspieler bei der Markierung. In den meisten

europäischen Sprachen, wie z.B. dem Deutschen, werden Mitspieler in folgender Weise behandelt:[5]

| Intransitiv/einwertig | | Argument |
|---|---|---|
| | | *Nominativ* |
| | | SUBJEKT |

| Transitiv/zweiwertig | Argument$_1$ | Argument$_2$ |
|---|---|---|
| | *Nominativ* | *Akkusativ* |
| | SUBJEKT | DIR.OBJEKT |

Ergativsprachen wie das Quiché und andere Maya-Sprachen machen die Beziehung zwischen dem Prädikat und seinen Argumenten auf andere Weise eindeutig:

| Intransitiv/einwertig | | Argument |
|---|---|---|
| | | *Absolutiv* |
| | | einziges (THEMA-) |
| | | ARGUMENT |

| Transitiv/zweiwertig | Argument$_1$ | Argument$_2$ |
|---|---|---|
| | *Ergativ* | *Absolutiv* |
| | AGENS- | THEMA- |
| | ARGUMENT | ARGUMENT |

Zur Verdeutlichung dieser unterschiedlichen Arten, bei der Referierung der Argumente die Eindeutigkeit zu gewährleisten, kontrastiere man die folgenden Sätze aus dem Quiché und ihre deutschen Entsprechungen:

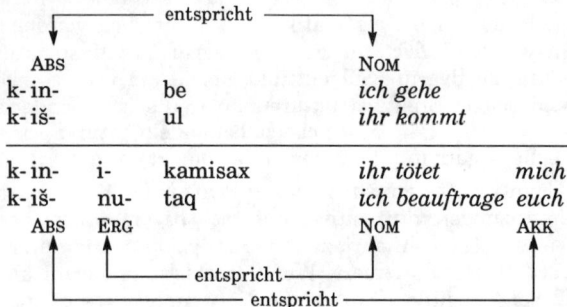

```
              ┌──── entspricht ────┐
              │                    ▼
 ABS                              NOM
 k- in-       be                  ich gehe
 k- iš-       ul                  ihr kommt

 k- in-  i-   kamisax            ihr tötet       mich
 k- iš-  nu-  taq                ich beauftrage  euch
 ABS     ERG                      NOM            AKK
          │   └─── entspricht ────────┘          ▲
          └──────── entspricht ─────────────────┘
```

Da im Quiché der Patiens-Mitspieler des transitiven Satzes (= Thema-Argument) in gleicher Weise wie der einzige Mitspieler des intransitiven (= einziges Argument) markiert wird, leuchtet die Bezeichnung Ergativstruktur für deutsche Konstruktionen wie *mich$_{Akk}$ friert* ein. Diese ergative Referierung von Argumenten ist mit den Kategorien Subjekt und Objekt nicht vereinbar, da in ihr das Subjekt des intransitiven Satzes anders behandelt wird als das Subjekt des transitiven:

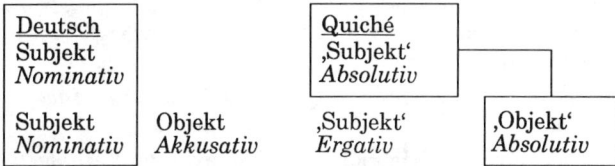

| Deutsch | | Quiché | |
|---|---|---|---|
| Subjekt | | ,Subjekt' | |
| Nominativ | | Absolutiv | |
| Subjekt | Objekt | ,Subjekt' | ,Objekt' |
| Nominativ | Akkusativ | Ergativ | Absolutiv |

Beide Konzepte, die Gleichsetzung von $\text{Argument}_{\text{intrans}}$ und $\text{Argument}_{\text{trans1}}$ wie auch die von $\text{Argument}_{\text{intrans}}$ und $\text{Argument}_{\text{trans2}}$, haben eine Motivation in den semantischen Eigenschaften. Die Mitspielerrolle intransitiver Sätze kann nämlich sowohl Agens sein, wie in *ich esse*, als auch Patiens wie in *die Blume vertrocknet*. Im Hinblick auf die Syntax ist nur entscheidend, daß die semantischen Rollen der Mitspieler in transitiven Sätzen disambiguiert werden. Wie wir noch sehen werden, haben die Mitspieler bei intransitiven und transitiven Verben Eigenschaften, die mehr oder weniger prototypisch sind und mit denen man nicht nur den Unterschied zwischen Nominativ/Akkusativ-Sprachen und Ergativsprachen erklären kann, sondern auch Sonderfälle wie *mich friert* oder *mir ist kalt*, wo die dem Prototyp des deutschen Agens-Subjekt fernen Mitspieler durch einen anderen Kasus als den üblichen Nominativ gekennzeichnet werden.

### 4.1.5 Sätze mit nicht-verbalen Prädikaten

Wir sind davon ausgegangen, daß Sätze als Kern ein Prädikat haben. Das Prädikat wird prototypischerweise durch ein Verb besetzt, aber es gibt in vielen Sprachen auch noch andere als verbale Prädikate. So finden sich vielfach Prädikate, die durch ein Nomen oder Adjektiv vertreten werden. Mit nominalen Prädikaten wird in der Regel ein nicht-dynamischer Zustand ausgedrückt, bei dem Aussagen über die Existenz oder über Eigenschaften des Mitspielers gemacht werden. Man nennt solche Sätze auch **Äquationssätze**. Im Deutschen wird bei diesem Satztyp das Hilfsverb/die Kopula *sein* verwendet, z.B. *Allah ist (sehr) groß* oder *das Kind ist ein Dieb. Dieb* ist im Deutschen eine notwendige Ergänzung des Verbs *sein*, hat aber keinen Argumentstatus; man spricht in solchen Fällen von Komplement. Im Arabischen hingegen fungiert das Adjektiv *akbar* „sehr groß" allein als Prädikat:

alla:hu   akbar                    *Allah ist (sehr) groß.*
*Allah     sehr*groß*

Im Bemba, einer Bantusprache, wird der Satz *das Kind ist ein Dieb*
durch zwei aneinandergereihte Nomina ausgedrückt, wobei das
zweite als Prädikat fungiert:

umu-ana       múu-buji              *Das Kind ist ein Dieb.*
*KL-Kind       KL-Dieb*

In einem Satz mit Nominalprädikat besteht der Kern des Prädikats aus einem Nomen, bei einem Adjektivprädikat aus einem Adjektiv. Der Kern kann jedoch weiter modifiziert sein, z.b. durch eine
Negation in dem chinesischen Beispielsatz:

déyǔ      bù        nán
*Deutsch   nicht    schwer*
*Die deutsche Sprache ist nicht schwer.*

Während im Deutschen Partizipialkonstruktionen immer mit einem
der Hilfsverben *sein* oder *haben* gebildet werden, fungieren z.b. im
Quiché Partizipien ebenfalls als Prädikat ohne finites Verb:

kam-inaq                 xun kame
*sterben-Partizip*Perfekt    <Name>*
*Hun Came ist / war gestorben.*

var-inaq                 xun kame
*schlafen-Partizip*Perfekt   <Name>*
*Hun Came hat geschlafen.*

### 4.2  Erweiterung des minimalen Satzes

Bisher haben wir uns mit Sätzen in ihrer Minimalform beschäftigt.
Man muß nun nicht eine Politikerrede hören oder Thomas Mann lesen, um zu wissen, daß wir fast immer komplexer sprechen und
schreiben als in Form der bisher behandelten Sätze. Die höhere
Komplexität kann auf verschiedene Weise zustande kommen.

### 4.2.1  Erweiterung der Satzkonstituenten

Eine Möglichkeit besteht darin, einzelne Leerstellen im Satz komplexer auszufüllen:

(a) [Sie] schreiben [Mist].
(b) [Sie] schreiben [ein Buch].
(c) [Sie] schreiben [ein interessantes Buch über die deskriptive
    Linguistik].

In den obigen Beispielen ist die Objektfunktion verschieden realisiert, während das Prädikat in beiden Fällen durch das gleiche Verb
ausgedrückt ist und das Subjekt durch das gleiche Personalpronomen. Die Objektfunktion ist jeweils durch Ausdrücke besetzt, die ein
Nomen als Kern haben, der Kern indes ist jedoch in unterschiedlich
starkem Maße erweitert. Diese Erweiterungen modifizieren den
Kern. Die Funktion der Modifizierung (Mod) läßt sich durch einen
Wirkungspfeil in den Strukturbaum einbeziehen. Handelt es sich
bei diesem Kern um ein Nomen oder Pronomen, also um ein Nominal, bezeichnet man die erweiterte nominale Gruppe als **Nominalphrase** (NP). Die NP im Satz (b) besteht aus Artikel (ART) und einem Nomen (N):

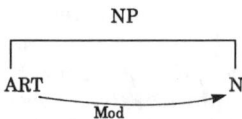

NP

ART ⎯⎯⎯⎯⎯⎯⎯⎯▶ N
      Mod

Der Artikel hat im Deutschen die Funktion, ein Nomen hinsichtlich
Bestimmtheit/Unbestimmtheit (±definit) zu modifizieren. Dieser Artikel kann im Gegensatz zu den Erweiterungen des dritten Beispiel-
satzes nicht weggelassen werden: *sie schreiben Buch* ist kein korrekter Satz, wogegen sowohl *sie schreiben ein interessantes Buch*, *sie
schreiben ein Buch über die deskriptive Linguistik* als auch *sie
schreiben ein interessantes Buch über Linguistik* möglich sind.

Daß die Nominalphrase eine sinnfällige strukturelle syntaktische Einheit ist, läßt sich durch verschiedene Tests erweisen, die
allerdings nicht in jedem Falle angewendet werden können:

1. Ersetzungsprobe: *Ich werfe einen Ball. Ich werfe den Ball.*
2. Umstellprobe: *Lese ich ein Buch? Ein Buch lese ich.*
3. Fragetest: *Was schreibe ich? Einen Brief.*
4. Pronominalisierungstest: *Ich trinke es.*
5. Koordinationstest: *Norbert schreibt ein Buch. Wolfgang schreibt
   ein Buch. Norbert und Wolfgang schreiben Bücher / ein Buch.*
6. Weglaßprobe: *Er lacht laut. Er lacht.*

Wenden wir diese Tests nun auf das Beispiel *sie schreiben ein interessantes Buch über die deskriptive Linguistik* an, so können wir zwei
Nominalphrasen ausgliedern, die die folgende Struktur haben:

```
                        NP
        ┌───────────────┼──────────────┐
      ART             ADJ              N
                         ╲____Mod___→
              ╲____Mod____→
       ein         interessantes    Buch
       die         deskriptive      Linguistik
```

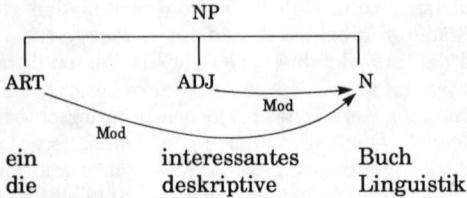

Die Tests helfen uns auch, die übrig gebliebenen Konstituenten
strukturell zu begreifen:

– Sie schreiben ein interessantes Buch darüber.
– Worüber schreiben sie? Über die deskriptive Linguistik.
– Über die deskriptive Linguistik schreiben sie ein interessantes
  Buch.

Die Präposition *über* und die NP *die deskriptive Linguistik* bilden
eine Einheit, die man als **Präpositionalphrase** (PP) bezeichnet.
Bei einer Präpositionalphrase besteht der Kern aus einer Präposition, die der NP einen Kasus zuweist. Die Präposition regiert also
die NP: *über* weist der NP den Akkusativ zu. Die gesamte Präpositionalphrase modifiziert wiederum die NP *ein interessantes Buch*
und bildet mit dieser zusammen wiederum eine NP (Test: *sie schreiben etwas*):

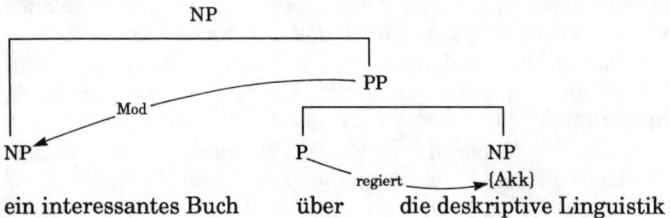

```
                        NP
        ┌────────────────────────────┐
        │                            │
        │                  ┌────────PP
        │         ╱Mod─────      ┌────────┴────────┐
       NP←───────              P                   NP
                                ╲___regiert___→[Akk]
    ein interessantes Buch    über      die deskriptive Linguistik
```

Der Leser versuche nun, den gesamten Satz (c) in seiner Komplexität in einem Baumgraphen wie oben darzustellen (Lösung s. S. 273).
Man sieht also, daß durch die Erhöhung der Komplexität einer Va-
lenzstelle die Komplexität von Sätzen erheblich erhöht werden
kann.

Ein wichtiger Mechanismus hierbei ist die **adnominale Modifizierung**, die in allen Sprachen der Welt eine Rolle spielt und die im
Deutschen in der Attributfunktion morphosyntaktisch relevant ist.
**Attribute** modifizieren den nominalen Kern und sind ihm strukturell nebengeordnet. Im Deutschen spielen die folgenden Attributiv-
konstruktionen die wichtigste Rolle:

(a) das Genitivattribut,
(b) das Präpositionalattribut und
(c) das attributiv gebrauchte Adjektiv:

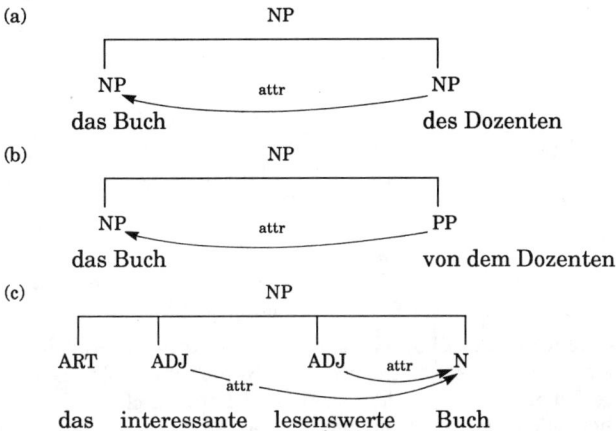

(a)

```
                        NP
        NP          attr           NP
      das Buch                  des Dozenten
```

(b)

```
                        NP
        NP          attr           PP
      das Buch                 von dem Dozenten
```

(c)

```
                        NP
    ART     ADJ            ADJ    attr    N
                    attr
    das  interessante  lesenswerte   Buch
```

Wie wir sehen, befinden sich in allen drei Fällen die in Attributivfunktion stehenden Elemente auf der gleichen hierarchischen Ebene wie das Kernnomen, sind diesem also nebengeordnet. Das Genitivattribut ist – wie der Name schon sagt – durch den Genitiv markiert, das attributive Adjektiv hingegen kongruiert in Kasus, Genus und Numerus mit dem Kernnomen:

ein interessantes Buch

nicht aber:

*ein interessantes Zeitschrift
*einem interessantes Buch
*einigen interessantes Büchern

Attributive Adjektive finden wir in vielen Sprachen. Im Chinesischen und Quiché steht das Adjektiv gleichfalls vor dem Bestimmungswort, aber anders als im Deutschen gibt es keine morphologische Korrespondenz zwischen Adjektiv und Nomen:

Chinesisch:

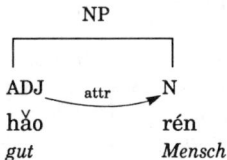

```
                        NP
        ADJ     attr       N
        hǎo               rén              der gute Mensch
        gut              Mensch
```

Quiché:

```
                    NP
        ┌────────────┴──────┐
      ART    ADJ  attr    N
       ri    nim-aq      xujub         die großen Berge
      ART   groß-Plural  Berge
```

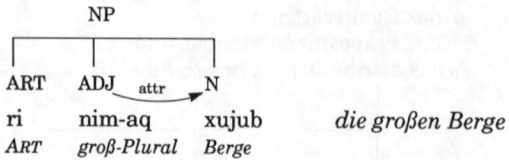

Im Hebräischen hingegen steht das attributive Adjektiv hinter dem Bezugsnomen:

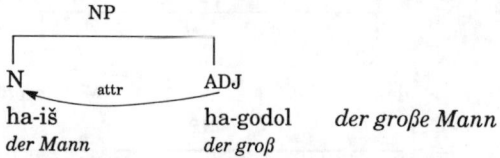

```
                    NP
        ┌───────────┴──────┐
      N ◄──── attr ──── ADJ
     ha-iš             ha-godol      der große Mann
     der Mann          der groß
```

Man spricht in diesen Fällen von einem **postnominalen** Adjektiv in Attributfunktion. Der postnominale Gebrauch von adjektischen Attributen ist auch – wenngleich selten und stilistisch motiviert – in Sprachen möglich, die normalerweise das Adjektiv vor dem Bezugsnomen haben wie das Englische. Man denke an die erste Zeile des berühmten Gedichtes *"The Raven"* von Edgar Allan Poe: *«Once upon a midnight dreary...»* Im Spanischen steht abhängig von der Semantik ein Teil der Adjektive vor, ein anderer nach dem Bezugsnomen:

un gran letrado        *ein großer (= bedeutender) Gelehrter*
un letrado grande      *ein großer (= großgewachsener) Gelehrter*

Ein Spezialfall der Attributfunktion wird durch die **Possessor-Possessum-Relation** (Poss) gebildet, die im Deutschen u.a. durch das Genitiv- und Präpositionalattribut (vgl. a, b) ausgedrückt wird. In der NP *das Buch des Dozenten* bestehen folgende semantische und syntaktische Beziehungen:

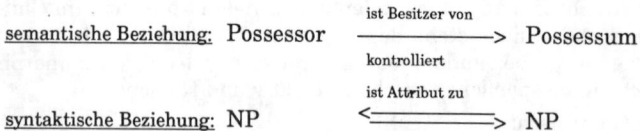

```
                          ist Besitzer von
semantische Beziehung: Possessor ──────────────> Possessum
                          kontrolliert

                          ist Attribut zu
syntaktische Beziehung: NP  <═══════════> NP
```

In dem Beispiel *das Buch von dem Dozenten* ist der Besitzer in der attributiven Präpositionalphrase kodiert, das, was er besitzt, in der nebengeordneten NP. Die gleiche Struktur findet man in den romanischen Sprachen, z.B. im Spanischen und Französischen:

```
                            NP
              ┌─────────────┴──────────────┐
            NP ──────── attr ──────→ PP
        ┌─────┴─────┐          ┌──────┴──────┐
       ART          N          P             N

       el          libro      de           Pedro
       le          livre      de           Pierre
```

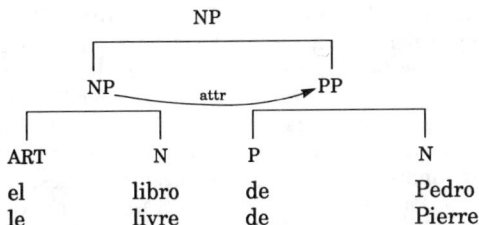

Eine Kombination aus Possessivpronomen (*sein Buch*) und Genitiv-
attributkonstruktion finden wir im dialektalen Deutsch:

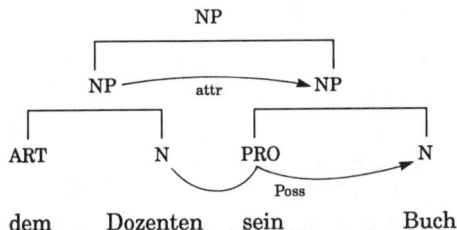

```
                            NP
              ┌─────────────┴──────────────┐
            NP ──────── attr ──────→ NP
        ┌─────┴─────┐          ┌──────┴──────┐
       ART          N         PRO            N
                              └──── Poss ────┘

       dem        Dozenten   sein          Buch
```

Eine ähnliche Konstruktion ist die chinesische *de*-Konstruktion,
wenn man dem deutschen Possessivpronomen eine assoziierende
Funktion zwischen Possessor und Possessum zubilligt, wie sie die
Partikel *de* hat (man vergleiche dialektales *ihm sein Buch*):

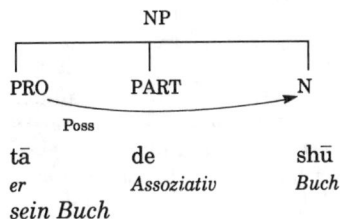

```
                      NP
        ┌─────────────┼──────────────┐
       PRO          PART             N
       └─── Poss ──────────────────→

       tā           de              shū
       er           Assoziativ      Buch
       sein Buch
```

Im Japanischen wird „mein Buch" durch ein genitivmarkiertes Personalpronomen und Bezugsnominal ausgedrückt:

| | | |
|---|---|---|
| wataši – no | hon – o | *mein Buch* |
| *ich – Gen* | *Buch – Objekt* | |

Im Persischen wird die entsprechende Possessor-Possessum-Relation durch ein konnektives *-e* ausgedrückt (sogenannte possessive
‚ezâfe'-Konstruktion):

| | | |
|---|---|---|
| ketabe-e | hasan | *das Buch von Hassan* |
| *Buch-Konnektor* | *Hassan* | |

Während im Deutschen die Nominalphrasen *Maries Buch* und *das Buch von Marie* äquivalent sind, ist im Englischen die Genitivkonstruktion *Mary's book* üblich, der Anschluß mit der *of*-Phrase *?the book of Mary* wird hingegen kaum gebraucht. Bei der Possessor-Possessum-Relation steht im Englischen die Genitivkonstruktion, obwohl sonst Genitiv und *of*-Phrase äquivalent sind und nur stilistische Unterschiede markieren. Im Quiché bestehen diese Konstruktionen aus dem Possessum mit einem Possessivpräfix und einer Possessor-NP, auf die sich das Possessivpräfix des Possessums bezieht:

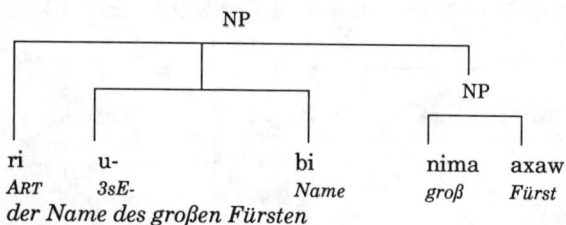

| ri | u- | bi | nima | axaw |
|----|----|----|------|------|
| *ART* | *3sE-* | *Name* | *groß* | *Fürst* |

*der Name des großen Fürsten*

Bei solchen Konstruktionen kann der Possessor mehrfach geschachtelt werden:

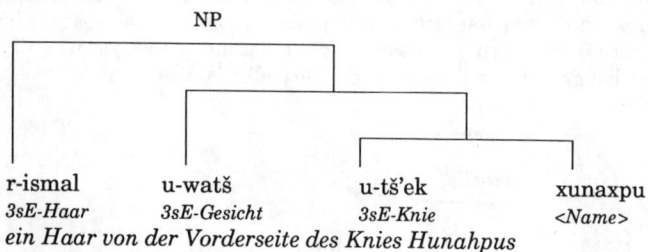

| r-ismal | u-watš | u-tš'ek | xunaxpu |
|---------|--------|---------|---------|
| *3sE-Haar* | *3sE-Gesicht* | *3sE-Knie* | *<Name>* |

*ein Haar von der Vorderseite des Knies Hunahpus*

Man erinnere sich, daß es sich bei den Quiché-Beispielen um Korpusdaten aus einen mythologischen Text handelt.

Im Quiché ist bei solchen Konstruktionen das Verhalten von Verbalnomina im Hinblick auf die Valenz interessant. Anders als im Deutschen, wo bei transitiven Verbalnomina die Zweiwertigkeit verloren geht und die beiden Mitspieler doppeldeutig in einer einzigen Genitivkonstruktion zusammenfallen, wie z.B. *das Töten der Katze* (Tötet die Katze? oder Wird die Katze getötet?), bleibt im Quiché die Zweiwertigkeit erhalten:

| Ø-šaxo-x | puxuj |
|----------|-------|
| *3sA-tanzen-Verbalnomen* | *<Name>* |

*das Tanzen des Puhuy-Tanzes*

aber:

ki-šaxo-x                     xunaxpu
*3pE-tanzen-Verbalnomen*     *<Name>*
*das Tanzen der (Tänzer) Hunahpu (und ...)*


## 4.2.2 Periphere Angaben

Neben der Erweiterung einzelner Satzkonstituenten können einfache Sätze auch durch periphere Angaben in ihrer Komplexität erhöht werden. Unter **peripheren Angaben** sind nicht valenzgebun-
dene Ergänzungen zu Prädikaten zu verstehen. Dabei wollen wir
uns primär Lokal- und Temporalangaben zuwenden, mit denen die
verbale Bedeutung modifiziert wird:

(a) *Gestern nachmittag* regnete es.
(b) Er schläft *in einem Wasserbett.*
(c) Er wirft den Ball *in das Wasser.*

Neben obligatorischen Lokalangaben bei Verben wie *wohnen* oder
*liegen – *das Buch liegt –* gibt es freie Lokalangaben wie in den Sätzen (b) und (c). Im Deutschen sind Hauptkandidaten für Lokalangaben Präpositionalphrasen wie *in das Wasser.* Sind diese valenzge-
bunden, so haben sie den Status von Objekten und man spricht von
einem **Präpositionalobjekt**, z.B. *er wohnt auf dem Land.* Sind sie
frei, so spricht man auch von **adverbialen Bestimmungen** oder
**Adverbialen** des Ortes; *in einem Wasserbett* und *in das Wasser* sind
also adverbiale Bestimmungen.

Die Präpositionalphrasen, mit denen im Deutschen lokale Angaben ausgedrückt werden, haben als Kern eine lokale Präposition
und eine nebengeordnete NP. Die Präposition regiert in Abhängigkeit vom Verb den Kasus des Kernnominals:

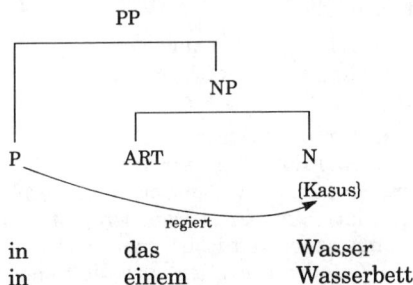

```
                    PP
         ┌──────────────────────┐
         │                      │
                    NP
              ┌───────────────┐
              │               │
    P         ART             N
    │                       (Kasus)
    └─────────────────────────→
          regiert

    in        das           Wasser
    in        einem         Wasserbett
```

Als Faustregel gilt, daß eine Lokalangabe, bei der ein Objekt von
einem Ausgangspunkt zu einem Zielpunkt bewegt wird, mit dem

Akkusativ markiert wird, ansonsten steht der Dativ. Dies wird deutlich bei Präpositionen, die sowohl Dativ als auch Akkusativ regieren wie in den obigen Beispielen *in*. Bei der zielgerichteten Handlung weist die Präposition dem abhängigen Nomen den Akkusativ zu, ist das Prädikat ohne gerichtete Handlungskomponente, steht der Dativ. Das gleiche gilt für die *auf*-Phrase:

> Er schläft auf dem Tisch.
> Er springt auf den Tisch.

Hier werden durch unterschiedliche Kasus semantische Unterschiede gekennzeichnet. In Präpositionalphrasen markiert der Akkusativ als Kasus die Richtung (Destinativ) und der Dativ den Platz (Lokativ). Sätze können gleichzeitig durch mehrere Lokalangaben ergänzt werden, z.B. *Er schießt den Ball über das Tor, hoch über das Tor, 5, 6 Meter, und 3 Meter am linken Tor vorbei.* Wegauskünfte bestehen häufig aus Ketten von Lokalangaben.

Im Chinesischen sind Präpositionalphrasen wie im Deutschen die gebräuchlichste Form lokaler Angaben. Besonders häufig wird die *zài*-Phrase gebraucht, mit der eine Platzangabe kodiert wird. Allerdings wird die genaue lokale Struktur durch eine Partikel angegeben, sofern es sich nicht um Ortsnamen handelt:

PP

| P | N | PART |
|---|---|------|
| zài | chéngshì | waìbiān |
| *„Platz"* | *Stadt* | *außerhalb* |

*außerhalb der Stadt*

Die Bedeutung der Präposition *zài* leitet sich daher ab, daß *zài* auch als Verb in der Bedeutung von „sich befinden" besteht. Die *zài*-Phrase steht meistens vor dem Verb:

| tā | zài | chuáng | shàng | shuì |
|----|-----|--------|-------|------|
| *er* | *„Platz"* | *Bett* | *auf* | *schlafen* |

*Er schläft auf dem Bett.*

Neben Lokalangaben spielt in allen Sprachen auch die zeitliche Verortung von Sachverhalten eine Rolle. Wie wir bereits im Kapitel Morphologie gesehen haben, wird Zeit in vielen Sprachen morphologisch am Verb markiert (z.B. lat. *laudā-ba-t*). Daneben gibt es aber auch lexikalische Angaben, mit denen zeitliche Verhältnisse ausgedrückt werden, wie z.B. das Zeitadverb *morgen* oder die temporale Präpositionalphrase *at 5 o'clock*. Solche Zeitangaben modifizieren das Prädikat. Allerdings sind die Zeitkonzepte in verschiedenen

Sprachen unterschiedlich differenziert. Im Deutschen werden lexikalische Zeitangaben primär durch Adverbiale ausgedrückt; zum einen durch Adverbien wie *morgen* oder *heute*, zum anderen durch Präpositionalphrasen in adverbialer Funktion wie *bis 10 Uhr*:

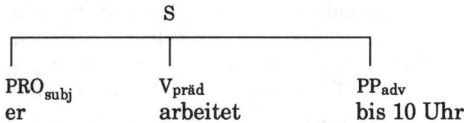

$$S$$

| PRO$_{subj}$ | V$_{präd}$ | PP$_{adv}$ |
|---|---|---|
| er | arbeitet | bis 10 Uhr |

Durch mehrere temporale Angaben werden Ereignisse/Zustände in ihrer Zeitdimension modifiziert/spezifiziert: *Vor sieben Wochen, am 2. 8. 1982, um 15.30 Uhr, wurde sie geboren.* Temporale Angaben haben oft eine ähnliche Struktur wie die lokalen, da sie als Präpositionalphrasen ausgedrückt werden:

Sie kommt in einem Jahr.
Sie fährt in einem Auto.

Temporale Angaben ohne einleitende Präposition können aufgrund gleicher Kasusmarkierung (Synkretismus) eine gleiche Grundstruktur haben wie Objekte:

Er ißt den ganzen Käse.
Er ißt den ganzen Tag.

## 4.3 Wortarten

Wir haben inzwischen eine Reihe von Satzkonstituenten kennengelernt, die durch bestimmte Elemente besetzt werden können. In diesem Zusammenhang haben wir, wie bereits im Kapitel Morphologie, oft Kategorien wie Nomen, Pronomen, Adjektiv, Verb, Adverb u.ä. verwendet. Die uns geläufigen Wortarten sind aber nicht universell. Es ist nur sinnvoll, sie zu unterscheiden, wenn sie in ihrem morphologischen und/oder syntaktischen Verhalten erkennbar differieren. Die Kategorisierung muß zudem durch semantische Eigenschaften motiviert sein. Im Deutschen zeichnen sich Verben dadurch aus, daß sie als Prädikat fungieren und konjugiert werden. Sie kongruieren mit einem Mitspieler, dem Subjekt, hinsichtlich Person und Numerus und sind tempusmarkiert. Nomina dagegen werden dekliniert. Sie sind meist Argument eines Prädikats, können aber nicht allein das Prädikat bilden. Adjektive modifizieren Nomina, die ihre Flexion bestimmen: *dem guten Buch*. Adverbien werden weder konjugiert noch dekliniert und modifizieren Prädikate: *ich lese gern*. Nicht-flektierte Wortarten werden oft auch Partikeln genannt.

Neben diesen in den meisten Sprachen **offenen Wortklassen**, d.h.
Wortarten mit einer großen und erweiterbaren Zahl von Elementen,
gibt es auch solche, die nur wenige Elemente haben, wie z.b. die
Wortarten Artikel, Prä- und Postpositionen oder Konjunktion.
**Geschlossene Wortklassen** haben meist grammatische Bedeutun-
gen/Funktionen, während die offenen eher lexikalische Bedeutungen
kodieren. Einen besonderen Status haben bei den geschlossenen
Wortklassen die Pronomina, die wie *er, sie* oder *es* oftmals für
Nomina stehen, und die sich im Deutschen hinsichtlich der Flexion
ähnlich wie Nomina verhalten, z.B. *er – ihm – ihn.*

Wesentlich ist die Unterscheidung nominal gegen verbal, da sie
wohl die einzige ist, die es in fast allen Sprachen gibt. In manchen
Sprachen sind Adjektive keine eigene Wortklasse, sondern nur eine
Untergruppe der Nomina, in anderen verhalten sich Adverbien fast
genauso wie Verben. Im Mixtekischen von Peñoles gibt es nur eine
kleine geschlossene Wortklasse Adjektiv, die gleichzeitig auch adverbial Prädikate modifizieren kann: *kìtì βáʔà* „das gute *(βáʔà)*
Tier", aber *šinù βáʔà-δέ* „er rennt gut *(βáʔà)*". In einigen Sprachen
werden adverbiale Modifikatoren und auch die Entsprechung grammatischer Funktionswörter wie Artikel oder Konjunktionen als
Affixe an das Prädikat gebunden, wie z.B. im Kyuquot (Dialekt des
Nootka, Vancouver Island, Kanada) die Suffixe *-aja* „langsam",
*-patš'* „sofort" oder *-qħ* „während":[6]

| | |
|---|---|
| waɬ-ju-qħ | waʔitš |
| *nach\*Hause\*gehen-vorliegend-während* | *schlafen* |
| *Er schlief während er zu Hause war.* | |

kamitq-patš'
*wegrennen-sofort*
*Er rannte sofort weg.*

In dieser Sprache und anderen Sprachen der pazifischen Nordwest-
küste ist zudem selbst die minimale Unterscheidung von Verb und
Nomen wenig hilfreich. Im Hinblick auf Morphologie und Syntax
wird nur das Prädikat von Argument(en) und optionalen Angaben
unterschieden. Verben und Nomina können kaum als Wortarten getrennt werden, da der Prädikat- und Argumentstatus der Grundmorpheme austauschbar ist:

| tɬ'itsu-qtɬis | ʔuja | ʔam'itɬi |
|---|---|---|
| *Potlatch-Fut / Ich* | *Zeit\*von\*sein* | *morgen* |

*Ich werde morgen ein Potlatch-Fest veranstalten.*

daneben:

| ʔuja-qtłis | ʔam'itłi | tł'itsu |
|---|---|---|
| *Zeit∗von∗sein-Fut / Ich* | *morgen* | *Potlatch* |

*Morgen werde ich ein Potlatch-Fest veranstalten.*

Noch extremer sind die irokesischen Sprachen, bei denen alle Wortarten in gleicher Weise verbal flektiert werden, wie z.B. im Cayuga, wo man in mancher Hinsicht nur von Ein-Wort-Sätzen sprechen kann:[7]

| aekhina'tá:k | akatn'ataõt | tekáhswa'ne:t |
|---|---|---|
| *laß uns Gebäck essen* | *ich habe Gebäck gebacken* | *es ist eine Torte* |

*Wir wollen eine Torte essen, die ich gebacken habe.*

## 4.4 Wort- und Satzgliedstellung

Jeder von uns hat einmal im Englischunterricht die Regel ‚SPO‘: ‚Subjekt – Prädikat – Objekt‘ gehört. Gemeint ist damit, daß im einfachen Aussagesatz die Satzteile, die in Subjektfunktion stehen, dem verbalen Prädikat vorangehen, und die Satzteile, die in Objektfunktion stehen, dem verbalen Prädikat nachgestellt sind. In einem Satz wie *Peter Pim met Billy Ball* ist *Peter Pim* Subjekt und *Billy Ball* Objekt. Das Deutsche hat die gleiche **Grundwortstellung** SPO wie das Englische, das Russische ebenfalls. Mindestens ebenso häufig, wenn nicht häufiger, findet man Sprachen wie das Türkische oder das Japanische, die als Grundwortstellung SOP haben, während die Konstellation PSO (z.B. Walisisch) nicht so häufig anzutreffen ist. Neben diesen drei Hauptkonstellationen unter den Sprachen der Welt (SOP, SPO, PSO) gibt es allerdings auch POS-Sprachen, oder OPS-Sprachen wie das Hixkaryana, eine nordbrasilianische Sprache:

| Japanisch: | Taro-ga | tegami-o | kakimasu |
|---|---|---|---|
| (S O P) | *<Name>-Subj* | *Brief-DO* | *schreiben* |

*Taro schreibt einen Brief / Briefe.*

| Hixkaryana: | kana | janimno | birjekomo |
|---|---|---|---|
| (O P S) | *Fisch* | *er∗fängt∗ihn* | *Junge* |

*Der Junge fängt den Fisch.*

Die Einteilung der Sprachen nach SPO etc., oder nach der Stellung der Adjektive vor oder nach dem Bezugsnomen liefert allerdings nur ein grobes sprachtypologisches Raster. Wenn man sich einzelne Sprachen genauer ansieht, müssen solche Aussagen meist wesentlich differenziert werden. In der SOP-Sprache Japanisch ist entscheidend, daß das Prädikat am Ende steht, die Reihenfolge OSP

*tegami-o Taro-ga kakimasu* wird zwar seltener gebraucht, ist aber
durchaus zulässig. Für solche unterschiedlichen Wortstellungen gibt
es häufig semantische oder pragmatische Ursachen. Außerdem sind
in vielen Sprachen Sätze, in denen zwei Argumente nominal zum
Ausdruck gebracht werden, selten. Im Quiché gehören weniger als
5% aller transitiven Sätze zum Typ PSO.

In vielen Sprachen, wie z.B. im Französischen und Deutschen,
besteht ein Unterschied hinsichtlich der Wortstellung darin, ob das
Objekt pronominal oder durch eine NP besetzt ist. Im Französischen
steht das pronominale Objekt vor dem Verb, während die Objekt-NP
dem Verb nachgestellt ist:

<table>
<tr><td>Pierre a vu <u>Michel</u>.</td><td>*Peter hat <u>Michael</u> gesehen.*</td></tr>
<tr><td>Pierre <u>l</u>'a vu.</td><td>*Peter hat <u>ihn</u> gesehen.*</td></tr>
<tr><td>Ich schenke <u>Michael</u> das Buch.</td><td></td></tr>
<tr><td>Ich schenke es <u>ihm</u>.</td><td></td></tr>
<tr><td>?Ich schenke ihm es.</td><td></td></tr>
</table>

In ditransitiven Sätzen des Isländischen steht die Negation nur
dann nach dem direkten Objekt, wenn es ein Pronomen ist, ansonsten
steht sie zwischen dem indirekten und dem direkten Objekt:

| Ég | gaf | honum | ekki | bókina |
|---|---|---|---|---|
| *ich* | *gab* | *ihm* | *nicht* | *Buch* |

*Ich gab ihm das Buch nicht.*

| Ég | gaf | honum | hana | ekki |
|---|---|---|---|---|
| *ich* | *gab* | *ihm* | *es* | *nicht* |

*Ich gab es ihm nicht.*

| Ég | gaf | hana | ekki |
|---|---|---|---|
| *ich* | *gab* | *es* | *nicht* |

*Ich gab es nicht.*

Der Grad der Variabilität der Stellung ist recht unterschiedlich
und hängt von der Explizitheit der syntaktischen Markierungen wie
Kasus ab. So gibt es im Deutschen wesentlich mehr Wortstellungs-
möglichkeiten als z.B. im Chinesischen, dessen ‚word order‘ relativ
festgeschrieben ist. Andererseits ist das Deutsche nicht so frei in der
Wortstellung wie das Lateinische. Sehen wir uns einen einfachen
Satz des Deutschen an: *ich schreibe dir einen Brief*. Das Subjekt
steht vor dem Verb, die Objekte sind dem Verb nachgestellt, das indirekte Objekt steht dabei vor dem direkten Objekt. Die normalerweise übliche Reihenfolge, man bezeichnet sie als die unmarkierte,
ist [subj präd io do]. Eine freie Lokalangabe in Form einer PP steht
in der Regel nach den Objekten: *ich schreibe dir einen Brief aus
Berlin*; ein temporales Adverb kann aber normalerweise zwischen

den Objekten stehen, z.B. *ich schreibe dir morgen einen Brief*, aber
nicht vor den Objekten oder direkt nach dem Verb: ?*ich schreibe
morgen dir einen Brief*. An den bisherigen Erweiterungen sehen wir,
daß der Dreh- und Angelpunkt das verbale Prädikat ist, um den sich
die anderen Satzglieder systematisch gruppieren. Wir wollen diesen
Dreh-und Angelpunkt als **Pivot** bezeichnen. Das Subjekt steht in
den obigen Beispielen vor dem Pivot, im sogenannten Vorfeld, die
anderen Satzglieder danach. Sehen wir uns das Deutsche genauer
an, so läßt sich die Gleichung Pivot = verbales Prädikat nicht aufrecht erhalten, da eine Aufspaltung (Diskontinuität) des verbalen
Prädikats in den finiten und infiniten Teil erfolgt:

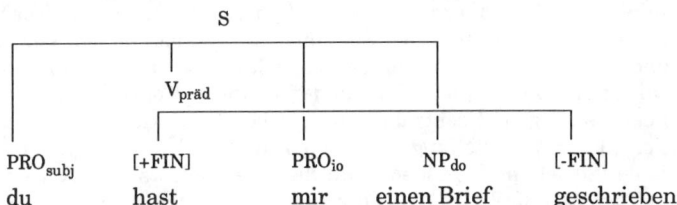

$$S$$

| $PRO_{subj}$ | [+FIN] | $PRO_{io}$ | $NP_{do}$ | [-FIN] |
|---|---|---|---|---|
| du | hast | mir | einen Brief | geschrieben |

mit $V_{präd}$

Pivot ist also der finite Teil des verbalen Prädikats, der im Aussagesatz in Zweitposition steht. Finiter und infiniter Teil umrahmen
die nominalen Objekte, im Vorfeld steht das nominale Subjekt. Während im Chinesischen nun die Satzglieder in Subjektfunktion immer
im Vorfeld des pivotalen Prädikats stehen, ist dies im Deutschen
nicht so. Ohne daß sich die Satzbedeutung ändert, können im Deutschen prinzipiell andere Ergänzungen und periphere Angaben das
Vorfeld besetzen:

(a) Ich schenke dir ein Buch.

(b) Dir schenke ich ein Buch.

(c) Ein Buch schenke ich dir.

(d) Morgen schenke ich dir ein Buch.

(e) In Berlin schenke ich dir ein Buch.

(f) In Berlin wurde dir ein Buch geschenkt.

Wie man sieht, wird das Subjekt dem finiten Verb direkt nachgestellt, wenn ein anderes Satzglied die Erstposition besetzt. Je nach
dem, welcher Satzteil im Vorfeld steht, ist die Aussage anders strukturiert. Während im einfachen Satz das Subjekt den Ausgangspunkt
der Aussage bildet und auch im Vorfeld steht, wird in Satz (b) etwas
über den Empfänger ausgesagt, in (d) bildet *morgen* den Ausgangspunkt der Aussage. Diesen Ausgangspunkt der Aussage bezeichnet
man auch als **Thema** oder **Topic**, das, was darüber ausgesagt wird,
als **Rhema** oder **Comment**. Im Deutschen ist die Erstposition mit

dem Topic verbunden, normalerweise die Subjektposition. Wird nun ein anderes Satzglied in diese Position gebracht, so spricht man von **Topikalisierung**. Die Adverbiale in (d) und (e) sind also topikalisiert. Was unterscheidet nun die Sätze (a)-(f) noch voneinander? Während in den Sätzen (a), (d) und (e) die Akzentstrukturen im Vorfeld prinzipiell gleich sind, werden in (b) und (c) die Satzglieder durch einen besonderen Akzent markiert. Die Hervorhebung eines Satzteiles durch sprachliche Mittel (z.B. durch Akzent) nennt man **Fokussierung**. Die Fokussierung des Dativpronomens hat hier eine Kontrastfunktion: *ich schreibe morgen dir einen Brief (und heute dem Finanzamt)*. Während in der normalen Reihenfolge eine Fokussierung möglich, aber nicht notwendig ist, sind die Objekte im Vorfeld fokussiert, sonst ist der Satz nicht akzeptabel. In den Sätzen (b) und (c) sind das pronominale indirekte Objekt und die direkte Objekt-NP also topikalisiert und fokussiert. Topikalisierung und Fokussierung sind zentrale Konzepte bei der Erklärung von Variation in der Wortstellung. Aber auch andere Faktoren spielen eine Rolle. So ist im folgenden deutschen Beispielsatz ein fokussiertes ([+Fokus]) indirektes Objekt nur dann akzeptabel, wenn das direkte Objekt nicht fokussiert ([–Fokus]) und definit ist:

Ich habe das Buch der Claudia geschenkt.
　　　　　[–Fokus,+definit]　　[+Fokus]

?Ich habe ein Buch der Claudia geschenkt.
　　　　　[–Fokus,–definit]　　[+Fokus]

Änderungen der Wortstellung zum Zwecke der Topikalisierung oder Fokussierung können aber auch anders aussehen. Im Kyuquot ist die Satzstellung relativ fest, aber die Wortarten sind sehr variabel. Fokussierung und Topikalisierung werden dadurch erreicht, daß das entsprechende Satzglied zum Prädikat gemacht wird, wie das folgende Zeit-,Adverb' *ʔuja*:

tłʼitsu-qtłis　　　　ʔuja　　　　　　ʔamʼitłi
*Potlatch-Fut/ich　Zeit∗von∗sein　morgen*
*Ich werde morgen ein Potlatch-Fest veranstalten.*

daneben:
ʔuja-qtłis　　　　　　ʔamʼitłi　　　　tłʼitsu
*Zeit∗von∗sein-Fut/ich　morgen　　　Potlatch*
*Morgen werde ich ein Potlatch-Fest veranstalten.*

Bisher haben wir nur einfache Aussagesätze betrachtet. Es gibt aber auch andere Satzarten. So steht im Deutschen in Entscheidungsfragesätzen, bei denen als Antwort *ja* oder *nein* erwartet wird, nicht das Subjekt, sondern das verbale Prädikat in der Erstposition, im Nachfeld steht das Subjekt vor dem indirekten Objekt und dem direkten:

[[Schreibst]$_{präd}$ [du]$_{subj}$ [mir]$_{io}$ [einen Brief]$_{do}$]s

Bei Fragen nach einem Satzteil steht jedoch das Fragewort in Erstposition:

> Wer gab dir das Buch? − *Jutta* gab mir das Buch.
> Wo war das Buch? − *Das Buch* lag auf dem Schrank.
> Wovon handelt das Buch? − Das Buch handelt *von Linguistik*.

Bei der Antwort muß das erfragte Satzglied fokussiert werden. Im Quiché tritt in Fragesätzen das Fragewort ebenfalls in Erstposition, anders als im Deutschen aber muß in dem als Antwort gegebenen Aussagesatz der erfragte Satzteil ebenfalls in Erstposition stehen, da Erstposition in dieser Sprache die Fokussierung markiert:

> a pa  k-at-be          wi?    −    pa    abiš   k-in-be          wi.
> *Wo  Ink-2sA-gehen     PART        Lok   Feld   Ink-1sA-gehen   PART*
> *Wohin gehst du? − Ich gehe aufs Feld.*

> naqi pa  š-Ø-ki-šaxo?        −    ronoxel    š-Ø-ki-šaxo.
> *Was    Kom-3sA-3pE-tanzen        alles      Kom-3sA-3pE-tanzen*
> *Was tanzten sie? − Sie tanzten alle Tänze.*

## 4.5 Diathesen

Mitspieler können aber nicht nur durch Veränderung der Wortstellung fokussiert oder topikalisiert werden. Eine andere Möglichkeit, die es bei transitiven Sätzen in vielen Sprachen gibt, ist die Passivierung, z.B. *Petra ißt den ganzen Käse* gegen *Der ganze Käse wird (von Petra) gegessen*. Der **Passivsatz** kann aus dem Aktivsatz abgeleitet werden:

− Das transitive Verb wird intransitiv, die Zahl der Argumente wird von zwei auf eins vermindert.
− Das Subjekt$_{Agens}$ wird in der Regel getilgt oder durch eine Präpositionalphrase mit *von* ausgedrückt.
− Das direkte Objekt$_{Patiens}$ wird zum Subjekt des Passivsatzes.
− Das finite Verb wird infinit, und gleichzeitig wird das Hilfsverb *werden* des Passivsatzes Träger der finiten Information.

Andere Teile des Satzes bleiben bei der Passivierung unberührt, z.B. *Petra ißt den Käse heute nicht − der Käse wird heute (von Petra) nicht gegessen*. Analoge Strukturen zum Deutschen findet man in vielen Sprachen der Welt. Im Englischen wird der Satz *George kissed the woman* zu *the woman was kissed (by George)* passiviert. Im Quiché wird das Passiv gebildet, indem das Verb ein Passivsuffix

-š erhält und das Ergativpräfix getilgt wird. Gleichzeitig wird die Agensergänzung mit Hilfe der Präposition *rumal* gebildet:

š-Ø-u-sik'ix  vuqub kaqiš  ri  mama
*Kom-3sA-3sE-rufen*  *<Name>*  ART  *Greis*
*Vucub Caquix rief den alten Mann.*

š-Ø-sik'i-š  ri  mama  rumal  vuqub kaqiš
*Kom-3sA-rufen-Passiv*  ART  *Greis*  *durch*  *<Name>*
*Der alte Mann wurde von Vucub Caquix gerufen.*

Im Chinesischen wird das Passiv durch die *bei*-Konstruktion ausgedrückt. Der Satz *tā zhuā zhù le xiǎotōu* „Er hat einen Dieb gefaßt" wird im Passiv *xiǎotōu bèi tā zhuā zhù le* „Ein Dieb wurde von ihm gefaßt". Aus dem Konstruktionstyp [Subjekt$_{Agens}$ Präd Objekt$_{Patiens}$] wird die Passivkonstruktion [Subjekt$_{Patiens}$ P: *bèi* Objekt$_{Agens}$ Präd]. Wie im Deutschen kann die Agensangabe wegfallen, allerdings bleibt im Chinesischen die Präposition *bèi* erhalten:

tā  zhuā zhù  le  xiǎotōu
*er*  *fassen*  PART  *Dieb*
*Er hat einen Dieb gefaßt.*

xiǎotōu bèi  tā  zhuā zhù  le
*Dieb*  PART  *er*  *fassen*  PART
*Ein Dieb wurde von ihm gefaßt.*

xiǎotōu bèi  zhuā zhù  le
*Dieb*  PART  *fassen*  PART
*Ein Dieb wurde gefaßt.*

Der in vieler Hinsicht spiegelbildliche Aufbau von Ergativsprachen zeigt sich nicht nur in der Art und Weise, wie Mitspieler kodiert werden, sondern auch darin, daß es in manchen Ergativsprachen das sogenannte **Antipassiv** gibt. Beim Antipassiv wird wie beim Passiv aus dem transitiven Verb ein intransitives gemacht, aber das Agens, ursprünglich ergativ kodiert, erhält im neuen intransitiven Satz eine absolutive Markierung. Es wird z.B. im Quiché gebraucht, um das Agens transitiver Sätze zu fokussieren:

apatšinaq pa  š-Ø-šax-owik?
*Wer*  *Kom-3sA-tanzen-Antipassiv*
ri  išoqib  š-e-šax-owik.
ART  *Frauen*  *Kom-3pA-tanzen-Antipassiv*
*Wer tanzte? – Die Frauen tanzten.*

Die Fokussierung des absolutiven Patiens dagegen kann durch ein transitives Verb ausgedrückt werden:

naqi pa    š-Ø-ki-šaxo?        –      ronoxel      š-Ø-ki-šaxo.
*Was*      *Kom-3sA-3pE-tanzen*        *alles*      *Kom-3sA-3pE-tanzen*
*Was tanzten sie? – Sie tanzten <u>alle Tänze</u>.*

Solche Manipulationen der Valenz transitiver Verben nennt
man **Diathesen** oder **Genera Verbi**. Neben der Reduzierung der
Valenz auf ein Argument durch Passiv oder, in Ergativsprachen,
Antipassiv, findet sich auch die Erhöhung der Valenz. Hier sind
Kausativ- und Applikativkonstruktionen zu nennen, wie z.B. Azte-
kisch:

ni-k-paka
*ich-es-waschen*
*ich wasche es*

ni-k-no-paki-lia
*ich-es-mich-waschen-<u>Applikativ</u>*
*ich wasche es für mich*

ni-mits-tła-paka-ltia
*ich-dir/dich-etwas-waschen-<u>Kausativ</u>*
*ich lasse es dich waschen*

ni-mits-no-tła-paka-lti-lia
*ich-dir/dich-mich-etwas-waschen-<u>Kausativ</u>-<u>Applikativ</u>*
*ich lasse es dich für mich waschen*

Beim Kausativ tritt ein weiterer Mitspieler hinzu, und zwar in die
Subjektfunktion, beim Applikativ tritt ein Nutznießer als indirektes
Objekt hinzu. Im Deutschen sind beide Konstruktionen nicht in
gleicher Weise grammatikalisiert. Der Kausativ muß mit *lassen* um-
schrieben werden, der Nutznießer wird in der Regel durch eine
Präpositionalphrase mit *für* wiedergegeben. Aber auch im Deut-
schen kann die Valenz durch Derivation erhöht werden, z.B. *Peter
bittet um Hilfe* neben *Peter erbittet Hilfe*. In anderen Fällen wird die
Valenz nicht erhöht, sondern die Rolle eines der Mitspieler wird
verändert, so z.B. die zum Objekt gemachte periphere Angabe von
*Michael pflanzt Bäume im Garten* in *Michael bepflanzt den Garten*.
Hier kann man allerdings nicht von echten Diathesen sprechen,
dazu sind solche Ableitungen im Deutschen zu sehr eingeschränkt.
Im Quiché dagegen gibt es ein Genus Verbi Instrumental, durch das
ein normalerweise als periphere Angabe kodiertes Instrument zum
fokussierten Argument wird:

ša      tsalam,  ša      tš'ut     š-Ø-ki-keh-beh
*nur*    *Stein*   *nur*   *Stachel* *Kom-3sA-3pE-einzäunen-Instrumental*

r-ix            ki-tinamit
*3sE-Rücken*      *3pE-Stadt*
*Nur mit Steinen und Stacheln befestigten sie die Außenseite ihrer*
*Stadt.*

Diese Diathesen können im größeren Textgefüge recht unterschiedliche Funktionen haben; sie können positiv Topikalisierung
oder Fokussierung bewirken oder negativ den als Argument entfern-
ten Mitspieler vage halten – z.B. ist es schwer, jemanden verantwortlich zu machen, wenn *am 16. September 1988 die folgende Vor-
schrift erlassen wurde.*

## 4.6 Komplexe Sätze

Obwohl die Beispielsätze, die wir verstehen können, inzwischen
schon einige Komplexität besitzen, haben wir uns bisher nur mit
einfachen Sätzen beschäftigt. Aber nicht nur Wörter und Phrasen,
sondern auch Sätze können miteinander zu neuen, übergeordneten
Satzstrukturen kombiniert werden. Sätze, die aus zwei oder mehr
Sätzen bestehen, bezeichnet man als **komplexe Sätze.** Ein komplexer Satz S besteht also aus mindestens zwei Teilsätzen. In der Syntax interessiert primär die syntaktische Verbindung zwischen zwei
oder mehr Teilsätzen. Werden Teilsätze aneinandergereiht, so
spricht man von Koordination, z.B. *Jutta schreibt und Klaus sonnt
sich.* Nehmen Sätze die Stelle einer Ergänzung oder einer peripheren Angabe ein, so hat man es mit subordinierten Strukturen zu
tun, z.B. *Während Jutta schreibt, sonnt sich Klaus.*

Komplexe Sätze als grammatische Einheiten sind von **Satzkom-
plexen** als Text- oder Diskurseinheiten zu unterscheiden. Satzkom-
plexe bestehen aus syntaktisch unabhängigen Sätzen, z.B. *Jutta
arbeitet; Klaus sonnt sich*, während komplexe Sätze aus Teilsätzen
zusammengebaut sind. Zwischen komplexen Sätzen und Satzkom-
plexen gibt es jedoch Überschneidungen, z.B. *Jutta arbeitet, Hans
arbeitet, aber Klaus sonnt sich.* Wir wollen uns im folgenden jedoch
nur mit den Grundstrukturen der Koordination und Subordination
beschäftigen.

### 4.6.1 Koordination

Der Prototyp eines Satzes mit koordinierten Teilsätzen ist im Deutschen ein Satzgefüge mit der Konjunktion *und:*

```
                       S
        ┌──────────────┼──────────────┐
        S              K              S
     er arbeitet      und        Klaus sonnt sich
```

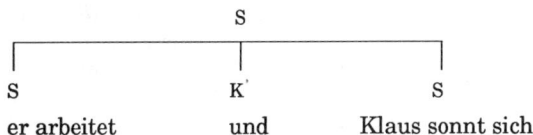

Die Konjunktion *und* bindet die gleichartigen Teilsätze ‚additiv'. Innerhalb der Teilsätze ändert sich die Wortfolge nicht. Die Teilsätze können im Vorfeld oder Nachfeld der Konjunktion stehen, ohne daß sich die Satzbedeutung des komplexen Satzes ändert; sind die Teilsätze wahr, dann ist auch die Aussage des gesamten Satzes wahr. Während im Deutschen durch die Konjunktion *und* sowohl Satzteile als auch Sätze miteinander verbunden werden können, z.B. *Jutta und Hans arbeiten, und Klaus sonnt sich*, ist es im Chinesischen nicht möglich, mit der Konjunktion *hé* „und" Sätze zu koordinieren, wohl aber Satzteile. Da im Chinesischen für die Satzkoordination eine entsprechende Konjunktion fehlt, wird der Zusammenhang zweier oder mehrerer Sätze durch Partikeln oder allein durch semantische und pragmatische Zusammenhänge deutlich. Es gibt also im Chinesischen wie auch in vielen anderen Sprachen weitaus weniger komplexe Sätze mit explizit koordinierten Teilsätzen als etwa im Deutschen.

### 4.6.2 Subordination

Subordinierte Sätze sind in einen Satz eingebettet. Die Einbettung entsteht dadurch, daß obligatorische Ergänzungen, periphere Angaben oder nominale Modifikationen durch Sätze besetzt werden. Man unterscheidet ganz allgemein:

– Sätze als Argumente
– Adverbialsätze
– Attributsätze

Haben Sätze den Status von Argumenten, wird z.B. die Objektfunktion durch einen Satz ausgedrückt: *ich weiß, daß er kommt*. In Adverbialsätzen wird die adverbiale Funktion durch einen Satz ausgedrückt, z.B. *ich schreibe einen Brief, während es regnet*. In Attributsätzen wird das Attribut durch einen Satz ausgedrückt: *Der Brief, den ich schreibe, wird nachher gleich abgeschickt*.

Was im Deutschen durch einen Nebensatz ausgedrückt wird, der z.B. durch eine Konjunktion explizit subordiniert ist, kann auch auf andere Weise mitgeteilt werden. Eine mögliche Form ist die Wiedergabe des subordinierten Satzes durch Konstruktionen mit einem Partizip oder einem Verbalnomen: *der von mir geschriebene*

*Brief wird nachher abgeschickt; ich schreibe während des Regnens einen Brief.* Solche Bildungen gelten im Deutschen als umständlich, sind aber im Spanischen vielfach eine stilistisch gleichwertige Alternative: *si voy contigo, hago este viaje* neben *yendo contigo, hago este viaje* „Wenn ich mit dir gehe, werde ich diese Reise machen". In einer Sprache wie dem Mongolischen ist diese Verwendung von Partizipialkonstruktionen sogar die Regel: *jabu-basu* „Wenn er geht, ..." bzw. „Als er ging, ..." oder *jabu-batšu* „Obwohl er geht/ging, ..." Im Spanischen und anderen Sprachen gibt es noch die Möglichkeit, Infinitivkonstruktionen zu verwenden wie z.B. *caso de ir contigo, hago este viaje.* Sofern diese Bildungen nicht in so starkem Maße grammatikalisiert sind wie im Mongolischen, geben sie die Bedeutung z.T. nicht eindeutig wieder: *discutiendo, estamos tomando café* kann sowohl „Während wir diskutieren, trinken wir Kaffee", „Obwohl wir ..." als auch „Weil wir ..." bedeuten. Hier kann nur der Kontext entscheiden.

In anderen Sprachen werden Sätze nicht durch Konjunktionen subordiniert, sondern durch besondere Tempus/Aspekt- und Personenmarkierungen, so z.B. im Oluta Popoluca (Mexiko) anstelle der freien Verbformen *Ø-nʉkš-pa* „er geht" und *tʉ-tši²v-ám* „ich wasche (mich)":

i-nʉkš-i                         Ø-pijʉ²k-pa
*er geht (Subord)*        *er rennt*
*Wenn er geht, rennt er.*

tʉn-vam-pe                   tʉn-tši²v-a²n
*ich will (es)*                  *ich wasche mich (Subord)*
*Ich will baden, wörtlich: ich will, daß ich (mich) wasche.*

Auch in diesen Fällen ist die Beziehung zwischen Hauptsatz und subordiniertem Satz nicht immer eindeutig. Einige Sprachen kennen so gut wie keine Subordinierung und bringen die im Deutschen durch Nebensätze ausgedrückten Beziehungen in der Regel nicht explizit zum Ausdruck, sondern implizit durch das Zusammenspiel von Tempus/Aspekt und Partikeln. Im Quiché können Beziehungen zwischen Sätzen in der Regel nur implizit aus dem Kontext erschlossen werden, so z.B. bei der folgenden irrealen Bedingung:

ma          k-i-kam                    tax,
*nicht*     *Ink-1sA-sterben*       *PART*
la           k'i           ta           štš-Ø-in-tš'up                          xun        oq'
*PART*    *sicherlich PART*      *Fut-3sA-1sE-(Frucht)pflücken*    *eins*      *Zählwort*
*Ich werde bestimmt nicht sterben, wenn ich eine davon nehme.*

### 4.6.2.1 Sätze als Argumente

Im Deutschen können Subjekt- und Objektfunktion durch einfache Hauptsätze oder **Konjunktionalsätze** – Sätze, die durch eine Konjunktion eingeleitet werden – ausgedrückt werden. Die Eigenschaft, Sätze als Objekt zu nehmen, ist Merkmal bestimmter Verben. Man vergleiche die folgenden Objektsätze:

(a)  Ich glaube, er kommt morgen.
(b)  Ich denke, daß er morgen kommt.
(c)  Ich weiß, warum er morgen kommt.

Solche Verben haben im Hinblick auf ihr Objekt einige Besonderheiten. In einigen Fällen kann anstelle des Objektsatzes zwar ein Pronomen treten, nicht aber eine Nominalkonstruktion:

Morgen kommt er: Ich glaube es. / Das glaube ich.
*Ich glaube sein morgiges Kommen.

Der Anschluß einer Nominalkonstruktion ist jedoch mit einer Präpositionalphrase möglich: *Ich glaube <u>an</u> sein morgiges Kommen.* Manche Verben können anstelle des Objektsatzes eine Infinitivkonstruktion als Ergänzung nehmen: *Ich sehe, daß er kommt – Ich sehe ihn kommen.* In Satz (a) ist der einfache Hauptsatz *er kommt morgen* vom Verb über die Objektfunktion abhängig:

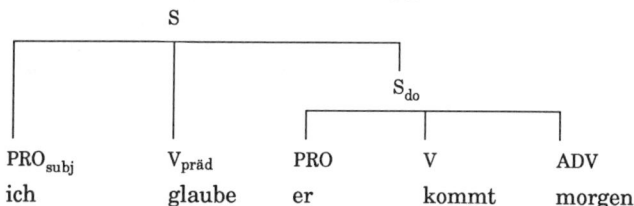

$$
\begin{array}{c}
S \\
\begin{array}{cccccc}
\text{PRO}_{subj} & V_{präd} & \multicolumn{4}{c}{S_{do}} \\
 & & \text{PRO} & V & \text{ADV} \\
\text{ich} & \text{glaube} & \text{er} & \text{kommt} & \text{morgen}
\end{array}
\end{array}
$$

Die Wortstellung im abhängigen **Objektsatz** ist die eines normalen Aussagesatzes. Demgegenüber ist die Wortstellung in den subordinierten Konjunktionalsätzen (b) und (c) anders: Das finite Verb steht am Satzende. Im Deutschen ist dies vor allem die Form des eingeleiteten Nebensatzes. Objektsätze können also im Deutschen durch die Konjunktion *daß* eingeleitet werden, müssen es aber nicht. Im Chinesischen wird ein Objektsatz wie im Deutschen aufgebaut, wobei der abhängige Nebensatz nicht durch eine Konjunktion eingeleitet wird (und schriftsprachlich nicht durch ein Komma abgetrennt wird):

```
                          S
   ┌──────────┬───────────┴─────────────────────────────┐
   │          │                      S_do
   │          │          ┌────────┬────────┬────────┬────────┐
PRO_subj    V_präd      PRO      NEG       V       PART
  wǒ        yǐwèi       tā      méiyǒu     lái       ne
  ich       denken      er      nicht     kommen    PART
```

*Ich dachte, er wäre nicht gekommen.*

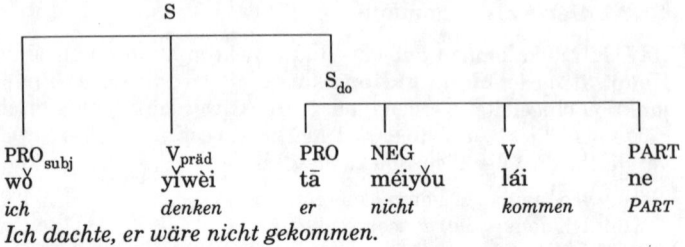

**Subjektsätze** sind im Deutschen spiegelbildlich zu den Objektsätzen aufgebaut. Der abhängige *daß*-Satz steht normalerweise im
Vorfeld, die Konjunktion ist obligatorisch: *daß er kommt, freut mich.*
Während Subjektpronomina in Person und Numerus mit dem Verb
kongruieren und Nomina in der dritten Person und im Numerus, besteht eine formale Korrespondenz zwischen dem Satz/den Sätzen in
Subjektfunktion nur in der dritten Person:

> Ich freue mich / sie freuen sich.
> Die Frau freut sich / die Frau und der Mann freuen sich.
> Daß er kommt, freut mich / daß er kommt und daß er bald
> wieder geht, freut mich.

Neben der Erststellung des Satzes gibt es auch noch die Variante
mit dem Subjektplatzhalter *es*, die strukturell den Objektsätzen
gleicht: *es freut mich, daß er kommt.* Subjektsätze können durch
Nominalkonstruktionen und Pronomen ersetzt werden: *sein Kommen freut mich; das freut mich.*

### 4.6.2.2 Adverbialsätze

Adverbiale Erweiterungen können nicht nur durch Adverbien und
Präpositionalphrasen, sondern auch durch Sätze gebildet werden;
**Adverbialsätze** haben im Deutschen die folgende Basisstruktur:

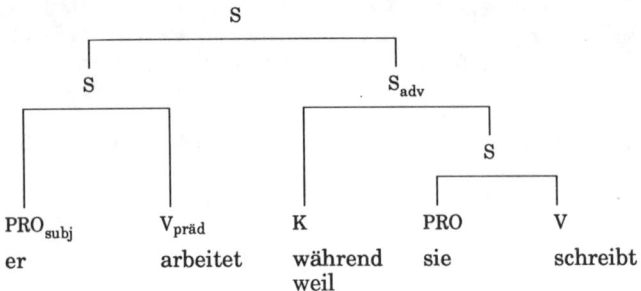

```
                          S
        ┌─────────────────┴─────────────────┐
        S                                  S_adv
   ┌────┴─────┐                ┌────────────┴──────┐
   │          │                │            S
   │          │                │       ┌────┴────┐
PRO_subj    V_präd             K      PRO        V
  er        arbeitet        während   sie      schreibt
                             weil
```

In vielen Fällen können solche Sätze durch adverbiale Präpositionalphrasen ersetzt werden: *er arbeitet während ihres Schreibens; er
arbeitet wegen ihres Schreibens* (man beachte die Mehrdeutigkeit
der zweiten Umformung). Konjunktionen wie *während* und *weil* stellen einen spezifischen Zusammenhang zwischen dem Bezugssatz
und dem abhängigen Satz her. Durch *während* werden die durch die
Teilsätze ausgedrückten Sachverhalte zeitlich parallelisiert. Durch
*weil* werden zwei Sachverhalte in einen Ursache-Folge-Nexus gebracht. Die jeweiligen Konjunktionen verknüpfen also in einer bestimmten Art und Weise Sachverhalte miteinander, sie haben somit
eine lexikalische Bedeutung und sind deshalb nicht bedeutungsleer,
wie oftmals behauptet wird. Nach ihrer Leistung klassifiziert man
Konjunktionen u.a. in temporale und kausale. Durch die Konjunktionen *da* und *weil* wird ein Kausalzusammenhang zwischen dem
Sachverhalt im Bezugssatz und dem im abhängigen Satz hergestellt:
weil Sachverhalt$_2$ deshalb Sachverhalt$_1$, nicht aber umgekehrt, *ich
bin naß, weil es regnet*, aber nicht *weil ich naß bin, regnet es*. Im
Chinesischen werden Bezugssatz und abhängiger Satz jeweils durch
eine Konjunktion markiert, z.B. im folgenden Konditionalsatz:

| Yīnwèi | wǒ | méi | qián, | suǒyǐ | | mǎi | bù | qǐ |
|--------|-----|------|------|-----------|---|--------|--------|----------|
| *weil* | *ich* | *nicht* | *Geld* | <u>*deshalb*</u> | | *kaufen* | *nicht* | *möglich* |

*Weil ich kein Geld habe, kann ich es mir nicht leisten.*

Die Konjunktion *yīnwèi* ist mit dem Sachverhalt$_1$ gekoppelt, *suǒyǐ*
mit dem Sachverhalt$_2$.

### 4.6.2.3 Attributsätze

Auch Attribute können in Form eines Satzes auftreten. *daß*-Sätze
erfüllen nicht nur die Funktion eines Subjekt- oder Objektsatzes,
sondern auch die eines **Attributsatzes**. Ein präpositionales Attribut beispielsweise kann durch einen *daß*-Satz ausgedrückt werden:
*die Hoffnung auf Regen – die Hoffnung, daß es regnet*. Der Haupt-
kandidat jedoch unter den Nomen modifizierenden Sätzen ist im
Deutschen der **Relativsatz**. Relativsätze leisten im Prinzip das
gleiche wie attributive Adjektive, sie beziehen sich auf ein Nomen:
*das interessante Buch – das Buch, das interessant ist*. Kernnomen
und relativischer Anschluß sind morphologisch aufeinander abgestimmt. Relativpronomen und Kernnomen kongruieren in Genus
und Numerus:

```
                              NP
        ┌─────────────────────────────────────────┐
      NP ◄────────── attr ──────────────────── S
  ┌──────────────┐              ┌──────────────────────┐
 ART          N              PRO        ADJ          V
          (neutrum,s)    (neutrum,s)
                   kongruiert
  das          Buch,        das        interessant ist
```

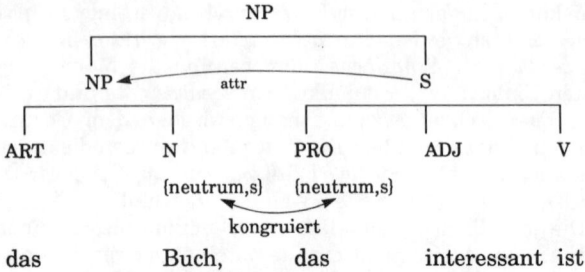

Während im Deutschen das Relativpronomen obligatorisch ist, kann im Englischen der relativische Anschluß durch *that* wegfallen: *can I have the book (that) I lent you?* In anderen Sprachen wie z.B. dem Chinesischen gibt es Relativsätze nicht. Deutschen Relativsätzen entspricht am ehesten die *de*-Konstruktion, die aber ebensogut als NP mit Adjektiv wiedergegeben werden kann: *piàoliàng de nǔháizi* „ein Mädchen, das schön ist" oder „ein schönes Mädchen". Relativsätze werden im allgemeinen in **restriktive** und **nicht-restriktive Relativsätze** unterschieden:

> The books that you lent me were interesting. (restriktiv)
> I met Mike, who lives in Berlin. (nicht-restriktiv)

Der restriktive Relativsatz schränkt die Menge der Bücher ein auf diejenigen, die von der mit *you* bezeichneten Person ausgeliehen wurden. Im nicht-restriktiven Fall wird eine durch den Eigennamen *Mike* bezeichnete Person weiter beschrieben. Im Englischen können nicht-restriktive Relativsätze nicht durch *that* eingeleitet werden, sondern nur durch ein wh-Pronomen (*who, where, which*). Restriktive Relativsätze können hingegen durch *that* oder durch ein wh-Pronomen eingeleitet werden oder sie werden wie oben uneingeleitet gebraucht.

In manchen Sprachen gibt es bei Relativsätzen Einschränkungen im Hinblick auf die Verknüpfung transitiver Sätze. Im Deutschen ist das Relativpronomen kasusflektiert und kann daher sowohl für das Subjekt im Nominativ als auch für das Objekt im Akkusativ stehen:

> Ich sah den Mann, der das Untier getötet hat.
> Ich sah den Mann, den das Untier getötet hat.

Im Englischen ist die dem zweiten Satz entsprechende Form zwar möglich, jedoch weniger gebräuchlich als die passivische Form:

I saw the man who killed the monster.
I saw the man who was killed by the monster.
?I saw the man whom the monster killed.

Im Quiché (Dialekt von Nahuala-Ixtahuacán) dagegen kann das mit dem Artikel identische Relativpronomen *ri* in solchen Fällen nur das im Absolutiv markierte Argument, d.h. das Patiens, vertreten:

š-Ø-inw-il                    ri          atši
*Kom-3sA-1sE-sehen*       *ART*       *Mann*
ri          š-Ø-u-kamisax               ri          aq
*REL*       *Kom-3sA-3sE-töten*         *ART*       *Schwein*
*Ich sah den Mann, den das Schwein getötet hat.*

Um das Relativpronomen als Agens zu identifizieren, muß entsprechend der ergativen Grundstruktur des Quiché eine Antipassiv-Form gewählt werden:

š-Ø-inw-il                    ri          atši
*Kom-3sA-1sE-sehen*       *ART*       *Mann*
ri          š-Ø-kamisa-n                ri          aq
*REL*       *Kom-3sA-töten-Antipassiv*  *ART*       *Schwein*
*Ich sah den Mann, der das Schwein getötet hat.*

## 4.7 Elliptische Ausdrücke

In dem bisherigen Gang der Untersuchung haben wir uns mit vollständigen und wohlgeformten Sätzen beschäftigt. Aber in unserem Alltag haben wir es häufig mit davon abweichenden Strukturen zu tun. Man gehe nur an einem Kiosk vorbei und lese in Balkenlettern eine Schlagzeile wie *Von U-Bahn-Tür geköpft!*. Der weiter unten stehende Krimi hat den Titel *Tagebuch eines grell karierten Anzugs*, und wenn man zu lange die plakativen Sprachmuster studiert, kommt man eventuell zu der Erkenntnis *Na toll!*, die vielleicht mit dem Ausruf *Weitergehen!* quittiert wird. Solche Texte bzw. Äußerungen sind verkürzt und/oder durch Auslassungen gekennzeichnet; man bezeichnet sie als **Ellipsen**. Das Verständnis solcher Ellipsen ergibt sich aus dem Kontext. Überschriften, Schlagzeilen etc. sind text- und genrespezifisch erklärbar, *Weitergehen!* ist eine Handlungsaufforderung und *Na toll!* ein expressiver Ausruf. Neben diesen Ellipsentypen, die aus einem Text- oder situativen Kontext heraus ihre volle Bedeutung gewinnen, gibt es elliptische Ausdrücke, die vom sprachlichen Kontext abhängen. Zu diesen Kontextellipsen gehören Koordinationsellipsen und Adjazenzellipsen. **Koordinationsellipsen** sind durch Auslassung identischer Teile innerhalb

von Koordinationen gekennzeichnet. Klassischer Fall ist die sogenannte **Null-Anapher**. Man vergleiche zunächst die folgenden Beispiele:

Evi war beim Konzert und sie hat Jutta getroffen.
Evi war beim Konzert und Ø hat Jutta getroffen.

Das Pronomen *sie* verweist auf *Evi* zurück, es hat eine anaphorische
(=rückverweisende) Funktion. Da das Pronomen getilgt werden
kann und praktisch eine Nullstelle entsteht, wird diese Nullstelle
als Null-Anapher bezeichnet, denn man schließt aus dem Vorder-
satz, daß *Evi* Subjekt/Agens des zweiten Satzes ist.

Manche Auslassungen sind nur in Abhängigkeit von einer Vorgängeräußerung her zu verstehen sind, so z.B. bei der auf das erfragte Satzglied reduzierten minimalen Antwort auf eine Frage.
Eine solche **Adjazenzellipse** bietet das folgende Beispiel:

A: Was schreiben Norbert und Wolfgang?
B: Ein Buch.

Die Sequenz *Ein Buch* kann nur im Hinblick auf die vorangehende
Frage sinnvoll interpretiert werden. Eine vollständige Antwort wäre
*Norbert und Wolfgang schreiben ein Buch*, aber aufgrund der Vor-
gängeräußerung können die thematisch bekannten Teile weggelassen werden.

Das folgende Beispiel aus dem Chinesischen zeigt die Verbindung von Adjazenz- und Koordinationsellipsen, wodurch der einmal
als Thema festgelegte Mitspieler über eine längere Textpassage
weggelassen werden kann. In der Antwort auf die Frage werden die
Subjekt-Mitspieler durch kein einziges Pronomen angezeigt:[8]

| nǐmen | dǎsuàn | | zuò | | shénme | ne? |
|---|---|---|---|---|---|---|
| *ihr* | *beabsichtigen* | | *machen* | | *was* | *PART* |

*Was wollt ihr unternehmen?*

| xià | chē | | yǐhòu, | xiān | | dào | Dàhuá |
|---|---|---|---|---|---|---|---|
| *aussteigen* | *Fahrzeug* | | *danach* | *zuerst* | | *ankommen* | *<Name>* |
| Fàndiàn, | | xiūxi | yíhuìr, | | chī | le | wǔ | fàn, |
| *Hotel* | | *bleiben* | *eine∗Weile* | | *essen* | *PART* | *mittag* | *Essen* |
| jiù | qù | kāi | huì | sàn | le | | huì, |
| *dann* | *gehen* | *öffnen* | *Treffen* | *enden* | *PART* | | *Treffen* |
| méi | shì | le | kěyi | dào | hú | | biān, |
| *nicht* | *Sache* | *PART* | *können* | *gehen* | *See* | | *Seite* |
| kàn | kan | huòzhě | | gù | yí | tiáo | chuán | huá | hua |
| *sehen* | *sehen* | *oder* | | *mieten* | *ein* | *KL* | *Boot* | *rudern* | *rudern* |

*Wenn (wir) aus dem Zug steigen, gehen (wir) zuerst ins Hotel
Dahua. Wenn (wir) dann zu Abend gegessen haben, werden (wir)
an der Versammlung teilnehmen. Ist die Versammlung zu Ende,
dann haben (wir) nichts mehr zu tun und können zum See gehen
und (uns) umsehen oder ein Ruderboot mieten.*

Wann welche Teile weggelassen werden können, ist ein weites Feld.
Neben strukturellen Fragen, die offen bleiben, gilt ein besonderes
Interesse dem tatsächlichen Gebrauch (nicht nur) elliptischer Aus-
drücke. All dies ist Gegenstand der sogenannten funktionalen Syn-
tax. Einige der hier angesprochenen Fragen werden wir später im
Kapitel Pragmatik wiederaufnehmen.

### 4.8 Zusammenfassung und ausgewählte Literatur

Wir haben uns in diesem Kapitel damit beschäftigt, wie aus kleinen
Einheiten (Morphemen) größere Einheiten (Sätze) aufgebaut werden. Dabei wurde die positionelle Anordnung der Elemente in einer
syntaktischen Struktur ebenso betrachtet wie die morphologische
Markierung der Elemente und deren Funktionen. Neben der – im
engeren Sinne – ‚reinen‘ Syntax, der Morphosyntax, spielen andere
Faktoren wie Akzentuierung, semantische Rollen, Definitheit, Merk-
malshierarchien und auch der situative Kontext für die syntaktische
Analyse eine Rolle. Eine solche übergreifende Syntaxanalyse steckt
jedoch noch in den Anfängen.

Ausgewählte Literatur: Comrie (1981), Dik (1980), *„Duden"* (1984),
Engel (1988), Eisenberg (1989), Foley & van Valin (1984), Givón
(1984), *„Grundzüge"* (1981), Helbig & Buscha (1980), Lieb (1980),
Wunderlich (1984).

### 4.9 Übungsaufgaben

#### 1. Deutsch

Verben wie *arbeiten* und *kommen* sind einstellig, da sie jeweils eine
Subjektergänzung nehmen und kein direktes Objekt haben.

☛ Warum werden Verben wie *arbeiten, gehen, lachen* als Agens-
Verben und solche wie *sterben, bleiben,* als Thema-Verben bezeichnet?

☛ Geben Sie mit Hilfe der Beispielsätze an, welche morphosyntak-
tischen Unterschiede zwischen den beiden Klassen der intransitiven
Verben bestehen.

1. Es wurde lange Zeit gearbeitet.
2. Sie sind gekommen.
3. Andrej und Simone haben geschrieben und gelacht.
4. Die Schreiber sind eine Woche geblieben.
5. Das geschriebene Manuskript ist überarbeitet worden.

## 2. Deutsch

☞ Stellen Sie in Baumgraphen die folgenden Attributkonstruktionen dar:

1. das gut geschriebene Buch
2. das gute, geschriebene Manuskript
3. das von ihm geschriebene Buch
4. der greise Präsident der Vereinigten Staaten von Amerika

## 3. Deutsch

In *"Alices's Adventures in Wonderland"* ist folgendes zu lesen:[9]

«‹ ... and even Stigand, the patriotic archbishop of Canterbury, found it advisable ... › ‹Found *what*?› said the Duck. ‹Found *it*,› the Mouse replied rather crossly: ‹of course you know what 'it' means.› ‹I know what 'it' means well enough, when *I* find a thing,› said the Duck: ‹it's generally a frog or a worm. The question is, what did the archbishop find?›»

☞ Wissen Sie, was *es* alles bedeutet? – Bestimmen sie in den folgenden Beispielsätzen die (syntaktischen) Funktionen von *es*.

1a (Wo liegt das Buch?) Es liegt auf dem Tisch.
1b (Wann bekomme ich endlich das Übungsbuch?) Ich brauche es dringend.
2a Es hat sich gestern ein Arbeitsunfall ereignet.
2b Es wurde bis in den Morgen gearbeitet.
3a Es tagt bereits.
3b Die Aufgaben haben es mir angetan.

## 4. Deutsch

Gegeben sei die folgende Liste von Wörtern: *auf, dem, die, gern, Katze, schläft, Sofa.*

☞ Ordnen sie die Wörter in einer syntaktisch zulässigen Weise, so daß grammatisch korrekte Sätze entstehen. Mindestens einer der so gebildeten Sätze ist mehrdeutig. Worin ist die Mehrdeutigkeit begründet?

## 5. Deutsch

Gegeben seien die Sätze:     1. Der Mann schlägt den Hund.
                             2. Der Hund stirbt.

1. **Spiegelung.** Stellen Sie sich vor, Sie sollten die obigen Sätze an eine Ergativsprache anpassen. ☞ Wie würden die Sätze lauten, wenn Ergativ = Nominativ und Absolutiv = Akkusativ wären?

2. **Spiegelung.** Stellen Sie sich vor, die auf diese Weise gespiegelte ‚Ergativsprache Deutsch' sei eine Nominativ-Akkusativsprache mit Absolutiv = Nominativ und Ergativ = Akkusativ. ☞ Wie lauten die Sätze nun?

## 6. Tsimshian

Das Küsten-Tsimshian (oder Sm'algyax) hat noch etwa 500 Sprecher und schließt sich im Norden British Columbias an das Verbreitungsgebiet der Wakash-Sprachen an. Es gehört einer anderen Sprachfamilie an als die benachbarten Sprachen und weicht typologisch auch von diesen ab; allerdings haben sich in der Region, in der die Sprachen vorkommen, zahlreiche gemeinsame Merkmale entwickelt, vor allem in kultureller, aber auch in sprachlicher Hinsicht.

☞ Wie wird das Konzept ›essen‹ ausgedrückt?

☞ Unterscheidet sich diese Bildung von der Inkorporierung des (direkten) Objekts?

☞ Welchen Status haben Nominalphrasen (hier nur durch Modifikator + Kern vertreten) bei den nachstehenden Verbindungen?

<u>Hinweise:</u> Auslautendes *u* ist das Pronominalsuffix *-u* „erste Person Singular". Das Morphem *yagwa* kennzeichnet Verlaufsformen und bedeutet „im Vorgang befindlich, Präsens". Auslautendes *-m* verbindet bei Nomina ein modifizierendes Element mit dem Grundwort und bei Verbkonstruktionen den verbalen Kern mit dem inkorporierten nominalen Objekt. In Satz 9 und 10 ist der Verbstamm *dzam* als *\*dzam-m*, in Satz 13 als *u-m* und in Satz 14 als *suwilinsk-m* (mit eingefügtem *a*) aufzufassen. In der Orthographie ist <y> = [j] und Doppelschreibung von Vokalen zeigt Vokallänge an <VV> = [V:].

| | | |
|---|---|---|
| 1. | hoon | *Fisch (insbesondere Lachs)* |
| 2. | yagwa xhoonu | *ich esse gerade Fisch* |
| 3. | maguul | *Erdbeeren* |
| 4. | yagwa xmaguulu | *ich esse gerade Erdbeeren* |
| 5. | wan | *Hirsch* |
| 6. | sami | *Fleisch* |
| 7. | samim wan | *Hirschfleisch* |
| 8. | yagwa xsamim wanu | *ich esse gerade Hirschfleisch* |
| 9. | yagwa dzam samim wanu | *ich koche gerade Hirschfleisch* |
| 10. | yagwa dzam hoonu | *ich koche gerade Fisch* |
| 11. | yagwa um hoonu | *ich fische gerade* |
| 12. | yagwa um txawu | *ich fische Heilbutt* |
| 13. | yagwa suwilinskam matiyu | *ich jage gerade Bergziegen* |
| 14. | yagwa suwilinskam wanu | *ich jage gerade Hirsche* |

Zusätzliche Sätze mit nicht inkorporiertem Objekt:

| 15. niidzu hoon | *ich sehe einen Fisch* |
| 16. niidzu wan | *ich sehe einen Hirsch* |

In einer anderen praktischen Orthographie des Tsimshian würden einige Sätze abweichend getrennt werden. Diskutieren Sie Vor- und Nachteile der jeweiligen Trennung, vor allem in Hinblick auf eventuelle Inkonsistenzen der einen oder der anderen Schreibung.

8a. yagwa xsamimwanu
9a. yagwa dzamsamimwanu
10a. yagwa dzamhoonu
11a. yagwa umhoonu
12a. yagwa umtxawu
13a. yagwa suwilinskammatiyu
14a. yagwa suwilinskamwanu

## 7. Englisch

Im logischen Sinne ist die Konjunktion *and* symmetrisch: p & q = q & p. Die Oberflächenstruktur einer Sequenz wie *Brown & Levinson* ist daher offensichtlich:

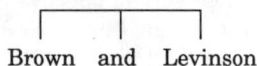

Brown   and   Levinson

Man könnte sich aber auch folgende Strukturen denken:

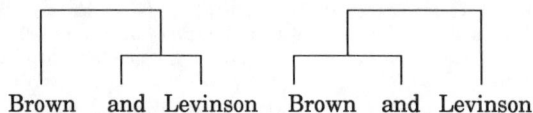

Brown   and   Levinson     Brown   and   Levinson

So könnte die Nennung auf dem Firmenschild *Brown & Levinson Ltd.* in ihrer Struktur rechts- oder linksverzweigt dargestellt werden, je nachdem, wer 90% der Aktien hält. In der natürlichen Sprache drückt die Konjunktion *and* oft asymmetrische Relationen aus. ☛ Vergleichen Sie die folgenden Beispielsätze und geben Sie die Ursachen für die Asymmetrien an.

1a He plays the flute and she plays the clarinet.
1b She plays the clarinet and he plays the flute.
2a He got drunk and crashed the car.
2b He crashed the car and got drunk.
3a Afghanistan, and Soviet troops have occupied Kabal.
3b *Soviet troops have occupied Kabal, and Afghanistan.
4a Do that again and I'll hit you.
4b *I'll hit you and do that again.

## 8. Hausa

Hausa wird im Norden Nigerias und in Niger von etwa 25 Millionen Menschen gesprochen. Durch Hausa sprechende Händler etc. hat die Sprache in den Städten Westafrikas eine weit über das eigentliche Sprachgebiet hinausgehende sekundäre Verbreitung erhalten. Hausa ist eine Tonsprache: Tiefton `, Fallton ^, der Hochton bleibt unbezeichnet. Im Hausa werden nicht die Verben, sondern die Pronomina flektiert, wobei der Wechsel zwischen *na:* und *na* bzw. *ja:* und *ja* syntaktisch bedingt ist.

Obwohl es im Hausa keine Verbflexion gibt, wechselt der vokalische Auslaut der Verben. ☛ Unter welchen Bedingungen tritt dieser Vokalwechsel auf?

Hinweis: Die z.T. neben dem Vokalwechsel auftretenden Tonveränderungen sollten bei der Lösung vernachlässigt werden.

1. ja:        kò:ri         bìrai    dà      jawà:
   *er / Verg  wegjagen    Affen    mit    viele*
   *Er jagte viele Affen weg.*

2. ja:        kò:re:        sù      jâu
   *er / Verg  wegjagen    sie(Pl)  heute*
   *Er jagte sie heute weg.*

3. džijà      ma    ja               kò:ra:
   *gestern   auch  er / Verg       wegjagen*
   *Er hat sie auch gestern weggejagt.*

4. na:        tàmbajà:      jaddà   za à         ji           šì
   *ich / Verg fragen       wie     er / Futur   machen       es*
   *Ich fragte, wie man es macht.*

5. na:        tàmbàji       ma:làm
   *ich / Verg fragen       Lehrer*
   *Ich fragte den Lehrer.*

6. sun                tàmbàje:      šì      džijà
   *sie(Pl) / Verg    fragen        ihn     gestern*
   *Sie fragten ihn gestern.*

7. na:        ko:rà:        masà    awa:ki:
   *ich / Verg wegjagen     ihm     Ziegen*
   *Ich jagte die Ziegen für ihn weg.*

8. na:        d'àuki        du:tsè:
   *ich / Verg nehmen       Stein*
   *Ich nahm einen Stein.*

9. ja:        d'àuke:       šì      zuwà:   kà:su:wa:
   *er / Verg  nehmen       es      zu      Markt*
   *Er trug es zum Markt.*

10. ja:          tambàja:      minì            ma:làm
    *er/Verg*  *fragen*       *für mich*      *Lehrer*
    *Er fragte den Lehrer für mich.*

11. ši:          nè:           na              džè:fa:
    *ihn*        *Fok*         *ich/Verg*      *bewerfen*
    *Er war's, den ich mit Steine bewarf.*

12. ši:          nè:           na              kò:ra:          yâu
    *ihn*        *Fok*         *ich/Verg*      *wegjagen*      *gestern*
    *Er war's, den ich gestern wegjagte.*

13. na:          džè:fi        birì:     dà      du:ts'è:
    *ich/Verg*  *bewerfen*     *Affe*    *mit*   *Stein*
    *Ich bewarf den Affen mit einem Stein.*

14. wà:ne:       nè:           ka        džè:fa:          dà      du:ts'è:
    *wen*        *Fok*         *du/Verg* *bewerfen*       *mit*   *Stein*
    *Wen hast du mit einem Stein beworfen?*

15. dà          mè:           ka        džè:fe:          šì
    *mit*        *was*         *du/Verg* *bewerfen*       *ihn*
    *Womit hast du ihn beworfen?*

## 9. Isländisch

Das Isländische ist eine germanische Sprache, deren Morphosyntax sich seit dem
9. Jahrhundert nur wenig geändert hat, weshalb viele Isländer noch heute die
alten Sagas lesen können. Das Isländische wird heute von einer knapp Viertelmil-
lion Sprechern gesprochen. Interessanterweise ist die Wortstellung des Deutschen
der des Isländischen sehr ähnlich. <þ> steht für [θ].

☞ Beschreiben Sie die Grundwortstellung im Isländischen anhand
der Beispiele, in denen die Verbformen und Umlautungsprozesse
nicht weiter analysiert sind.

1. Nú        rignir
   *jetzt*    *regnet*
   *Es regnet.*

2. Góði          maður-in        gaf      honum        bók-ina
   *gut/Nom*     *Mann-ART$_{Nom}$*  *gab*  *er$_{Dat}$*      *Buch-ART$_{Akk}$*
   *Der gute Mann gab ihm das Buch.*

3. Honum         gaf       ég          fagra          bók-ina
   *er$_{Dat}$*      *gab*     *ich$_{Nom}$*   *schön/Akk*    *Buch-ART$_{Akk}$*
   *Ihm gab ich das schöne Buch.*

4. Bók-ina           gaf       ég          honum
   *Buch-ART$_{Akk}$*   *gab*     *ich$_{Nom}$*   *er$_{Dat}$*
   *Das Buch gab ich ihm.*

Übungsaufgaben 143

5. Komdu　　　　meδ　bók-ina　　þína
   *bring!*　　　　*mit*　*Buch-ART_Akk*　*dein / Akk*
   **Bring dein Buch mit!**

6. Guδmundur　　　　kenndi　　　honum　　reglu-na
   *Gudmund / Nom*　　*beibrachte*　*er_Dat*　*Regel-ART_Akk*
   **Gudmund brachte ihm die Regel bei.**

7. Oddur　　　hefur　oft　rænt　　bændur-na
   *Odd / Nom*　*hat*　*oft*　*beraubt*　*Bauern-ART_Akk*
   kindu-num　　þeirra
   *Schafe-ART_Dat*　*ihr / Gen*
   **Oddur hat die Bauern oft ihrer Schafe beraubt.**

8. þó aδ　ég　　　gæfi　　　honum　　bók-ina
   *obwohl*　*ich_Nom*　*gab / Konj*　*er_Dat*　*Buch-ART_Akk*
   væri　　　hann　ekki　　ánægdur
   *war / Konj*　*er_Nom*　*nicht*　*zufrieden*
   **Obwohl ich ihm das Buch gab, war er nicht zufrieden.**

## 10. Yoruba

Yoruba wird von etwa 15 Millionen Menschen im Westen Nigerias und in den angrenzenden Gebieten Dahomeys gesprochen. Neben der offiziellen Landessprache Englisch ist Yoruba inoffiziell die zweite Landessprache Nigerias. Es gibt eine fest etablierte Orthographie, die für Zeitungen und Buchpublikationen in der Sprache Verwendung findet; sie wurde in den folgenden Beispielen beibehalten: <n> nach Vokal = Nasalvokal, <j> = /dž/ ~ /ǰ/, <y> = /j/, <e> = /ɛ/, <o> = /ɔ/; Tonbezeichnungen: ´ = Hochton, ` = Tiefton, ˘ = Tiefhochton, Mittelton unbezeichnet.

☛ Beschreiben Sie die Systematik der Fokussierung.

1. mo　　fún　　Àjàyí　　ní　　ìwé
   *ich*　　*geben*　*<Name>*　*Lok*　*Buch*
   　　　　Ich gab Ajayi ein Buch.
2. ìwé ni mo fún Àjàyí　　　Ich gab Ajayi *ein Buch*.
3. Àjàyí ni mo fún ní ìwé　　Ich gab *Ajayi* ein Buch.
4. èmi ni　ó　fún Àjàyí ní ìwé　*Ich* gab Ajayi ein Buch.
   *ich*Fok*　*er*
5. Òjó　　ń - kọ　　　　létà　　nísisìyìí
   *<Name>*　*Habitual-schreiben*　*Brief*　*jetzt*
   　　　　Ojo schreibt jetzt einen Brief.
6. Òjó ni ó ń-kọ létà nísisìyìí　*Ojo* schreibt jetzt einen Brief.
7. létà ni Òjó ń-kọ nísisìyìí　　Ojo schreibt jetzt *einen Brief*.
8. nísisìyìí ni Òjó ń-kọ létà　　Ojo schreibt *jetzt* einen Brief.
9. Olú　jé　　akékọ　　　Olu ist Student.
   *<Name>*　*sein*　*Student*
10. akékọ ni Olú　　　　　Olu ist *Student*.

## 11. Deutsch

☞ Welche syntaktischen Unterschiede bestehen zwischen den folgenden Sätzen?

1. Der Lehrer sagt, Hänschen beherrscht die Kommaregeln nicht.
2. Der Lehrer, sagt Hänschen, beherrscht die Kommaregeln nicht.
3. Die Kommaregeln werden von Hänschen nicht beherrscht, sagt der Lehrer.
4. Hänschen sagt, die Kommaregeln werden vom Lehrer nicht beherrscht.

## 12. Deutsch

☞ Handelt es sich bei den folgenden Sätzen um Passivsätze?

1. Er kriegt ein Buch.
2. Er kriegt ein Buch geschenkt.
3. Er kriegt ein Buch von Michael geschenkt.
4. Er kriegt eine Aufgabe zu lösen.
5. Er kriegt eine Aufgabe gelöst.
6. Schließlich kriegte ich doch noch ein Buch von Michael.
7. Schließlich kriegte ich doch noch ein Buch für Michael.

## 13. Deutsch

Bei den folgenden Beispielen handelt es sich um Fragen, die mit W-Wörtern (*was, wer, wenn, ...*) gebildet werden; man achte auf die Fokussierung durch Akzentsetzung (').

☞ Welche syntaktischen Unterschiede bestehen zwischen W-Fragen und W-Echofragen?
☞ Warum ist Satz 7 ungrammatisch?
☞ Unter welchen kontextuellen Bedingungen sind Echofragen möglich?

W-Fragen
1. 'Wann hat Peter das Buch geschrieben?
2. *Hat Peter wann das Buch geschrieben?

W-Echofragen
3. Wer 'wann das Buch geschrieben hat?
4. 'Wann Peter das Buch geschrieben hat?
5. Wann Peter das 'Buch geschrieben hat?
6. Wer wann 'was geschrieben hat?
7. *'Wer wann das Buch geschrieben hat?

Übungsaufgaben

## 14. Hopi

Das Hopi ist eine im nördlichen Arizona gesprochene, zur uto-aztekischen Sprachfamilie zählende Sprache. Es wird von etwa 5000 Personen gesprochen. Das Hopi gelangte zu einer gewissen Bekanntheit, da Benjamin Lee Whorf vor allem an dieser Sprache sein sprachliches ‚Relativitätsprinzip' zu erläutern versuchte. <u> steht für [ɨ].

☛ Beschreiben Sie die Bildung der Konditionalsätze und achten Sie dabei auf die Verbmarkierungen.

1. pam     nime<sup>ʔ</sup>     itsivutini
   *er/Subj*    *nach∗Hause∗gehen*    *sich∗ärgern-Fut*
   *Wenn er₁ nach Hause geht, wird er₁ sich ärgern.*

2. pam     nime<sup>ʔ</sup>     ha:lajni
   *er/Subj*    *nach∗Hause∗gehen*    *sich∗freuen-Fut*
   *Wenn er₁ nach Hause geht, wird er₁ sich freuen.*

3. pam     nimaq     nu<sup>ʔ</sup>     ha:lajni
   *er/Subj*    *nach∗Hause∗gehen*    *ich/Subj*    *sich∗freuen-Fut*
   *Wenn er nach Hause geht, werde ich mich freuen.*

4. pam     nimaq     pam     itsivutini
   *er/Subj*    *nach∗Hause∗gehen*    *er/Subj*    *sich∗ärgern-Fut*
   *Wenn er₁ nach Hause geht, wird er₂ sich ärgern.*

5. um     tumala<sup>ʔ</sup>taq    nu<sup>ʔ</sup>     tawlawni
   *du/Subj*    *arbeiten*    *ich/Subj*    *singen-Fut*
   *Wenn du arbeitest, werde ich singen.*

6. um     tu:tujte<sup>ʔ</sup>    mokni
   *du/Subj*    *erkranken*    *sterben-Fut*
   *Wenn du erkrankst, wirst du sterben.*

7. nu<sup>ʔ</sup>     put     tuwe<sup>ʔ</sup>    wa:jani
   *ich/Subj*    *er/DO*    *sehen*    *wegrennen-Fut*
   *Wenn ich ihn sehe, werde ich wegrennen.*

8. itam     na:-tuwe<sup>ʔ</sup>    pu<sup>ʔ</sup>    wa:jani
   *wir/Subj*    *Reflexiv-sehen*    *dann*    *wegrennen-Fut*
   *Wenn wir einander sehen, dann werden wir wegrennen.*

9. pam     nuj     tuwaq    pu<sup>ʔ</sup>    nu<sup>ʔ</sup>    wa:jani
   *er/Subj*    *ich/DO*    *sehen*    *dann*    *ich/Subj*    *wegrennen-Fut*
   *Wenn er mich sieht, dann werde ich wegrennen.*

## 15. Deutsch

Wir haben *daß*-Sätze behandelt, die von einem Verb wie z.B. *wissen, glauben* über die Subjekt- bzw. Objektfunktion abhängen. Neben diesen eingebetteten *daß*-Sätzen gibt es auch solche, die nicht-eingebettet sind. In dem folgenden Diskursausschnitt, der den Prototyp einer klientenzentrierten Therapie repräsentiert, findet sich eine Häufung von nicht-eingebetteten *daß*-Sätzen. ☞ Um welche elliptischen Konstruktionen handelt es sich und wie lassen sich diese erklären? T = Therapeut (männlich), K = Klientin (weiblich)

$T_1$: Ist es so, daß Sie immer das Gefühl haben bei diesen Dingen, daß sie da niemals so eine, eine Anerkennung voll akzeptieren können.

$K_1$: Ja. Kann ich nicht. Auch bei Jochen nicht. Obwohl ich's da vielleicht am ehesten noch kann. Und ich bin deshalb

$T_2$:                            Hm.

$K_1$: auch so unheimlich äh ich bin richtig begierig auf Anerkennung, weil, ich bekomme Anerkennung, ich bekomme

$T_3$:                     Hm.

$K_1$: vielleicht genauso viel wie andere und das würde völlig ausreichen, aber es reicht nicht aus, weil ich sie immer

$T_4$:                            Hm.

$K_1$: zunichte mache, und deshalb möchte ich wieder neue, und ich kann eigentlich genug Anerkennung kriegen (.)

$T_5$: Hm. Daß Sie immer das Gefühl haben, irgendwie bleibt das unvollständig und – es ist eben noch so (..) in irgendeiner Weise bei der ganzen Sache ein Stachel des Zweifels drin.

$K_2$: Ja, und vor allen Dingen, es ist so verkehrt, ich meine, wenn mich jemand jetzt im Moment mag, sollte ich das momentan nehmen, ich sollte sagen ›prima, ich freu mich darüber‹, und und wenn er tatsächlich also, weiß ich, in

$T_6$:                            Hm.

$K_2$: zwei Monaten oder so mich nich mehr so nett findet, ja, dann ist das eben seine Sache oder dann ist das dann

$T_7$:                                        Hm.

$K_2$: ist das einfach so das, was oft passiert und wie es vielen vielleicht passiert.

$T_8$: Ja, daß sie daran leiden, daß Sie das nicht so voll akzeptieren können, daß Sie das

$K_3$: Ja, ich leide sehr darunter (..) ja, darum, ich meine, wenn ich, wenn ich 'n bißchen selbstsicherer wäre, würd

$T_9$:                                        Hm.

$K_3$: ich auch viel öfter ganz anders handeln und so bin ich

$T_{10}$:                            Hm.

$K_3$: eben so unsicher.

$T_{11}$:Ach ja, daß Sie das Gefühl ham, alles das ist in irgendeiner Weise Ihnen hinderlich, sich so zu entfalten

$K_4$: Ja, Das ist also (..) meine, meine Zweifel und diese Unsicherheit und dieses (.) eigentlich doch wieder etwas Pessimistische, was da zum Ausdruck kommt, daß mich das

$T_{12}$:                                        Hm.

K₄: doch eben sehr hindert äh meine Entwicklung voranzutreiben und und und äh auch irgendwo viel
T₁₃:           Hm.
K₄: im Leben zu sein.

## 16. T'in

T'in bezeichnet eine Dialektgruppe innerhalb der Mon-Khmer-Sprachen und wird in Thailand und Laos von etwa 25.000 Menschen gesprochen. Die Dialektgruppe hat die beiden Hauptzweige Mal und Pray. Während Mal eine Dialektgruppe mit klar differenzierten Einzeldialekten ist, fließen die Grenzen der Pray-Dialekte ineinander. Die folgenden Daten entstammen einem Mal-Dialekt.

☛ Beschreiben Sie die Struktur der Nominalphrase.

1.     sëc     ʔiːbun     thoːn     suʔ
       *Fleisch*     *Boon*     *kaufen*     *verdorben*
   *Das Fleisch, das Frau Boon kaufte, ist verdorben.*

2.     siŋ     bakɛːw     thoːn     piaʌ    naŋ    pël
       *Schwein*     *Kaew*     *kaufen*     *zwei*    *KL*    *starb*
   *Die zwei Schweine, die Herr Kaew kaufte, starben.*

3.     siŋ     bakɛːw     thoːn     piaʌ    naŋ    ʔeːn    pël
       *Schwein*     *Kaew*     *kaufen*     *zwei*    *KL*    *diese*    *starb*
   *Diese zwei Schweine, die Herr Kaew kaufte, starben.*

4.     ʔiaʌ    kluak    bakɛːw     thoːn     pël
       *Hühner*    *weiß*    *Kaew*     *kaufen*     *starb*
   *Die weißen Hühner, die Herr Kaew kaufte, starben.*

5.     ʔiaʌ    kluak    ʔëñ    bakɛːw     thoːn    pël
       *Hühner*    *weiß*    *ich*    *Kaew*     *kaufen*    *starb*
   *Meine weißen Hühner, die Herr Kaew kaufte, starben.*

## 17. Dyirbal*

Dyirbal ist eine in North Queensland gesprochene australische Sprache. Sie wird noch von etwa 30 älteren Leuten fließend gesprochen, von den unter 30jährigen nur noch gebrochen. Mit dem Erscheinen von Dixons Grammatik im Jahre 1972 rückte das Dyirbal ins Blickfeld des linguistischen Interesses. Insbesondere Dixons Versuch, der Syntax eine ergative Tiefenstruktur zugrunde zu legen, war in den folgenden Jahren umstritten und löste eine noch anhaltende Diskussion über Ergativität aus.

Hinweise: <dj> steht hier für /J/. Die Sätze 5 bis 7 stellen kein authentisches Sprachmaterial dar, sondern wurden von uns in Analogie zu gleichartigen Sätzen unter Berücksichtigung der bei Dixon behandelten Regeln gebildet. Bei Satz 7 ist zu beachten, daß die Kasusmarkierungen für Ergativ und Instrumental identisch sind. -ñu und -n sind Allomorphe des Tempussuffixes „Non-Futur".

☛ Vergleichen Sie die syntaktischen Kasusmarkierungen der transitiven Satzes im Dyirbal mit denen der deutschen Übersetzung.

148 Syntax

☞ Wie unterscheiden sich die Sätze 2 und 3 von den Relativsätzen
in 6 und 7? Welche Funktion hat dabei das Suffix -ŋa(j)?

1. balan djugumbil ñina-ñu
   ART/Abs Frau/Abs   sich*setzen-Nonfut
   *Die Frau setzt sich.*

2. balan djugumbil baŋgul jaɾaŋgu buɾa-n
   ART/Abs Frau/Abs ART/Erg Mann/Erg sehen-Nonfut
   *Der Mann sieht/sah die Frau.*

3. baji jaɾa baŋgun djugumbil buɾa-n
   ART/Abs Mann/Abs ART/Erg Frau/Erg sehen-Nonfut
   *Die Frau sieht/sah den Mann.*

4. baŋgul jaɾaŋgu balan djugumbil
   Art/Erg Mann/Erg Art/Abs Frau/Abs
   ñina-ñu buɾa-n
   sich*setzen-REL/Abs sehen-Nonfut
   *Der Mann sah die Frau, die sich setzt.*

5. baji jaɾa baŋgun djugumbil
   ART/Abs Mann/Abs ART/Erg Frau/Erg
   ñina-ŋuru buɾa-n
   sich*setzen-REL/Erg sehen-Nonfut
   *Die Frau, die sich setzt, sah den Mann.*

6. balan djugumbil baŋgul jaɾaŋgu
   ART/Abs Frau/Abs Art/Erg Mann/Erg
   buɾa-ŋu ñina-ñu
   sehen-REL/Abs sich*setzen-Nonfut
   *Die Frau, die der Mann sah, setzt sich.*

7. balan djugumbil baŋgul jaɾaŋgu
   ART/Abs Frau/Abs Art/Ins Mann/Ins
   buɾa-ŋa-ŋu ñina-ñu
   sehen-Antipassiv-REL/Abs sich*setzen-Nonfut
   *Die Frau, die den Mann sah, setzt sich.*

## 18. Klassisches Chinesisch*

Der folgende kurze Dialog entstammt einem der taoistischen Klassiker, dem
„Wahren Buch vom südlichen Blumenland" (Nán huā zhēn jīng) des Zhuang Zi,
eines Philosophen, der im vierten Jahrhundert vor Christus lebte. Diese Zeit war
nicht nur in Griechenland die Blütezeit der klassischen Philosophie, sondern auch
in China. Viele verschiedene philosophische Richtungen stritten miteinander; im
nachfolgenden Textauszug wird, wenn auch nicht sehr deutlich, der chinesische
Sophismus in seinem Vertreter Hui Zi angegriffen. Man sollte im folgenden jedoch
nicht den Skeptizismus und Relativismus der Taoisten zum Vorbild nehmen, »Unser Leben ist endlich, das Wissen hingegen unendlich. Mit endlichen Mitteln dem
Unendlichen nachzugehen, ist gefährlich. Darum bringt man sich nur in Gefahr,

wenn man sein Selbst einsetzt, um zu Erkenntnis zu gelangen.«[10] sondern es lieber mit den erfolgreicheren Gegenspielern halten, den Konfuzianern, deren Philosophie China über zwei Jahrtausende bestimmt hat: »Lernen und stets das Gelernte üben, bringt nicht auch das Zufriedenheit?«.[11]

☛ Versuchen Sie, die im nachfolgenden Text enthaltene Syntax so weit wie möglich zu beschreiben. Achten Sie hierbei vor allem auf die Wortstruktur, die Struktur der Nominalphrase, auf Sätze als Argumente, die Tilgung des Subjekts und die Markierung zeitlicher Bezüge.

Hinweis: 之 *zhī* ist eine Partikel mit verschiedenen deiktischen Funktionen. Die Syntax von Satz 5-D ist korpusintern nicht korrekt analysierbar. Bei der Analyse soll das eingeklammerte deiktische *zhi* nicht berücksichtigt werden, das Morphem 全 *quán* soll als nachgestelltes Adverb behandelt werden.

## Freie Übersetzung:

1. Zhuang Zi und Hui Zi gingen gemeinsam auf dem Wehr des Hao-Flusses spazieren.

2. Zhuang Zi sagte: »Die Fische springen und schwimmen sorglos umher. Dies ist die Freude der Fische.«

3. Hui Zi antwortete: »Sie sind kein Fisch, wie wollen Sie die Freude der Fische kennen?«

4. Zhuang Zi sagte: »Sie sind nicht ich. Wie wollen Sie (also) wissen, daß ich die Freude der Fische nicht kenne?«

5. Hui Zi antwortete: »Ich bin nicht Sie, (daher) kenne ich Sie sicherlich nicht. Daß Sie die Freude der Fische nicht kennen, ist aber (genauso) vollständig (evident).«

6. Zhuang Zi sagte: »Bitte kommen wir zum Ausgangspunkt zurück. Sie sagten, daß ich die Freude der Fische nicht kenne. (Obwohl) Sie bereits wußten, daß ich sie kenne, haben Sie mich (trotzdem) gefragt: Ich kenne sie (aufgrund des Vergnügens) über dem Fluß (spazieren zu gehen).«
[Der letzte Satz ist situationsgebunden sehr verkürzt und kryptisch. Die Interpretation folgt chinesischen Kommentatoren.][12]

| 1. | | | | 2. | | | |
|---|---|---|---|---|---|---|---|
| 莊 | Zhuang | | | 莊 | Zhuang | | |
| 子 | Zi | | | 子 | Zi | | |
| 與 | gemeinsam mit | | | 曰 | sagt: (direkte Rede folgt) | | |
| 惠 | Hui | | | 儵 | ??? | besondere | |
| 子 | Zi | | | 魚 | Fisch | Fischart | |
| 遊 | spazierengehen | | | 出 | hervorkommen | | |
| 於 | Lokativ (Ortsangabe folgt) | | | 游 | schwimmen | Serielle | |
| 豪 | Hao (Flußname) | | | 從 | frei, sorglos | Verben | |
| 梁 | Brücke, Wehr | Ortsangabe | | 容 | bewegen | | |
| 之 | PART | | | 是 | dies | | |
| 上 | Oberseite | | | 魚 | Fisch | N | |
| | | | | 樂 | Freude | P | |
| | | | | 也 | PART: generelle Aussage | | |

3.
惠 Hui
子 Zi
曰 sagt:
子 mein Herr (höfliche Anrede ‚Sie')
非 nicht sein
魚 Fisch
安 wie, woher?
知 kennen
魚 Fisch ┐
之 PART  ├ NP
樂 Freude ┘

4.
莊 Zhuang
子 Zi
曰 sagt:
子 mein Herr
非 nicht sein
我 ich
安 wie, woher?
知 kennen
我 ich (Subj) ┐
不 nicht     │
知 kennen    ├ Objekt-
魚 Fisch     │ satz
之 PART  ┐NP │
樂 Freude ┘  ┘

5.
惠 Hui
子 Zi
曰 sagt:
我 Ich
非 nicht sein
子 mein Herr (‚Sie')
固 sicherlich
不 nicht
知 kennen
子 mein Herr (‚Sie')
矣 PART: punktuell
子 mein Herr (‚Sie')
固 sicherlich
非 nicht sein
魚 Fisch
也 PART: generelle Aussage
子 mein Herr (‚Sie')
之 PART
不 nicht
知 kennen
魚 Fisch ┐
之 PART  ├ NP
樂 Freude ┘
全 völlig
矣 PART: punktuell

6.
莊 Zhuang
子 Zi
曰 sagt:
請 einladen, bitten
循 (einem Weg) folgen
其 sein (Possessiv)
本 Wurzel (Ausgangspunkt)
子 mein Herr (‚Sie')
曰 sagen: (Zitat in Zitat folgt)
女 Du [eigentlich 汝]
安 wie, woher?
知 kennen
魚 Fisch
樂 Freude
云 PART: Zitat Ende
者 PART: S → N
既 PART: vorzeitig
已 PART: schon
知 kennen
吾 ich (Subj) [Variante von 我]
知 kennen
之 PART: ‚es' (Obj)
而 und (satzverknüpfend)
問 fragen
我 ich (Obj)
我 ich (Subj)
知 kennen
之 PART: ‚es' (Obj)
濠 Kanal ┐ N
上 Oberseite ┘ P
也 PART: generelle Aussage

# 5. Semantik

Unter Semantik versteht man die Lehre von der Bedeutung sprachlicher Formen. Zu einem Satz gehört nicht nur die Verknüpfung einzelner Teile des Satzes, also die Syntax, sondern auch die Kombination der Bedeutungen der einzelnen Wörter. Die Bedeutung der ‚Nonsense‘-Gedichtzeile *und die gabben Schweisel frieben* bereitet uns deshalb so viel Kopfzerbrechen, weil wir die Bedeutung der Wörter *gabben, Schweisel* und *frieben* nicht kennen. Ebensowenig können wir die semantische Rolle (Agens, Rezipiens oder Thema) der Nominalphrase bestimmen. Dagegen ist die Morphosyntax per Analogieschluß weitgehend klar: Es handelt sich um einen Satz, der aus einer Nominalphrase in Subjektfunktion und einem finiten Verb (vermutlich mit der Infinitivform *frieben*) besteht:

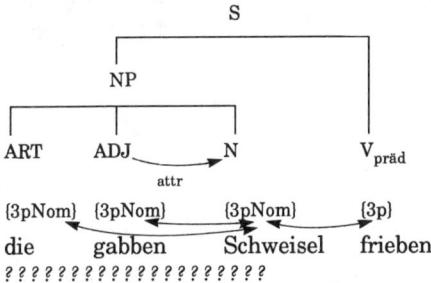

```
                          S
          ┌───────────────────────────┐
         NP                           │
   ┌──────────────────┐               │
  ART     ADJ         N              V_präd
                attr

 {3pNom}  {3pNom}   {3pNom}          {3p}
  die     gabben    Schweisel        frieben
????????????????????????
```

## 5.1 Lexikalische Semantik und Satzsemantik

Was also ist die Bedeutung eines Wortes? Folgen wir der Argumentation von Goggelmoggel aus *„Alice hinter den Spiegeln“*, der die obige Zeile immerhin zu deuten versteht, dann ist die Bedeutung eines Wortes individuell:[1] »Wenn *ich* ein Wort gebrauche‹, sagte Goggelmoggel in recht hochmütigem Ton, ›dann heißt es genau, was ich für richtig halte – nicht mehr und nicht weniger.«« Wenn dem so wäre, wenn man, wie Alice einwendet »Wörter einfach etwas anderes heißen lassen kann«, dann gäbe es letztlich kein Verstehen und Wörter hätten überhaupt keinen Sinn. Jedes Wort wäre so willkürlich und sinnlos wie *frieben* oder *Schweisel*. Damit aber nicht jeder unter einem Wort das versteht, was er darunter verstehen will, müssen feste Bedeutungen mit Lautkörpern (Wörtern) verbunden

sein. Feste Bedeutungen bilden sich innerhalb von Sprachgemein-
schaften auf der Basis sprachlicher und sozialer Konventionen aus.
Individuen einer Sprachgemeinschaft haben ein gemeinsam geteil-
tes Wissen, auf das sie zurückgreifen können. Dieses strukturierte
Wissen ist in Form von Lexikoneinträgen festgehalten. Lexikoneinträge werden traditionellerweise in Wörterbüchern zusammengefaßt
– man denke an das Grimmsche Wörterbuch, in dem die Bedeutung
eines Wortes anhand von Beispielen erläutert wird. Lexikoneinträge
müssen aber nicht auf die Wortbedeutung beschränkt werden, sondern können auch Informationen darüber geben, welche Argumente
z.B. ein Verb nehmen kann und welche Einschränkungen es bei der
Wahl der Valenzpartner gibt.

Jeder Sprecher verbindet mit Wörtern bestimmte Vorstellungen,
die stereotyp sind. Man kann sagen, daß mit Wörtern prototypische
Bedeutungen verbunden sind. Was eine prototypische Bedeutung
ist, hängt von den einzelnen Teilen des Ganzen ab, ist aber mehr als
die Summe der Einzelteile. Nicht alles, was Flügel hat und fliegen
kann, ist ein Vogel; nicht jeder Vogel kann fliegen. Trotzdem ist mit
dem Wort *Vogel* für Sprecher des Deutschen eine prototypische Bedeutung verbunden, die sich aus dem Weltwissen und dem kulturellen Wissen der Teilnehmer der Sprachgemeinschaft ergibt. Bedeutungen wie derjenigen von *Vogel* liegen prototypische Merkmale zugrunde, wie die Fledermaus in der folgenden Fabel, die überall in
Westafrika erzählt wird, richtig erkannt hat:

»Als im Urwald der König der Säugetiere, der Löwe, die Steuerpflicht einführen
wollte, erklärte sie den Steuereintreibern: Die Steuer gilt doch nur für Säugetiere.
›Habt ihr schon mal ein Säugetier gesehen, das Flügel hat und fliegen kann?‹
Sprach's und flog davon, ohne Steuern zahlen zu müssen. Bald darauf wollte auch
der Adler, König der Vögel, Steuergelder einziehen. Die Fledermaus zeigte dem
Boten seinen Penis und sagte: ›Seit wann hat denn ein Vogel einen Penis?‹«

Sicherlich kann die Fledermaus mit dieser Argumentation viel Geld
sparen, aber unsereins kann sich die Sache nicht so leicht machen.
Das Beispiel zeigt aber, daß es im Hinblick auf die Sichtweise nicht
unbedingt Konsens geben muß: Die Fledermaus hebt jeweils das
Merkmal hervor, das gegen die Einordnung in die steuerpflichtige
Gattung spricht. Neben prototypischen Vertretern von Gattungen
gibt es also auch weniger prototypische. Die Einordnung in eine Kategorie wird bei den prototypischen von fast allen Sprechern vollzogen, bei weniger prototypischen nur von einem geringeren Teil.
Jeder Erwachsene wird einen anderen Erwachsenen, der über 1.90
m groß ist, ohne Zögern als *groß* bezeichnen, und einen, der 1.60 m
groß ist, als *klein*. Dazwischen ist man sich der Sache nicht so
sicher, aber, zumindest auf Männer bezogen, wird bei weniger als

1.70 m die Bezeichnung als *klein* deutlich zunehmen, bei über 1.80 m die als *groß*. Andererseits ist für einen dreijährigen Knirps seine 1.60 m ,große' Mutter eine Riesin. Bei relativen Kategorisierungen ist also immer der jeweilige Bezugsbereich entscheidend. Unter diesen Rahmenbedingungen sind die beiden Prototypen *klein* und *groß* benachbarte und ineinander übergehende Kategorien:

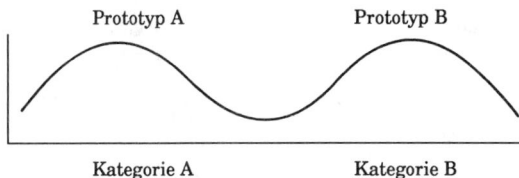

Prototyp A    Prototyp B

Kategorie A    Kategorie B

Gegensätzliche Kategorien wie *groß / klein*, die einen ineinander übergehenden Zwischenbereich haben, bezeichnet man als **Antonyme**. Antonyme können im Deutschen graduiert werden, z.B. *groß, größer, am größten*. Andere Kategorien schließen einander jedoch aus: *lebendig – tot, verheiratet – unverheiratet*. Solche Kategorien haben keinen Zwischenbereich und können folglich nicht graduiert werden. Kategorisierungen, die in dieser Weise in Opposition zueinander stehen, kann man oft durch Negation gewinnen: Säugetiere und Nicht-Säugetiere bzw. Vögel und Nicht-Vögel. Hier wird die eine Kategorie durch Merkmale positiv definiert, während die andere, durch Negation gewonnene, hinsichtlich ihrer Merkmale nicht definiert ist. Eine durch Merkmale wie Negation (*un-schön*), Genus/Sexus-Markierung (*Student-in*) oder Plural (*Tisch-e*) veränderte Kategorie bezeichnet man als **markiert**.

Kategorisierungen lassen sich auch zu übergeordneten Kategorien zusammenfassen. Säugetiere und Vögel sind Tiere. In der übergeordneten Kategorie Tiere sind Säugetiere wie auch Vögel als untergeordnete Teilkategorien enthalten. Durch Über- und Unterordnung entstehen hierarchisch verknüpfte Kategorien, die man **Taxonomien** nennt:

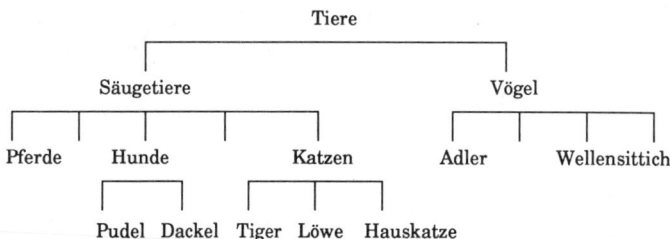

Tiere

Säugetiere    Vögel

Pferde    Hunde    Katzen    Adler    Wellensittich

Pudel  Dackel  Tiger  Löwe  Hauskatze

Elemente einer Taxonomie können aber gelegentlich durch andere Kategorisierungen ausgedrückt werden: Hunde, Katzen und Adler sind im Gegensatz zu Pferden oder Wellensittichen Fleischfresser; Pudel, Dackel, Hauskatzen und Wellensittiche sind Haustiere.

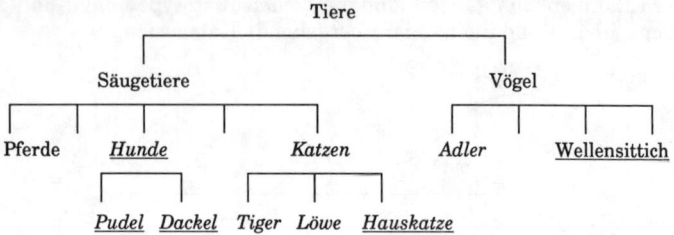

```
                            Tiere
              ┌───────────────┴───────────────┐
          Säugetiere                         Vögel
    ┌────┬──────┬─────┬──────┐        ┌──────┬────┬──────┐
  Pferde Hunde      Katzen          Adler      Wellensittich
         └──────┬──────┘
        Pudel Dackel Tiger Löwe Hauskatze
```

Hierbei schließen die Elemente einer Kategorie die jeweils übergeordneten Kategorien mit ein: ›Pudel‹ impliziert ›Hund‹, ›Pudel‹ und ›Hund‹ implizieren ›Fleischfresser‹, aber auch ›Haustier‹.

Kategorisierungen und Taxonomien fallen von Sprache zu Sprache oft recht unterschiedlich aus. Dies hängt mit den Merkmalen zusammen, die für die Taxonomie relevant sind. Im Deutschen wird bei den folgenden Verwandtschaftstermini nach den Merkmalen Geschlecht, Generation und Grad der verwandtschaftlichen Beziehung unterschieden:

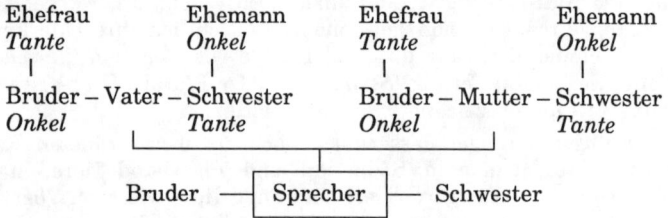

```
Ehefrau         Ehemann        Ehefrau         Ehemann
Tante           Onkel          Tante           Onkel
  |               |              |                |
Bruder – Vater – Schwester    Bruder – Mutter – Schwester
Onkel            Tante         Onkel             Tante
        └─────────┬─────────────────┘
  Bruder ──── │ Sprecher │ ──── Schwester
```

Im Lateinischen werden dagegen zwei Merkmale für die Kategorisierung relevant, die im Deutschen keine Rolle spielen: zum einen die Unterscheidung Vater- gegen Mutterseite und zum anderen das Angeheiratetsein, das anders als im Deutschen nicht direkt als Verwandtschaftsverhältnis gesehen wird und für das es nur umschreibende Bezeichnungen der Form „Ehefrau des *avunculus*" usw. gibt:

| Ehefrau | Ehemann | Ehefrau | Ehemann |
|---|---|---|---|
| (---) | (---) | (---) | (---) |

Bruder – Vater – Schwester   Bruder – Mutter – Schwester
*patruus*   *pater*   *amita*   *avunculus māter*   *mātertera*

Bruder —— Sprecher —— Schwester
*frāter*                *soror*

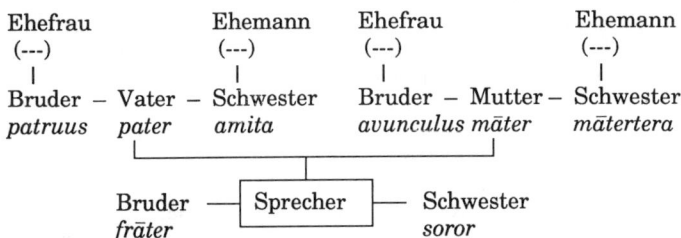

Welche Merkmalskombinationen als Wörter lexikalisiert sind und welche nicht, hängt in starkem Maße von der jeweiligen Sprache ab. Es gibt sehr generelle Klassifikationen und sehr spezielle. Dem Deutschen *er ißt* stehen im Navajo neben einem ähnlich allgemeinen Verb *jijá$^n$* mehrere andere gegenüber: *jilde:ł* „er ißt (kleinere Nahrungsstücke) auf einmal", *jilke:d* „er ißt etwas Rundes (Apfel o.a.)", *jilγa:ł* „er ißt Fleisch", *jilts'é:h* „er ißt breiartige Nahrung", *jiltšož* „er ißt grasartige Nahrung, (ein Tier) grast". Im Navajo werden Handlungen auch vielfach im Hinblick auf die Gestalt des Zielobjekts klassifiziert und nicht nach der Eigenart der Handlung, z.B. *$^2$á$^n$* „sein/handeln in bezug auf ein rundes Objekt" oder *tá$^n$* „sein/handeln in bezug auf ein langes (stockartiges) Objekt", z.B. *tsé si-$^2$á$^n$* „ein Stein liegt da", oder *tsin si-tá$^n$* „ein Stock liegt da". Die Klassifikation der Farben kann von Sprache zu Sprache ebenfalls recht unterschiedlich ausfallen:

| Deutsch | Walisisch |
|---|---|
| grün | gwyrdd |
| blau | glas |
| grau | llwyd |
| braun | |

Ein Waliser würde frisches Gras, die azurblaue Farbe des Himmels bei schönem Wetter und ergrauende Haare in gleicher Weise mit *glas* bezeichnen, obwohl er die Unterschiede genauso wahrnimmt wie ein Deutscher oder Italiener. Oder denken wir an Wörterbuchentsprechungen wie Dänisch *trae* = Deutsch *Baum* = Englisch *tree* und *skov* = *Wald* = *wood*, die in dieser Vereinfachung nicht stimmen:

| Dänisch | | Englisch | | |
|---|---|---|---|---|
| trae | skov | tree | wood | forest |
| *Baum  Holz* | *Wald* | *Baum* | *Holz  Wald* | *Wald* |

Bestimmte Konzepte, die in der einen Sprache lexikalisiert sind,
können unter Umständen in einer anderen Sprache nicht lexikalisch
zum Ausdruck gebracht werden. Das oft gebrauchte deutsche Verb
*haben* (›besitzen‹) hat in vielen Sprachen keine Entsprechung. Will
z.B. ein Quiché ausdrücken *ich habe (besitze) ein Haus*, so muß er *k'o
w-otšotš* sagen, was wörtlich „mein Haus existiert (räumlich)" bedeutet. Für uns so selbstverständliche Wörter wie *Polizist* oder *Pferd*
sind im Cherokee (North Virginia und Oklahoma, USA) Ein-Wort-
Sätze, d.h. sie werden verbal und nicht nominal zum Ausdruck gebracht: *didanijisgi* „Polizist" bedeutet „er fängt sie endgültig",
*sokʷili* „Pferd" „es trägt schwere Lasten".

Aber unabhängig von den Konventionen und der Art der Kodierung wird durch *Pferd* bzw. *sokʷili* auf ein Objekt in der Welt verwiesen, das über prototypische Eigenschaften verfügt. Diese Art der
Bezugnahme bezeichnet man als **Referenz**. Es kann aber selbst in
einer Sprache auf das gleiche Objekt durch verschiedene Ausdrücke
verwiesen werden. *Polizist* und *Bulle* oder *Pferd* und *Klepper* haben
jeweils die gleiche Grundbedeutung, aber sie unterscheiden sich in
ihren subjektiven Bedeutungskomponenten. Bei *Bulle* oder *Klepper*
wird auf bewertende emotionale Momente mit verwiesen, was man
als **Konnotation** bezeichnet. Ausdrücke, die eine gleiche Grundbedeutung haben, aber unterschiedlich konnotiert sind, nennt man
**Synonyme**. Zur Referenzierung auf Objekte genügt allerdings oft
eine grobe Kategorisierung, so daß man selbst unterschiedliche
Wörter wie *Autoschlüssel* oder *Schraubenschlüssel* oft im Kontext
verkürzt zu *Schlüssel* verwendet. Durch derartige Verkürzungen
entstehen zwar mehrdeutige Wörter – sogenannte **Homonyme** –,
aber bei Bedarf kann man durch das volle Wort oder eine Umschreibung die Eindeutigkeit des Bezugs wiederherstellen.

Die Beziehung zwischen Wortform und Bedeutung muß nicht
immer gewährleistet sein. Bisher haben wir nur Fälle behandelt, in
denen Wortkörper und Wortbedeutung eins sind. Wie ist das aber
bei Phrasen wie *klipp und klar*, z.B. in *er sagte es mir klipp und
klar*. *Und* und *klar* sind Wörter, die wir in jedem Wörterbuch finden;
*klipp* dagegen ist zwar durch ein Spatium von *und* getrennt und
durch *und* mit *klar* koordiniert, kann aber nicht allein vorkommen.
*Klipp und klar* ist eine Phrase, die nur als Ganzes eine Bedeutung
hat, nämlich ›in aller Deutlichkeit‹. Die strukturell gleich aufge-
baute Phrase *ausführlich und klar* in dem Satz *er erklärte es mir
ausführlich und klar* beinhaltet dagegen, daß die Erklärung sowohl
ausführlich als auch klar verständlich gegeben wurde. In der Phrase
*klipp und klar* ist die Bedeutung in stärkerem Maße integriert und
einer Wortbedeutung vergleichbar; in *ausführlich und klar* ist die

Bedeutung der Phrase stärker aus den Wortbedeutungen der Teile
zusammengesetzt. Dabei sind die einzelnen Teile als selbständige
Wortbedeutungen nach wie vor als solche erkennbar. Diese Unterschiede im Aufbau von Bedeutungen zwischen Phrasen wie *klipp
und klar* und *ausführlich und klar* kann man auch auf der höheren
syntaktischen Ebene von Sätzen feststellen. Man denke an Sätze
wie *the cat is out of the bag* bzw. *er ließ die Katze aus dem Sack*, die
zwei Lesarten haben: eine wörtliche und eine übertragene. Die übertragene, sogenannte **idiomatische** Bedeutung, etwa im Sinne von
›jemand offenbarte die Wahrheit‹, folgt nicht dem Prinzip der Komposition von Einzelbedeutungen der Satzglieder. Aber man stelle
sich vor, jemand würde eine Katze in einen Sack packen und sie aus
dem Sack wieder herauslassen. Der Satz, der dieses Ereignis beschreibt, hätte eine Satzbedeutung, die sich aus den Bedeutungen
der einzelnen Wörter und der syntaktischen Verknüpfung der Satzteile zusammensetzt.

Für den Aufbau der Satzbedeutung sind in besonderem Maße
diejenigen Einheiten bestimmend, die das Prädikat eines Satzes
bilden. Für die Semantik der Verben spielen vor allem zwei Merkmale eine wesentliche Rolle: Kontrolle und Intention. Je nach dem,
ob das Verb einen Mitspieler regiert, der die Verbhandlung kontrolliert bzw. intendiert oder nicht, kann dies zu unterschiedlichen mor-
phosyntaktischen Kodierungen führen, so in den beiden nordamerikanischen Indianersprachen Dakota und Pomo:

| Dakota (±Kontrolle): | Pomo (±Intention): | | |
|---|---|---|---|
| wa-lowã | ha | mipal | šak'a |
| *ich(+K)-singen* | *ich(+I) ihn* | | *töten* |
| *ich singe* | *ich töte ihn* | | |
| ma-khuže | wi | ts'exelka | |
| *ich(-K)-krank*sein* | *ich(-I) ausrutschen* | | |
| *ich bin krank* | *ich rutsche (aus)* | | |
| ma-ka-homni | ha | ts'exelka | |
| *ich(-K)-Instrument-umdrehen* | *ich(+I) ausrutschen* | | |
| *etwas ließ mich herumfahren* | *ich rutsche (umher)* | | |
| wa-ka-homni | | | |
| *ich(+K)-Instrument-umdrehen* | | | |
| *ich drehte ihn herum* | | | |

Kontrolle und Intention, aber auch ein Faktor wie Belebtheit der
erforderlichen Mitspieler, legen fest, welche Mitspieler von einem
Verb gebunden werden können. Bei Handlungsverben gibt es mindestens einen Mitspieler, der die Handlung intentional kontrolliert.
Intentionale Kontrolle ist wiederum eine Eigenschaft von belebten

Wesen. Dies erklärt, warum ein Satz wie *das Atom geht* nicht akzeptabel ist. Die prototypische Merkmalskombination aus Belebtheit und intentionaler Kontrolle nennt man **Agens**. Übt der belebte Mitspieler keine Kontrolle aus, so spricht man von **Rezipiens**. In den Sätzen *ich friere* bzw. *mich friert* ist der Mitspieler morphosyntaktisch differenziert, auf der Ebene der semantischen Rollen indes liegt in beiden Sätzen ein Rezipiens zugrunde.

Noch komplexer sind die Verhältnisse in dem Satz *mir ist kalt*. *Mir* ist wiederum Rezipiens. Sieht man aber die Kälte als Ursache an, dann wird durch *mir* das **Ziel** ausgedrückt, auf das die Ursache eine Wirkung ausübt. Die Rollen Rezipiens und Ziel hängen eng zusammen, das Ziel kann aber auch nicht-belebte Mitspieler umfassen, z.B. *das Essen ist kalt*. In diesem Satz ist das Ziel durch eine Subjekt-NP im Nominativ kodiert, während in *Mir ist kalt* das Pronomen Dativobjekt ist – man denke an die Umformung mit dem formalen Subjekt *es* in *es ist mir kalt*. Die Differenzierung in Agens und Ziel wird anschaulich in einem Satz wie *ich liebe sie*; in ihm wird nur ausgesagt, daß eine Person die andere liebt, ohne daß die Umkehrung gelten müßte. Wird ein Mitspieler eher als Objekt betrachtet, so bezeichnet man diesen als **Patiens**. Im Gegensatz zum prototypischen Agens wird Patiens eher negativ definiert. Ihm fehlen die Momente Kontrolle bzw. Intention, und Belebtheit ist keine notwendige Voraussetzung, Patiens zu sein. Gerade daß das Patiens im Hinblick auf Belebtheit unmarkiert ist, führt dazu, daß Sprachen in diesem Fall hinsichtlich Belebtheit unterschiedliche morphosyntaktische Kodierungen haben. Im Spanischen werden unbelebte Patiens-Objekte direkt als Nominalphrase angeschlossen, belebte hingegen durch eine Präpositionalphrase mit *a* wie die gleichfalls belebten indirekten Rezipiens-Objekte:

vemos        las      flores
*wir*sehen*   *ART*    *Blumen*
*Wir sehen die Blumen.*

vemos        a        las      niñas
*wir*sehen*   *P*      *ART*    *Mädchen*
*Wir sehen die Mädchen.*

donamos      flores            a        las      niñas
*wir*schenken*  *Blumen*       *P*      *ART*    *Mädchen*
*Wir schenken den Mädchen Blumen.*

In dem Satz *Ich schenke ihnen Blumen* ist *ich* Agens und *ihnen* Ziel/ Rezipiens und *Blumen* Patiens. *Blumen* verweist dabei auf einen Mitspieler, der vom Agens zum Ziel transferiert wird. Nun ist es nicht immer ohne weiteres möglich, die Kasusrollen zu bestimmen:

Der Torwart wirft den Ball ab.
Der Torwart fängt den Ball.
Der Torwart erhält den Ball.
Die Suppe brennt an.
Die Suppe riecht angebrannt.
Er läßt die Suppe anbrennen.

Welche semantische Rolle liegt in den Beispielsätzen jeweils
*Torwart* bzw. *Suppe* zugrunde? Diese Frage ist schwer zu beantworten. Derart auf eine Kasusrolle schwer festlegbare Mitspieler
werden häufig als **Thema** bezeichnet.

Im Deutschen sind die bisher angegebenen semantischen Rollen
diejenigen, die bei der Argumentstruktur und den Diathesen die
zentrale Rolle spielen. Bei peripheren Angaben spielt das Ziel
ebenfalls eine Rolle, allerdings eingeschränkt auf den lokalen
Bereich. Den Sätzen *ich fahre nach China* und *ich bin in China* wird
durch die Präpositionalphrase im ersten Fall das Ziel einer Bewegung (**Destinativ**) angegeben, im zweiten der Raum um einen Bezugspunkt, man spricht dann von **Lokativ**. Im Deutschen werden
Lokativ und Destinativ in erster Linie durch Präpositionalphrasen
kodiert, Lokalangaben als Objekt-Nominalphrasen sind nur mit wenigen Verben möglich, z.B. *er betritt den Hörsaal.* Im Chinesischen
und Lateinischen wird dagegen bei Bewegungsverben der Destinativ
normalerweise als Nominalphrase in Objektfunktion zum Ausdruck
gebracht, z.B.

domum,          romam        eāmus
*nach∗Hause/Akk   Rom/Akk      gehen (1p Präs Konj)*
*Laßt uns nach Hause, nach Rom gehen.*

wǒ       qù        zhōngguó  le
*Ich      gehen     China      PART*
*Ich gehe nach China.*


## 5.2 Raumsemantik

Raumerfahrung ist für uns eine der grundlegendsten Erfahrungen
überhaupt. Wer sich nicht räumlich orientieren kann, irrt umher
wie Schweijk auf seiner *„Budweiser Anabasis"*:[2]

»„Sie können also Ihr Regiment nicht finden?" sagte er [*der Rittmeister*][3]. „Sie
waren auf der Suche nach ihm?" – Schweijk klärte ihm die Situation auf. Er
nannte Tabor und sämtliche Orte, durch die er nach Budweis gegangen war: [...] –
Mit ungeheurer Begeisterung schilderte Schweijk seinen Kampf mit dem Schick-
sal, wie er, ohne der Hindernisse zu achten, zu seinem Regiment nach Budweis
gelangen wollte und wie die Anstrengungen vergeblich waren. – Er sprach feurig

und der Rittmeister zeichnete mechanisch mit einem Bleistift auf ein Stück
Papier den toten Kreis, aus dem der brave Soldat Schwejk nicht herauskommen
konnte, obwohl er zu seinem Regiment gelangen wollte. – „Das war eine Herkules-
arbeit", sagte er schließlich, nachdem er gehört hatte, wie sehr es Schwejk ver-
drieße, daß er so lange sein Regiment nicht erreichen konnte.«

Aber nicht »alle Wege führen nach Budweis«[4]. Um nicht wie
Schwejk immer ‚geradeaus' im Kreis zu marschieren, können wir
eine Karte zu Rate ziehen oder wir können einen Einheimischen,
der gerade vorbeikommt, nach dem Weg fragen:

> A: Tschuldigung, zur Bötzowstraße, wie kommt ick'n da am besten hin?
> B: Eije, Bötzowstraße, ahh, da gehen Se im also jetzt hier links rum imma
>    gerade aus.
> A:      Die Straße hier links rum?
> B: Ja.
> A: Ja.
> B: Über die Prenzlauer Allee und dann, wie heißt denn die Straße, ick gloobe,
>    Friskower (.)
> A: Mhm.
> B: Ach, und denn über de Greifswalder und am Arnswalder Platz, da is die
>    Bötzowstraße.
> A: Also is'n Stück zu laufen.
> B: Also, dit is'n Stück. Da wären Se am besten mit der Straßenbahn jefahr'n.
> A: Ach, ich will mal laufen.
> B: Na, imma geradeaus, Über die Prenzlauer, über die Greifswalder und
>    dann, da is die Bötzowstraße.
> A: Danke.
> B: Bitte.

Solche Wegauskünfte sind komplexe sprachliche Handlungen, bei
denen der Auskunftgebende die Erfahrungen und Wissensstrukturen aktualisieren muß, auf die er in bekanntem Terrain zurückgreifen kann. Meist orientiert man sich an bestimmten Bezugspunkten,
z.B. an einem besonders auffallenden Gebäude oder einem Straßen-
schild. Solche Bezugspunkte helfen uns, die räumliche Umgebung
zu strukturieren, und zwar sowohl die bekannte als auch eine unbekannte – man denke nur daran, wie man einen Stadtplan oder eine
Landkarte benutzt. Jeder Mensch hat seine alltäglichen räumlichen
Umgebungen in Form solcher Merkpunkte als ‚kognitive Landkar-
ten' gespeichert. Der Auskunftgebende muß diese Karte aber auch
einer anderen Person mitteilen können; nur wenn es ihm gelingt,
dem Fragenden eine klare Vorstellung vom Weg zu vermitteln, kann
der Fragende den Weg zur *Bötzowstraße* nachvollziehen, obwohl er
ihn nicht kennt. Im obigen Beispiel werden verschiedene sprachliche
Mittel eingesetzt, um den Weg zu beschreiben:

1. Adverbien: *hier, da, links, geradeaus.*
2. Verben: *(rum)gehen, sein.*
3. Präpositionalphrasen: *über die Prenzlauer Allee, am Arnswalder Platz.*

Welche ‚kognitive Karte' nun wird vom Erklärenden mit Hilfe dieser sprachlichen Mittel aktualisiert? Zunächst einmal wird der Raum vom Sprecher und dem ‚Hier und Jetzt' der Fragesituation aus aufgebaut. Das *hier* bezeichnet den Ort des Sprechers, man nennt dies auch raumdeiktische Origo. Von diesem Ausgangspunkt aus werden bestimmte Merkpunkte hervorgehoben (*Prenzlauer Allee*) und zwischen den Merkpunkten werden Wegzusammenhänge hergestellt (z.B. durch die Präposition *an*). Der Auskunftgebende betrachtet den Raum dabei sowohl dynamisch – er vollzieht eine imaginäre Wanderung (*Eije, Bötzowstraße, ahh, da gehen Se im also jetz hier links rum imma gerade aus*) – als auch statisch (*am Arnswalder Platz, da is ...*). Mit Hilfe unterschiedlicher sprachlicher Mittel, deren spezifische Verwendung durch bestimmte Raumkonzeptionen geprägt wird, können also Raumvorstellungen kommuniziert werden. Im folgenden soll diesen Konzepten und ihrem sprachlichen Ausdruck genauer nachgegangen werden.

### 5.2.1 Primäre Raumdeixis

Bei einem Sprechereignis wie der angeführten Wegauskunft ist der Nullpunkt der lokalen Deixis nach Bühlers Zeigfeldlehre[5] das Hier, Jetzt und Ego des Sprechers. Elementar für die räumlichen Koordinaten der Sprechsituation sind die Ausdrücke der primären Raumdeixis wie *hier, da, dort* im Deutschen, *here* und *there* im Englischen. Im Englischen ist das System der primären Raumdeixis minimal: *here* und *there* drücken den Gegensatz zwischen Sprechort (Origo) und allen anderen Orten aus. Im Deutschen ist das dreigliedrige System relativ kompliziert. Die Ausdrücke können nur im Sinne von Prototypen verstanden werden: Während *hier* und *dort* eine deiktische Opposition bilden, kann *dort* immer durch *da* und *hier* häufig durch *da* ersetzt werden. Doch wie unterscheidet sich die Bedeutung von *hier* und *dort*? Um die deiktische Opposition zwischen *hier* und *dort* darzustellen, ist es sinnvoll, zwischen Sprecherstandort (S), Bezugsraum und Verweisraum zu unterscheiden. Der Bezugsraum bezieht sich auf das jeweils relevante Wahrnehmungs- oder Handlungsfeld, der Verweisraum auf den durch den deiktischen Ausdruck referierten Raum. Nehmen wir zwei Beispielsätze:

(1) Hier/*dort in München gefällt es mir gut.
    (Sprecher befindet sich in München)

(2) *Hier/dort in München gefällt es mir nicht gut.
    (Sprecher befindet sich in Berlin)

Im ersten Satz sind Sprecherstandort und Verweisraum im Bezugsraum eingeschlossen, im zweiten liegt zwar der Sprecherstandort im Bezugsraum, aber der Verweisraum außerhalb des Bezugsraumes:

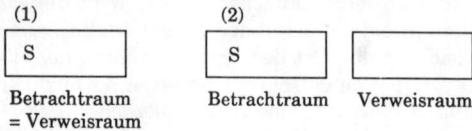

(1)                          (2)

| S |                        | S |       |   |

Betrachtraum                 Betrachtraum    Verweisraum
= Verweisraum

In anderen Sprachen sind die primärdeiktischen Systeme oft stärker ausdifferenziert. Im Wik-Munkan (Australien) spielt zusätzlich die Entfernung vom Sprecher eine Rolle: ʔil „nah beim Sprecher", nal „(mittelweit) entfernt" und ʔal „weit entfernt". Viele Sprachen haben eine weniger egozentrische Deixis. Die Gesprächssituation wird ausgebaut, indem neben dem Sprecher auch der Angesprochene einen Raum erhält, z.B. im Alaska Haida: a: „nah beim Sprecher", hú: „nah beim Angesprochenen", 'wa: „weder nah beim Sprecher noch beim Angesprochenen". Seltener findet sich wie im Tlingit ein zusätzlicher Ausdruck für den Raum zwischen Sprecher und Angesprochenem: ajá „nah beim Sprecher", awé „nah beim Angesprochenen", ahé „zwischen Sprecher und Angesprochenem" und ajú „entfernt". Auch andere Komponenten der Gesprächssituation können als Grundlage primärdeiktischer Systeme herangezogen werden, wie z.B. im australischen Dyirbal Sichtbarkeit:

jala    *nah beim Sprecher und sichtbar*
bala    *weiter entfernt, aber in Sichtweite*
ŋala    *nicht im Sichtbereich des Sprechers*

Diese Kategorisierungen kommen manchmal kombiniert vor, so daß z.B. im Heiltsuk, einer mit dem Kwak'wala eng verwandten Sprache aus British Columbia, sechs primärdeiktische Kategorien existieren:[6]

gʷaχga      *nah beim Sprecher*
gʷa-ts-χga  *nah beim Sprecher, nicht sichtbar (-ts)*
aχʷ         *nah beim Angesprochenen*
aχ-ts-χʷ    *nah beim Angesprochenen, nicht sichtbar*
aχi         *entfernt*
a-ts-χi     *entfernt, nicht sichtbar*

Zusätzlich zum Gesprächskontext fließen gelegentlich auch andere Merkmale in die primäre Deixis ein, z.B. Quantität der Objekte oder Belebtheit. Im Kikuyu, einer ostafrikanischen Bantusprache, wird zwischen ausgedehntem und nicht-ausgedehntem Ort unterschieden: *haha* „hier, nicht ausgedehnt" und *guku* „hier, ausgedehnt". Der grammatische Status der primärdeiktischen Elemente kann recht unterschiedlich sein: *hier* und *dort* sind Adverbien; im Dyirbal handelt es sich um nominale Adjektive, die dekliniert werden, z.B. *balan* „hier (Absolutiv, Klasse II)", *bagun* „hier (Dativ, Klasse II)" oder *bagul* „hier (Dativ, Klasse I)"; im Heiltsuk stellen sie eine Flexionskategorie dar, z.B. *hi'mas-gaχga* „ein/der Häuptling bei mir" oder *jabm-aχtsχʷ* „ein/der nicht-sichtbare Bote bei dir".

## 5.2.2 Sekundäre Raumdeixis

Das System der sekundären Raumdeixis bezieht sich auf die drei Dimensionen des Raumes. Die sekundäre Raumdeixis setzt die primäre voraus, da der Raum entweder ‚von hier aus' oder ‚von dort aus' gesehen wird. Die Sichtweise vom Sprecher aus bezeichnet man als **deiktische Perspektive**, die von einem Objekt aus als **intrinsische Perspektive**. Zunächst gehen beide Strategien, wie Raumerfahrungen überhaupt, vom menschlichen Körper aus: Das Herz sitzt links und die Augen vorn. Beim deiktischen Gebrauch erweitert der Sprecher seine Körperlichkeit auf den ihn umgebenden Raum. Das Ego des Sprechers wird zum Raumzentrum und deiktischen Nullpunkt, der Origo eines dreidimensionalen Koordinatensystems mit den Spiegelachsen für oben – unten in der Vertikalen und vorn – hinten sowie links – rechts in den Horizontalen (vgl. Abbildung 5-1).[7] Dabei gilt im Deutschen und Englischen stillschweigend die Vereinbarung, daß die Objekte dem Sprecher zugewandt sind; man hat es folglich mit einer spiegelbildlichen Einteilung zu tun. Im Hausa dagegen werden die Objekte normalerweise als mit dem Sprecher in einer Reihe stehend aufgefaßt, sind also von ihm abgewandt:[8]

| Deutsch | Hausa |
|---|---|
| Kalebasse | Kalebasse |
| Löffel | Löffel |
| ↓ | ↑ |
| ↑ | ↑ |
| Betrachter | Betrachter |
| *Löffel vor Kalebasse* | *Löffel hinter Kalebasse* |

| ga | tšokali | tšan | baja | da | k'warja |
|---|---|---|---|---|---|
| *schau* | *Löffel* | *dort* | *Rücken* | *mit* | *Kalebasse* |

*Der Löffel liegt (dort) vor der Kalebasse.*

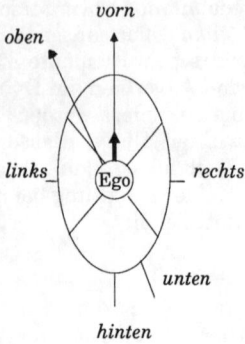

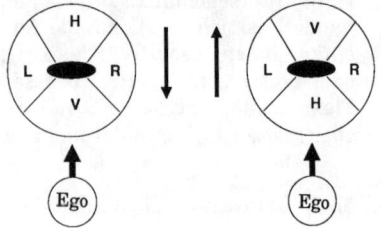

Deiktische Origo                    Deiktische Verortung eines Objektes

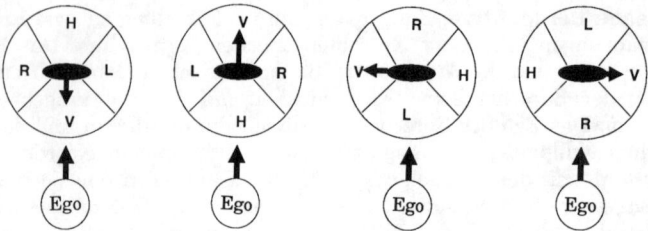

Intrinsische Verortung von Objekten

| Intrinsisch: | *links des Stuhles* | *vor dem Stuhl* |
| Deiktisch: | *rechts des Stuhles* | *hinter dem Stuhl* |

Abb. 5-1: Deiktische und intrinsische Perspektive

Bei der intrinsischen Perspektive dagegen hängt der Nullpunkt nicht vom Sprecher ab, sondern er geht von einem Bezugsobjekt aus, auf das die menschliche Anatomie übertragen wird. In vielen Sprachen, so auch dem Deutschen, existieren beide Systeme nebeneinander. Aufgrund der Wahlmöglichkeit besteht die Gefahr von Mißverständnissen, vor allem bei den Dimensionen der Horizontalen links-rechts und vorn-hinten. Bei der Dimension oben-unten wirkt die Schwerkraft dagegen so determinierend, daß sich ein Sprecher schon auf den Kopf stellen muß, um mit seiner deiktischen Orientierung davon abzuweichen. Warum konkurrieren nun aber zwei Strategien, zumal die Doppelung die Gefahr von Mißverständnissen in sich trägt? Genau wie bei *hier* und *dort* kann man eine deiktische Verortung nur verstehen, wenn man weiß, wo sich der Sprecher befindet, die intrinsische Verortung kann dagegen losgelöst vom Kontext des Äußerns verstanden werden. Andererseits sind aber der metaphorischen Übertragung Grenzen gesetzt: Wo ist z.B. bei einem Ball oder einem Berg vorn, wo rechts? Die intrinsische Verortung wird daher bevorzugt bei Menschen und anderen Lebewesen gebraucht und bei unbelebten Objekte nur, wenn dem Objekt aufgrund seiner Gestalt oder der Art der Benutzung eine Vorderseite zweifelsfrei zugewiesen werden kann. Ansonsten wird die deiktische Strategie bevorzugt.

Es gibt allerdings auch Sprachen, in denen ausschließlich die intrinsische Strategie verwendet wird. Hier ist zunächst die Sondersprache der Mediziner zu nennen, bei deren auf den menschlichen Körper gerichteten Tätigkeit die eindeutige Unterscheidung von links und rechts notwendig ist. Im Mixtekischen wird die metaphorische Übertragung des menschlichen Körpers auf die Objekte wörtlich genommen, da Körperteilbezeichnungen zugleich auch als Präpositionen dienen (Mixtekisch von San Miguel el Grande, Mexiko):

| te | kée | ña | xáʔà$^n$ | ña | núù | ñáʔa |
|----|-----|-----|-----|-----|-----|-----|
| *und* | *weggehen* | *sie* | *gehen∗nach* | *sie* | *Gesicht* | *Frau* |

*Sie geht zu der Frau.*

| te | žúa$^n$ | kažú | žiti | nuù | santú-ú$^n$ |
|----|-----|-----|-----|-----|-----|
| *und* | *dann* | *brennen* | *Kerze* | *Gesicht* | *Heiliger-jener* |

*Und eine Kerze brennt vor dem Heiligenbild.*

| te | žúa$^n$ | xá-ndžàka | kriadá | staà, |
|----|-----|-----|-----|-----|
| *und* | *dann* | *ankommen-bringen* | *Dienerin* | *Tortilla* |

| ndežu, | kax$^w$ée | nuù | mesá |
|----|-----|-----|-----|
| *gekochtes∗Essen* | *Kaffee* | *Gesicht* | *Tisch* |

*Und dann brachte die Dienerin Tortillas, gekochte Bohnen und Kaffee auf den Tisch.*

| kožo | ró | žáà | rò | núù | ñúʔu |
|------|-----|------|-----|--------|------|
| *schütten* | *du* | *Asche* | *du* | *Gesicht* | *Erde* |

*Schütte die Asche auf den Boden.*

Wie die recht unterschiedliche Wiedergabe des präpositionsartig gebrauchten Nomens *nuù* „Gesicht" zeigt, korrespondiert die Metaphorik der ‚Gesichtsseite' nicht mit der der deutschen Präpositionen. Bei den Objekten, deren Gestalt die Zuordnung einer ‚Gesichtsseite' nicht unterstützt, wird die dem Sprecher zugewandte Seite als ‚Gesichtsseite' identifiziert.

### 5.2.3 Spezifizierung von Raumlage und Bewegung

Für die Orientierung im Raum haben wir bisher die grundlegenden Prinzipien kennengelernt:

a) die primäre Raumdeixis als Nullpunkt der Sprechsituation
b) die beobachter- oder objektbezogene Perspektive (deiktisch versus intrinsisch)
c) Vertikalität und Horizontalität (Koordinatensystem mit den Achsen oben – unten, vor – hinter und rechts – links).

Allerdings kann mit diesen Unterscheidungen die Vielfalt sprachlicher Raumkonzeptionen nicht ausreichend beschrieben werden. Raum kann als Punkt oder als begrenzter Raum/Fläche betrachtet werden; Raum kann durch die Opposition innen – außen beschrieben werden; das Augenmerk kann auf die Begrenzungen des Raums gelenkt werden oder auf die Umgebung des Raums:

(1) The mouse is sitting under the table.
(2) The mouse is sitting on the table.

Während im ersten Satz der Tisch einen übergeordneten Bezugsraum begrenzt, beinhaltet die Aussage des zweiten Satzes Kontakt/Berührung mit der (Tisch-)Oberfläche. Zusätzlich spielt die bereits aus anderen Zusammenhängen bekannte Opposition dynamisch gegen statisch eine entscheidende Rolle:

(3) The mouse went under the table.

Der dritte Satz beschreibt ein Ereignis und hat ein Bewegunsgsverb, der erste und zweite einen Zustand mit einem stativen Verb. Im dritten Satz ist also ein Weg oder Pfad vorausgesetzt, in den anderen beiden nicht, obwohl die Sätze *the mouse is sitting under the table* und *the mouse went under the table* die (gleiche) lokale Bedeutung der Präposition *under* haben. Die Bedeutung ›ein Objekt x *under* einem Objekt y‹ bezieht sich auf Vertikalität, wobei wir uns ein Fallzentrum denken können und x näher am Fallzentrum lokalisiert ist als y. Allerdings ist damit die Grundbedeutung von *under* nicht ausreichend gegeben, denn der dritte Satz ist doppeldeutig. Der Satz kann einmal so verstanden werden, daß die Maus sich zum Ziel ›Tisch‹ hinbewegt und dann dort verweilt oder den Raum unterhalb des Tisches durchquert. **Durchquerung** ist also eine weitere relevante semantische Eigenschaft für die Bedeutung von *x went under y*. Im Deutschen wird diese Doppeldeutigkeit dadurch aufgehoben, daß man unterschiedliche Kasus verwendet und gegebenenfalls *durch* hinzusetzt:

> Die Maus rennt unter den Tisch. (Ziel)
> Die Maus rennt unter dem Tisch. (Raum)
> Die Maus rennt unter dem Tisch durch. (Durchquerung)

Im Englischen und Deutschen ist die Raumlage primär in den Präpositionen spezifiziert. Über die Präpositionen werden Objekte und Räume in Beziehung gesetzt:

$$\text{Maus} \quad \left\{ \begin{array}{l} \text{unter} \\ \text{auf} \\ \dots \end{array} \right\} \quad \text{Tisch}$$

Dabei werden durch die Nomina selbst Räume lexikalisiert, z.B. *Tisch* mit ebener Oberseite als begrenzte Fläche gegen *Kiste* als kubischer, abgeschlossener Behälter. In Kombination mit Präpositionen werden mit solchen Nomina Teilräume gebildet: *am Haus, in der Stadt, auf dem Weg, im Eimer*. Mit anderen Präpositionen können diese Nomina wie viele andere Nomina auch als Bezugspunkt dienen: *vor dem Haus, neben der Straße, in der Kiste*. Solche konkreten Räume erscheinen allerdings in manchen Sprachen auch grammatikalisiert und z.T. komplex differenziert wie im Kwak'wala oder Tlingit:

Kwak'wala

| | |
|---|---|
| -ił | *im Haus auf dem Boden* |
| -χseka | *an der Außenseite des Hauses* |
| -neqʷ | *an der Seite des Hauses* |

Tlingit

| | |
|---|---|
| da:k- | *seewärts, von der Küste zum Meer* |
| jan- | *vom Meer zur Küste* |
| ɣe:q- | *vom Binnenland zur Küste (Strand)* |
| na:- | *flußaufwärts* |
| ʔíx- | *flußabwärts* |
| wáł- | *an der Flußmündung* |

Raumlagen und Bewegungen im Raum werden häufig als Prädikate ausgedrückt. Im Deutschen finden sich so z.B. intransitive Raumlageverben wie *sitzen, liegen, stehen* und *hängen*. Im Quiché werden diese Zustände durch besondere Positionalwurzeln ausgedrückt, die als Partizipien das Prädikat verbloser Sätze bilden:

| in | kub-ulik | *ich sitze / ich saß* |
|----|----------|------------------------|
| 1sA | *sitzen-Stativ* | |

Bei der Raumlage kann auch die Form und Beschaffenheit des verorteten Objekts eine lexikalische Unterscheidung hervorrufen, z.B. *in sep-elik* „ich sitze im Schneidersitz".

Bei der Bewegung durch den Raum ist schließlich noch **Richtung** eine zentrale Kategorie. Ein Satz wie *Wáng Huá ist eingetreten* ist doppeldeutig, da die Sprecher-Hörer-Relation nicht gekennzeichnet ist. Anders im Chinesischen:

| Wáng Huá | zǒu-jìn-lái | le |
|----------|-------------|-----|
| *<Name>* | *eintreten-kommen* | PART |

*Wáng Huá ist eingetreten.* (zum Sprecher)

| Wáng Huá | zǒu-jìn-qù | le |
|----------|------------|-----|
| *<Name>* | *eintreten-gehen* | PART |

*Wáng Huá ist eingetreten.* (vom Sprecher weg)

## 5.3 Temporalität

Neben der Raumerfahrung spielt vor allem die Erfahrung von Zeit eine wesentliche Rolle. Anders als Raum wird Zeit jedoch im allgemeinen als weniger komplex begriffen: Raum ist dreidimensional, Zeit dagegen nur eindimensional. Wir bewegen uns in der Zeit nur in eine Richtung und können auf diese Bewegung keinen Einfluß nehmen, so daß Linearität und Unidirektionalität unsere Vorstellung von Zeit in starkem Maße prägen. Andererseits wird Raum subjektiv weniger unmittelbar wahrgenommen, während die Zeitvorstellung durch Glück, Langeweile oder Hast relativiert werden kann: Zeit kann einem davonlaufen oder aber es können einem Minuten wie Stunden vorkommen. Zugleich kann Zeit für uns aber auch einen zyklischen Charakter haben, da sie durch immer wiederkehrende Tages- und Jahreszeiten strukturiert wird. Wir wollen hier aber weder die in aller Relativität erlebte Zeit behandeln, noch wollen wir Zeit physikalisch messen; im folgenden soll uns Zeit nur als sprachlich kodiertes System beschäftigen.

Die sprachliche Kodierung zeitlicher Phänomene geschieht auf der einen Seite durch grammatische Morpheme, die zur Flexion des

Verbs gehören, seltener auch zur Derivation des Verbs oder anderer
Wortarten. Hierzu gehören die Tempora des Deutschen und Lateinischen, z.B. *audiō* „ich höre", *audiēbam* „ich hörte", aber auch Bedeutungsdifferenzierungen mit einer zeitlichen Komponente wie *blühen*
gegen *erblühen*. Auf der anderen Seite finden sich als lexikalische
Angaben Zeitadverbiale oder zeitadverbiale Präpositionalphrasen.
Die Kodierung von Zeit weist Parallelen mit der Kodierung von
Raum auf: Tempora wie Präsens oder Präteritum und Zeitadverbien
wie *gestern* oder *heute* haben deiktischen Charakter, obwohl sie
anders als *hier* nur in einem eindimensionalen Universum verweisen. Ähnlich wie Raum kann Zeit sowohl als Zeitpunkt wie auch als
Zeitraum konzeptualisiert werden. Solche Parallelen führen dazu,
daß manche Adverbien sowohl räumlich als auch zeitlich verwendet
werden können wie bei *vier Kilometer lang* und *vier Tage lang*. Temporale Präpositionalphrasen unterscheiden sich z.T. nicht von lokalen, z.B. *vor dem ersten Oktober* neben *vor dem Haus*, oder im Mixtekischen von San Miguel el Grande:

| te | nì | tšaà | tuku | ðe | nuù | uná | kìvì |
|----|----|------|------|----|-----|-----|------|
| *und* | PART | *kommen* | *wieder* | *er* | *Gesicht* | *acht* | *Tag* |

*Und er kam nach acht Tagen wieder.*

Dimensionen wie vorn/hinten, oben/unten können metaphorisch auf
Zeit übertragen werden. Diese Metaphorik findet sich bei temporalen Präpositionalphrasen, für Nachzeitigkeit *ich trinke gerne vor
dem Essen einen Sherry*, für Vorzeitigkeit *ich trinke gerne nach dem
Essen einen Aquavit*. Bei Uhrzeitangaben zeigen sich unterschiedliche Sichtweisen, man denke nur an *dreiviertel zwölf* gegen *viertel
vor zwölf* für 11⁴⁵. Im ersten Fall wird der Zeitraum der zwölften
Stunde zu drei Vierteln gefüllt, im zweiten vom Zeitpunkt zwölf Uhr
eine Viertelstunde zurückgerechnet. Andererseits gibt es die konkurrierende deiktische Metapher, nach der man im Deutschen die
Zukunft noch ‚vor' sich hat, die Vergangenheit aber bereits ‚hinter'
sich. Deshalb wird auch bei *viertel vor zwölf* eine Viertelstunde
*zurückgerechnet*.

Grundlegend für eine Kategorisierung von Zeit ist die Annahme
eines Ursache-Wirkung-Prinzips. Es impliziert die zeitliche Relation
früher-später: Ein Ereignis, das von einem anderen verursacht
worden ist, liegt später als dieses. Obwohl Kausalität der Grundbaustein für die früher-später-Relation ist, muß aber nicht jede früher-
später-Relation auch eine Kausalitätsbeziehung sein, dies ist z.B. in
der Aussage *Schiller starb Jahre früher als Goethe* nicht der Fall.
Entscheidend ist der <u>Wechsel</u> der Ereignisse. Die früher-später-Relation kann aber gelegentlich auch bei deiktischen Zeitadverbien

wegfallen, so etwa im Falle des Zeitadverb *écí* „dem heutigen Tag
benachbarter Tag" im Igbo (südliches Nigeria), das nämlich je nach
Kontext sowohl ›morgen‹ als auch ›gestern‹ bedeuten kann.[9]

Wenn wir einen Satz schreiben oder äußern, dann stellen wir
nicht nur Relationen zwischen Ereignissen her, sondern wir tun dies
auch immer relativ zu einem bestimmten Zeitpunkt. Dieser Zeitpunkt, der in der Regel das Hier und Jetzt des Sprechers kennzeichnet, dient als zeitdeiktische Origo, es sei denn bei fiktiven oder
hypothetischen Ereignissen. Von der Origo dieses Sprechzeitpunkts
(O), der Gegenwart, geht die Deixis in zwei Richtungen, in die Vergangenheit (Ereignis ist früher als O) und in die Zukunft (Ereignis
ist später als O). Diese uns so einleuchtende Dreiereinteilung findet
sich nicht überall: In manchen Sprachen, z.B. dem Chinook (Oregon
und Washington, USA), wird noch weiter ausdifferenziert zwischen
ferner und naher Vergangenheit; im australischen Dyirbal gibt es
dagegen nur eine binäre Opposition zwischen Futur und Non-Futur,
wobei das Non-Futur sowohl Gegenwart als auch Vergangenheit bezeichnet (Ereignis ist nicht später als O); im Yidiny, einer anderen
australischen Sprache, wird binär zwischen Vergangenheit und
Non-Vergangenheit (Ereignis ist nicht früher als O) unterschieden:

| Dyirbal: | Non-Futur | | Futur |
|---|---|---|---|
| Yidiny: | Vergangenheit | Non-Vergangenheit | |
| Deutsch: | Vergangenheit | Präsens | Futur |

————————————x————————————>
                         O

Neben Aussagen, die zeitlich verortet sind, gibt es allerdings auch
solche, bei denen dies nicht der Fall ist; hierzu zählen generische
Aussagen über Ereignisgruppen wie *viele meiner Freunde rauchen*
oder zeitlose Aussagen wie *alle Menschen sind sterblich*.

Um die zeitliche Verortung besser verstehen zu können, empfiehlt es sich, neben dem Sprechzeitpunkt auch noch Ereigniszeit (E)
und Betrachtzeit (B) zu unterscheiden. In dem Satz[10] *mein Finger
blutete gestern* umfaßt die Ereigniszeit den Zeitraum des Ereignisses, also des Blutens des Fingers, die Betrachtzeit ist das Zeit-
intervall, auf das der Sprecher Bezug nimmt, also der zum Sprechzeitpunkt gestrige Tag. Ereigniszeit und Betrachtzeit liegen beide
vor dem Sprechzeitpunkt, die Ereigniszeit liegt innerhalb der Betrachtzeit:

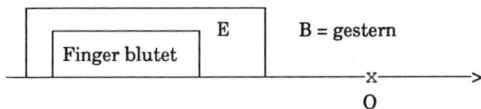

E     B = gestern

Finger blutet

O

Leider liegen die Verhältnisse aber nicht immer ganz so einfach. Oftmals existieren gleichzeitig mehrere **Zeitrahmungen**. Im Satz *Ich ging gestern morgen von sieben bis acht Uhr spazieren* liegt die Betrachtzeit vor dem Sprechzeitpunkt, im Satz *Ich ging heute morgen von sieben bis acht Uhr spazieren* liegt sie z.T. ebenfalls vor dem Sprechzeitpunkt, z.T. aber schließt sie ihn auch ein:

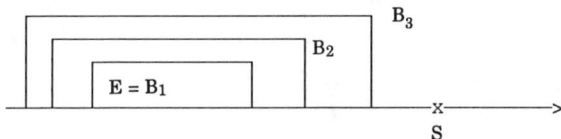

E = Spaziergang
$B_1 = 7.00 - 8.00$
$B_2$ = morgens
$B_3$ = gestern

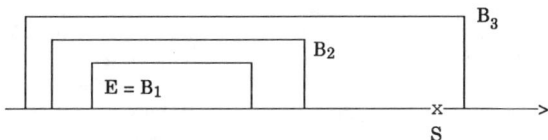

E = Spaziergang
$B_1 = 7.00 - 8.00$
$B_2$ = morgens
$B_3$ = heute

Mit Hilfe dieser Darstellungsweise kann man das deutsche Tempussystem in seiner Grundstruktur relativ leicht analysieren:

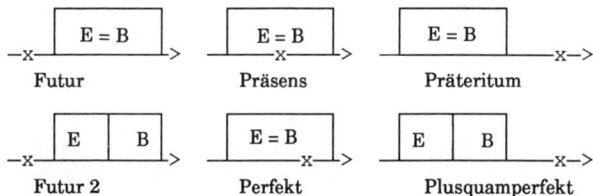

Bei dieser Art der Darstellung fällt eine Parallelität zwischen den Tempora auf; das Dreiersystem wird gedoppelt, je nach dem, ob die Betrachtzeit die Ereigniszeit einschließt oder nicht: zusätzlich zur deiktischen Verortung werden also auch noch Merkmale der Ereignisstruktur grammatikalisiert. Die gleiche Opposition Perfekt gegen Non-Perfekt durchzieht das lateinische Tempussystem systematisch, da für perfektive Verbformen ein besonderer Perfektstamm verwendet werden muß, wie z.b. cēp- anstelle capi- „fangen":

| | | | |
|---|---|---|---|
| Präsens: | capi-t | Perfekt: | cēp-it |
| Imperfekt: | capi-ēbat | Plusquamperfekt: | cēp-erat |
| Futur: | capi-et | Futur 2: | cēp-erit |

In den meisten romanischen Sprachen findet man in der Vergangenheit noch eine Unterscheidung zwischen Perfekt und Imperfekt, wie Französisch bei écrire „schreiben":

| Perfektiv | Imperfektiv |
|---|---|
| Handlung vollendet [–dauernd] | sagt nichts über Handlung aus [+dauernd] |
| *il écrit* | *il écrivait* |

Die sprachliche Markierung des zeitlichen Verlaufs eines Ereignisses nennt man **Aspekt**. Das besondere Augenmerk richtet sich bei den Aspekten darauf, ob eine Handlung Grenzen hat oder nicht. So kann im Deutschen mit Hilfe der Verbderivation das Einsetzen der Handlung besonders zum Ausdruck gebracht werden (inchoativ), wie in *aufblühen* oder *erblühen* zu *blühen*. In ähnlicher Weise kann die Handlung als sich dem Ende nähernd gekennzeichnet werden wie in *schlafen – einschlafen*, *trinken – austrinken*, oder *bohren – durchbohren*. In den europäischen Sprachen stehen derartige Phänomene neben dem Tempussystem; sie werden als Derivationskategorien ausgedrückt oder aber sie sind, wie im Falle des Perfekts, mit dem Tempussystem verflochten. In vielen anderen Sprachen, wie z.B. dem kolonialzeitlichen Quiché, bilden sie die wesentliche Flexionskategorie, ohne daß es noch zusätzliche Tempusmarkierungen am Verb gibt:

| š- | *Kompletiv:* | abgeschlossen, Handlung hat Endpunkt erreicht |
|---|---|---|
| ka- | *Inkompletiv:* | im Vorgang befindlich, Handlung hat begonnen, aber Endpunkt noch nicht erreicht |
| tši- | *Inzeptiv:* | Handlung ist dem Anfangspunkt nahe (d.h. entweder hat gerade begonnen oder steht noch davor) |

Die unterschiedlichen Bezeichnungen Perfektiv und Kompletiv für abgeschlossene Ereignisse geben Bedeutungsnuancierungen wieder: man spricht von kompletiv, wenn der Abschluß des Ereignisses erreicht ist; falls das Ereignis ein Ergebnis impliziert und dieses Ergebnis als Resultat vorliegt, von resultativ. Perfektiv wird verwendet, wenn das Ereignis innerhalb des zeitlichen Rahmens abgeschlossen wurde. Im Quiché beinhalten die Aspektmarkierungen keine zeitliche Verortung, weder absolut noch relativ als gleich-, vor- oder nachzeitig; der Inkompletiv *k(a)*- kann sowohl Gegenwart, imperfektive Vergangenheit als auch durative Zukunft ausdrücken:[11]

> mawi   ka-Ø-nu-tšix        tšik    waix
> *nicht*   *Ink-3sA-1sE-ertragen*  *PART*    *Hunger*
> *Ich ertrage den Hunger nicht mehr.*

> ša    k-ox-u-ti?o,           mi       š-Ø-rax         qa-tš'apo
> *nur*   *Ink-1pA-3sE-beißen*      *gerade*   *Kom-3sA-wollen*    *1pE-ergreifen*
> *Er hat uns gebissen, als wir ihn fangen wollten.*

> k-at-oponik,     wuqubiš          k'ut     k-e-oponik
> *Ink-2sA-gehen*     *in∗sieben∗Tagen*     *PART*    *Ink-3pA-gehen*
> *Du gehst hin, und sie werden / sollen dann in sieben Tagen herkommen.*

In Verbindung mit Kompletiv kann der Inkompletiv sowohl vorzeitig, gleichzeitig als auch nachzeitig sein:

> k-Ø-atinik     tš-u-tši           xa? ,    ta    š-e-ik'owik
> *Ink-3sA-baden*    *Lok-3sE-Mund*  *Wasser*  *PART*    *Kom-3pA-vorbeigehen*
> *Er badete am Flußufer, als sie vorbeikamen.*

> ta      š-e-ok            tši     uloq,      k-e-šaxow        tšik
> *PART*    *Kom-3pA-eintreten*  *PART*  *hierher*     *Ink-3pA-tanzen*     *PART*
> *Sie kamen wieder herein und tanzten erneut.*

Beim Inzeptiv *tš(i)*- wird der Anfang der Handlung betont, der durchaus auch in der Vergangenheit liegen kann, sofern er durch eine Zeitangabe oder ein Verb im Kompletiv in der Vergangenheit lokalisiert wird:

> kabixir            tš-Ø-in-kanax         r-etšašik
> *vor∗zwei∗Tagen*      *Inz-3sA-1sE-lassen*    *3sE-Nahrung*
> *Seit zwei Tagen fehlt mir Essen.*

> ta       š-e-ok            uloq;
> *PART*     *Kom-3pA-eintreten*   *her*
> are     k'ut   k'i    tš-Ø-u-tse?ex         atit
> *DEM*     *PART*   *sehr*   *Inz-3sA-3sE-lachen*    *Greisin*
> *Sie kamen herein, und die alte Frau fing an, sehr darüber zu lachen.*

Aspekte wie Kompletiv, Perfektiv oder Inzeptiv zeigen die Grenze einer Handlung an, wobei entweder der Anfang oder das Ende der Handlung die Grenze bildet. In manchen Fällen geht es um die Kennzeichnung eines beidseitig begrenzten Zeitpunktes und nicht eines Zeitraums, so daß man von einem punktuellen Aspekt

spricht. Auf der anderen Seite kann ein Ereignis als ohne Grenzen
im Vorgang befindlich (progressiv) gekennzeichnet werden wie bei
der ‚continuous form' des Englischen, z.B. *I was reading a book*
gegen *I read a book*. Das unbegrenzte Andauern eines Ereignisses
(durativ) spielt ebenfalls eine Rolle, wobei die bereits früher
erwähnte Unterscheidung dynamisch gegen statisch eine aspektuelle Unterkategorie sein kann. Bei andauernden Ereignissen kann
auch noch unterschieden werden, ob das Ereignis mit oder ohne
Unterbrechung ausgeführt wird, ob es kontinuierlich voranschreitet
oder nicht, ob es mehrfach (iterativ) wiederholt oder gar gewohn-
heitsmäßig (habituell) getan wird, ob es schnell oder langsam geschieht, und vieles andere mehr.

Diese vielfältigen Aspektunterscheidungen spielen zwar in der
einen oder anderen Weise innerhalb einer Sprache eine Rolle, sie
sind aber nur zum geringsten Teil grammatikalisiert. In den
meisten europäischen Sprachen spielt vor allem die ins Tempussystem integrierte aspektuelle Unterscheidung Perfektiv gegen Imperfektiv eine Rolle, in Mesoamerika dagegen sind Tempus-Aspekt-
Systeme weit verbreitet. Andere aspektuelle Unterscheidungen
treten über die Verbbedeutung oder den Kontext implizit modifizie-
rend zu diesen markierten Unterscheidungen, wie z.B. in den folgenden Sätzen aus dem Französischen:

| | |
|---|---|
| Perfekt = inzeptiv: | Une terrible guerre éclata. |
| | *Ein schrecklicher Krieg brach aus.* |
| Perfekt = durativ/egressiv: | La guerre dura trente ans. |
| | *Der Krieg dauerte dreißig Jahre.* |
| Perfekt = resultativ: | La guerre devasta tout le pays. |
| | *Der Krieg verwüstete das ganze Land.* |
| Imperfekt = iterativ: | La guerre semblait être sans fin, |
| Imperfekt = durativ: | elle durait depuis vingt ans. |
| | *Der Krieg schien nicht enden zu wollen,* |
| | *er dauerte (bereits) seit zwanzig Jahren an.* |

Im Deutschen impliziert die perfektive Verwendung bei Zustands-
verben zugleich eine inchoative Bedeutung, also den Umstand, daß
der Zustand begonnen hat, z.B. *ich bin in Berlin geblieben* gegen *ich
blieb in Berlin*. Dieses Zusammenspiel mit der Verbsemantik und
dem Kontext sowie die sich teilweise überschneidenden Merkmale
der Aspekte, z.B. im Falle von Kompletiv, Perfektiv und Resultativ,
ist stark ausgeprägt, so daß die meisten Sprachen nur wenige und
grobe Unterscheidungen machen, wobei oft Oppositionen des Typs A
gegen Non-A (markiert gegen unmarkiert), so z.B. punktuell gegen

non-punktuell oder durativ gegen non-durativ, solchen wie punktuell gegen durativ vorgezogen werden.

Eng verflochten mit Tempus und Aspekt ist noch eine weitere Kategorie, die Modalität. Sie findet sich in vielen europäischen Sprachen als Modus in der Konjugation grammatikalisiert, und zwar als Indikativ, Konjunktiv und Imperativ. Dieser Kategorie liegt zugrunde, daß Handlungen in der Vergangenheit relativ sicher als tatsächliche geschehen (real) oder als nicht geschehen (irreal) eingestuft werden können. Zukünftiges dagegen ist ungesichert; man kann es nur als wahrscheinlich, möglich, unwahrscheinlich oder gar unmöglich (irreal) einschätzen. Die Einschätzung von Ereignissen kann auch mit persönlicher Anteilnahme geschehen, so daß man etwas wünscht (Optativ), zuläßt, empfiehlt oder befiehlt (Imperativ). Auf diese gesprächsbezogenen Komponenten von Modalität werden wir im Kapitel Pragmatik zu sprechen kommen. Das Feld Tempus-Aspekt-Modus stellt aufgrund seiner vielfältigen, hier nur angedeuteten Verflechtungen miteinander und mit der Semantik der Prädikate einen nur schwer durchdringbaren Dschungel dar.

Unterscheidungen im Hinblick auf Tempus-Aspekt-Modus können sich nicht nur auf die morphologische Markierung auswirken, sondern auch im Hinblick auf die Syntax. Das Einnehmen der Raumlage wird im Deutschen als inchoative Derivation stativer Verben ausgedrückt: *sitzen – sich setzen, liegen – sich hinlegen* oder *stehen – sich hinstellen.* Im Quiché werden Positionalwurzeln, also jene Wurzeln, die Raumlage ausdrücken, als verblose Partizipialsätze verwendet. Sobald sie aber mit einem Inchoativ-Derivationssuffix versehen werden, sind sie, da nun dynamisch, verbales flektiertes Prädikat:

| Zustand | | Vorgang |
|---|---|---|
| in | kub-ulik | k-in-kub-e?ik |
| *1sA* | *sitzen-Stativ* | *Ink-1sA-sitzen-Inchoativ* |
| *ich sitze* | | *ich setze mich* |

In manchen Sprachen gibt es Unterschiede in der Kasusmarkierung bei Sätzen in verschiedenen Tempora bzw. Aspekten, so z.B. in der Maya-Sprache Ch'ol, wo in intransitiven Sätzen im Inkompletiv die Mitspieler Absolutiv-Ergativ markiert werden, im Kompletiv aber Nominativ-Akkusativ:[12]

| Kompletiv | | Inkompletiv | |
|---|---|---|---|
| tsa | tšëmij-on | mi | k-tšëmel |
| *Kom* | *sterben-1sA* | *Ink* | *1sE-sterben* |
| *ich starb* | | *ich sterbe* | |

| tsa | tšëmij-et | mi | a-tšëmel |
|-----|-----------|-----|---------|
| *Kom* | *sterben-2sA* | *Ink* | *2sE-sterben* |
| *du starbst* | | *du stirbst* | |

Vergleiche dagegen die beiden transitiven Sätze:

| tsa | h-k'elej-et | mi | h-k'el-et |
|-----|-------------|-----|-----------|
| *Kom* | *1sE-sehen-2sA* | *Ink* | *1sE-sehen-2sA* |
| *ich sah dich* | | *ich sehe dich* | |

Im Deutschen hängt bei Partizipien die Verwendung der Hilfsverben *sein* bzw. *haben* davon ab, ob das Verb inhärent durativ oder punktuell ist: *ich habe geschlafen*, aber *ich bin eingeschlafen*. Im Quiché können Bedingungen, die nachweislich nicht den Tatsachen entsprechen, anders als hypothetische nicht als Konditionalsätze mit der Konjunktion *we* „wenn" ausgedrückt werden, sondern müssen durch einen nur implizit auf den anderen Satz bezogenen Satz ausgedrückt werden:

| ma | k-i-kam | tax, | | | |
|-----|---------|------|---|---|---|
| *nicht* | *Ink-1sA-sterben* | *PART* | | | |
| la | ki | ta | štš-Ø-in-tš'up | xun | oq' |
| *PART* | *PART* | *PART* | *Fut-3sA-1sE-pflücken* | *eins* | *Zählwort* |

*Ich werde bestimmt nicht sterben, wenn ich eine davon nehme.*

Die Kategorisierung von Zeit muß aber nicht immer so direkt erfolgen wie bisher beschrieben, vor allem nicht in größeren Äußerungszusammenhängen. Neben dem Moment der relativen zeitlichen Verortung von Ereignissen zueinander, spielt hierbei die Gewichtung und Linearisierung von Information eine wesentliche Rolle. So verstehen wir Zweitsprachler auch dann, wenn sie noch nicht ein formal ausdifferenziertes Tempussystem erworben haben wie die italienische Gastarbeiterin in dem folgenden Ausschnitt einer Erzählung. In der Erzählung geht es um einen Arbeitsunfall des Ehegatten der Italienerin:[13]

A: Was ist dann passiert?

I: Arbeit. Bei Arbeit, arbeite oben, un dann kaputt. Vielleicht – andere Kollege sage – vielleicht – gestorb un dann telefoniere Klinik un dann fast in Klinik.

Die zeitliche Verortung erfolgt in diesem Beispiel über Rahmung, über die Reihenfolge und über die damit verbundenen Wissensstrukturen: Jemand ist in der Klinik, weil er einen Unfall hatte; das Umgekehrte gilt normalerweise nicht. Die Verkettung und Linearisierung der Ereignisse wird durch *und dann* erreicht. Durch ‚zitierte Rede' wird ein Sprechereignis und eine sekundäre Origo verankert, von der aus durch das Partizip Perfekt eine Rückblende geschieht.

Die zeitliche Strukturierung der kurzen Passage läßt sich etwa wie folgt darstellen:

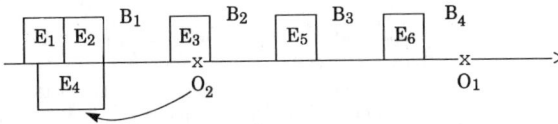

$$\boxed{E_1 \mid E_2} \quad B_1 \quad \boxed{E_3} \quad B_2 \quad \boxed{E_5} \quad B_3 \quad \boxed{E_6} \quad B_4$$

$$\boxed{E_4} \qquad O_2 \qquad\qquad\qquad O_1$$

Durch *Arbeit* und *Bei Arbeit* wird zunächst der thematische und zeitliche Rahmen aufgespannt, der betrachtet wird ($B_1$). Innerhalb von $B_1$ werden zwei Ereignisse $E_1$: *arbeite oben* und $E_2$: *kaputt* berichtet, die durch *un dann* verkettet und linearisiert sind. Das dritte Ereignis $E_3$: *Kollege sage* liegt außerhalb von $B_1$ und etabliert gleichzeitig eine sekundäre Origo ($O_2$), von der aus mittels zitierter Rede das hypothetische Ereignis $E_4$: *vielleicht gestorb* zeitlich relativierend, nämlich rückblickend, etabliert wird. Durch *und dann* wird wieder der tatsächliche Handlungsfaden aufgenommen und werden die Ereignisse $E_5$: *telefoniere Klinik* und $E_6$: *fort in Klinik* verkettet.

## 5.4 Zusammenfassung und ausgewählte Literatur

Wir haben uns in diesem Kapitel mit den Bedeutungen von sprachlichen Formen beschäftigt. Grundlegende sprachliche Formen, die eine Bedeutung haben, sind Wörter, deren Grundbedeutungen in einem Lexikon zusammengefaßt werden. Die Wortsemantik ist die Grundlage für die Semantik komplexerer Einheiten, für die Satzsemantik und die Semantik von Äußerungen. Aber nicht nur lexikalische Einheiten tragen zum Aufbau von komplexen Bedeutungseinheiten bei, sondern auch morphosyntaktische Einheiten wie z.B. Tempussuffixe und lokale Präpositionalphrasen.

An den semantischen Konzepten Temporalität und Lokalität haben wir versucht, die verschiedenen sprachlichen Kodierungsmöglichkeiten über lexikalische Einheiten, grammatische Morpheme und komplexe Phrasen zu verdeutlichen. Über die im engeren Sinne grammatische Ebene hinaus spielen Wissensstrukturen eine Rolle, so z.B., daß Handlungsfolgen strukturiert und geordnet sind, was für die Interpretation von Ereignissen (nicht nur) hinsichtlich ihrer zeitlichen Rahmung wichtig ist. Damit sind wir jedoch schon einen Schritt weit im Gebiet der Pragmatik.

Ausgewählte Literatur: Bierwisch (1988), Comrie (1976, 1985), Jackendoff (1983), Lakoff (1977), Lutzeier (1985), Lyons (1980), Schweizer (1985), Weinrich (1964), Weissenborn & Klein (1982), Wunderlich (1970, 1982).

## 5.5 Übungsaufgaben

### 1. Yoruba

☞ Bestimmen Sie die Semantik der drei Verben *jé*, *ṣe* und *wà*, die im Deutschen alle mit dem Verb „sein" wiedergegeben werden.

Hinweis: <p> = /kp/, d.h. die Kombination aus labialem und velarem Verschluß; <ṣ> = /š/; <nwọ́n> lautet [wã], das erste <n> dient nur der graphischen Scheidung des Subjektpronomens <nwọ́n> vom gleichlautenden Objektpronomen <wọ́n> der dritten Person Plural.

| | | | | |
|---|---|---|---|---|
| 1. | òní | jẹ́ | ojọ́ | àlàmísì | *Heute ist Donnerstag.* |
| | heute | sein | Tag | Donnerstag | |
| 2. | ó | ṣe | àárò | | *Es ist noch früh.* |
| | er/es | sein | (früh)morgens | | |
| 3. | òyìnbó | l- | ó | jẹ́ | *Er ist Europäer.* |
| | Europäer | Fok | er | sein | |
| 4. | ó | jẹ́ | okùnrin | | *Er ist ein (junger) Mann.* |
| | er | sein | Mann | | |
| 5. | ó | ṣe | okùnrin | | *Er ist tapfer (= männlich).* |
| 6. | akòwé | | ni | mo | ń-ṣe | nísìsiyìí |
| | Angestellter | | Fok | ich | Habitual-sein | jetzt |

*Ich bin jetzt* <u>Angestellter</u>.

| | | | | |
|---|---|---|---|---|
| 7. | ó | jẹ́ | ènìà | | *Er ist ein Mensch.* |
| | er | sein | Mensch | | |
| 8. | ó | ṣe | ènìà | | *Er ist menschlich (= freundlich).* |
| 9. | bàbá | wà | ní | ilé | *Vater ist zu Hause.* |
| | Vater | sein | Lok | Haus/Heim | |
| 10. | ó | wà | l- | óhǔn | *Er ist dort drüben.* |
| | er | sein | Lok | dort drüben | |
| 11. | ó | wà | n- | ínú | àpótí | *Es ist in der Kiste.* |
| | er | sein | Lok | Inneres | Kiste | |
| 12. | nwọ́n | wà | ní | ìdúró | *Sie stehen.* |
| | sie(Pl) | sein | Lok | stehend | |

### 2. Chinesisch

Die Suffixe *-zhāng* und *-bǎ* treten im Zusammenhang mit zählbaren Substantiven auf. ☞ Versuchen Sie anhand der folgenden Beispiele herauszufinden, warum einige Nomina mit *-zhāng*, andere mit *-bǎ* gebildet werden.

Hinweis: Stellen Sie sich die bezeichneten Gegenstände bildlich vor.

1. yìzhāng zhuōzi    *ein Tisch*
2. liángzhāng bàozhi    *zwei Zeitungen*
3. shízhāng zhǐ    *zehn (Blatt) Papier*

| | | |
|---|---|---|
| 4. | sānzhāng chuáng | *drei Betten* |
| 5. | liùzhāng xìpiào | *sechs Eintrittskarten* |
| 6. | liángbǎ yàoshi | *zwei Schlüssel* |
| 7. | wǔbǎ dāozi | *fünf Messer* |
| 8. | yìbǎ yǐzi | *ein Fächer* |
| 9. | bābǎ tiáozhǒu | *acht Besen* |
| 10. | yìbǎ cháhú | *eine Teekanne* |

## 3. Quiché

☞ Analysieren Sie, welche semantischen Merkmale bei den folgenden Verwandtschaftsbezeichnungen aus dem Dialekt Nahuala-Ixtahuacán unterschieden und welche vernachlässigt werden. Kontrastieren Sie die Bildungen des Quiché mit denen des Deutschen.

Hinweis: *nu-* und *w-* sind Allomorphe des Possessivpräfixes der ersten Person Singular. V = Vater (40 Jahre); M = Mutter (38 Jahre), $T_1$ = Tochter (18 Jahre), $S_1$ = Sohn (16 Jahre), $T_2$ = Tochter (15 Jahre), $S_2$ = Sohn (10 Jahre)

| | | | |
|---|---|---|---|
| $V - T_1$ | nu-mi²a:l | $M - T_1$ | w-a:l |
| $V - S_1$ | nu-k'axo:l | $M - S_1$ | w-a:l |
| $V - T_2$ | nu-mi²a:l | $M - T_2$ | w-a:l |
| $V - S_2$ | nu-k'axo:l | $M - T_1$ | w-a:l |
| | | | |
| $T_1 - S_1$ | nu-šiba:l | $S_1 - T_1$ | w-ana:b |
| $T_1 - T_2$ | nu-tšaq' | $S_1 - T_2$ | w-ana:b |
| $T_1 - S_2$ | nu-šiba:l | $S_1 - S_2$ | nu-tšaq' |
| $T_2 - T_1$ | w-ats | $S_2 - T_1$ | w-ana:b |
| $T_2 - S_1$ | nu-šiba:l | $S_2 - S_1$ | w-ats |
| $T_2 - S_2$ | nu-šiba:l | $S_2 - T_2$ | w-ana:b |

## 4. Deutsch

Befragt man Sprecher der deutschen Sprachgemeinschaft, so ist eine Kategorie wie ›Vogel‹ durch bestimmte Attribute gekennzeichnet; ein Vogel kann fliegen, zwitschern, er hat Federn, sitzt in Bäumen, hat kurze Beine und legt Eier.

☞ Ersetzen Sie nun *ein Vogel* durch *ein Adler, ein Huhn, eine Krähe, ein Pinguin, ein Rotkehlchen, ein Strauß* und tragen Sie in die Tabelle ein, ob die obigen Aussagen noch zutreffen (+) oder nicht (–).

☞ Diskutieren Sie, was ein prototypischer Vertreter der Kategorie ›Vogel‹ ist.

|                | Adler | Huhn | Krähe | Pinguin | Rotkehlchen | Strauß |
|----------------|-------|------|-------|---------|-------------|--------|
| sitzt in Bäumen |       |      |       |         |             |        |
| fliegt         |       |      |       |         |             |        |
| zwitschert     |       |      |       |         |             |        |
| legt Eier      |       |      |       |         |             |        |
| hat kurze Beine |       |      |       |         |             |        |
| hat Federn     |       |      |       |         |             |        |

## 5. Mongolische Schriftsprache

Die klassische mongolische Schriftsprache ist ausschließlich eine geschriebene Sprache, die von den gesprochenen Varietäten z.T. erheblich abweicht. Sie steht dem Altmongolischen nahe, wie es vor allem in der um 1240 verfaßten „Geheimen Geschichte der Mongolen" belegt ist, in der in legendenhafter Form die Taten Dschingis Khans erzählt werden. Die Schriftsprache wurde vor allem für buddhistische Literatur verwendet und erhielt Anfang dieses Jahrhundert im Zuge nationaler Bestrebungen eine größere Verbreitung. In der heutigen Mongolischen Volksrepublik wird Mongolisch auf der Grundlage des Khalka-Dialekts in kyrillischer Schrift geschrieben.

☛ Analysieren Sie die nachstehenden zusammengesetzten Nomina (a) hinsichtlich der semantischen Beziehung der Bestandteile untereinander und (b) hinsichtlich der semantischen Beziehung zwischen den Bestandteilen und der Grundbedeutung.

Hinweis: Die Bildungen nehmen als Komposita jeweils als Gesamtheit ein Kasussuffix.

1a. tšaγ-uliral-<u>un</u>           *des Klimas (Genitiv)*
2a. atši-tusa-<u>bar</u>           *durch den Verdienst (Instrumental)*
3a. küiten+qalaγun-<u>i</u>        *die Temperatur (Akkusativ)*

1. tšaγ - uliral              *Klima*
   *Zeit + Wechsel*
2. atši - tusa               *Verdienst, Gewinn*
   *Verdienst + Nutzen*
3. küiten - qalaγun          *Temperatur*
   *kalt + heiß*
4. γadžar - usun             *Territorium, Gebiet*
   *Erde + Wasser*
5. orolγa - džarulγa         *Budget*
   *Einnahmen + Ausgaben*
6. urtu - boγoni             *Länge*
   *lang + kurz*
7. emegel - qadžaγar         *Pferdegeschirr*
   *Sattel + Zaumzeug*
8. öŋge - düri               *Aussehen, Erscheinung*
   *Farbe + Gestalt*

9. džer - džebseg            *Waffen*
   *Lanzenblatt + Waffe*
10. erke - tšilüge           *(persönliche, bürgerliche) Freiheit*
    *Recht + Freiheit, Muße*
11. kög - daγun             *Musik*
    *Melodie + Lied*
12. [γal - usun]-u ajul      *lebensgefährliche Notlage*
    *Feuer + Wasser-Gen  Gefahr*

## 6. Georgisch & Quiché (16. Jahrhundert)

Georgisch ist die Staatsprache der Georgischen Sozialistischen Sowjetrepublik und gehört zur kartwelischen Sprachfamilie, eine der im Kaukasus verbreiteten Sprachfamilien. Georgisch wird von mehr als 3 Millionen Menschen in der GSSR und angrenzenden Regionen als Muttersprache gesprochen. Die Sprache hat eine zweitausendjährige, ununterbrochene schriftsprachliche Tradition, die auch verwandte Sprachen miteinschließt. Auch heute noch wird Georgisch in einer eigenen Schrift geschrieben, der sogenannten Mchedruli-Schrift.

☛ Vergleichen Sie die Bildung der Zahlen in den beiden Sprachen.

| Georgisch | | | Quiché | | |
|---|---|---|---|---|---|
| 1 | erti | 11 tertmet'i | 1 | xun | 11 xulaxux |
| 2 | ori | 12 tormet'i | 2 | kaib | 12 kablaxux |
| 3 | sami | 13 tsamet'i | 3 | ošib | 13 ošlaxux |
| 4 | otxi | 14 totxmet'i | 4 | kaxib | 14 kaxlaxux |
| 5 | xuti | 15 txutmet'i | 5 | oʔob | 15 olaxux |
| 6 | ekvsi | 16 tekvsmet'i | 6 | waqaqib | 16 waqlaxux |
| 7 | švidi | 17 tšvidmet'i | 7 | wuqub | 17 wuqlaxux |
| 8 | rva | 18 tvramet'i | 8 | waxšaqib | 18 waxšaqlaxux |
| 9 | tsxra | 19 tsxramet'i | 9 | belexeb | 19 belexlaxux |
| 10 | ati | 20 otsi | 10 | laxux | 20 xuwinaq |
| 21 | otsdaerti | | 21 | xuwinaq xun | |
| 22 | otsdaori | | 22 | xuwinaq kab | |
| 30 | otsdaati | | 30 | xuwinak laxux | |
| 31 | otsdatermet'i | | 31 | xuwinaq xulaxux | |
| 40 | ormotsi | | 40 | kawinaq | |
| 42 | ormotsdaori | | 45 | kab rošk'al | |
| 60 | samotsi | | 60 | ošk'al | |
| 71 | samotsdatertmet'i | | 71 | xulaxux rixumutš | |
| 80 | otxmotsi | | 80 | xumutš | |
| 81 | otxmotsdaerti | | 81 | xun rok'al | |
| 100 | asi | | 100 | ok'al | |
| 120 | as otsi | | 120 | waqk'al | |
| 121 | as otsdaerti | | 121 | xun riwuqk'al | |
| 140 | as ormotsi | | 140 | wuqk'al | |

182                                                           Semantik

## 7. Cree

Die Dialekte des Cree, Naskapi und Montagnais bilden zusammen eine Dialekt-
kette, deren Verbreitungsgebiet Ost-Kanada ist. Cree-Naskapi-Montagnais wird
zur Algonkin-Sprachfamilie gezählt und hat insgesamt ca. 75.000 Sprecher.
Im folgenden Dialog machen sich zwei Sprecher des Cree über die
mangelnden Sprachkenntnisse des Polizisten und Pfarrers lustig.

☛ Über welche im Deutschen nicht vorhandene Unterscheidung
sind Polizist und Pfarrer gestolpert?

Hinweis: Die entsprechenden Morphemkombinationen sind *ni- ... -aːnaːn* / *ni- ... -
inaːn* vs. *ki- ... -aːnaːnaw* / *ki- ... -inaw*. Die jeweilige Form in den einzelnen
Wörtern ist unterstrichen. Nur die in der Übersetzung zitierten Cree-Wörter sind
für die Aufgabe wichtig, der Cree-Text wird nur der Vollständigkeit halber zitiert
und ohne Interlinearversion. ' steht für ausgefallene Vokale. /tsʼ/: [ts] ~ [tš].

1. A:  ... nʼkiː-paːhpin teːpiskaːk.
        *... Letzte Nacht habe ich gelacht.*

2. B:  kiːwiːjatwaːnaːnaːw na: misiwe: aːšokanihk?
        *Habt ihr am Kai Witze gemacht?*

3. A:  moːla, moːla kwantaw nʼtoːhtsiwiːjatwaːnaːn
        *Nein, wir haben nicht bloß Witze gemacht.*
        šoːlijaːnikimaːw neːsta anta kiː-ihtaːw neːsta maːka okipahoweːsiw.
        peːtsi-mawaːpiwak.
        *Sowohl der Indianerbeauftragte als auch der Polizist waren da. Sie waren
        zu Besuch.*

4. B:  Ajʼhaːw, moːla naːspits wiːjateːlihtaːkwan.
        *Nun, das ist doch nicht sehr lustig!*

5. A:  eːheː, okipahoweːsiw maːka kiː-itweːw, «awasite: nʼka-naːkatsihtaːnaːn
        walašaweːwin».
        *Nein, aber der Polizist hat gesagt:»wir müssen das Gesetz besser
        beachten.«* (nʼka-naːkatsitaːnaːn *wir (müssen) gehorchen*)

6. B:  moːla wajeːš ohtsi-iši-aːweːpaliw. okipahoweːsiwak maːka šaːkots moːla
        piːkonamwak.
        *Da hat er aber Unsinn geredet. Polizisten brechen es doch nicht.*

7. A:  nʼkiskeːlʼteːn. okipahoweːsiw maːka kiː-itweːw, «nʼkaːnaːkatsihtaːnaːn»
        maːka, ispiːš wiːla «ka-naːkatsihtaːnaːnaw».
        *Ich weiß (,was er meinte). Der Polizist sagte:»wir müssen gehorchen«* (nʼka-
        naːkatsihtaːnaːn) *anstelle von »wir müssen gehorchen«* (ka-nakatsih-
        taːnaːnaw).
        [...]

8. A:  eːʼko nʼ aːni maːka peːjakwan eː-weːmistikoːšiːmonaːniwahk :
        «kiːlanaːnaw» neːsta «niːlanaːn»?
        *Und im Englischen ist* kiːlanaːnaw *und* niːlanaːn *wirklich das Gleiche?*

9. B:  tsikeːmaːnima ! kikiskisin na: maːhtsits kaː-kiː-ajamihe:-kiːšikaːk. –
        ajamihe:wikimaːw kiːitweːw : «misiwe: kiː-toːteːnaːnaw matsihtwaːwin».
        *Sicher! Erinnerst du dich an den letzten Sonntag? Der Pfarrer sagte:»wir
        haben gesündigt«* (kiː-toteːnaːnaw).

10. A: kiː-ašitakimow neːsta wiːla neːsta kiːlanaːnaw.
        *Er hat sich mit eingeschlossen.*

11. B: ki:-itwe:w ma:ka, «n'ki:-to:te:na:n», wi:la ne:sta ma:skots kotakijak
       ajamihe:wikima:wak.
       *Aber er sagte: »wir haben es getan« (n'ki:-tote:na:n) – vielleicht er und*
       *andere Pfarrer.*
       a:skaw itwe:w, «no:hta:wi:na:n»; ta:pwe ma:ka wi:-itam, «ko:htawi:naw».
       *Manchmal sagt er auch »unser Vater« (no:hta:wi:na:n), wenn er eigentlich*
       *»unser Vater« (ko:htawi:naw) meint.*
       [...]
12. A: ša:kots ajamihitowak. ki:-nisitohta:towak na: ma:ka ?
       *Aber sie sprechen doch miteinander. Können sie sich überhaupt verstehen?*
13. B: e:he:, ma:skots; mo:la ma:ka n'ke:tsina:hon.
       *Ja, vielleicht; aber ich bin nicht sicher.*

## 8. Popoluca (Dialekte Sayula und Oluta)

Sayula und Oluta Popoluca sind eng verwandte Sprachen der Mixe-Zoque-Sprach-
familie und werden im Süden des mexikanischen Bundesstaates Veracruz von
einigen tausend Menschen gesprochen.

☞ Analysieren Sie die nachfolgenden Paradigmen der transitiven
Verbflexion hinsichtlich der Markierung der Mitspieler. Vergleichen
Sie die beiden Dialekte.

Hinweis: <š> steht ausnahmsweise für den Retroflexlaut [ʂ], <ʉ> ist ein ungerundeter hoher Hintervokal, /pp/: [p]. Im vorliegenden Fall ist es hilfreich, wenn man
die Markierung der Mitspieler in Form einer Matrix notiert:

          Patiens  1. Person   2. Person   ...
   Agens:
   1. Person
   2. Person
   ...

### A. Sayula Popoluca: *moj* „schlagen"

1. tušmojp            *er schlägt mich*
2. tʉmojp             *ich schlage dich*
3. tʉnmojgap          *wir schlagen ihn / sie (Sg. oder Pl.)*
4. tʉnmojp            *ich schlage ihn*
5. inmojp             *du schlägst ihn*
6. imojp              *er schlägt ihn (ihn: neu eingeführte Person)*
7. tušmojgap          *sie schlagen uns*
8. (ʉ) išmojp         *du schlägst mich*
9. (xeʔ) išmojp       *er schlägt dich*
10. igimojp           *er schlägt ihn (er: neu eingeführte Person)*

### B. Oluta Popoluca: *kep* „suchen"

1. tuškeppa           *ich suche dich*
2. tuškeppaʔk         *du suchst mich*
3. tʉnkeppe           *ich suche es*
4. ikeppe             *er sucht es (es: neu eingeführte Person)*

5. minkeppe              *du suchst es*
6. mikepup               *er sucht dich*
7. kepup                 *er sucht es (er: neu eingeführte Person)*
8. tukepup               *er sucht mich*

## 9. Latein

Im Lateinischen gibt es neben dem Nominativ, Genitiv, Dativ und Akkusativ den Kasus des Ablativ. ☞ Geben Sie anhand der folgenden Beispiele an, welche semantischen Rollen durch die Kasusmarkierung Ablativ ausgedrückt werden.

1. Athēnīs          veniō
   *Athen/Abl      ich*komme*
   **Ich komme von Athen.**

2. Diū   Carthāgine      versābātur
   *lange   Karthago/Abl   er*aufhielt*
   **Lange hielt er sich in Karthago auf.**

3. Sōle       oriente        Cicerōnem      cōnsulem      fēcērunt
   *Sonne/Abl   Osten/Abl      Cicero/Akk     Konsul/Akk    sie*machten*
   **Bei Sonnenaufgang machten sie Cicero zum Konsul.**

4. Victōria      maximō       dētrīmentō      stetit
   *Sieg/Nom     größte/Abl    Verlust/Abl      hat*gestanden*
   **Der Sieg ist durch größten Verlust zustande gekommen.**

5. Mōns       māgnā        altitūdine      intererat
   *Berg/Nom   groß/Abl      Höhe/Abl        dazwischen*war*
   **Ein Berg von großer Höhe lag dazwischen.**

## 10. Yoruba

☞ Wie werden in den folgenden Beispielsätzen die Kasusrollen Instrument und Rezipiens ausgedrückt?

1. bàbá    fi            owó   s-      ínú       àpò
   *Vater    nehmen        Geld   PART-   Inneres   Tasche*
   **Vater nahm Geld in die Tasche (steckte Geld ein).**

2. nwón    fi            igi    ṣe              aga    náà
   *sie(Pl)   nehmen       Holz    machen          Stuhl   ART*
   **Sie machten den Stuhl aus Holz.**

3. mo      fi            àdá          gé            igi     náà
   *ich      nehmen        Machete      schneiden     Holz    ART*
   **Ich schnitt mit der Machete Holz.**

4. ó       fi            mí     rérìn
   *er       nehmen        mich    lachen*
   **Er lachte über mich.**

5. mo          fi              ogbón    gé          igi
   *ich       nehmen         Plan    schneiden   Holz*
   **Ich hacke Holz mit Überlegung (in geschickter Weise).**

6. ó         fi              àkàrà                 jẹ      èfó
   *er      nehmen         Bohnenkuchen          essen   Gemüse*
   **Er aß Gemüse mit Bohnenkuchen (als Beilage).**

7. ó         fi              owó      náà    fún     mi
   *er      nehmen         Geld     ART    geben   mir*
   **Er gab mir das Geld.**

8. ó        fún     mi
   **Er gab (es) mir.**

9. nwọ́n      tà              á       fún     mi
   *sie(Pl)   verkaufen es    geben   mir*
   **Sie verkauften es mir.**

10. mo        sọ      fún     ọ
    *ich       sagen   geben   dir*
    **Ich sage es dir.**

11. ó        rà              á       fún     mi
    *er      kaufen         es      geben   mir*
    **Er kaufte es mir / für mich.**

12. ó        fi              mí      fún     u
    *er      nehmen         mich    geben   es*
    **Er gab es mir.**

13. ó        fún     mi      l'      ówó
    *er      geben   mir     PART    Geld*
    **Er gab mir Geld.**


## 11. Deutsch

Die deutschen Präpositionen lassen sich hinsichtlich ihrer semantischen Funktion in lokale, temporale und modale klassifizieren.
☞ Geben Sie Beispiele für Präpositionen, die sowohl lokale, temporale als auch modale Funktion haben.


## 12. Deutsch

In den folgenden Sätzen werden mit Hilfe der Präpositionen bestimmte Raumrelationen ausgedrückt. ☞ Stellen sie diese Relationen in einer einfachen abstrakten Skizze dar.

Beispiel: *Der Zug fährt nach Berlin.*  x → |

1. Eine Frau lehnt sich an die Wand.
2. Sie geht durch das Zimmer,
3. steigt auf den Tisch
4. und befestigt die Lampe an der Decke.

5. Dann stellt sie den Werkzeugkasten in den Schrank,
6. der unter dem Bild steht.
7. Daraufhin setzt sie sich an den Schreibtisch und an die Arbeit.

## 13. Aztekisch

☛ Beschreiben Sie die Bildung der Ortsangaben.

| 1. | ilwikatł | *Himmel* | ilwikak | *im Himmel* |
|----|----------|----------|---------|-------------|
| 2. | ostotł | *Höhle* | ostok | *in der Höhle* |
| 3. | komitł | *Topf* | komik | *im Topf* |
| 4. | akalli | *Boot* | akalko | *im Boot* |
| 5. | toptłi | *Kiste* | topko | *in der Kiste* |
| 6. | kʷawitł | *Baum, Holz* | kʷawtła? | *Wald* |
| 7. | šotšitł | *Blume* | šotšitła? | *Blumenbeet, Garten* |
| 8. | tetł | *Stein* | tetła? | *Geröllfeld* |
| 9. | kalli | *Haus* | kaltsalan | *zwischen Häusern* |
| 10. | tepetł | *Berg* | tepetsalan | *zwischen Bergen* |
| 11. | tłalli | *Erde* | tłaltikpak | *auf der Erde* |
| 12. | kʷawitł | *Baum, Holz* | kʷawtikpak | *auf dem Baum* |
| | | | kʷawnawak | *bei dem Baum* |
| | | | kʷawnepantła? | *inmitten von Bäumen* |
| | | | kʷawtsalan | *zwischen Bäumen* |

Die Formen unter 7. und 8. finden sich auch mit reduplizierter erster Silbe als *šo?šotšitła?* und *te?tetła?*.

## 14. Deutsch

Bei den folgenden Beispielen handelt es sich um Verschriftungen von Wegauskünften, die im Institut des Fachbereichs Germanistik der Freien Universität erhoben worden sind.

☛ Versuchen Sie anhand der Transkriptionen den Weg vom Ausgangspunkt (1, 2 bzw. 3) zum Zielpunkt (Hörsaal 1a) in die Karte einzuzeichnen. Mit welchen sprachlichen Mitteln wird der Weg beschrieben?

Wegauskunft 1

1. F:    Sag mal, wißt ihr, wo Hörsaal 1a ist?
2. A1:   Ja, 1a, der ist doch an der Mensa.
3. A2:   Is das 1a? Da is doch noch einer.
4. A1:   Doch der is da. Wo wir bei B. waren, war doch 1a?
5. F:                      Mhm.
6. A2:   Ich glaub ja.
7. A3:   Geh doch mal durch den Gang hier, ähm, rechts runter.
8. F:    Ja?

9. A₃:  Ja. Und denn kommste ähm, wo viel los is, an der Mensa,
10.        da muß der ooch sein. Fragst du da noch mal, ja? Da biste
11. F:                                      Jut, OK, OK, danke.
12. A₃:  die richtje Richtung.

### Wegauskunft 2

1. F:  Sag mal, weißt du, wo Hörsaal 1a ist?
2. A:  Ja also, da erst ma 'n Stück vor un denn siehste auf der linken
3.      Seite so Garderoben kommen un da biegste links rein.
4. F:  Mhm.
5. A:  Un denn kannste eigentlich nich mehr dich verloofen.
6.      Frägst du vielleicht noch ma in der Garderobe,
7.      aber der is da direkt dran, ja.
8. F:  OK, danke.

### Wegauskunft 3

1. F:  Sag mal, weißt du, wo Hörsaal 1a ist?
2. A:  Ja, und zwar (2.0) gehste jetz hier nach rechts un dann
3.       kommt auf der linken Seite, siehste schon, die Garderobe.
4. F:  Mhm.
5. A:  Und, ja, also zu beiden Seiten der Garderobe geht's
6.      rein in die Hörsäle un von hier kommst rechts
7.      in Hörsal 1a und links in Hörsal 1b.
8. F:  OK, danke.

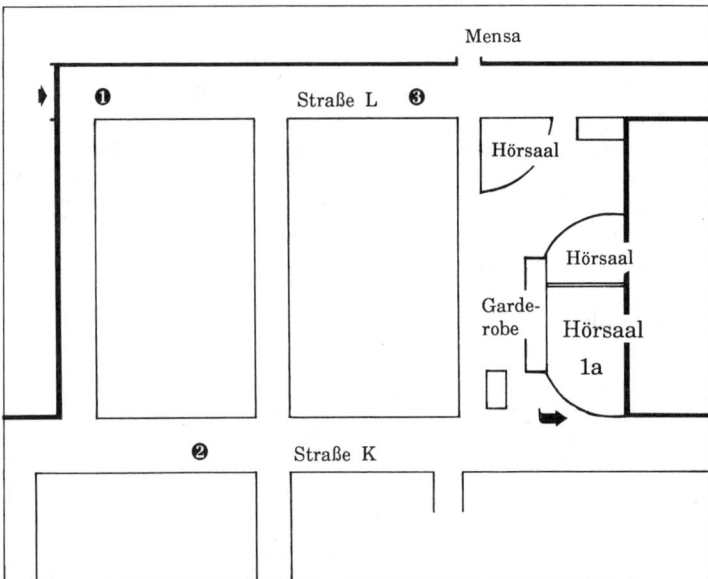

## 15. Quiché (16. Jahrhundert)

☞ Beschreiben Sie die Semantik der ‚Präposition' *tšuwatš* anhand der folgenden Beispiele aus dem Mythentext „*Popol Vuh*".

<u>Hinweise:</u> Wie alle ‚Präpositionen' des Quiché ist *tšuwatš* von einer Körperteilbezeichnung abgeleitet, nämlich von *watš* „Gesicht". Der Unterschied zwischen positionalem und direktionalem Gebrauch der ‚Präpositionen' ist ausschließlich durch die Verbsemantik bedingt.

1. tšixok'     ki-baqil        tšuwatš        abax
   *zerreibt!*  *ihre-Knochen*  tšuwatš        *Stein*
   *Zerreibt ihre Knochen auf dem Stein!*

2. šuts'ibax        tšuwatš        k'ul
   *er malte es*    tšuwatš        *Tuch*
   *Er malte es auf ein Tuch.*

3. tšutinix           r-aqan         tšuwatš        ulew
   *er konnte es stellen*  *sein-Fuß*     tšuwatš        *Erde*
   *Er brauchte mit seinem Fuß (nur) auf die Erde zu stampfen, ...*

4. ša      jakal      xaʔ       tšel            tšuwatš        u-q'ebal
   *nur*   *gestaut*  *Wasser*  *es kam hervor* tšuwatš        *sein-Behälter*
   *Das gestaute Wasser kam aus dem Behälter (floß seitlich aus einem Loch).*

5. škibol          k'ut      ki-ts'ikin     tšuwatš        q'aq'
   *sie brieten es* PART     *ihr-Vogel*    tšuwatš        *Feuer*
   *Dann brieten sie den Vogel über dem Feuer.*

6. hutaq'ix      šebe          tšik'ut        tšuwatš        Toxil
   *täglich*     *sie gingen*  PART           tšuwatš        *<Name>*
   *Darauf dann gingen sie täglich zu Tohil (ihrem Gott).*

7. kasik'in       ri      k-atit              tšuwatš        ri      ax
   *sie klagte*   ART    *ihre-Großmutter*   tšuwatš        ART     *Rohr*
   *Ihre Großmutter klagte vor dem Rohr (Sie beklagt die totgeglaubten Enkel vor zwei zum Andenken gepflanzten Rohren).*

8. kinel            uloq       tšuwatš        nu-q'aʔlibal
   *ich trete hervor*  *hierher*  tšuwatš        *mein-Thron*
   *Ich trete vor meinen Thron.*

9. šeqaxik               tšuwatš        xujub
   *sie gingen abwärts*  tšuwatš        *Berg*
   *Sie gingen den Berg hinunter.*

10. šeaq'an               k'ut      tšuwatš        xujub
    *sie gingen aufwärts* PART      tšuwatš        *Berg*
    *Sie stiegen den Berg hinauf.*

11. šeopon            tšuwatš        axaw      Nakšit
    *sie kamen an*      tšuwatš        *Fürst*     *<Name>*
    **Sie kamen zum Fürsten Nacxit.**

12. ša      k'u      nak'al    ri    uk'    tšuwatš    r-e          špek
    *nur*     *PART*    *klebend*  *ART*  *Laus*  tšuwatš    *ihre-Zähne*   *Kröte*
    **Die Laus klebte an den Zähnen der Kröte.**

13. tak'al   k'u     ri    kik'   tšuwatš     bate?
    *stehend*  *PART*   *ART*  *Ball*  tšuwatš     *Schläger*
    **Der Ball lag (genau) vor dem Schläger.**

14. šulik'iba?      aq'anoq      u-wi?ki       q'ab   tšuwatš     baq
    *sie streckte es*  *hinauf*      *ihre-rechte*  *Hand*  tšuwatš     *Knochen*
    **Sie streckte ihre rechte Hand hinauf (bis hin) zum Knochen
    (Schädel).**

15. šepatanaxik        tšuwatš      kaštilan     winaq
    *sie zahlten Tribut*  tšuwatš      *Kastilier*    *Leute*
    **Sie leisteten den Spaniern Tribute.**

## 16. Hopi

Benjamin Lee Whorf wurde als Vertreter des sprachlichen Relativitätsprinzips bekannt. Er führte in seinen Arbeiten immer wieder das Hopi als Beispiel an, wobei er besonders das Fehlen direkter zeitlicher Angaben im Hopi hervorhob. Zur Verwendung räumlicher Metaphern für zeitliche Phänomene schreibt Whorf:[14] «The absence of such metaphor from Hopi speech is striking. Use of space terms when there is no space involved is NOT THERE – as if on it had been laid the taboo teetotal!» <u> steht für [ɨ], der Lautwert von <ö> entspricht demjenigen des Deutschen.

☛ Vergleichen Sie die Bildung der folgenden Orts- und Zeitangaben
und kommentieren Sie das vorausgegangene Zitat.

Hinweis: Der abweichende Endkonsonant (q) der Postposition „hinter" in Satz 2 sollte vernachlässigt werden. Die morphologische Analyse wurde bei den Interlinearglossen auf die in Frage stehenden Postpositionen beschränkt. S/S dient zur Glossierung der ‚switch-reference'-Markierung -q.

1. uma        hi:sap        inu:-kwajŋjap       pitu
   *ihr/Subj*   *wie∗lange*     *ich-hinter*          *ankommen*
   **Wie lange nach mir seid ihr angekommen?**

2. ?ita:kij          ?a:-kwajŋjaq         lestavi         qa:tsi
   *unser∗Haus_{Akk}*  *es-hinter*           *Balken*        *liegen*
   **Hinter unserem Haus liegt ein Balken.**

3. um      a:pijni-qw      itam        u:-kwajŋjap    tuwat      to:kja
   *du/Subj*  *weggehen-S/S*   *wir/Subj*   *du-hinter*     *PART*     *schlafen/Pl*
   **Nachdem du gegangen warst, gingen wir schlafen.**

4. | pam | sutsep | inu-tpik | hi:ta | hintsakma |
|---|---|---|---|---|
| *er/Subj* | *immer* | *ich-unter* | *etwas$_{Akk}$* | *etwas\*tun* |

   *Er tut immer etwas, bevor ich es tun kann.*

5. | pajsoq | ʔa-tpik | ʔawtaʔat | qats-q | qa | tuwajʔnuma |
|---|---|---|---|---|---|
| *einfach* | *er-unter* | *sein\*Bogen* | *liegen-S/S* | *nicht* | *sehen* |

   *Sein Bogen lag genau unterhalb vor ihm, und er sah ihn nicht.*

6. | hotvel-peq | ti:kivet | a-tsva | navaj | ta:la |
|---|---|---|---|---|
| *<Name>-in* | *Tanz$_{Akk}$* | *es-über* | *sechs* | *Tag* |

   *Es sind (jetzt) sechs Tage nach/seit dem Tanz in Hotvela.*

7. | nuʔ | waʔökiwtaq | ʔinu-tsva | tsiro | pu:jawma |
|---|---|---|---|---|
| *ich/Subj* | *liegen-S/S* | *ich-über* | *Vogel* | *fliegen* |

   *Während ich auf der Erde lag, flog ein Vogel über mir.*

## 17. Deutsch

»Was gestern morgen war, ist heute heute und wird morgen gestern und übermorgen vorgestern sein.« ☞ Analysieren Sie diesen Satz im Hinblick auf Sprechzeitpunkt, Ereigniszeit und Betrachtzeit und stellen Sie die Analyse graphisch dar.

## 18. Deutsch

☞ Lösen Sie folgende Denksport-Aufgabe aus dem *„ZEIT-Magazin"*:[15]

»Vorgestern fragte ich Susi und Jutta, an welchem Tag sie Geburtstag hätten. Susi antwortete ›gestern‹ und Jutta ›morgen‹. Gestern habe ich den beiden Mädchen die gleiche Frage gestellt, und ich bekam dieselben Antworten wie vorgestern. Irritiert wandte ich mich an den Vater der beiden, der mir erklärte: ›Meine Töchter sagen stets die Wahrheit, mit einer Ausnahme: An ihrem Geburtstag sagen sie die Unwahrheit über ihren Geburtstag.‹ Wann hatten Susi und Jutta zuletzt Geburtstag?«

## 19. Englisch*

Auf ihrer Reise durch das Spiegelland trifft Alice immer wieder mit der schwarzen Schachkönigin zusammen. An einer Stelle entspinnt sich der folgende Dialog über die Folgen des ‚Rückwärts-Lebens‘.[16]

‹‹Living backwards!› Alice repeated in great astonishment. ‹I never heard of such a thing!› – ‹but there's one great advantage in it, that one's memory works both ways.› – ‹I'm sure *mine* only works one way,› Alice remarked. ‹I can't remember things before they happen.› – ‹It's a poor sort of memory that only works backwards,› the Queen remarked. – ‹What sort of things do *you* remember best?› Alice - ventured to ask. – ‹Oh, things that happened the week after next,› the Queen replied in a careless tone. ‹For instance, now,› she went on, sticking a large piece of plaster on her finger as she spoke, ‹there's the King's Messenger. He's in prison now, being punished: and the trial doesn't even begin till next Wednesday: and of course the crime comes last of all.› – ‹Suppose he never commits the crime?›, said

Alice. – ‹That would be all the better, wouldn't it?› the Queen said, as she bound the plaster round her finger with a bit of ribbon.

Alice felt there was no denying *that*. – ‹Of course it would be all the better,› she said: ‹but it wouldn't be all the better his being punished.› – ‹You're wrong *there*, at any rate,› said the Queen. ‹Were *you* ever punished?› – ‹Only for faults,› said Alice. – ‹And you were all the better for it, I know!› the Queen said triumphantly. – ‹Yes, but then I *had* done the things I was punished for,› said Alice: ‹that makes the difference.› – ‹But if you *had'nt* done them,› the Queen said, ‹that would have been better still; better, and better, and better!› – Her voice went higher with each ‹better,› till it got quite to a squeak at last. – Alice was just beginning to say ‹There's a mistake somewhere,› when the Queen began screaming, so loud that she had to leave the sentence unfinished. – ‹Oh, oh, oh!› shouted the Queen, shaking her hand about as if she wanted to shake if off. ‹My finger's bleeding! Oh, oh, oh, oh!› – Her screams were so exactly like the whistle of a steam-engine, that Alice had to hold both her hands over her ears. – ‹What *is* the matter?›, she said, as soon as there was a chance of making herself heard. ‹Have you pricked your finger?› – ‹I haven't pricked it *yet*,› the Queen said, ‹but I soon shall – oh, oh, oh!› – ‹When do you expect to do it?› Alice asked, feeling very much inclined to laugh. – ‹When I fasten my shawl again,› the poor Queen groaned out: ‹the brooch will come undone directly. Oh, oh!› As she said the words the brooch flew open, and the Queen clutched wildly at it, and tried to clasp it again. – ‹Take care!› cried Alice. ‹You're holding it all crooked!› And she caught at the brooch; but it was too late: the pin had slipped, and the Queen had pricked her finger. – ‹That accounts for the bleeding, you see,› she said to Alice with a smile. ‹Now you understand the way things happen here.› – ‹But why don't you scream *now*?› Alice asked, holding her hands ready to put over her ears again. – ‹Why, I've done all the screaming already,› said the Queen. ‹What would be the good of having it all over again?›»

☞ Stellen Sie die Zeitspiegelungen – möglichst graphisch – dar.

## 20. Deutsch

Das Geschehen, das vom Verb bezeichnet wird, nennt man Aktionsart des Verbs. Die Differenzierung des Geschehens erfolgt nach dem zeitlichen und inhaltlichen Verlauf. Hinsichtlich des Verlaufs lassen sich die deutschen Verben (und nicht nur diese) in zwei Hauptklassen (vgl. 1,2 a und b) aufteilen. Man spricht hier von der perfektiven und imperfektiven Aktionsart des Verbs.

☞ Worin besteht der Unterschied zwischen perfektiver und imperfektiver Aktionsart?

|  | perfektiv | imperfektiv |
|---|---|---|
| 1 a) | Die Rose hat geblüht. | b) Die Rose ist verblüht. |
| 2 a) | Er hat geschlafen. | b) Er ist eingeschlafen. |

☞ Durch welche verschiedenen sprachlichen Mittel werden diese semantischen Kategorien im Deutschen noch ausgedrückt?

3. Der Baum steht in Blüte.

4. Plötzlich regnet es.

5. Er schreibt ununterbrochen.

6. Er bringt die Arbeit zum Abschluß.
7. Die Zeit ist vergangen.
8. Schlaf nicht ein.
9. Er hat das Buch auf dem Tisch zu liegen. (Berlinisch)
10. Wir sind am Malochen. (Ruhrgebietisch)

## 21. Pitjatjantjara (Warburton Range Dialekt)

Pitjatjantjara, auch Western Desert genannt, hat mit seinen dialektalen Varianten in Westaustralien eine weite Verbreitung und ist mit einigen tausend Sprechern die sprecherreichste Aboriginee-Sprache. Sie ist auch eine der wenigen Eingeborenensprachen Australiens, die nicht unmittelbar vom Aussterben bedroht ist.

☛ Beschreiben Sie die Bildung der Imperative. Gibt es semantische Unterschiede zwischen den Formen?

| | | |
|---|---|---|
| 1. | kulila | *Hör her!* |
| 2. | kulinma | *Hör weiter her!* |
| 3. | waŋka | *Sag was!* |
| 4. | waŋkama | *Sprich weiter!* |
| 5. | kumpila | *Versteck dich!* |
| 6. | kumpinma | *Bleib versteckt!* |
| 7. | jinka | *Sing!* |
| 8. | jinkama | *Sing weiter!* |
| 9. | pukuḷari | *Sei glücklich, freu' dich!* |
| 10. | pukuḷarima | *Bleib glücklich, freu' dich weiter!* |

# 6. Pragmatik

In der Pragmatik beschäftigt man sich mit Handlungs- und Situationsbezügen von sprachlichen Äußerungen sowie mit der Einbettung von Äußerungen in den sprachlichen Kontext. Hierbei wird naturgemäß der Untersuchungsgegenstand in viel stärkerem Maße die gesprochene als die geschriebene Sprache sein. Bemerkenswert ist, daß die lange Zeit anhaltende Fixierung der Sprachwissenschaft auf die geschriebene Sprache und die damit im Zusammenhang stehenden normierenden Grammatikkonzeptionen dazu geführt haben, daß die Pragmatik erst sehr spät als Arbeitsbereich der Linguistik akzeptiert wurde. Die noch relativ junge Pragmatik ist in stärkerem Maße als die bisher behandelten Teildisziplinen von verschiedenen Ansätzen und Methoden geprägt, die sich nicht ohne weiteres auf einen Nenner bringen lassen. Unter dem gemeinsamen Dach Pragmatik sind daher recht unterschiedliche Bereiche zusammengefaßt. Einige der wichtigsten Bereiche sollen anhand eines Sprachspiels verdeutlicht werden, das auf *Alice hinter den Spiegeln*[1] zurückgeht. Es handelt sich um das folgende fiktive Verkaufsgespräch:

| | | |
|---|---|---|
| 1 | Kundin: | Guten Tag. |
| 2 | Verkäuferin: | Guten Tag. |
| 3 | Kundin: | Ich möchte ein Ei kaufen, bitte. Wie teuer kommt das? |
| 4 | Verkäuferin: | Neunzehn Pfennig für eins – Zehn Pfennig für zwei. |
| 5 | Kundin: | Dann sind zwei billiger als eins? |
| 6 | Verkäuferin: | Nur, wenn Sie zwei kaufen, müssen Sie sie auch essen. |
| 7 | Kundin: | Dann möchte ich *eins* bitte. |
| 8 | Verkäuferin: | Hm. |
| | | ((K bezahlt die Ware, V nimmt das Geld und tut es in eine Schachtel.)) – Anstelle des etwas ungewöhnlichen weiteren Verlaufs lassen wir das Gespräch anders enden: |
| 9 | Verkäuferin: | Au revoir, Madame. |
| 10 | Kundin: | Ciao. |

Deiktische Ausdrücke wie *das* (Zeile 3) wurden bereits im Kapitel Semantik behandelt. Sie haben aber nicht nur die Funktion im wirklichen Raum zu verweisen, sondern können dies ebensogut im metaphorischen Raum einer Rede oder eines geschriebenen Texts. In Gesprächen verweisen Ausdrücke wie *das* auf etwas, das bereits vorher erwähnt wurde, sie haben eine sogenannte anaphorische (rückverweisende) Funktion. Anaphorische Ausdrücke spielen eine wichtige Rolle bei der Organisation und Weiterführung des thematischen Fadens, was später noch näher behandelt wir. In der geschriebenen

Sprache ist die Verwendung von Deixis z.T. noch komplizierter:
Wenn Hartmann von Aue seinen „*Erec*" mit den Worten beschließt
*Hie hât diz liet ein ende* „hier endet diese Geschichte", ist dann mit
*hie* die hier/jetzt-Origo des Verfassers/ Schreibers oder des Vorlesers
gemeint oder aber die Stelle auf dem Papier, wo *hie* steht?
Für die Lokalisierung braucht man Zusatzinformationen. Spezifi-
sche Hintergrundinformationen sind häufig notwendig, um eine
Äußerung überhaupt sinnvoll verstehen zu können. So ist die Frage
*Dann sind zwei billiger als eins?* im obigen Verkaufsgespräch überhaupt nur dann sinnvoll, wenn man weiß, daß über Eier gesprochen
wird und daß normalerweise zwei Eier teurer sind als nur eins. Die
Frage der Kundin impliziert aus der Äußerung *Ich möchte ein Ei
kaufen*, daß der Preis von Eiern Gegenstand des Gespräches ist. Die
Art der Ableitung solcher Informationen aus Vorgängeräußerungen,
die im laufenden Gespräch vorausgesetzt werden, bezeichnet man
als (konversationelle) **Implikaturen**. Eine Aussage wie *Die meisten
Sprachen besitzen wenigstens einen Nasallaut* impliziert, daß es
einige Sprachen gibt, die keine Nasallaute haben, so z.B. das auf der
Olympia-Halbinsel (Washington State) gesprochene Quileute, z.B.
*Wašitídoqʷ* „Washington". Erhält man auf eine Frage wie *Hast du
das Kapitel fertig geschrieben und das Arbeitszimmer aufgeräumt?*
die Antwort *Natürlich habe ich das Kapitel fertig*, dann kann
begründet ein Verdacht im Hinblick auf das Aussehen des Zimmers
aufkommen. Zusätzlich zu den kontextuell bestimmten Informationen spielt häufig auch kulturell spezifiziertes Vorwissen – man
spricht auch von ‚Weltwissen' – eine Rolle:

Kundin:      Ich hätte gern ein Babybadetuch mit Kapuze.
Verkäufer:   Ja, sehen sie, mit rosa oder blauer Borte – oder gelb,
             wenn man nicht weiß, was es ist.
Kundin:      Nein, nein, es ist schon da, ich nehm' das Blaue.

Daher können Äußerungen oft nur verstanden werden, wenn man
der gleichen (Sub-)Kultur angehört wie der Sprecher, so im Falle der
folgenden Äußerung aus dem Kilivila, der Sprache der Trobriand-
Inseln (im Zitat <y> = [j], <'> = [ʔ]):[2]

| Tasakaulo | kaymatana | yakida; | |
| *Wir rennen* | *Spitzen-Holz* | *selber* | |
| tawoulo | ovanu | tasivila | tagine |
| *wir paddeln* | *am richtigen Platz* | *wir wenden uns* | *wir sehen* |
| soda | | isakaulo | ka'u'uya |
| *Gefährten unsrigen;* | *er rennt* | | *Schwanz-Holz* |
| oluvieki | similaveta | Pilolu | |
| *hinten* | *ihr Meeres-Arm* | *Pilolu* | |

Um das allgemeine und situationsspezifische kulturelle Wissen, das
in der Äußerung vorausgesetzt wird, zu vermitteln, muß Bronislaw
Malinowski eine längere Erklärung geben:[3]

»Im vorliegenden Fall bezieht sich die Äußerung auf eine Episode auf einer Han-
delsexpedition dieser Eingeborenen über See, an der mehrere Kanus im Wettbe-
werb teilnehmen. Der letztgenannte Umstand erklärt auch die emotionale Natur
der Äußerung; sie ist keine bloße Tatsachenfeststellung, sondern ein Prahlen, wie
sie für die Kultur der Trobriander allgemein und für ihren zeremoniellen Tausch-
handel im besonderen außerordentlich charakteristisch ist.

Erst nach vorheriger Belehrung ist es möglich, eine gewisse Vorstellung zu gewinnen von solchen *technischen Ausdrücken des Prahlens und Wetteiferns* wie
*kaymatana* (Spitzenholz) und *Ka'u'uya* (Schwanz-Holz). Der metaphorische Gebrauch von ›Holz‹ für ›Kanu‹ würde uns noch auf ein anderes Gebiet der Sprach-
psychologie führen, aber für den Augenblick genügt es zu betonen, daß ›Spitzen-‹
oder ›führendes Kanu‹ und ›am Ende liegendes Kanu‹ wichtige Begriffe für ein
Volk sind, für das Wettkämpfe um ihrer selbst willen eine so große Rolle spielen.
Zu der Bedeutung solcher Wörter kommt noch eine spezifische emotionale Fär-
bung hinzu, die nur vor dem Hintergrund ihrer Stammespsychologie im zeremoniellen Leben, in Handel und Unternehmen verständlich ist.

Der Satz wiederum, der schildert, wie die Seeleute an der Spitze zurückblicken
und sehen, daß ihre Gefährten zurückgefallen sind und sich noch auf dem Mee-
resarm von Pilolu befinden, würde eine spezielle Erörterung des geographischen
Raumgefühls der Eingeborenen erfordern, ihrer Verwendung von Bildern als
Sprachinstrument und eines speziellen Gebrauchs des Possessivpronomens (*ihr*
Meeres-Arm Pilolu).«

Doch kehren wir von den Trobriand-Inseln zu unserem merkwürdi-
gen Verkaufsgespräch zurück. Die von der Kundin Alice geäußerte
Frage *Dann sind zwei billiger als eins?* drückt einen Zweifel aus,
kann aber auch als Bitte um Information verstanden werden. In
jedem Fall tut die Kundin etwas mit ihrer Frage, und dieses Tun
hat Konsequenzen: es erfolgt eine Antwort. Vielen Äußerungen liegt
ein solches Handlungspotential zugrunde: Eine Frage kann eine
Bitte um Information, eine Aufforderung oder auch Zweifel ausdrük-
ken. Betrachtet man Äußerungen unter diesem Gesichtspunkt, hat
man es mit sogenannten **Sprechakten** zu tun. Doch entspricht eine
Äußerung nicht immer unbedingt genau einem Sprechakt. Die Äußerung in Zeile 3 stellt einen Redebeitrag der Kundin dar, der zwei
Sprechakte umfaßt, nämlich sowohl eine Aufforderung als auch eine
Bitte um Information. Auf der anderen Seite braucht aber nicht
jeder Redebeitrag ein Sprechakt sein, wie z.B. die Äußerung in Zeile
1, der man isoliert nicht ohne weiteres ein Handlungspotential zu-
ordnen kann. Ein weiterer Aspekt ist die Frage nach dem Aufbau
von Redebeiträgen. In unserem Verkaufsgespräch wechseln sich
Kundin und Verkäuferin ab, auf den Gruß erfolgt ein Gegengruß,
auf eine Frage die Antwort. Solche Strukturen aufzudecken, ist
Gegenstand der **Gesprächsanalyse.**

## 6.1 Sprachspiel und Sprechereignis

Was hat es nun mit dem Begriff Sprachspiel auf sich? Die Idee, daß die Verwendung von Sprache ein Spiel ist, stammt von dem Philosophen Ludwig Wittgenstein:⁴ »Das Wort ›Sprach*spiel*‹ soll hier hervorheben, daß das Sprechen der Sprache ein Teil ist einer Tätigkeit, oder einer Lebensform.« Sprachspiele sind für ihn z.B. das Erzählen eines Witzes oder einer Geschichte, Bitten, Danken, Fluchen, Grüßen, etc. Sprachspiele sind also mehr oder weniger komplexe Handlungseinheiten, die man zwar isoliert betrachten und analysieren kann, die aber immer auch in größere Zusammenhänge eingebettet sind. So grüßt man, wenn man jemanden trifft oder wenn man einen Laden betritt. Sprachspiele faßt man mit dem situativen Kontext, in den sie immer eingebettet sind, als Sprechereignisse zusammen. Ein Sprechereignis umfaßt u.a. folgende Komponenten:

- Teilnehmer: Sprecher, Hörer, Adressaten, ...
- einen Schauplatz bzw. Szene
- die Form und den Inhalt der Mitteilung

Alter, Geschlecht, sozialer Status oder Beruf können wichtig sein: Im Französischen sagt ein Mann für „ich bin glücklich" *je suis heureux*, eine Frau dagegen *je suis hereuse*. Im Mixtekischen grüßt eine jüngere Person eine ältere Frau mit *tà nî ndii náà*, einen älteren Mann mit *tà nî ndii táà*, die ältere Person die jüngere aber nur *tà nî ndii* „Guten Morgen! (wörtlich: es ist hell geworden)". Während man bestimmte Berufsgruppen immer mit ihrer Funktionsbezeichnung anredet – *Herr Doktor, Herr Richter, Herr Staatsanwalt, Herr Wachtmeister, Herr General*, ... – kann man dies bei anderen nicht – ?*Herr Bäcker*, ?*Herr Metzger* – und muß den Familiennamen wählen, z.B. *Vier Roggenbrötchen bitte, Herr Schneider* oder *Noch 200g Aufschnitt, Herr Schuster*. Ab der Mittagszeit grüßt man im Mixtekischen nicht mehr mit *tà nî ndii* „es ist hell geworden" sondern mit *tà nî ini* „es ist Nachmittag geworden". Man doziert, wenn man in der Universität vor Studenten oder Fachkollegen wissenschaftliche Erkenntnisse mitzuteilen hat – aber möglichst nicht, wenn man mit Freunden bei einem Bier zusammensitzt und über Politik redet. Unabhängig davon, wie gut und lange man einen Freund kennt, wird man ihn siezen und formell behandeln, wenn er einen als Anwalt vor Gericht vertritt – geht man danach noch etwas essen, sieht die Sache aber wieder anders aus. Egal wie vertraut man mit seinem Gegenüber ist, wird die Mitteilung, daß man eine Million im Lotto gewonnen hat, sich etwas anders anhören als die Mitteilung, daß ein gemeinsamer Bekannter gestorben ist.

Wie kommen nun die verschiedenen Ausdrucksweisen einer Mitteilung zustande? Man kann z.b. bei der Anredeform zwischen *Sie* und *Du* wählen und zwischen *Herr Doktor Dürr, Herr Doktor, Herr Dürr, Herr Kollege, Michael* oder *Süßer.* Man kann verschiedene Bezeichnungen verwenden: *meine Eltern – die Alten, Wie schön! – Toll! – Geil, ey!* oder *entschlafen – gestorben – abgekratzt.* Man kann eine verbale oder eine nominale Ausdrucksweise vorziehen: *Ihr Kommen ist uns eine besondere Freude – Es ist uns eine besondere Freude, daß Sie gekommen sind – Wir freuen uns besonders, daß Sie gekommen sind.* Man kann sich direkt oder indirekt ausdrücken: *Gib' mir das Buch! – Ich würde gerne einen Blick in das Buch werfen.* Man kann auch mit kleinen grammatischen Wörtern, den sogenannten Abtönungspartikeln, nuancieren: *Gib' mir doch mal das Buch!* Man kann Wörter verschleifen oder nicht: *Willstntee?* für *Willst Du einen Tee?* Aber man kann auch Hochdeutsch, Dialekt oder etwas dazwischen reden: *Des deaffan s eahna ned gfoin lassn* „Das dürfen Sie sich nicht gefallen lassen".

Da ein Sprecher zwischen vielen verschiedenen Varianten wählen kann, sind für jede Äußerung eine immense Vielzahl von Formulierungen möglich. Aber nicht jeder grammatisch richtige Satz ist auch zugleich eine situativ angemessene Formulierung einer Aussage, so daß vieles dafür spricht, das Wissen um den sozialen Gebrauch der Sprache, die sogenannte **Performanz**, von der bloßen **Kompetenz** abzugrenzen, dem Wissen um den grammatischen und lexikalischen Gebrauch. Entscheidend ist, daß man eine der Information und der jeweiligen Situation angemessene Variante wählt. Tut man es – und gar noch wiederholt – nicht, so drohen soziale Sanktionen. Sie müssen allerdings nicht so extrem ausfallen wie im Falle der Begegnung von Herrn Kazuo und Herrn Hindeji am 30. Mai 1975 auf dem Bahnhof von Tokio, die mit dem Tode von Herrn Kazuo endete. Herr Kazuo hatte in angetrunkenem Zustand seinen Arbeitskollegen Herrn Hindeji ‚nur zum Spaß' mit *Hindejikun* angeredet und damit das Höflichkeitssuffix *-kun* gebraucht, das normalerweise nur Schulfreunde unter sich und Lehrer gegenüber Schülern gebrauchen. Gegenüber dem älteren Herrn Hindeji indes verstieß Herr Kazuo gegen die Sprache der Höflichkeit (Keigo), und dies wurde ‚entsprechend' (?) durch Totschlag sanktioniert.[5]

Ein wichtiges Kriterium für die Angemessenheit einer Äußerung ist der Grad der Formalität. Je formeller eine Situation, desto formeller sollte auch die gewählte Ausdrucksweise sein. In sehr vielen Sprachen ist Formalität durch indirekte Ausdrucksweise gekennzeichnet. Ein gleiches gilt auch für das Phänomen der Höflichkeit, das in einem engen Zusammenhang mit Formalität steht. Formelle Anredeformen sind oft sprachhistorisch aus Strategien entstanden, mit denen die direkte Anrede *Du* vermieden werden sollte. Das spanische *Usted* wurde aus *Vuestra merced* „Euer Gnaden" verschliffen, das deutsche *Sie* und das französische *Vous* gehen auf andere Pronomina zurück, im Deutschen auf das Pronomen der dritten Person Plural *sie*, im Französischen auf das der zweiten Person Plural *vous*. Es ist höflicher, anstelle des direkten Befehls *Geben Sie mir das Buch!* eine indirekte Formulierung wie *Ich würde gerne einen Blick in das Buch werfen* zu wählen oder die Aufforderung in den Bereich des nur vage Möglichen zu verschieben *Ob Sie mir wohl das Buch zeigen könnten?*

Aber jeder Sprecher hat auch seinen persönlichen Stil sich auszudrücken; und es gibt neben Sprachspielen, die vom Ernst des Lebens getragen werden, auch solche, in denen der spielerische Charakter von Äußerungen eine entscheidende Rolle spielt. Lautliche Ähnlichkeit oder Gleichklang werden hierbei oft genutzt, man steht jemanden reimend *mit Rat und Tat zur Seite* oder man gibt seinem Buch einen Titel mit Alliterationen wie *Götter, Gräber und Gelehrte*. Die beiden Beispiele zeigen auch, daß Aufzählungen häufig mit lautlich, lexikalisch oder syntaktisch parallelen Zweier- und Dreierstrukturen verwendet werden. Spielerisch sind auch Hyperbeln wie der folgende Kommentar eines Berliners über das Urlaubswetter *Dit hat so jeregnet, wir dachten, wir kriejen Schwimmhäute* oder die Modifikation einer idiomatischen Wendung wie im Falle eines ‚auf die Palme gebrachten' Berliners, der konstatiert: *Rejelrecht war ick uff de Birke!*

Auch wenn die Kombinationsmöglichkeiten ein Kontinuum bilden, stellen bestimmte Kombinationen prototypische **Sprachregister** dar, z.B. die Pole des Kontinuums Schriftsprache (als gesprochene Sprache) und Umgangssprache, Dialekte oder Fach- und Sondersprachen von Amtsdeutsch bis Rotwelsch. Die Wissenschaftssprache zeichnet sich so oft durch einen hohen Anteil an Fremdwörtern aus, durch komplizierte und im Nominalstil gehaltene Sätze verbunden mit einem hohen Grad an Abstraktheit:[6]

»Kommunikation greift aus dem je aktuellen Verweisungshorizont, den sie selbst erst konstituiert, *etwas* heraus und läßt *anderes* beiseite. Kommunikation ist Prozessieren von Selektion.«

Poetische Sprache hingegen weist z.B. neugebildete Wörter auf, besondere Bildhaftigkeit und Freiheiten im Umgang mit der Syntax, wie die folgenden Strophen aus dem Gedicht *„Die neue Syntax"* von Johannes R. Becher:[7]

Artikeltanz zückt nett die Pendelbeinchen.
In Kicherrhythmen schaukelt ein Parkett.
Da aber springt metallisch tönend eine reine
Strophe heraus aus dem Trapez. Die Kett

Der Straßenlampen ineinander splittern.
Trotz jener buntesten Dame heiligem Vokativ.
Ein junger Dichter sich Subjekte kittet.
Bohrt des Objekts Tunnel... Imperativ

Innerhalb von Texten wird allerdings nicht selten das Register, gelegentlich sogar die Sprache gewechselt, so z.B. im folgenden alemannischen Gedicht von Thomas Burth:[8]

Wisawi am Telefon
So, wi mi Wiib gurret,
moßes ebber netter si.
So, wi mi Tochter kitteret,
moßes ihr Gspussi si.
So, wi de Bue flüschteret,
moßes si Freundin si.
So, wi di Klä schnatteret,
moß uf de andre Siite ä Schneegans si.
*So korrekt, wie ich am Telefon spreche,*
moßes en Klonke usem Gschäft si.

Bevor wir jedoch einige Sprechereignisse exemplarisch analysieren können, müssen Sprechereignisse noch unter zwei Gesichtspunkten betrachtet werden: einerseits hinsichtlich der Beziehung
zwischen Äußerungen und dem mit ihnen verbundenen sozialen
Handeln und andererseits hinsichtlich der Spielregeln, die bei
Sprechereignissen den Sprecherwechsel und die Reaktion auf eine
Äußerung organisieren.

## 6.2 Sprechakte / Sprechhandlungen

Äußerungen sind nicht nur Ereignisse – eine Person spricht – sondern zugleich auch Handlungen, sogenannte Sprechakte. Stellen wir
uns vor, in einem Seminar zur Sprechakttheorie, in dem gerade
Searles Klassifikation von Sprechakten behandelt wird, stört eine
Gruppe von Studierenden die Diskussion. Der Dozent daraufhin: *Ich
möchte Sie doch bitten, Ihre Privatgespräche zu unterlassen.* Um das
Handlungspotential solcher Äußerungen zu verstehen, muß man sie
unter drei verschiedenen Gesichtspunkten betrachten: dem eigentlichen Akt des lautlichen, grammatischen und lexikalischen
Äußerns, der sogenannten **Lokution**; der mit der Äußerung verbun-
denen Handlung, der **Illokution**; und schließlich der Wirkung der
Äußerung, der **Perlokution**. Die Äußerung hat einen inhaltlichen

Kern p: <daß Sie die Privatgespräche unterlassen>; diese sogenannte **Proposition** (p) entspricht dem lokutionären Akt. Damit ist
aber die Äußerung nur unvollständig erfaßt. Zugleich ergeht als
illokutionärer Akt eine Aufforderung *Ich möchte sie doch bitten* an
die Seminarteilnehmer. Hat diese Aufforderung Erfolg und die Privatgespräche werden zu betretenem Schweigen, so hat der Dozent
mit der Äußerung den gewünschten perlokutionären Effekt bewirkt.

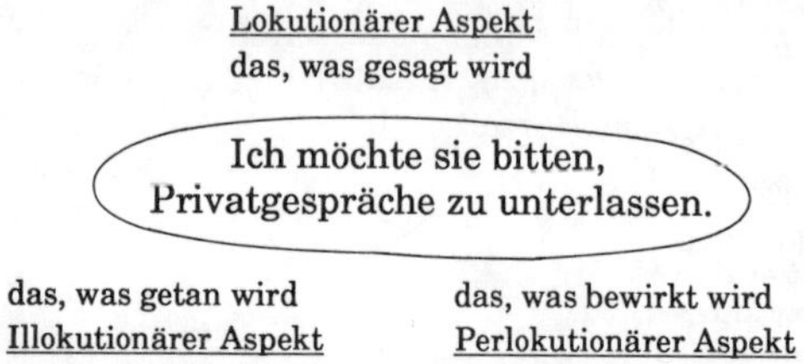

Lokutionärer Aspekt
das, was gesagt wird

Ich möchte sie bitten,
Privatgespräche zu unterlassen.

das, was getan wird          das, was bewirkt wird
Illokutionärer Aspekt        Perlokutionärer Aspekt

Abb. 6-1: Die drei Aspekte eines Sprechaktes

Mit Äußerungen kann also gleichzeitig etwas getan werden; es wird
etwas festgestellt, es wird aufgefordert, bezweifelt, eine Information
erbeten, befohlen, usw. Daß man mit Sagen etwas tut, merkt man
spätestens in den Fällen, in denen bei Nichterfüllung juristische
Folgen drohen: Bei der Vereidigung eines Zeugen vor Gericht legt
sich dieser bindend fest ‚die Wahrheit zu sagen' – tut er dies entgegen dieser Erklärung nicht, so wird er meineidig und macht sich
strafbar; den Befehl eines Vorgesetzten zu verweigern, kann für
einen Soldaten mehrere Tage Bau bedeuten. Einzelne Sprechakte
können sprachlich sehr unterschiedlich realisiert werden. Will man
in Ruhe gelassen werden, so kann man die grammatikalisierte Form
der Aufforderung wählen, die Imperativform *Laß mich in Ruhe!*.
Man könnte auch explizit auffordern: *Ich fordere Dich auf, mich in
Ruhe lassen*. Man kann aber auch indirekt formulieren und z.B. so
tun, als ob man einen anderen Sprechakt ausführt: *Ich bitte dich,
mich in Ruhe zu lassen*. Oder man bringt die eigene Einstellung zum
Ausdruck: *Ich fände es gut, wenn Du mich in Ruhe läßt*. Oder aber
man verschlüsselt die Aufforderung, so daß sie nur implizit in der
Äußerung enthalten ist: *Meine Frau meint, ich brauche viel Ruhe*
oder *Du, der Arbeitstag heute war wahnsinnig anstrengend*.

Um auf einen Sprechakt angemessen zu reagieren, muß der
Hörer die Äußerung als Sprechakt erkennen und als solchen akzeptieren. Die Illokution ist konventionell geregelt und kann an bestimmte Voraussetzungen gebunden sein, zu denen die Angemessenheit von Ort und Zeit sowie die Berechtigung der ihn äußernden
Person gehören: So kann nur ein Standesbeamter auf dem Standes-

amt den Sprechakt *Hiermit erkläre ich Sie für Mann und Frau gültig ausführen*. Der perlokutionäre Effekt hängt nicht nur vom Erkennen des Sprechaktes und seiner konventionell korrekten Ausführung ab, sondern auch von der Aufrichtigkeit der Äußerung seitens des Äußernden und der Akzeptierung durch das Gegenüber. Akzeptiert man den Geltungsanspruch, so unterwirft man sich dem erhobenen Machtanspruch. Eine Zurückweisung ist ebenfalls möglich. So kann man jemandem das Recht bestreiten, eine Anweisung zu geben: *Gib mir das Buch! – Wieso, Du hast mir gar nichts zu sagen*. Oder man bezweifelt die Aufrichtigkeit der Äußerung: *Ich liebe dich – Du willst ja nur mit mir schlafen*.

Seit Austins grundlegendem Werk zur Sprechakttheorie *"How to do things with words"* von 1962 ist mehrfach versucht worden, Sprechakte zu klassifizieren. Eine vollständig befriedigende Lösung gibt es indes nicht, u.a. auch deshalb, weil die einzelnen Sprechakte oft kulturspezifisch sind. Man kann sich aber an dem folgenden groben Klassifizierungsraster orientieren:[9]

| Sprechakt | Bezug | Funktion |
|---|---|---|
| *imperativ* | Zustand in der objektiven Welt | die Herbeiführung des Zustands veranlassen |
| *regulativ* | soziale Welt | eine als legitim anerkannte interpersonale Beziehung herstellen |
| *kommunikativ* | reflexive Bezugnahme auf den Kommunikationsvorgang | die Rede organisieren |
| *konstativ* | Sachverhalt in der objektiven Welt | Sachverhalte wiedergeben |
| *expressiv* | subjektive Welt | dem Adressaten ein Erlebnis darstellen |

Mit **imperativen** Sprechakten wie *Mach die Tür auf!* will ein Sprecher bewirken, daß der Angesprochene die Diskrepanz zwischen dem vom Sprecher erwünschten Zustand und dem tatsächlichen Zustand beseitigt, indem er die geäußerte Proposition ausführt. Die Ablehnung kann auf die Undurchführbarkeit rekurrieren *Die Tür klemmt aber* oder aber den Geltungs- bzw. Machtanspruch zurückweisen, z.B. *Wozu?*

Mit **regulativen** Sprechakten bezieht sich ein Sprecher auf die mit dem Angesprochenen geteilte gemeinsame soziale Welt, indem er eine interpersonale Beziehung herstellen will: *Mach doch bitte jetzt die Schularbeiten – Nöö, keine Lust*.

**Kommunikative** Sprechakte stellen eine Teilklasse der regulativen dar. Sie nehmen direkt auf den Kommunikationsvorgang Bezug und

haben die Funktion, die thematische Strukturierung oder den Sprecherwechsel zu organisieren: *Herr Kollege, Sie haben das Wort.*
Mit **konstativen** Sprechakten will ein Sprecher einen Sachverhalt
wiedergeben, z.B. *Es regnet.* Einen konstativen Sprechakt kann man
zurückweisen, indem man den erhobenen Wahrheitsanspruch be-
streitet: *Schau doch aus dem Fenster, es regnet gar nicht mehr.*
Mit **expressiven** Sprechakten will ein Sprecher ein subjektives Er-
lebnis anderen darstellen. Hier kann vor allem die Aufrichtigkeit
der Äußerung in Frage gestellt werden: *Ich fühl' mich unwohl –
Ach, Du willst Dich nur vor der Arbeit drücken.*

Sprechakte können durch bestimmte Morpheme explizit und
eindeutig ausgedrückt werden, im Deutschen durch besondere per-
formative Verben wie *bitten, glauben* oder *zweifeln*, durch die Flexionsmorphologie wie beim Imperativ oder durch besondere syntaktische Konstruktionen wie bei Fragesätzen *Ist es schön?.* Häufig
besitzen sie zudem noch besondere Intonationsmuster. Welche
Sprechakte explizit gekennzeichnet sind, kann jedoch von Sprache
zu Sprache unterschiedlich sein. Während wir bei konstativen
Sprechakten nur ausnahmsweise explizit für den Wahrheitsgehalt
einer Aussage einstehen, z.B. bei einer eidesstattlichen Erklärung,
sind in einer Sprache wie dem Fasu (Papua-Sprache auf Neuguinea)
Angaben über Wahrheitsgehalt und Herkunft einer Aussage grammatikalisiert und <u>müssen</u> gekennzeichnet werden:[10]

| | |
|---|---|
| a-pe-re | *es kommt (ich sehe es)* |
| pe-ra-rakae | *es kommt (ich höre es)* |
| pe-sa-reapo | *es kommt (ich habe es geschlossen)* |
| pe-sa-ripo | *es kommt (ich habe es mir sagen lassen)* |
| pe-sa-pakae | *es kommt (irgendjemand hat es gesagt)* |
| pe-sa-pi | *es kommt (ich vermute es)* |

In manchen Sprachen nimmt man es mit solchen Markierungen
recht genau: z.B. kann man im Japanischen *samu-i* „ich friere"
sagen, nicht aber *\*kare-wa samu-i* „er (*kare-wa*) friert". Diese Form
würde bedeuten, daß der Sprecher ‚aus Erfahrung' weiß, daß jemand
anderes friert, was nicht möglich ist; daher kann man nur *kare-wa
samu-gatteiru* verwenden, also diejenige Form, die die Aussage als
auf einer Vermutung beruhend kennzeichnet.[11] In vielen Sprachen
erfolgt die Kennzeichnung eines Sprechaktes aber nur vage durch
besondere Intonationsmuster. Durch Intonation gekennzeichnete
Sprechakte sind oft nicht eindeutig, wobei in manchen Fällen verschiedene Interpretationsmöglichkeiten sogar intendiert sind. In
‚Beziehungskisten' umfassen Äußerungen oftmals mehrere Sprechakte, und eine Aufforderung kann zugleich eine Drohung sein. Aus

dieser Mehrschichtigkeit von Sprechakten leben Theaterstücke wie
*„Wer hat Angst vor Virginia Woolf?"* von Edward Albee:[12]

George:  I asked you how you liked that for declension: Good; better; best;
bested. Hm? Well?

Nick:  I really don't know what to say.

George:  You really don't know what to *say?*

Nick:  All right ... what do you want me to say? Do you want me to say it's
funny, so you can contradict me and say it's sad? Or do you want
me to say it's sad so you can turn around and say no, it's funny.
You can play that damn little game any way you want to, you
know!

Derartig komplexe Mehrschichtigkeiten von Handlungsbezügen zeigen, daß es nicht ausreicht, nur die Sprecherperspektive und die
einzelnen Äußerungen zu betrachten, wie dies in der Sprechakttheorie geschieht. Nur im größeren Zusammenhang des Gesprächs werden Sprechakte wirklich voll verständlich.


## 6.3 Gesprächsanalyse

Gegenstand der Gesprächsanalyse, die auch Diskurs- oder Konver-
sationsanalyse genannt wird, sind Struktur und Funktion der
sprachlichen Einheiten im Gespräch. Im Gegensatz zur Sprechakttheorie interessiert man sich in der Gesprächsanalyse mehr für die
Äußerungen im Zusammenhang umgebender (Vorgänger- und Fol-
ge-)Äußerungen sowie für die Interaktionszusammenhänge, d.h. für
die Wechselbeziehungen von Äußerungen verschiedener Sprecher.
Gehen wir von folgendem Beispiel aus:

Kunde:  Ich hätt' gern Porree.

Verkäufer:  Tut mir leid, erst morgen wieder.

Kunde:  Na, dann nehm' ich wohl 'nen Blumenkohl.

Der Kunde hat einen bestimmten Wunsch und äußert ihn in Form
einer Sprechhandlung, einer indirekten, aber im institutionali-
sierten Kontext Verkaufsgespräch eindeutigen Aufforderung an den
Verkäufer ›Liefere Porree!‹ mit der Implikatur ›gegen Bezahlung‹.
Der Verkäufer interpretiert die implizite Aufforderung richtig, kann
aber in Ermangelung der Ware nicht der Handlungserwartung ent-
sprechen und muß folglich mit der nächstbesten konventionellen
Handlungserwartung reagieren, mit einer Entschuldigung. Der
Kunde interpretiert die Äußerung und formuliert nun einen neuen
Kaufwunsch:[13]

| Kunde: | Sprechh. 1 | (Sprechh. 2) | → | Sprechh. 3 |
|---|---|---|---|---|
| | ↓ | ↑ | | ↓ |
| | Äußerung 1 | ⋮ | | Äußerung 3 |

| Verkäufer: | ⋮ | Äußerung 2 | ⋮ |
|---|---|---|---|
| | ↓ | ↑ | ↓ |
| | (Sprechh. 1) → | Sprechh. 2 | (Sprechh. 3) |

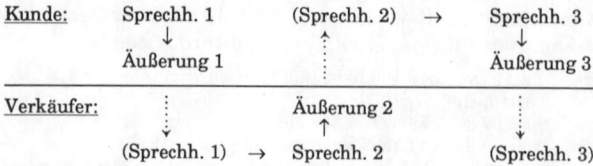

Wie zwischen Äußerungen und Sprechhandlungen besteht auch zwischen Äußerungen und in sich abgeschlossenen Redebeiträgen keine Eins-zu-eins-Relation. Hierbei ist unter einem Redebeitrag jener Teil einer Äußerung gemeint, der bis zu einem Punkt reicht, an dem ein Sprecherwechsel möglich ist. Redebeiträge bezeichnet man auch als Gesprächsschritt, Gesprächssequenz (englisch **turn**) oder – in Analogie zum Schachspiel – als Redezug. So besteht der folgende Dialog aus zwei Äußerungen, aber drei Gesprächssequenzen:

> Sprecher A:  Ich hätt' gern 'n Bier und 'nen Korn.
> Sprecher B:  Ja gern. (1.0) Was macht denn dein Führerschein?

Ein Redebeitrag muß nicht immer so kurz sein wie *Ja gern*; er kann z.B. auch aus einer längeren, in sich selbst komplexen Geschichte mit Episoden bestehen, oder er kann Nebensequenzen enthalten. Auf der anderen Seite können Redebeiträge über einen Sprecherwechsel hinweg größere Einheiten bilden, die nach Handlungsmustern organisiert sind. Diese sequentiellen Muster sind in ihrer minimalen Form paarweise strukturiert wie im Falle des Handlungsmusters ›Begrüßung‹:

> Sprecher A:  Hallo!
> Sprecher B:  Hallo!

Paarsequenzen oder **adjaceny pairs** bestehen aus einem ersten Teil, auf den der andere Sprecher direkt anschließend mit dem zweiten Teil reagieren muß. Prototypische Paarsequenzen sind z.B. Gruß – Gegengruß, Entschuldigen – Annehmen der Entschuldigung, Danken – Annehmen des Dankes – Gegendank, Frage – Antwort:

> Sokrates:         ⌐ Ist nun auch das Reden eine Handlung?
> Hermogenes:  ⌊ Ja.

Es handelt sich oft um streng konventionalisierte (und ritualisierte) Handlungsmuster, deren Einleitung mit einer festen Erwartungshaltung verbunden ist. Manche Paarsequenzen sind wie die Begrüßung formelhaft und verlangen symmetrisch die (nahezu identische) Wiederholung der einleitenden Sequenz, z.B.

> Sprecher A:  ⌐ Petri Heil
> Sprecher B:  ⌊ Petri Dank!

Bei anderen Paarsequenzen ist das notwendige Komplement nicht in dem Maße festgeschrieben, aber immer gibt es eine Normalerwartung. Bei einer Frage nach dem Weg wie *Wie komme ich zum ICC?* ist das präferierte zweite Glied eine Wegbeschreibung. Kann der Gefragte die Normalerwartung nicht erfüllen, so muß er sie zurückweisen und ein besonders markiertes dispräferiertes zweites Glied wählen, z.B. *Tut mir leid, ich kenn' mich hier auch nicht aus.* Eine Äußerung *Weiß nicht* oder gar *Sag' ich nicht* wäre zu brüsk. Bei der Begrüßungsformel *Wie geht es Ihnen?* ist der normativ geltende Erwartungshorizont ein informationsloses zweites Glied wie *Danke gut – Könnte besser sein – So lala.* Beachtet man den konventionalisierten Charakter nicht und faßt die Äußerung als echte Informationsfrage auf und antwortet mit *Ach, ich leide zur Zeit an Verdauungsstörungen, Schlaflosigkeit und Kopfschmerzen hab' ich auch oft,* so irritiert man sein Gegenüber vielleicht. Hierbei sind oft gruppenspezifische Unterschiede zu beachten, wie das folgende Beispiel zeigt:

| Sprecher A: | Hi! |
| Sprecher B: | Wal! |

Das präferierte zweite Glied auf die englische Begrüßung wäre *Hi* oder *Hello.* Im Diskurs einer Osnabrücker Gruppe von Jugendlichen jedoch ist das präferierte zweite Glied *Wal,* wodurch über die Homophonie von *Hi* [hai] und *Hai* das Begrüßungsritual sprachspielerisch aufgebrochen wird. Paarsequenzen können durch Einschübe unterbrochen werden, ohne daß die Erwartung des zweiten Gliedes auf der Strecke bleibt. Im folgenden Beispiel ist der Einschub selbst eine Paarsequenz:

Einbettung:
| Sprecher A: | ⌐ Wie spät ist es, bitte? |
| Sprecher B: | ⌐ Kleinen Moment. |
| Sprecher A: | └ Hm. |
| Sprecher B: | └ Zehn vor zwölf. |

Neben der Einbettung findet sich auch die Reihung und Kopplung zweier Paarsequenzen:

Reihung:
| Sprecher A: | ⌐ Wie geht's? |
| Sprecher B: | └ Danke gut. |
| Sprecher A: | ⌐ Kommst Du nachher zum Fußball? |
| Sprecher B: | └ Klar. |

Kopplung:
| Sprecher A: | ⌐ Hallo, wie geht's? |
| Sprecher B: | ⌐└ Danke gut. Und dir? |
| Sprecher A: | └ So lala. |

Zwischen den Paarsequenzen kann auch eine thematische Beziehung bestehen. Bei Unterbrechungen kann es sich um ein aufschie-
bendes *Kleinen Moment* wie im ersten Beispiel handeln oder um
eine anknüpfende (und eventuell bedingende) Frage:

Kunde:        ⌐ Ich hätt' gern Zwiebeln. Wieviel kostet das Pfund?
Verkäufer:    └⌐ Zwei Mark.
Kunde:         └ Dann zwei Pfund bitte.

Es kann sich um **Präsequenzen** handeln, die dazu dienen, den
Redebeitrag vorzubereiten:

Kind:        ⌐ Papa.
Vater:       └ Ja.
Kind:        ⌐ Spielst Du mit mir Maumau?
Vater:       └ Okay.

Es gibt auch **Echostrukturen**:

Sprecher A:   ⌐ Liebst Du mich?
Sprecher B:   └ Ja.
Sprecher A:   ⌐ Wirklich?
Sprecher B:   └ Ja!

Neben Paarstrukturen und deren Verknüpfungen spielen auch Dreierstrukturen (,triplets') eine Rolle wie in der folgenden typischen
Lehrer-Schüler Interaktion, in der zusätzlich zum einleitenden
Glied und der Reaktion auch noch ein Rückmeldungssignal (,feed-
back') erforderlich ist:

Lehrer:      ⌐ What's the capital of France?
Schüler:     ├ Paris.
Lehrer:      └ Right.

Eine weiter übergreifende Gesprächsstruktur bildet der **Gesprächsrahmen**. Viele Gesprächstypen werden in besonderer
Weise begonnen und beschlossen. Die Übertragung eines Fußballspiels beginnt der Reporter: *Guten Abend meine Damen und Herren. Das Wort von den Minimalisten hat hier in Mexiko die Runde
gemacht ....* . Die Begrüßung der Zuschauer gehört genauso immer
dazu wie das *Es war einmal ...* bei einem Märchen. Bei einem Tele-
fonanruf beginnt das Gespräch mit einer Identifizierungsphase, z.B.

Sprecher A:  Schlobinski.
Sprecher B:  Hallo Peter.
Sprecher A:  Ach, du bist's.
Sprecher B:  Sag mal ...

So wie Gespräche in besonderer Weise eröffnet werden, so werden
sie auch geschlossen. Die Verabschiedung *A: Tschüß – B: Tschüß*

gehört hier ebenso dazu wie bei Märchen das *Und wenn sie nicht gestorben sind, dann leben sie noch heute.*

Während vor allem Beginn und Schluß von Gesprächen auf diese Weise deutlich markiert werden, so beruht der Wechsel der Sprecher in Alltagsgesprächen auf impliziten Signalen und unausgesprochenen Konventionen. Dies funktioniert überraschend gut: Studien haben gezeigt, daß eine Überlappung von Redebeiträgen in der US-amerikanischen weißen Mittelschicht in weniger als 5% der untersuchten Fälle vorkommt. Ein implizites Signal ist z.B. die leichte Hebung der Stimme oder eine kürzere Pause, ein weitaus selteneres explizites z.B. *Herr Meyer hat nun das Wort.* Zu den unausgesprochenen Konventionen gehören: nicht alle sollten gleichzeitig reden; man unterbricht den Redebeitrag des gerade Sprechenden möglichst nicht, sondern wartet ein Signal ab, mit dem er das Ende seines Beitrags anzeigt; man wird die Pausen zwischen Redebeiträgen nicht zu lange werden lassen. Dabei spielt sozialer Status eine Rolle. ›Sprich, wenn Du gefragt bist‹, ist eine Maxime, die Eltern ihren Kindern auch heute oft vermitteln. Die strikte Befolgung dieser Regel hätte allerdings den Zusammenbruch jeglicher Kommunikation zur Folge, wie Alice der Schwarzen (Schach-)Königin erklärt:[14]

»»Aber wenn sich alle an diese Regel hielten‹, sagte Alice, denn sie hatte eine große Vorliebe für kleine Einwände, ›und alle sprächen nur, wenn sie gefragt sind, und jeder wartete darauf, daß der andere anfängt, dann würde ja nie jemand irgend etwas sagen, so daß – ‹ ›Lächerlich!‹ rief die Königin.«

Neben dem sozialen Status spielt auch die Geschlechtsspezifik bei der Verteilung von Redebeiträgen eine Rolle. Es konnte nachgewiesen werden, daß Unterbrechungen in Gesprächen zwischen Männern und Frauen häufiger von Männern initiiert werden als von Frauen. Während in Alltagsgesprächen der ‚horror vacui‘ stark ausgeprägt ist und Pausen meist schnell von anderen Sprechern genutzt werden, findet man in einem gesprächstherapeutischen Diskurs die Fortführung des Redebeitrages auch nach einer längeren Pause, ohne daß der Gesprächspartner, hier der Therapeut, interveniert:

Klientin: Und dann kam überhaupt keine Reaktion, ne. Und ich traute mich dann auch nicht, ihn anzugucken, weil ich dann vielleicht auch (..) na ja, vielleicht Angst vor der Reaktion habe oder – ((12 Sekunden Pause)) Aber dann kam eben gar nichts ...

## 6.4 Beispiele für Sprechereignisse

Nachdem wir sowohl die Handlungskomponente sprachlicher Äußerungen als auch einige wesentliche Organisationsregeln von Gesprächen kennengelernt haben, können wir uns nun wieder der Betrachtung von Sprechereignissen zuwenden. Vieles, was als Einzel-
phänomen angeschnitten wurde, wird nun im größeren Zusammenhang konkreter Sprechereignisse deutlich, erhält z.t. aber auch eine
andere Dimension. Nehmen wir z.B. die indirekte Ausdrucksweise,
die nicht nur Einzeläußerungen kennzeichnen kann, sondern sich
über mehrere Paarsequenzen als Höflichkeitsstrategie ausgearbeitet
finden läßt. So will der Besucher (Sprecher B) im folgenden All-
tagsgespräch in Tzotzil (Maya-Sprache aus dem mexikanischen
Bundesstaat Chiapas) sein Gegenüber eigentlich um einen Gefallen
bitten:15

Sprecher A: k'usi mantal kits'in
*Was willst du, mein jüngerer Bruder?*
Sprecher B: tš'abal hbankil
*Nichts, mein älterer Bruder.*
Sprecher A: mi hetš tšaval
*Wirklich?*
Sprecher B: hetš škal bats'i tš'abal melel ha ʔ noʔoš mu hnaʔ
*Ja, überhaupt nichts, bestimmt. Ich dachte nur, daß*
mi šak'an tšavitš' ʔavuni motone
*du vielleicht ein kleines Geschenk haben möchtest.*
pere bats'i hutuk noʔoš
*Es ist nur ganz wenig.*

Erst nachdem er den mitgebrachten Schnaps spendiert hat, kommt
er dann auf sein Anliegen zu sprechen. Indirekt ist nicht nur das
gesamte Vorgehen – er insistiert ja darauf, nichts zu wollen –
sondern auch die Betonung der Nichtigkeit des als Vorleistung mitgebrachten Geschenks und das Vagehalten in der letzten Äußerung.
Die Anrede mit „jüngerer Bruder" und „älterer Bruder" sind dagegen Höflichkeitskonventionen, die den höheren Status von Sprecher
A dokumentieren. Dieses Beispiel zeigt, wie Sprechereignisse als
Gesprächstyp eine ganz besondere, durch feste kulturspezifische
Regeln bestimmte Struktur haben. Mancherorts ist es gelegentlich
von Nutzen, seinem Gesprächspartner unauffällig einen Briefum-
schlag zu übergeben, bevor man auf ein Anliegen zu sprechen
kommt, wobei dieser Akt entweder gar nicht oder durch ein *Für die
Witwen- und Waisenkasse ihres Berufsverbandes* oder *Eine kleine
Aufmerksamkeit* zu kommentieren ist. Die Vielfalt der Diskurstypen
und die der ihnen jeweils spezifischen Strukturen ist immens und
kann hier nur exemplarisch anhand einiger Kurzanalysen dargestellt werden.

### 6.4.1 Analyse eines Verkaufsgesprächs

Zunächst wollen wir das zu Anfang dieses Kapitels zitierte Sprach-spiel Verkaufsgespräch näher analysieren:

| | | |
|---|---|---|
| 1 | Kundin: | Guten Tag. |
| 2 | Verkäuferin: | Guten Tag. |
| 3 | Kundin: | Ich möchte ein Ei kaufen, bitte. Wie teuer kommt das? |
| 4 | Verkäuferin: | Neunzehn Pfennig für eins – Zehn Pfennig für zwei. |
| 5 | Kundin: | Dann sind zwei billiger als eins? |
| 6 | Verkäuferin: | Nur, wenn Sie zwei kaufen, müssen Sie sie auch essen. |
| 7 | Kundin: | Dann möchte ich *eins* bitte. |
| 8 | Verkäuferin: | Hm. |
| | | ((K bezahlt die Ware, V nimmt das Geld und tut es in eine Schachtel.)) |
| 9 | Verkäuferin: | Au revoir, Madame. |
| 10 | Kundin: | Ciao. |

Es handelt sich um eines der Verkaufsgespräche, bei denen der Ort der Handlung, ein Kaufladen, den Gesprächstyp bereits vorgibt. Die Kundin ist Alice, die Verkäuferin ist ein Schaf, und zwar im wört-lichen Sinne.

Das eigentliche Verkaufsgespräch ist umrahmt von den Paarse-quenzen Begrüßung und Verabschiedung. Beide Paarsequenzen sind symmetrisch; allerdings wird bei der Verabschiedung vom Deut-schen ins Französische und Italienische gewechselt, ein Phänomen, das als ‚**code-switching**‘ bezeichnet wird.

Der Einstieg in das eigentliche Verkaufsgespräch wird durch eine ankündigende Präsequenz vorbereitet, die man aufgrund des eindeutigen Rahmens allerdings auch stillschweigend hätte weg-lassen können. Es folgt eine Paarsequenz Frage-Antwort, in der der Preis der Ware ausgehandelt wird. Da die Preisgestaltung etwas unerwartet ausfällt, wird die Nachfrage in Zeile 5 notwendig, die das erste Glied einer weiteren Paarsequenz bildet.

Der Kern des Kaufgesprächs besteht aus dem nun folgenden Kaufakt. Die ankündigende Präsequenz wird wiederaufgenommen und nun in etwas anderer Form als Aufforderung an den Verkäufer gerichtet, eine bestimmte Handlung zu tun. Diese Aufforderung ist notwendig, da sich der Kunde in einer Situation befindet, in der er zwar über den Plan einer Handlung verfügt, er aber nicht in der Lage ist, diesen auszuführen. Der Verkäufer, der die geplante Handlung ausführen kann, akzeptiert den geäußerten Kaufwunsch und übernimmt die Durchführung des Plans. Bevor er den Plan je-doch ausführt, gibt er ein Signal der Bestätigung und vervollstän-digt so die Paarsequenz – verbal, wie in unserem Fall durch *Hm* in Zeile 7, oder aber non-verbal, z.B. durch ein Kopfnicken. Diese Ratifizierung ist notwendig, da der Verkäufer ja möglicherweise nicht in der Lage oder nicht Willens ist, dem Kaufwunsch zu entsprechen. Die Paarsequenz Kaufakt – Aufforderung + Ratifizierung – bildet mit der Übergabe der Ware und der Gegengabe der Bezahlung zusammen die konventionelle Minimalform eines Kaufakts; der Austausch von Ware und Bezahlung wird im vorliegenden Beispiel jedoch nicht von Äußerungen begleitet. Die Strukturierung der Äußerungen und die Handlungskoordination lassen sich in ihrer interaktiven Abfolge wie folgt darstellen:

| Zeile | Sequenzierung | Sprechhandlung | Handlungsmuster |
|-------|---------------|----------------|-----------------|
| 1 | ⌈ | Gruß | } Grußritual |
| 2 | ⌊ | Gegengruß | |
| 3 | Prä/ ⌈ | (Aufforderung) / Bitte um Information | ⌉ |
| 4 | ⌊ | Feststellung | Aushandlungs- |
| 5 | ⌈ | Nachfrage | phase |
| 6 | ⌊ | Feststellung | ⌋ |
| 7 | ⌈ | Aufforderung | } Kaufakt |
| 8 | ⌊ | Ratifizierung | |
| 9 | ⌈ | Gruß | } Verabschiedung |
| 10 | ⌊ | Gegengruß | |

Diese sequentielle Struktur kann auch als Baumdiagramm wiedergegeben werden, wobei die Analogie zur syntaktischen Konstituentenstruktur nicht zufällig ist: Die formale Organisation des Gesprächs verhält sich zur Handlungsebene wie die Oberflächensyntax eines Satzes zu seiner Bedeutungsstruktur:

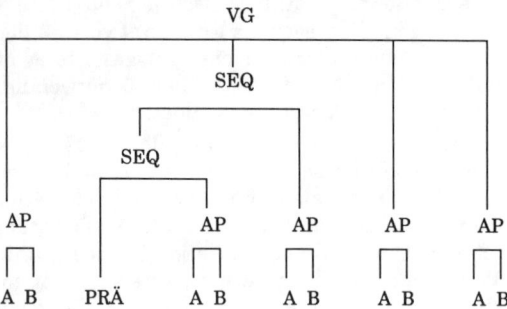

(VG: Verkaufsgespräch; SEQ: Sequentielles Muster; AP: adjacency pair; PRÄ: Präsequenz; A bzw. B: Erste bzw. zweite Komponente eines ,adjacency pair')

Abb. 6-2: Strukturbaum zur formalen Sequenzierung des Sprachspiels „Verkaufsgespräch"

## 6.4.2 Argumentationsanalyse

Argumentieren ist eine komplexe sprachliche Handlung, die vor allem im wissenschaftlichen Diskurs ihre besondere Relevanz hat. In einer Argumentation werden Argumente entwickelt, um auf eine strittige Frage, die sogenannte Quaestio, eine Antwort zu finden. Argumentationen lassen sich nach Wolfgang Klein[16] unter zwei Aspekten analysieren:

- unter dem Aspekt der ‚Logik der Argumentation‘: Wie sind Argumente aufeinander bezogen oder koordiniert?
- unter dem Aspekt der ‚Pragmatik der Argumentation‘: Wie werden die Argumente vorgebracht und mit welcher kommunikativen Funktion?

Während die Logik der Argumentation, wie es Quintilian gefordert hat, sich an der Sache orientiert, hat die Pragmatik der Argumentation die rhetorischen Mittel des Sprechers im Auge, also das ciceronische Ideal der ‚Macht des Wortes‘. In einer Argumentation wird versucht, etwas Fragliches bzw. Strittiges – die Quaestio – in etwas Unstrittiges zu überführen. Derjenige, der argumentiert, nimmt hinsichtlich der Quaestio eine bestimmte Position ein, die man als seine Hypothese fassen kann. Hinsichtlich der Quaestio ›Soll ich jetzt arbeiten?‹ kann man die Hypothese vertreten ›Nein, ich werde jetzt nicht arbeiten‹ oder aber die ›Ja, ich werde jetzt arbeiten‹. In vielen Fällen kann jedoch auch die Quaestio als solche zurückgewiesen werden, wie im Falle von ›Ist morgens arbeiten besser als abends arbeiten?‹ durch die Hypothese ›Ich mag überhaupt nicht arbeiten‹. Die Hypothese, die ein Sprecher vertritt, versucht er nun durch Argumente zu stützen, wobei er auf kollektiv geltende Wissensbestände zurückgreifen wird. Im herrschenden sprachwissenschaftlichen Diskurs kann man z.B. Hypothesen mit Rückgriff auf Chomsky *weil Chomsky ›...‹ gesagt hat* stützen, dessen Worte bei vielen Linguisten einen verbindlichen Charakter haben; weniger kollektiv und folglich auch weniger zugkräftig wäre dagegen *weil ich ›...‹ gesagt habe*. In einer Argumentation wird versucht:[17] »mit Hilfe des kollektiv Geltenden etwas kollektiv Fragliches in etwas kollektiv Geltendes zu überführen.«

Entscheidend ist nun, wie die Argumente im Hinblick auf die Hypothese aufgebaut sind, die sie stützen sollen. Die Argumente sind nicht nur alle dieser Hypothese untergeordnet, sondern stehen auch selbst wiederum in hierarchischen Beziehungen zueinander, d.h. sie können anderen Argumenten unter-, über- oder nebengeordnet sein. In jedem Falle wird eine Relation ›weil – deshalb‹ hergestellt. Die einzelnen Argumente sind Propositionen, die die ein-

zelnen Hypothesen stützen sollen. Betrachten wir nun den folgenden Gesprächsausschnitt, dem eine Diskussion einer studentischen
Fachschaftsinitiative zugrundeliegt, die sich mit der Quaestio ›Soll
die Resolution verabschiedet werden oder nicht?‹ auseinandersetzt.

1  **M₁**: Also, es äh ja, es *gibt* einen Resolutionsvorschlag, den könnt ich ja auch
jetzt euch vorlesen. Äh – wir müßten den ja – äh – jetzt diskutieren, ja und –
äh eventuell ...

**M₂**: Ich würd ja ganz gern bevor du den jetzt liest ganz gern zu dem Text
5  sagen (1.0) – mhh – ((räuspert sich)) (1.0) Also, weil es sich gerade so nach
Resolution *an*hört – ähm – glaub ich machen wir da (1.0) – mh – oder würde
mit dem Vortrag was ähnliches bewirkt wie auf der letzten VV. Nämlich ne –
ja – ne Polarisation auf vermutlich – ähm – (2.0) nur ein Thema oder bestenfalls zwei: und zwar in der Absicht wahrscheinlich dann Betroffenheit her-
10  zustellen; > das hattn wa schon mal die Debatte, ich wollts nur noch mal
sagen < (4.0) ich ich halt es nich für vernünftig, also, was da rauskommt wird
sein, daß wie wie's letzte Mal; Tobias hat das ja favorisiert; über zwei Mark
Benutzungsgebüren für die Bibliothek unterhält und damit ziemlich genau
am BerlHG† vorbeimanövriert. Und wenn man das jetzt beschränkt nur auf
15  Elitestudiengänge und diese (1.0) Kürzung, dann hat man vielleicht, also bei
einigen (1.0) – mhm – die sich mit der Materie noch nich auskennen – ähm –
(1.0) 'n Interesse geweckt, das mag wohl sein (2.0), aber bei der Kampagne,
die mittlerweile schon gegen das BerlHG läuft, dürfte man annehmen, daß
der Informationsgrad vielleicht etwas weiter ist und daß man so'ne Art von
20  (2.0) Interessensweckung nich mehr unbedingt *bräuchte*, sondern vielleicht
eher (2.0) – mhm – ja – daß man sich statt Resolutions (2.0) – ähm –
*vehemenz* (2.0) ähm – die knappe Zeit doch'n bißchen auf die Analyse verle-
gen sollte oder oder anders gesagt, vielleicht mal mehr so die Diskrepanzen
mehr herausstellen (2.0) die – ähm, die sich zwischen dem was was was'n
25  vernünftiges Studium ausmacht und dem, was das neue BerlHG uns be-
schert resultiert oder sie darstellt besser gesagt, das halt ich für sinnvoller

**M₁**:                                                            hmmmm

**M₂**: als zu sagen: wir wollen keine (1.0) denn das kennt man ja mittlerweile.
Zu Recht kennt man's, die Thesen sind ja auch nicht verkehrt, nun klar, s s s
30  *is* ne Elitenbildung, die da angestrebt wird, aber das allein

**F₃**:                                            mmmmh

**F₂**:                                                              hmmh

**M₂**: zum zum Favoriten zu machen und (2.0) damit die Leute zu *kriegen* –
mhm – das glaube ich is verkehrt – ähm – ähm –

35  **F₁**: Hhh – ich s s ich will, ich fand, ich halt auch die Vollversammlung dafür,
daß des der richtige Ort is –

**M₂**: Ja, wenn da zweihundert Leute hinkommen, aber – äh – das is glaub ich
ne alte Diskussion ›und ich will die auch nich nochmal beleben‹ ähm – mhm –
wenn da zweihundert Leute hinkommen, dann ham die zumindest schon mal
40  n mini*males* Interesse an der Sache. Das sind

**F₁**:                                                          mmh?

**M₂**: ja nich, das is ja nich die Mehrzahl der Studierenden

† BerlHG = Berliner Hochschulgesetz

**F₁:** 

**$F_1$:**                                           mhm ja ja

**$M_2$:** am Fachbereich, sondern es sind relativ wenige und müßten mittler-
45  weile – denk ich mir – über zahlreiche Publikationen und wenn sie immer
nur in der Mensa da die – ähm – das Asta-Info lesen und doch einiges mehr
schon wissen übers BerlHG, so daß man den Leuten bestimmt keinen Gefallen tut, wenn man ihnen ne Resolutions*form* (2.0) ähm – Altbekanntes vor-
hält. Also =

50  **$F_3$:**  = Und wie stehts – ähm – mit der ((völliges Stimmengewirr)) wie stellst
du dir das denn jetzt rein praktisch vor? Also, daß nochmal die Redebeiträge
umgeändert werden, oder daß in der Diskussion hier eher hinterher – ähm –
so ähm – darauf hingelenkt wird, also nicht nur jetzt auf Teufel komm raus
irgendwelche Resolutionen durchzuziehen (2.0) sondern (1.0) ja...

55  **$M_2$:** Ja, es ging hauptsächlich auch um sein (  ) auf seinen Beitrag, weil, also
ich denk mir die andern, die andern die die ham erstmal diesen Charakter
erstmal nur zu informieren. Dann ist die Frage, was folgt auf Information,
die bestimmt notwendig ist, weil die wenigsten den neuesten Stand jetzt
kennen werden (.) diesen neuen Entwurf, das *muß* gemacht werden, ähm
60  wenn man mit (2.0) *dem* dann kommt, was vor nem halben Jahr schon mal
*da*zu gesagt worden ist, nämlich zu dem alten Entwurf, dann könnt man unter Umständen – ähm – die Leute verärgern ((lacht)) oder desinteressieren
vielleicht. Das ist mein meine Überlegung und dann müßte auch so'ne Information, wenn da noch was folgen soll entweder ähm – äh – ausführlicher
65  Information oder Analyse oder aber (2.0) zum Beispiel das – äh – das Ausein-
anderklaffen zwischen *dem*, was studentische Interessen sind und *dem*, was
da *gemacht* wird, klar sein ...

Da es sich um den Gesprächstyp Diskussion handelt, ist der
Aufbau einer Argumentationskette komplex und schwierig. Die Argumentation kann kooperativ oder antagonistisch verlaufen, je nach
dem wer welche Hypothese vertritt. Im vorliegenden Beispiel vertritt Sprecher $M_2$ so die Hypothese $H_1$ ›Die Resolution soll nicht verabschiedet werden‹, während die Gegenthese $H_2$ vom Sprecher $M_1$
vertreten wird. Folglich hat der einzelne Sprecher den Verlauf der
Argumentation nicht in dem Maße unter Kontrolle, wie es beim Aufbau einer eigenen Argumentationskette der Fall wäre. Doch greifen
wir den Sprecher $M_2$ heraus und folgen den Argumenten, die er zur
Stützung seiner Hypothese vorbringt:

$A_1$     <Schon die Resolution der letzten VV hat eine Polarisation auf nur
wenige Themen bewirkt> (Z8/9)
$A_2$     <Schon die Resolution der letzten VV hat nur Betroffenheit herge-
stellt> (Z9/10)
$A_3$     <Schon die Resolution der VV hat am BerlHG vorbeimanövriert> (Z13/14)
$A_4$     <Eine Resolution dient nur der Interessensweckung> (Z17)
$A_5$     <Die Leute sind informiert> (Z19)
$A_6$     <Eine Interessensweckung ist nicht nötig> (Z20)
$A_7$     <Man tut den Leuten keinen Gefallen mit der Resolution> (Z47/48)
$A_8$     <In einer VV benötigen wir eine Analyse> (Z22/23)
$A_9$     <Die VV bietet wenig Zeit> (Z22)

$A_{10}$  <‚Aktuelle' Information ist notwendig> (Z57/58)
$A_{11}$  <Die meisten Leute kennen nur den Stand des alten BerlHG> (Z58/59)
$A_{12}$  <Die Resolution ist auf dem Stand des alten BerlHG> (Z61)
$A_{13}$  <Die Resolution verärgert die Leute> (Z62)

Als Strukturbaum dargestellt, sieht seine Argumentation folgendermaßen aus:

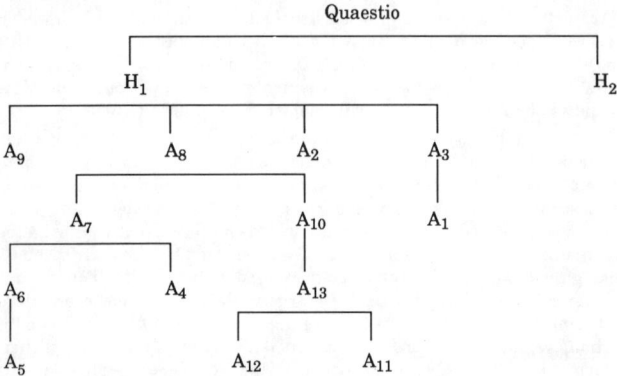

Abb. 6-3: Strukturbaum einer Argumentation

$M_2$ setzt mit dem Argument $A_5$ ein, daß die Leute bereits informiert seien, so daß eine Interessensweckung auf einer VV nicht mehr notwendig sei ($A_6$). Dieses Argument $A_6$ und auch das Argument $A_4$ stützen zusammen das Argument $A_7$, daß man den Leuten mit der Resolution keinen Gefallen tue. Aus diesem Argument $A_7$ folgt wiederum, daß auf einer VV eine Analyse des Entwurfs für das neue Berliner Hochschulgesetz notwendig sei ($A_8$). Da also eine Analyse durchgeführt werden soll, kann man auf die Verabschiedung der Resolution verzichten. ‚Quod erat demonstrandum.' – Aber, Sprecher $F_3$ hat nun (Zeilen 50-54) einen Einwand hinsichtlich der praktischen Konsequenzen der Ausführungen des Sprechers $M_2$. $M_2$ beginnt daraufhin einen anderen Argumentationsstrang und behauptet, daß die meisten Leute nur den alten Stand des Berliner Hochschulgesetzes kennen würden, auf dessen Stand die Resolution ja ohnehin sei ($A_{11}$ und $A_{12}$). Aus diesen Gründen verärgere die Resolution nur die Leute ($A_{13}$), obwohl aktuelle Information notwendig sei ($A_{10}$). Dieses Argument $A_{10}$ stützt wiederum das Argument $A_8$ des ersten Argumentstrangs, so daß nun wirklich gilt: ‚Quod erat demonstrandum'.

Wie werden nun die Argumente von $M_2$ vorgebracht, welche sprachliche Mittel setzt er ein, um seine Zuhörer für sich zu gewinnen? Auffallend ist der Gebrauch von Fremdwörtern, die in der Sprache des Uni-Bluffs konstitutiv sind wie *Resolutionsvehemenz* (Zeile 21/22), *vorbeimanövriert* (Zeile 14) oder *Polarisation* (Zeile 8). Daneben wird kollektiviert – er spricht gerne von *wir* (z.b. Zeile 6) – und verallgemeinert wie *man soll* (Zeile 23). Argumente werden der stärkeren Wirkung wegen paraphrasierend wiederholt wie in den Zeilen 22-26. Andere Argumente werden dagegen abgeschwächt, und zwar durch den Gebrauch des Konjunktivs *ich würde* (Zeile 4) oder *man ... bräuchte* (Zeile 20), durch Modalpartikeln wie *vielleicht* (Zeile 15) oder *vermutlich* (Zeile 8) oder durch expressive Sprechakte wie *ich find ...* (Zeile 35).

### 6.4.3 Erzählanalyse

Als letztes Beispiel wollen wir eine Erzählung betrachten. Erzählungen sind streng genommen nichts anderes als ein Sonderfall langer Redebeiträge, in denen zurückliegende Ereignisse verbal zusammengefaßt werden, und zwar unabhängig davon, ob sie wirklich geschehen oder ob sie fiktiv sind. Länge und Komplexität bringen es mit sich, daß bei Erzählungen in stärkerem Maße als bei den bisher behandelten Sprechereignissen die interne Struktur analysiert werden muß. Dies soll jedoch nicht heißen, daß sie keine Sprechereignisse sind; auch Erzählungen sind von den Teilnehmern, dem Schauplatz wie auch der Form und dem Inhalt der Mitteilung bestimmt. Sie kann z.B. hinsichtlich der Aufführungsbedingungen konventionalisiert sein; so dürfen z.B. in manchen Kulturen nur alte Leute Mythen erzählen und auch nur zu besonderen Festen, während Erzählungen über das alltägliche Leben solchen Einschränkungen nicht unterworfen sind. Ebensowenig fehlt die interaktive Komponente. Erzählungen sind in ein Gespräch eingebettet und müssen aus dem Kontext motiviert sein. Man kann z.B. an das Thema des vorherigen Redebeitrages anknüpfen und mit den Worten *Ach, so was ist mir auch schon mal passiert ...* seine Erzählung in das Gespräch einflechten. Oder aber man muß der Normalerwartung einer Initiierung entsprechen: *Komm, Papa, erzähl' uns doch eine Gute-Nacht-Geschichte!*

Bei dem Beispiel, das wir analysieren werden, handelt es sich um eine traditionelle Erzählung aus dem Wik-Munkan (Australien). Sie hat wie fast alle uns aus fremden Sprachen bekannten Erzählungen einen relativ unnatürlichen Kontext. Losgelöst von den in der Kultur üblichen Anlässen hat eine Linguistin den Erzähler überredet, die Geschichte auf Tonband zu sprechen. Die Frage, inwieweit dieser außergewöhnliche Kontext nicht auch eine ganz besondere unrepräsentative Erzählung hervorbringt, ist sicher begründet, kann aber hier nicht näher untersucht werden.[18]

### Die Geschichte von der Schlange:

t̲  n̲    interdentale Konsonanten (für /t̲/ bw. /n̲/)
-a (ohne Glossierung)  Rhythmussuffix

| | | | |
|---|---|---|---|
| *Emph* | Emphase | *Kont* | Kontinuität der Handlung |
| *Red* | Reduplizierung | *Seq* | Sequentialität der Handlung |
| *Onom* | lautmalerisches Wort | *Temp* | temporale Partikel „(darauf) dann" |
| *Punkt* | Punktueller Aspekt | | |

**A.** pam   ke:nk-a        a:k  e:panaŋ  i:j-i:j /      ŋoŋk-ŋoŋkama //
*Mann  vor∗langer∗Zeit  Ort  pirschen  Red-ging    Red-nicht∗wissen*

**B.** i:j-a  i:j-a  i:j-a  i:j /      ka:ʔŋenc   wunp //
*ging*                    *Westwind  wehte*
ka:ʔŋenc-an    wunp-aʔ /      kucar  i:j-i:j //
*Westwind-Def  wehte-Seq      kalt   Red-ging*

**C.** i:j  i:j  i:j  i:j       i:j-i:j-aʔ /      juk-a  nan̲t̲-nan̲t̲-am      wanta /
*Red-ging       Red-ging-Seq        Baum  Red-Stück-Emph  wegging*
  5 a:k-an-ij   uw //      a:::::  in  ŋe:n  t̲u-t̲u:c //  jaʔ  t̲aw //
*Ort-Def-Top fand        Ausruf dies was Red-kroch  sehr sagte*
ŋul  jimanaŋ-aʔ /                 ep-am        t̲at̲-a  t̲u:k-an-ij /
*Temp in∗dieser∗Weise-Seq        sehr∗gut-Emph sah    Schlange-Def-Top*
mut   uw //  ŋaj  kan    we:c-aŋ-an-aʔ //
*Schwanz fand  ich  Punkt  ich∗werde∗ihm∗folgen-Seq*

**D.** i:j-a::::: /      ompam-am  uw //  ompam  uw-aʔ /      pu:jam-am      moʔ //
*ging-Kont  Mitte-Emph fand          fand-Seq      weit∗weg-Emph  rannte*

**E.** put̲am  ŋul    i:j-a::::: /      man-a  t̲at̲  ej //
*wieder Temp ging-Kont        Hals  sah  PART*
  10 nil-an-aʔ  pip  pokaŋ  pat̲ //      man-an      uw-ij-aʔ /
*er-Def-Seq Kalk überall bedeckte      Hals-Def  fand-Top-Seq*
ŋaj  kan   put̲am  ja:ʔam   moʔaŋ-a /      jaʔ   t̲aw //
*ich  Punkt  wieder gerade   ich∗werde∗rennen  sehr  sagte*

**F.** moʔ  moʔ-a  moʔ-aʔ /      ke:nk   ŋul-an-ij-aʔ      t̲an //
*rannte     rannte-Seq  Vorderseite Temp-Def-Top-Seq stand*
kan-a  t̲an //  jampal      mu:t  ŋe:j  wu:::::  ŋe:j //
*Punkt stand     von∗irgendwo Lärm hörte Onom  hörte*
kucek-an-a  kon  t̲am-an   t̲at̲-a /      mal-mal mal-mal  t̲a-t̲aw //
*Kopf-Def    Ohr  auch-Def sah        Onom              Red-sagte-Seq*
  15 kucek-an  t̲at̲-aʔ /      ja:  in  wu-wun //  kek-a  mam /
*Kopf-Def  sah-Seq        ja  hier Red-lag    Speer  nahm*
kek  waj   in  ej /      kek  t̲on   mam /  in-a  waj   mic //
*Speer schlecht dies PART      Speer anderer nahm   dies schlecht weich*
t̲on   mam /  in  waj   mic //  t̲on-an      mam-aʔ /
*anderer nahm   dies schlecht weich  anderer-Def  nahm-Seq*
aʔ   il-aŋ   puŋ-aŋ-aʔ /      jikan-aŋ-an /      jikan wow ma:j //
*Konj dies-Ins ich∗werde∗werfen-Seq  Akazienspeer-Ins-Def      Onom nahm*
t̲at̲-t̲atan-aʔ /      kucek  wa:p anan  t̲oʔanat̲-an //  tra:kaŋ  puŋ //
*Red-sah∗es-Seq  Kopf  Hirn  das  durchbohrte∗es  Onom    warf*

**G.** nil kan jalam / wu::::: / naṭ-pal-an-a jal-jalam //
20 *er Punkt kringelte Onom weit∗weg-hier-Def Red-kringelte*
jalam jalam jalam jalam-a::: / wump naṭ-a keñ-a:: /
*kringelte kringelte-Kont Haufen weit hoch-Kont*
naṭ keñ-a:: wun // wun-wun-a? / popam jipak wun //
*weit hoch lag Red-lag-Seq noch jetzt lag*
me:? cal ik / pal puj ṭat ṭaṭ-a ṭat //
*offen halbgeöffnet spaltete hier dort sah*

**H.** kan oŋkar-a / keñ anan-ij // man-a kan ṭan /
*Punkt streckte hoch das-Top Hals Punkt stand*
25 keñ-a keñ-a keñ-a keñ-a keñ-a / juw an keñ-an uw //
*hoch Wolken dort hoch-Def fand*
pal pu:j-a ṭat // wanc-a pam naṭ-an ṭaṭ-a? /
*hier dort sah Frau Mann weit-Def sah*
an miṇak i:jan // an majak i:jan // ku?ak kujam ṭawan
*das KL/Ziel geht das KL/Ziel geht Hund/Ziel gewöhnlich sagt*
ow an ku?ak ṭawan / ṭu:k alaŋan-im ṭat ṭanaŋ //
*Oh das Hund/Ziel sagt Schlange das/Erg-Emph sah ihn/Akk*
ṭon kujam ṭat / an-a we:p wun //
*anderer gewöhnlich sah das schlafen lag*
30 ṭon kujam ṭat / an-a maj ka?ar inṭan ej //
*anderer gewöhnlich sah das KL Jams preßte PART*
ṭon-an ṭaṭ-a? / pal pu:j ṭaṭ-a? //
*anderer-Def sah-Seq hier dort sah-Seq*
a:kanak naṭ-an-ij ṭat / popam jipak ṭan jipak //
*dort/Ziel weit-Def-Top sah PART PART stand PART*
me:? ka? pek-a? ep-am ṭat // aŋ /
*Auge Konj unten-Konj sehr∗gut-Emph sah ‚Ausruf‛*
nil pi:m-an-a alotaŋ ŋo:nc-a / wupam ŋo:nc /
*er Mann-Def hohler∗Baumstamm/Lok eintrat innen eintrat*
35 kan wun-wun // ṭat ṭaṭ-a? / inam pek-a wun ej //
*Punkt Red-lag sah sah-Seq hierin hinab lag PART*

**I.** kan-a jalam palam / ju::::::::: /
*Punkt kringelte hierher Onom*
pal-am jalam jalam jalam jalam-a? / pek //
*hierher kringelte kringelte-Seq hinab*
ja:?-ja:?anaŋ ṭu:c jamaŋ-a? / ṭu:c jiman-a? /
*Red-gerade∗so kroch irgendwo/Lok-Seq kroch solcherart-Seq*
ka? nuŋant ep-am ṭu:c-a? / ?m ?m / talakaŋ umpan //
*wie es sehr∗gut-Emph kroch-Seq Onom in∗Hälfte teilte es*

**J.** ja?-ŋul put anman ej / a:k kaṭ alaŋ umpan /
40 *nicht-Temp so das∗gleiche PART Geschichte alt das/Erg macht*
wa:?-aŋ in-ij ej //
*ich∗erzählte dies-Top PART*

**A.** *(1) Vor langer Zeit ging ein Mann auf die Jagd. Er wußte nicht, was an diesem Tag geschehen würde.*
**B.** *(2) Er ging weiter und weiter, und der Westwind blies. Der Westwind blies und ihm wurde beim Gehen kalt.*

**C.** *(4) Er ging weiter und immer weiter und dann fielen überall Bäume nieder und zersplitterten auf dem Boden. »Was kriecht denn da?«, sagte er zu sich. Und es war so: Er schaute genau hin und sah eine Schlange. Er fand den Schwanz. »Ich gehe ihr nach.«*

**D.** *(8) Er ging weiter, fand den mittleren Teil der Schlange, und rannte weiter.*

**E.** *(9) Er ging weiter, und was sah er da – den Hals. Er beschmierte sich mit Lehm. Nachdem er den Hals gefunden hatte, sagte er zu sich: »Ich werde weitergehen«.*

**F.** *(12) Er rannte weiter, (kam) von vorn, und blieb stehen. Von irgendwo her hörte er ein Geräusch. »Woooooooo«, hörte er. (15) Er sah den Kopf – Ohren hatte sie auch; und sie sagte: »Mal-mal mal-mal«. Als er den Kopf gesehen hatte, dachte er »Oh ja, sie ist hier«. Er nahm einen Speer. »Dieser Speer ist schlecht.« Er nahm einen anderen Speer. »Dieser ist nicht gut, zu weich.« Er nahm einen anderen. »Dieser ist nicht gut, zu weich.« Er nahm einen weiteren: »Ich ersteche sie mit diesem, mit diesem starkem Akazienspeer.« Er nahm den Speer schnell auf. Er fixierte sein Ziel, warf den Speer und machte ein Loch in das Gehirn der Schlange. Er durchbohrte sie.*

**G.** *(20) Die Schlange ringelte sich zu einem Haufen und machte dabei »Woooooo«, von weit her rollte sie sich zu einem Haufen zusammen. Sie ringelte sich und ringelte sich und ringelte sich, bis ein großer Haufen da war, sehr hoch. Sie war hoch aufgerichtet (25) und blieb dort, mit halb geöffneten Augen. Sie sah umher, schaute und schaute.*

**H.** *(24) Dann reckte sie sich sehr hoch auf. Sie reckte ihren Kopf, höher, höher und höher, bis sie die Wolken erreichte. Sie sah überall umher. Weit unten sah sie Menschen: einer jagte gerade, einer sammelte Nahrung, einer rief seinen Hund – er rief »Oh« zu seinem Hund. Die Schlange beobachtete sie. Dann sah sie einen schlafen. (30) Sie sah einen anderen. »Er bereitet Yamswurzeln zu, oder?« Sie sah andere, und sie schaute überall umher. Sie schaute sich alle Plätze an und blieb immer noch aufgerichtet. Sie schaute gerade nach unten, da sa sie ihn. »He, was ist das da?« Der Mann roch in einen hohlen Baumstamm, verkroch sich hinein, und blieb dort. Die Schlange schaute weiter. »Da drinnen ist er, oder?« sagte sie.*

**I.** *(36) Sie begann sich zu entrollen und machte dabei »Yooooooooo«, ringelte sich herunter und herunter und herunter, ganz herunter. Sie kroch auf den Mann zu – ,Knirsch, Knirsch' hatte sie den Mann in zwei Teile gebissen.*

**J.** *(40) Das ist das Ende der Geschichte, dieser alten Geschichte, die man erzählt und die ich euch erzählt habe, nicht wahr?*

Die Erzählung wird in besonderer Weise begonnen und beschlossen, so daß die eigentliche Erzählung von diesen Teilen umrahmt wird. Den Beginn bilden die ersten beiden Zeilen mit der sogenannten **Orientierung**. Die Zuhörer erhalten Vorabinformationen über Ort, Zeit, die beteiligten Personen und die Begleitumstände. Mit dem Wort *ke:nka* wird zudem ein bestimmter Typ der Erzählung gekennzeichnet, der in der mythischen Traumzeit spielt. Der Hörer wird hierdurch in eine andere Welt versetzt. In den Zeilen 40-41 wird der Schluß der Erzählung, mit einem aus der Musik entlehnten Begriff **Koda** genannt, angezeigt. Sie dient darüber hinaus auch dazu, den in die mythische Traumzeit entführten Hörer wieder in das Hier und Jetzt zurückzubringen. Dies geschieht über den Zwischenschritt der historischen Zeit, da zunächst autoritativ in Zeile 40 die alte Tradition der Erzählung erwähnt wird; erst dann springt der Erzähler durch den Bezug auf sich selbst mit „Ich" auf die Situation des Erzählens zurück. Der Rahmen aus Orientierung und Koda trägt also wesentlich zur Fiktionalisierung der mündlichen Erzählung bei, wobei das Hier und Jetzt des Erzählens und das erzählte Geschehen aus mythischer Vorzeit miteinander verwoben werden. Vor allem über diesen Rahmen werden die pragmatischen Außenbezüge (Exophorik) der Erzählung hergestellt, d.h. die Einbettung in die Gesprächssituation.

Zwischen Orientierung und Koda wird im überwiegend endophorischen Hauptteil die eigentliche Handlung erzählt, wobei der Erzähler durch verschiedene Strategien die Handlung in einem Spannungsbogen (**plot**) aufbaut. Zunächst wird die Situation (Zeilen 2-3) beschrieben, in der sich der Protagonist befindet. Dann setzt die Handlung ein, die ihrer zeitlichen Abfolge entsprechend in dem **Komplikation** genannten Teil (Zeilen 4-39) erzählt wird. Die Handlung schreitet in diesem Teil in mehreren Etappen voran und bildet auf diese Weise den Spannungsbogen, der schließlich in der **Auflösung** (Zeilen 36-39) kulminiert. Von zwei fehlenden Elementen abgesehen, entspricht diese Erzählung in ihrer Struktur dem Aufbau, der nach William Labov voll entfaltete Erzählungen ausmacht:[19]

1. Abstrakt (abstract): Worum handelt es sich?
2. Orientierung (orientation): Wer, wann, wo, was?
3. Handlungskomplikation (complicating action):
   Was passierte dann?
4. Evaluation (evaluation): Was soll das Ganze?
5. Resultat oder Auflösung (result/resolution): Wie ging es aus?
6. Koda (coda)

Es fehlt zum einen der einleitende **Abstrakt**, also die aus einem oder zwei Sätzen bestehende Zusammenfassung der Geschichte, zum anderen eine explizite **Evaluation**, also »die Mittel, die der Erzähler benutzt, um den Kernpunkt der Erzählung, ihre raison d'être, zum Ausdruck zu bringen«.[20] Das Fehlen hängt in beiden Fällen damit zusammen, daß es sich um eine traditionelle Erzählung handelt. Dies bedeutet nämlich, daß die Geschichte vermutlich den meisten Zuhörern der Sprachgemeinschaft bekannt und somit der Abstrakt überflüssig ist. Gleichzeitig wird die Frage *Also, was soll das Ganze?* angesichts der allgemein akzeptierten Wichtigkeit solcher Erzählungen kaum aufkommen. Der Erzähler einer in traditionelle Glaubensvorstellungen eingebetteten Erzählung steht weit weniger unter dem Zwang, in einem Evaluationsteil die Relevanz der Geschichte hervorzuheben, da die konventionalisierte, von der Alltagssprache abweichende Form – nicht selten verbunden mit ätiologischen ‚Erklärungen' – in sich einen evaluativen und Autorität schaffenden Charakter trägt.

In der Erzählung *„Die Schlange"* bilden die Orientierung, die einzelnen Teile der Komplikation, die Lösung und die Koda jeweils Einheiten oberhalb der Satzebene. Solche Abschnitte sind vor allem in längeren Teilen der Erzählung, insbesondere in der Komplikation, ein wesentliches Strukturierungsmerkmal. Sie haben verschiedene Eigenschaften: Hierzu gehört, daß normalerweise innerhalb eines Abschnitts weder Ort, Zeit, Personen, Handlung noch Thema wechseln. Es gibt bestimmte Partikeln wie *kan* oder *ηul*, die neue Abschnitte markieren; der jeweils erste Satz eines Abschnittes weist eine steigende Intonation auf. Im ersten Teil der Erzählung sind Bewegungsverben, die eine Ortsveränderung des Protagonisten anzeigen, gute Indikatoren für Abschnitte (z.B. Zeile 2, 4, 8, 9, 12). Im zweiten zeigt die Partikel *kan* „punktueller Aspekt" plötzliche Veränderungen der immer brisanter werdenden Situation (Zeile 20, 24, 36) an: Während in Zeile 20 die Schlange gerade noch entkommen kann, beginnt sie in Zeile 36 den Angriff, der zum Tod des Mannes führt.

Bedenkt man, daß die Geschichte den Hörern bekannt sein dürfte, so wundert es nicht, daß ein guter Vortragsstil darin besteht, durch ständige Wiederholungen das Voranschreiten der Handlung aufzuhalten – auf diese Weise erzeugt der Erzähler die nötige Spannung. Obwohl bei vielen Sprachen in Erzählungen (pronominale) Anaphorik eine wichtige Rolle spielt, mag es erstaunen, daß in den 41 Zeilen der Erzählung die beiden Kontrahenten so gut wie nie durch Nomina referiert werden. Während der uns eher unwichtig erscheinende Speer des Mannes fünfmal (Zeile 15ff.) in Form eines Nomens erwähnt wird, wird der Mann nur ein einziges Mal in der Orientierung (Zeile 1) erwähnt, die Schlange zweimal, das erste Mal bei der Neueinführung (Zeile 6) und nochmals in Zeile 28. Selbst der entscheidende Satz in Zeile 39 lautet wörtlich übersetzt „er biß ihn entzwei". Man kann auch hierin eine Strategie sehen, eine bekannte Geschichte durch Vagheit spannend zu halten, aber es gibt auch noch andere, allgemeinere Erklärungen für diese Erscheinung. Was den Protagonisten betrifft, so sorgt z.B. die Einführung zu Beginn der Orientierung dafür, daß er als die wichtigste Figur der gesamten Erzählung identifiziert wird, womit klar sein sollte, daß es – ob explizit genannt oder nicht – immer um ihn geht.

## 6.5 Thematische Kohärenz

Bisher wurden vor allem die formale Strukturierung und die Handlungskomponente von Redebeiträgen behandelt und weniger Aspekte wie Auswahl, Gewichtung und Linearisierung des Mitzuteilenden. Während das im vorigen Abschnitt behandelte Schema von Labov im großen und ganzen für Erzählungen aus fast allen Sprachen zutrifft, kann die sogenannte **thematische Kohärenz** von Sprache zu Sprache recht unterschiedlich ausfallen. Erscheinungen wie die am Ende des vorigen Abschnitts angedeuteten sind hierbei symptomatisch für die Schwierigkeiten, die wir bei der Lektüre von Erzählungen aus fremden Kulturen mit der thematischen Kohärenz haben können, wogegen wir uns bei den meisten europäischen Sprachen auf unsere intuitive Kompetenz zur Interpretation von Erzählungen relativ gut verlassen können. In diesem Zusammenhang sind einige Experimente recht interessant, die in der kognitiven Psychologie durchgeführt wurden, um herauszubekommen, wie Erzählungen erinnert und verstanden werden. Verschiedene Erzählungen, zu denen sowohl europäische wie auch solche nordamerikanischer Indianer gehörten, wurden Testpersonen erzählt, die nun ihrerseits die Geschichte weitererzählen mußten und so fort. Nach mehrmaligem Weitererzählen zeigten sich frappante Unterschiede: Während die europäischen Geschichten weitgehend intakt blieben und nur unwichtige Informationen verlorengingen, zerfielen die indianischen in zusammenhanglose Bruchstücke, wobei gleichermaßen wichtige wie unwichtige Informationen verlorengingen. Man interpretierte dieses Ergebnis dahingehend, daß Erinnern und Verstehen in starkem Maße davon abhängen, ob man ein Organisationsschema für die Erzählung zur Verfügung hat oder nicht.[21]

Hinsichtlich der Auswahl dessen, was in einer Erzählung an Detailinformationen als mitteilenswert angesehen wird und was als nebensächlich weggelassen oder aber als selbstverständlich vorausgesetzt wird, kann es große Unterschiede geben: Wichtige Dinge werden z.b. nur zu Anfang in der Orientierung einmal genannt und sind dann für den Rest der Erzählung vorausgesetzes Wissen, so z.B. der Ort der Handlung *Als ich das letzte Mal in Berlin war, ...* oder der Protagonist im Falle des australischen Traumzeitmythos. Wie kulturspezifisch Themenschwerpunkte von Erzählungen sein können, sieht man, wenn man z.B. traditionelle Erzählungen aus Japan mit denen der Eskimo vergleicht.[22] In Japan liegt das Hauptaugenmerk des Erzählers auf der Beschreibung der externen, meist sozialen Situation, in der das Individuum steht; folglich rühren die handlungsmotivierenden Konflikte von Einschränkungen durch andere Personen her, wobei ein unpersönliches Konzept göttlicher Gerechtigkeit zugrunde gelegt wird. Bei den Eskimo hingegen wird die physische Fähigkeit des Individuums, Bewegung und Lage im Raum in den Vordergrund gerückt. Motiviert werden die Handlungen durch die Grenzen der physischen Leistungsfähigkeit oder den Mangel an jagdbarem Wild. Wie wir bereits im Kapitel Semantik festgestellt haben, ist diese Betonung räumlicher Relationen im Eskimo und auch in vielen Sprachen Amerikas in starkem Maße grammatikalisiert. Dadurch wird Erzählungen ,Farbe' gegeben, indem z.b. die Bewegungen oder die (räumliche) Lage eines Protagonisten durch ein im Kontext witziges Wort beschrieben wird. Auch die Verteilung von Themen innerhalb einer Erzählung kann recht unterschiedlich sein. In Quiché-Mythen finden sich beschreibende Passagen fast ausschließlich zu Beginn der Erzählung in der Orientierung. Während in japanischen Erzählungen die Häufigkeit von Wörtern aus dem Wortfeld Suchen und Beobachten im Laufe der Erzählung ansteigt, nimmt sie bei Erzählungen der Eskimo ab.

Information wird im Diskurs unterschiedlich gewichtet. Innerhalb von Erzählungen gibt es oft einen besonders gekennzeichneten Höhepunkt (**peak**), der z.b. durch kürzere Sätze und Häufung von Verben markiert werden kann oder, wie z.b. im Deutschen, durch den Wechsel vom Präteritum zum historischen Präsens. Aber auch Wiederholungen, zitierte wörtliche Rede u.v.a. werden zur Hervorhebung von Informationen genutzt. Auf der Satzebene kann man die Hervorhebung oder **Fokussierung** mit verschiedenen Mitteln zum Ausdruck bringen, wobei häufig mehrere Markierungen kombiniert werden. Hierzu gehören Markierungen wie der emphatische Akzent des Deutschen, den man am deutlichsten bei Antworten auf Fragen fassen kann:

Wer schenkte Dir dieses schöne Kochbuch?
*Claudia* schenkte mir dieses schöne Kochbuch.
Was hat Claudia mit dem schönen Kochbuch getan?
Claudia *schenkte* mir dieses schöne Kochbuch.
Was schenkte Dir Claudia?
Claudia schenkte mir *dieses schöne Kochbuch.*
Was schenkte Claudia Dir Schönes?
Claudia schenkte mir dieses schöne *Kochbuch.*

In anderen Sprachen wird Fokus durch besondere Affixe oder grammatische Wörter ausgedrückt, so z.B. im Mixtekischen (Dialekt von San Miguel el Grande) durch *máá*:

A: kikìʔiⁿ          ná      kùǹu      [...]
   *gehen*tragen*   *ich*   *Fleisch*

B: ná            kíʔìn  <u>máá</u>  <u>ná</u>    βàʔa-gà
*Insistieren*  *gehen*  *Fok*  *ich*   *gut-wieder*
A: mà kúu,    tši   lúlí  ní,    ná-kíʔìn  <u>máá</u>  <u>ná</u>,
*Nein*       *weil*  *klein*  *du*    *<s.o.>*
tši    káʔnu  ná
*weil*   *groß*   *ich*
A: *Ich werde Fleisch holen gehen.*
B: *Es ist aber besser, wenn ich gehe.*
A: *Nein, denn du bist klein; ich werde gehen, denn ich bin groß.*

Oft wird Fokussierung mit Demonstrativa verbunden, z.B. Deutsch *dieses schöne Buch*, nicht aber *?das schöne Buch*). Eine andere häufig verwendete Möglichkeit ist die Umstellung, wobei der hervorzuhebende Teil unmittelbar an den Anfang des Satzes oder an das Ende gestellt wird, z.B. *Dieses <u>schöne</u> <u>Buch</u> schenkte mir Claudia*, oder als Antwort auf die Frage *Wem schenkte Claudia dieses schöne Buch? – dieses schöne Buch schenkte Claudia <u>mir</u> / <u>mir</u> schenkte Claudia dieses schöne Buch.* In einigen Fällen werden auf diese Weise fokussierte Element aus dem Satzschema nach rechts oder links herausversetzt, wie *<u>Diese Linguisten</u>, ich verstehe sie einfach nicht!* bzw. *Ick brauch noch 'n paar Äppel, schöne, knackije.* Ein Sonderfall der Fokussierung ist die kontrastierende Fokussierung wie im mixtekischen Beispiel oben oder im Falle von *Nein, nicht Claudia, sondern <u>Petra</u> hat mir dieses schöne Buch geschenkt.* In manchen Sprachen bedeutet die kontrastierende Fokussierung nicht notwendigerweise, daß ein Element wichtig ist, und schon gar nicht, daß es auch Topic ist. Man betrachte z.B. den folgenden Satz aus dem Quiché, in dem das fokussierte Argument der Fokus-Antipassiv-Form (FAP) *mana išoq šealanik* „<u>keine Frau</u> brachte sie zur Welt" nur anzeigt, daß es sich um eine Information handelt, die man nicht erwarten würde:

ša   ,tsaq',   ša   ,bit'      k-e-utš'ašik,  mana  išoq
*nur*   *Gebautes*  *nur*  *Geformtes*   *Ink-3pA-sagen*  *nicht*  *Frau*
š-e-ala-<u>nik</u>,        ma   nai pu  š-e-k'axola-šik
*Kom-3pA-gebären-<u>FAP</u>*  *nicht*  *und*  *Kom-3pA-Söhne\*zeugen-Passiv*
*Nur ,Gebautes' und ,Geformtes' wurden sie (-e-) (die von den Göttern aus Mais geschaffenen ersten Menschen) genannt, sie (-e-) wurden nicht von einer Frau geboren, noch wurden sie gezeugt.*

In diesem Beispiel läßt sich der thematische Faden im Deutschen nur dadurch wiedergeben, daß man die Satz *mana išoq š-e-alanik* in Form eines Passivsatzes wiedergibt.

Fokussierung und andere Formen der Gewichtung werden jedoch erst dann in ihrer Funktion verständlich, wenn man sie im größeren Zusammenhang eines Gespräches oder eines Redebeitrags betrachtet, d.h. wenn man untersucht, wie mit ihnen Einzelinformationen in sinnvoller Weise strukturiert werden. Auf der einen Seite muß eine günstige Informationsrate angestrebt werden: zu viel alte Information langweilt, zu viel neue Information läßt sich nicht mehr nachvollziehen. Außerdem hat der Zuhörer nur ein begrenztes Erinnerungsvermögen und eine begrenzte Aufmerksamkeit, so daß ihm auch alte Information nach einer Pause o.ä. wieder in die Erinnerung zurückgerufen werden muß. In der gesprochenen Sprache kann man im Durchschnitt von einer neuen Information pro Aussage ausgehen. Auf der anderen Seite müssen Aussagen so aneinandergereiht werden, daß die jeder Aussage inhärenten Komponenten **Topic** und **Kommentierung** längere Äußerungen als zwei Stränge durchziehen.

Die **Kommentierungen**, also das, was ausgesagt wird, können auf zwei verschiedene Arten verknüpft werden, und zwar entweder logisch-argumentativ oder in chronologischer Abfolge. Die logisch-argumentative Verknüpfung wurde bereits bei der Argumentationsanalyse dargestellt, wogegen die vor allem für Erzählungen typische chronologische Verknüpfung bei der Erzählanalyse nur angedeutet wurde. In Erzählungen werden die Ereignisse, die die Handlung („plot‘) vorantreiben, in Hauptsätzen wiedergegeben, die typischerweise durch ein festes Tempus der Vergangenheit (**Erzählzeit**) oder einen festen abgeschlossenen und punktuellen Aspekt (Kompletiv, Resultativ oder Perfektiv) gekennzeichnet sind. Die so gekennzeichneten Sätze geben die Ergebnisse derart wieder, daß ihre Abfolge weitgehend mit der zeitlichen Abfolge der Ereignisse übereinstimmt. Die Gesamtheit dieser Sätze bildet das **Rückgrat** der Erzählung. Ereignisse, die den „plot‘ nicht vorantreiben, – weniger wichtige Ereignisse, Erläuterungen, Beschreibungen oder gleich-, vor- und nachzeitige Ereignisse – sind nicht Bestandteil des Rückgrats. Sie werden zwischen die Sätze, die das Rückgrat bilden, eingeschoben und sind z.B. oft durch besondere Tempora wie das Plusquamperfekt gekennzeichnet oder aber dadurch, daß sie in Nebensätzen mitgeteilt werden. In der folgenden kurzen Textpassage aus dem Mixtekischen (Dialekt von San Miguel el Grande) wird die Unterscheidung zwischen der Rückgratinformation und der Zusatzinformation vor allem durch Aspektmarkierungen erreicht, wobei der Kompletiv das Handlungsgerüst (H) markiert, die anderen Aspekte Zusatzinformation (Z):

Z:  žúaⁿ-na       te        xíka kuu              isò.
    *darauf*      *und*    *Ink-spazieren\*gehen*  *Kaninchen*

| H: | te | nì | kenda | tiʔinà, | | | |
|---|---|---|---|---|---|---|---|
| | *und* | *Kom* | *erscheinen* | *Hund* | | | |
| | | | xínu | tì | xíín | isó. | |
| | | | *Ink-rennen* | *Tier* | *mit* | *Kaninchen* | |
| H: | te | nì | ndìβɨ | tì | žaú kaβa. | | |
| | *und* | *Kom* | *eintreten* | *Tier* | *Höhle* | | |
| H: | te | nì | xinì | koò, | | | |
| | *und* | *Kom* | *bemerken* | *Schlange* | | | |
| Z: | | | xá | ní | kuu | tìnì | βeltá, |
| | | | *REL* | *Kom* | *sein* | *Sache* | *mehrmals* |
| | | | ndíβɨ | tì | žaú kaβa. | | |
| | | | *Ink-eintreten* | *Tier* | *Höhle* | | |

*Ein Kaninchen ging einmal spazieren. Ein Hund erschien und*
*(er) lief dem Kaninchen nach. Das Kaninchen flüchtete sich in*
*seinen Bau. Eine Schlange merkte (bei diesem Anlaß), daß es oft*
*geschah, daß es in d(ies)en Bau hineinging. [...]*

Dieses Organisationsschema des mixtekischen Handlungsfadens
läßt sich nicht eins zu eins ins Deutsche übertragen. Die satzweise
Wiedergabe ergibt im Deutschen nämlich eine falsche Gewichtung
des ersten Teils, da Satz (1) und (3) in der Übersetzung Bestandteil
des Handlungsgerüsts sind. Um die Gewichtung richtig wiederzugeben, muß man diese Sätze als Nebensätze unterordnen: *Als ein*
*Kaninchen einmal spazierenging, kam ein Hund, der dem Kaninchen*
*nachlief.* In der ‚gewichteten' Übersetzung ist die Rückgratinformation durch Vergangenheit im übergeordneten Hauptsatz, die Zusatzinformation durch Präteritum in den Nebensätzen kodiert. Während
im Deutschen Rückgrat- und Zusatzinformation durch temporale
Parallelisierung differenziert wird, geschieht dies im Mixtekischen
durch Aspektmarkierung. Die Rückgratinformation ist durch den
Kompletiv, die Zusatzinformation durch Inkompletiv markiert.

Doch wenden wir uns nun dem Begriff **Topic** zu. Im Kapitel
Syntax haben wir den Begriff für die Satzebene bereits kennengelernt als das, worüber in einem Satz etwas ausgesagt wird; im
größeren Zusammenhang von Texten aber wird auf verschiedenen
Ebenen ebenfalls etwas über etwas ausgesagt. Wir wollen uns hier
auf den am ehesten zugänglichen Bereich beschränken, nämlich auf
die in den einzelnen Sätzen als (Satz-)Topic behandelten Nomina
und ihre Beziehung zueinander, den sogenannten **Topicfaden**. Er
besteht aus dem aktuellen Satztopic und den früher als Satztopic
eingeführten aktiven oder semi-aktiven alten Informationen. Im
Hinblick auf den Topicfaden kann man primäres und sekundäres
Diskurstopic unterscheiden:

- primäres Diskurstopic: Protagonisten der Erzählung. Sie werden in der Regel im Abstract erwähnt und in der Orientierung besonders hervorgehoben als Diskurstopic eingeführt.
- sekundäres Diskurstopic: weniger wichtige Personen oder Tiere (Nebenfiguren), sowie für die Handlung wichtige Dinge. Sie werden meist erst im Laufe der Erzählung eingeführt.

Zunächst muß ein Diskurstopic als neue Information eingeführt werden, was kaum anders als durch ein Nomen oder eine Nominalphrase geschehen kann. Danach wird es oft als alte Information weitergeführt. Solange es noch aktive alte Information ist, wird häufig die nominale Referierung durch eine anaphorische ersetzt. Vielfach dienen hierzu Pronomina, während die explizite nominale Referierung nur dann verwendet wird, wenn der Kontext mehrdeutig ist oder die letzte Erwähnung des referierten Nomens so lange zurückliegt, daß es der Zuhörer möglicherweise nicht mehr aktiv parat hat. Hierbei spielt die Unterscheidung zwischen primärem und sekundärem Diskurstopic eine wesentliche Rolle, sowie beim sekundären Diskurstopic die Belebtheitshierarchie: Das primäre Diskurstopic ist aufgrund seiner besonders prominenten Einführung während der gesamten Erzählung aktive alte Information; ein sekundäres Diskurstopic dagegen wird relativ schnell zur nur noch semi-aktiven alten Information, vor allem wenn es sich um ein unbelebtes Nomen handelt, so daß es wieder explizit als Nomen in die Erinnerung zurückgerufen werden muß. Dies mag wiederum an dem zitierten kurzen Ausschnitt aus einem mixtekischen Text verdeutlicht werden. In ihm ist das Kaninchen primäres Diskurstopic:

| žúaⁿ-na | te | xíka kuu | isò. | | | |
|---------|-----|----------|------|---|---|---|
| *darauf* | *und* | *Ink-spazieren∗gehen* | *Kaninchen* | | | |
| te | nì | kenda | tiʔinà, | xínu | tì | xííⁿ | isó. |
| *und* | *Kom* | *erscheinen* | *Hund* | *Ink-rennen* | *Tier* | *mit* | *Kaninchen* |
| te | nì | ndìβɨ | tɨ̀ | žaú kaβa. | | | |
| *und* | *Kom* | *eintreten* | *Tier* | *Höhle* | | | |
| te | nì | xinì | koò , | xá | ní | kuu | tinì |
| *und* | *Kom* | *bemerken* | *Schlange* | *REL* | *Kom* | *sein* | *Sache* |
| βeltá, | ndíβɨ | tɨ̀ | žaú kaβa. | | | |
| *mehrmals* | *Ink-eintreten* | *Tier* | *Höhle* | | | |

*Als ein Kaninchen einmal spazierenging, kam ein Hund, der dem Kaninchen nachlief. Es flüchtete sich in seinen Bau. Eine Schlange merkte (bei diesem Anlaß), daß es oft geschah, daß es in d(ies)en Bau hineinging. [...]*

Nach der Einführung wechselt das Satztopic auf den Hund, der als aktive alte Information nach der Einführung einmal pronominal mit

-tὶ „Tier" weitergeführt wird. Das Kaninchen wird in diesem Satz gleichfalls genannt, und zwar explizit in Form eines Nomens. Dann wird als neuer Mitspieler die Schlange eingeführt, aber das nachfolgende pronominale Element -tὶ „Tier" bezieht sich auf das Kaninchen, das nach der zweiten expliziten Erwähnung trotz des neu eingeführten Satztopics Schlange als aktive alte Information angesehen wird. Bei der Pronominalisierung aktiver alter Information kann sich also das Problem der Disambiguierung verschiedener Mitspieler stellen. Die Eindeutigkeit kann durch verschiedende sprachliche Mittel erreicht werden, entweder durch ein aufgefächertes Pronominalsystem der dritten Person wie im Deutschen, durch Diathesen oder durch Fokussierung wie in dem folgenden Beispiel aus dem Mixtekischen von San Miguel:

| nì | ìo | ịịn | tšàa, | xá$^{\text{ʔ}}$àn | | ðe | kostá. | | |
|----|----|-----|-------|------|------|------|--------|------|------|
| *Kom* | *sein* | *ein* | *Mann* | *Ink-gehen* | | *Mann* | *Küste* | | |
| te | nì | xikàn | tὺ$^{\text{ʔ}}$ún | ịín | tšàa, | kúu | mbáà | | ðe: „..." |
| *und* | *Kom* | *fragen* | | *ein* | *Mann* | *sein* | *Compadre*[†] | | *Mann* |
| te | nì | katšì | máá | tšáa-ún: | „..." | | | | |
| *und* | *Kom* | *sagen* | *Fok* | *Mann-jener* | | | | | |
| Žúan-na | te | máá | tšáa-ún | | nì | naxaà | ðe | βe$^{\text{ʔ}}$e | ðe. |
| *darauf* | *und* | *Fok* | *Mann-jener* | | *Kom* | *zurückgehen* | *Mann* | *Haus* | *Mann* |
| te | nì | katšì | ðe | xíí$^{\text{n}}$ | ñásí$^{\text{ʔ}}$í | ðe: | „..." [...] | | |
| *und* | *Kom* | *sagen* | *Mann* | *mit* | *Frau* | *Mann* | | | |
| te | nì | katšì | ðe | xíí$^{\text{n}}$ | mbáà | ðe: „..." [...] | | | |
| *und* | *Kom* | *sagen* | *Mann* | *mit* | *Compadre* | *Mann* | | | |
| te | nì | katšì | mbáà | ðe | xíí$^{\text{n}}$ | ðe: „..." | | | |
| *und* | *Kom* | *sagen* | *Compadre* | *Mann* | *mit* | *Mann* | | | |
| Te | máá | tšáa-ún | ndíso | | ðe | kostáli | žaà | ðe | |
| *und* | *Fok* | *Mann-jener* | *Ink∗tragen* | | *Mann* | *Sack* | *Asche* | *Mann* | |

*Es war einmal ein Mann, der zur Küste wollte. Ein (anderer) Mann, der sein Compadre war, fragte (ihn): „..." Jener Mann ant-wortete: „..." Darauf ging jener Mann nach Hause. Er sagte zu seiner Frau: „..." [...] Er sagte zu seinem Compadre: „..." [...] Sein Compadre antwortete: „..." Jener Mann trug seinen Sack mit Asche.*

[†]Compadre: „Gevatter", Anrede zwischen Vater und Pate eines Kindes; Compadres gehen eine enge Beziehung gegenseitiger Hilfeleistung ein.

Nach der expliziten Einführung als Diskurstopic werden die beiden Männer pronominal mit -ðe „er/sein (Mann)" weitergeführt, um aber die Eindeutigkeit der Bezüge zu erhalten, wird nach jeder Topikalisierung des zweiten Mannes der eigentliche Hauptprotagonist mit einer Fokuskonstruktion wieder als Diskurstopic etabliert. Er ist aber als primäres Diskurstopic immer latent vorhanden, auch wenn

er nicht Satztopic ist, da der zweite Mann meist als „sein Compadre"
bezeichnet wird.

In diesen beiden Beispielen aus dem Mixtekischen wird der
Topicfaden des primären Diskurstopic von einem Satztopic zum
nächsten geknüpft und nur gelegentlich ist ein sekundäres Diskurstopic eingeschoben. Ähnlich wie im Deutschen sind Satztopic und
Subjekt fast immer identisch. Man vergleiche die folgende Einleitung zu einer Schachaufgabe, in der die Protagonisten, nachdem sie
thematisch eingeführt worden sind, fast immer durch eine NP, ein
Pronomen oder eine Null-Anapher in Subjektfunktion referentiell
weitergeführt werden:[23]

> ›Mit 22 fängt das Leben an‹ – natürlich nicht bei Garry Kasparow, der ist
> schon Weltmeister und muß schauen, wie er mit dieser Bürde fertig wird.
> Sehr wohl aber bei Andrei Sokolow. Dieser blondgelockte Jüngling, der jetzt
> im WM-Kandidatenkarusell unter den letzten vier ist, ähnelt Garry in
> seinem Freimut. Andrei schaut aus wie ein Boticelli-Engel, als könne er kein
> Wässerchen trüben, um im nächsten Moment die ehrwürdigen Säulen des
> sowjetischen Schachs, Smylow, Kortschnoi und Tal als Dinosaurier zu
> bezeichnen. Und um dem Klischee Tribut zu zollen, läßt er sich als Russe zu
> solch Wahrheitsfindungen gern von Väterchen Wodka anregen – eben so wie
> der ‚Dinosaurier‘ Tal. Bei einer nationalen Kampagne gegen Wodka meinte
> dieser: ›Staat gegen Wodka? – Ich spiele für das Wodka-Team.‹ Mit diesem
> Team liebäugelte in früheren Tagen auch Viktor Kortschnoi. Ein Internatio-
> nales Turnier in Bukarest gewann er mit 12 Punkten aus 13 Partien – ›er
> spielte wie ein Gott‹ (Sergiu Samarin). Und da sich nicht nur die Götter der
> griechischen Mythologie zuweilen handfest betranken, klafften auch bei
> unserigem in seiner Partie gegen Pavlow (Rumänien) geistige Inspiration
> und körperliche Standfestigkeit auseinander. Er erwachte erst so halb am
> Brett, zog ganz schnell und – gewann eine Glanzpartie. Leider recht nüchtern
> scheint er bei seiner  Partie im letzten Kandidatenturnier gegen Sokolow
> gewesen zu sein ...

Auf die eingeführten Schachspieler wird meist durch Nominalphrasen, Pronomina oder Null-Anapher referiert, die direkt oder indirekt in Subjektfunktion stehen. Satztopic und Subjekt sind also
sehr stark aufeinander bezogen. Dies muß aber nicht immer so sein:
Es gibt Sprachen wie das Japanische, bei denen das Satztopic ein
besonderes Suffix, das den Unterschied zwischen Subjekt und Satztopic markiert:[24]

Nihon-de-WA     Kjušu-to     Hokkaido-kara     sekitan-GA
*Japan-in-Top*    *<Ort>-und*   *<Ort>-Abl*        *Kohle-Subj*
toremasu         Šikoku-kara-WA    toremasen
*man kann bekommen*   *<Ort>-Abl-Top*   *man kann nicht bekommen*
*In Japan_Top kann man Kohle_Subj von Kyuschu und Hokkaido be-*
*kommen, nicht aber von Schikoku_Top.*

Im Quiché, wo die Verwendung der Begriffe Subjekt und Objekt
wenig sinnvoll ist, springt bei transitiven Sätzen regelmäßig der
Topicfaden auf das Patiens-Argument über, so daß dieses – den
Topicfaden des primären Diskurstopics unterbrechend – im nachfolgenden Satz Satztopic wird:

| | | | |
|---|---|---|---|
| ta | š-Ø-ki-ta'o | u-tsixel | kik' , |
| *PART* | *Kom-3sA-3pE-hören* | *3sE-Wort* | *Ball* |
| ta | š-Ø-u-biːx | tšo ; ta | š-Ø-ki-ja |
| *PART* | *Kom-3sA-3sE-erzählen* | *Maus PART* | *Kom-3sA-3pE-geben* |
| ri | r-etša | tšo . | are k'u ri | r-etša : | išim |
| *ART* | *3sE-Essen* | *Maus* | *dies PART ART* | *3sE-Essen* | *Mais* |

*Sie hörten die Geschichte vom Ball, die die Maus erzählte. Sie*
*gaben der Maus Nahrung.* Dies *ist ihre Nahrung: Mais [...]*

Eine besondere Art der Organisation des Topicfadens stellt schließlich das System der ‚switch-reference' dar, bei dem markiert wird, ob
das Topic des nachfolgenden Satzes mit dem des vorausgehenden
identisch ist (T=T) oder nicht (T/T), so z.B. im Choctaw (Indianersprache, USA):[25]

| | | | |
|---|---|---|---|
| Ø-pisa-tša | Ø-ijah | Ø-pisa-na | Ø-ijah |
| *er / ihn-sehen-T=T* | *er-gehen* | *er / ihn-sehen-T / T* | *er-gehen* |
| *er$_1$ sieht ihn$_2$ und (er$_1$) geht* | | *er$_1$ sieht ihn$_2$ und er$_{2/3}$ geht* | |

## 6.6 Zusammenfassung und ausgewählte Literatur

Wir haben in diesem Kapitel die Einbettung sprachlicher Einheiten
in situative Kontexte behandelt. In Abhängigkeit von der Situation
und dem institutionellen Kontext ist der aktuelle Gebrauch von
Sprache stark differenziert. Die einzelnen Sprechereignisse unter-
liegen unterschiedlichen Rahmenbedingungen, und von daher gibt
es eine starke Variation von Satz- und Äußerungsstrukturen. Trotz
dieser Variationsbreite gibt es viele Konstanten. Äußerungen
können in formale Sequenzen zerlegt werden: ‚adjacency pairs',
‚triplets' etc., und können hinsichtlich ihrer Handlungspotentiale
(illokutiven Akte) klassifiziert werden. Einzelne Diskurse lassen
sich auf der Folie von Sequenzierungen und Sprechakten ‚anato-
misch' analysieren: Das Skelett eines Diskurses wird durch seine
formale Organisation gebildet – oft mit der Handlungslinie als
Rückgrat –, das Fleisch durch die Handlungspotentiale, die Infor-
mationsverarbeitung und semantischen Verschränkungen. Je nach
Art des Diskurses ist das Skelett unterschiedlich aufgebaut und
gefüllt. Einer Erzählung liegt ein anderes Organisationsschema

zugrunde als einem Verkaufsgespräch, wobei zusätzlich kulturspezifische Unterschiede gemacht werden.

Ausgewählte Literatur: Atkinson & Heritage (1984), Austin (1962), Bach & Harnish (1988), Downes (1984), Ehlich (1980), Givón (1984b), Habermas (1981), Henne & Rehbock (1979), Hymes (1979), Labov (1980a,b), Levinson (1983), Rehbein (1977), Searle (1979), Soeffner (1979), Wittgenstein (1971), Wunderlich (1976).

## 6.7 Übungsaufgaben

### 1. Makah

Makah wird noch von etwa 200 älteren Personen auf der Olympia-Halbinsel, Washington State, an der Grenze zwischen den USA und Kanada gesprochen. Es ist eng mit dem Nootka verwandt und gehört zur Wakash-Sprachfamilie.

☞ Analysieren Sie die nachfolgenden Formen und charakterisieren Sie die Funktion der Suffixe.

1. tš'a:ʔu:qił                      *er ist betrunken*
2. tš'a:ʔu:qiłpi:dił                *sie müssen betrunken gewesen sein*
   (beim Anblick leerer Schnapsflaschen o.ä.)
3. tš'a:ʔu:qiłq'adʔił               *sie müssen betrunken sein*
4. tš'a:ʔu:qiłq'adʔits              *du bist dem Anschein nach betrunken*
5. tš'a:ʔu:qiłtsaqilił              *sie sind dem Anschein nach betrunken*
6. tš'a:ʔu:qiłχa:łš                 *sie dürften betrunken sein*
7. ʔatłi:tqʷałbadaχtsaqil           *es sieht aus, als ob es Bären sind*
8. ʔatłi:tqʷałbadaχ                 *es sind Bären*
9. ʔatłi:tqʷałpi:d                  *es muß ein Bär gewesen sein*
   (beim Anblick von Fußspuren)
10. ʔatłi:tqʷał                     *es ist ein Bär*

### 2. Pitjatjantjara

☞ Kennzeichnen Sie die verschiedenen Intonationsmuster und deren Sprechaktfunktion.

1. [4 ‾‾‾＼₁
   'mulapa                  *Das ist wahr?*
2. [3 ‾‾‾＼₁
   'mulapa                  *Das ist wahr!*          (Zustimmende Antwort auf Satz 1)
3. [2 ——— 2   4 ‾‾‾‾‾‾‾‾‾‾‾‾₁
   ñuntulu   'kuwari     picaŋu       *Bist du heute gekommen?*
   *du(Subj)   heute     ankommen-Vergangenheit*
4. [2 ——— 2   3 ‾‾‾‾‾‾‾‾‾‾‾‾₁
   ñuntulu   'kuwari     picaŋu       *Du bist heute gekommen?*

5.  [4⌐————————————————1
    'ñuntulu  kuwari        picaηu        *Du bist heute gekommen,*
                                          *nicht wahr?*

## 3. Deutsch

Bei dem folgenden Beispiel handelt es sich um die Verschriftung
eines Verkaufsgesprächs, in dem eine Propagandistin Modeschmuck
anpreist. Auffällig ist der häufige Gebrauch von *sagen*. ☞ Welche
Sprechaktfunktion ist mit dem Gebrauch von *sagen* verbunden?

> Und ich *sage*: für alle Damen, die sich heute noch über schönen Mode-
> schmuck freuen und für alle Damen, die nicht wissen, nehm ich Gold, nehm
> ich Silber zum Kombinieren, Variieren, Ventilieren, *sag'* ich: Venezianerkette
> gratis und zum Abschluß des Tages und dann ist Feierabend für mich um gut
> zwölf, einen Bergkristall aus Bozen im Südtirol. Und ich *sage*: komplett eins
> zwei drei vier fünf sechs sieben Mal komplett für dreißig Mark. Und da kann
> ich nur noch *sagen*: meine Damen, versilbert, vergoldet, selber Preis, bleibt
> schön, wird nich schwarz. Ich *sage* mal: Danke für's Zuschau'n.

## 4. Mixtekisch (Dialekt von Atatlahuca)

☞ Welches syntaktische Bildungsschema zeichnet die folgenden
Wortspiele aus? Welche Ähnlichkeit wird bei der Bildung systematisch genutzt?

1.  kaxi      ní      ža?a          náβà?a        ma      žá?a        ní
    *essen*   *du*    *Chilipfeffer*  *so daß*    *nicht*  *vorbeigehen*  *du*
    *Iß Chilipfeffer, damit du nicht vorbeigehst.*

2.  ma        káxi    rì      ndoko       tši      ndoko               ri
    *nicht*   *essen* *ich*   *Zapotefrucht* *weil*  *mager*werden*    *ich*
    *Ich esse keine Zapotefrüchte, weil ich (davon) mager werde.*

3.  ma        káxi    rì      nduβà       tši      nduβa       rì
    *nicht*   *essen* *ich*   *Gemüse*    *weil*   *fallen*    *ich*
    *Ich esse kein Gemüse, weil ich (sonst) falle.*

4.  kaxi      rì      nduβà       náβà?a        ma       ndúβa    rì
    *essen*   *ich*   *Gemüse*    *so daß*      *nicht*  *fallen* *ich*
    *Ich esse Gemüse, damit ich nicht falle.*

## 5. Deutsch / Englisch

Im folgenden sind authentische Gesprächsausschnitte aus Verkaufsgesprächen gegeben. ☞ Stellen Sie das System des Gesprächs-
schrittwechsels dar. (V = Verkäufer, K = Kunde)

1   K:  Guten Tag.
    V:  Guten Tag.

2  K: Ich hätt gern vier Jonathan.
   V: Ja gern.
3  V: Danke vielmals
   K: Danke auch.
4  K: May I have a bottle of Mich?
   V: Are you twenty-one?
   K: No.
   V: No.
5  K: Do you have the blackberry jam?
   V: Yes.
   K: OK. Can I have a half pint then?
   V: Sure.
6  K: Do you have the pecan Danish today?
   V: Back here. Would you like some?
   K: Yes, please.

## 6. Berlinisch

Das folgende Sprachspiel fand zwischen zwei Arbeitern zu Arbeits-
beginn statt. ☛ Wie stehen die Äußerungssequenzen grammatisch
und von den Sprechhandlungen her im Zusammenhang?

1 M:  Morgen.
2 A:  Gut'n Morgen.
3 M:  Ein wunderschön' guten Morgen.
4 A:  Ein recht wunderschön' guten Morgen.
5 M:  Mensch, sach bloß du hast jut jeschlafen heut!

## 7. Deutsch & Tzeltal*

Tzeltal ist eine Mayasprache, die im mexikanischen Bundesstaat Chiapas von
etwa 250.000 Menschen gesprochen wird. Bei den folgenden verschriftlichten Diskursen handelt es sich um zwei Verkaufsgespräche. Das eine ist in Tenejapa,
einem Dorf in Chiapas, Mexiko aufgenommen worden, das andere in einem kleinen Tante-Emma-Laden in Berlin.

☛ Vergleichen Sie die beiden Verkaufsgespräche, indem Sie
 1. die Handlungslinie, die Handlungsmuster und die damit verbundenen Sprechhandlungen nachzeichnen;
 2. die Gesprächsstrukturen (adjacency pairs, triplets, etc.) aufzeigen.

☛ Stellen Sie das ‚Skelett' des jeweiligen Verkaufsgespräches nach
dem folgenden Schema auf:

| Zeilennr. | Person | Sequenzierung | Sprechhandlung | Handlungsmuster |
|---|---|---|---|---|
| 1 | K | [ | Gruß | Kontakt- |
| 2 | V | | Gruß | aufnahme |

☛ Kennzeichnen Sie die im Tzeltal verwendeten Höflichkeitsstrategien.

## Verkaufsgespräch Deutsch

1 K: Tag.
2 V: Tag. (.) Lieber Herr Schlobinski.
3 K: Ja, ich hätt gern äh ein Kopfsalat.
4 V: Gern. (3.0) Außerdem?
5 K: Ja, vier Äpfel.
6 V: Welche denn?
7 K: Ja, die Jonathan.
8 V: Ja gern. (4.0) Außerdem?
9 K: Das wärs, danke. (5.0)
10 V: Eine Mark und einsachtzig. (4.0) So und zehn und zwanzig und
11     Danke. Und schönen Tach.
12 K: Wiedersehen.
13 V: Tschüß. Danke.
14 K: Danke.

## Verkaufsgespräch Tzeltal

1 K: me?nin            2 V: la       me?nin
*alte Mutter*                 *komm! (PART) alte Mutter*
*Alte Mutter! – Komm, alte Mutter!*
(übliche höfliche Begrüßung zwischen älteren Frauen)

3 K: nakal -at     bal            4 V: nakal -on
*sitzen -du    Ja/Nein-Frage*         *sitzen -ich*
*Sitzt du? – Ich sitze.*
(Metaphorisch für: Bist du zu Hause; Kann ich dich sprechen?)

5 K: ah          nakal -Ø         ma?j-uk
*Interjektion    sitzen -er/sie/es    nicht∗sein-Irreal*
ja?tšonben       ?itš     hti?tik
*du verkaufst mir    Chili    wir (inkl) essen ihn*
*Ah (gut), man sitzt. Ist es nicht vielleicht möglich, daß du mir*
*Chilies verkaufst, damit wir alle* (Inklusivform: Verkäuferin eingeschlossen) *essen können.*

6 V: ja      wan      ?a?hohk'o    ?itš'
*Ink    Zweifel    du fragst    Chili*
*Du fragst nach Chilies?* (Du möchtest Chilies kaufen?)

7 K: jak,     jahman      ʔitš     jahohk'ob-et    ʔala      peš-uk
     *ja*      *ich kaufe*    *Chili*    *ich frage dich*    *klein*     *Peso-Irreal*
     *Ja, ich kaufe Chili. Ich bitte dich um (etwas im Wert eines)*
     *kleinen Peso* (Münzeinheit).

8 V: jak-uk,       majlia        jahtiʔtik            ta       lok'el
     *ja-Irreal*      *warte!*         *wir (inkl) holen es*      *PART*    *Weggehen*
     *Aber ja, warte! Wir werden es holen gehen.*

9 K: jak-uk
     *Aber ja!*

10 V: ʔilaʔwil      ts'in    ta     me     jaʔaʔwitš'   -e
      *schau!*         *dann*   *PART*  *wenn*   *du nimmst es*  *-fern*
      *Schau ob du sie (fern) nimmst.* (d.h. ob sie dir gefallen)

11 K: jak-uk,       jakiltik               ʔa
      *ja-Irreal*      *wir (inkl) sehen es*      *PART (anaphorisch)*
      *Aber ja, wir (inklusiv) sehen es.*   ((Kundin besieht die Chilies))
      ʔila   j-ala       tohol
      *sieh!*   *sein-klein*   *Preis*
      *Sieh hier seinen kleinen Preis.*    ((Kundin reicht das Geld))

12 V: ʔišta   kiltik                ʔa
      *PART*    *wir (inkl) sehen es*      *PART (anaphorisch)*
      *Gut, danke, wir (inklusiv) sehen es.* ((Verkäuferin nimmt das Geld))

13 K: haʔ,    naš         tal-uk              hohk'obet       bel
      *PART*    *kaum, nur*    *es\*kommt-Irreal*      *ich frage dich*    *weg*
      ʔaʔw-ala     ʔitš'    htiʔ
      *dein-klein*    *Chili*   *ich esse es*
      *Ich wollte eigentlich nur kommen, um die Chilies wegzuer-*
      *fragen, damit ich sie essen kann.*

14 V: haʔbi  ʔitš'a   bel    jaʔwil
      *PART*   *nimm!*    *weg*   *du siehst sie*
      *So ist es. Nimm sie mit, du siehst sie ja.*

15 K: tej    hk'opon        hbatik          ts'in    tš'i
      *dort*   *wir sprechen*    *uns (reflexiv)*    *dann*   *PART*
      *Wir werden uns (inklusiv) bestimmt wieder sprechen.*

16 V: haʔbi
      *Ja, bestimmt.*

17 K: lakon         meʔnin          18 V: ba              meʔnin
      *ich komme*      *alte Mutter*            *geh! (PART)*      *alte Mutter*
      *Ich komme wieder, alte Mutter! – Geh, alte Mutter!*
      (übliche höfliche Verabschiedung zwischen älteren Frauen)

## 8. Tzotzil & Deutsch

Tzotzil ist eine ebenfalls in Chiapas gesprochene Nachbarsprache des Tzeltal und mit diesem eng verwandt. Es hat etwa 130.000 Sprecher. Bei den folgenden Gesprächsausschnitten handelt es sich um Gerichtsdiskurse. In dem Tzotzil-Beispiel sind ein Mann (A) und seine Mutter (M) angeklagt, Schafe gestohlen zu haben. Am Ende der Verhandlung werden beide zu einer Woche Gefängnis und zu 300 Pesos Geldstrafe verurteilt. In dem anderen Beispiel wird ein Mann zunächst beschuldigt, eine goldene Uhr gestohlen zu haben; im Laufe der weiteren Verhandlung wird er der Hehlerei angeklagt und schließlich auch deswegen verurteilt.

☛ Vergleichen Sie das Sprachverhalten der die Verhandlung leitenden Personen (R). Beim ersten Text genügt es, die Übersetzung zu verwenden; daher wurde auf die Interlinearfassung verzichtet.

Tzotzil

1 R: k'u tša?al ?etš šapas šavelk'an ti tšihe
*Warum tust du so etwas: Schafe stehlen?*

2  k'u tša?al mu ša?abteh
*Warum arbeitest du nicht?*

3  vinikot mu ju?unuk ?antsukot
*Du bist ein Mann und nicht eine Frau.*

4  k'u tša?al mu šasa? ?abtel
*Warum hast du keine Arbeit?*

5  keremot to
*Du bist jung genug.*

6  mu ju?unuk molukot ša
*Es ist nicht so, als wärest du ein alter Mann.*

7  butš'u la hjalbot tšavelk'an tših
*Wer sagte dir, du sollst Schafe stehlen?*

8  mi? ?ame? ?o mi ?ahol la hjal
*War es deine Mutter? Oder hast du es selbst entschieden?*

9 A: tš'abal, tš'abal
*Nein, nein.*

((Der Angeklagte wird weiter befragt, gibt aber nicht an, wer ihn zum Diebstahl angestiftet hat. Der Richter wendet sich an die Mutter und befragt sie, ob sie ihren Sohn zum Diebstahl angestiftet habe.))

10 M: Ho?on nan. hna?un bi. Ho?on la hkalbe
*Ja, ich habe es. Ich gebe es zu. Ich sagte zu ihm:*

11  batikik ta ?elek' tših ba htšontikik ta hobel
*Laß uns Schafe stehlen gehen und sie in San Cristobal verkaufen*

12  hk'eltikik mi štš'am, škut li kole
*Mal sehen, ob sie sie ausleihen, sagte ich zu meinem Sohn*

13  mu hna? k'usi tal ta hol
*Ich weiß nicht, was in meinem Kopf vorging.*

14  ?a? li tšubahun ?o no?oš
*Ich muß verrückt gewesen sein. Das ist der einzige Grund.*

15 R:  ʔetš štok mu ʔaʔuk to sba velta tšavelk'anik tšihe
       *Das ist nicht das erste Mal, daß du Schafe gestohlen hast*

16     ʔoj ša shajibuk velta ʔelk'anik
       *Du hast schon oft gestohlen.*

17     šavelk'an ti tšihe                šavelk'an ti ʔalak'e
       *Du hast Schafe gestohlen.*       *Du hast Hühner gestohlen.*

18     šavelk'an ti ʔisak'               šavelk'an ti maʔile
       *Du hast Kartoffeln gestohlen.*   *Du hast Kürbisse gestohlen.*

19     šavelk'an ti k'uʔile              šavelk'an ti ʔitahe
       *Du hast Kleidung gestohlen.*     *Du hast Kohl gestohlen.*

20     šavelk'an ti tuluk'e
       *Du hast Truthühner gestohlen.*

21     skotol k'usi šavelk'an
       *Du stiehlst alles.*

22     ʔaʔ ša noʔoš mujuk bu šavelk'anbe li sbek' jat li kirsanoʔetik.
       aʔ noʔoš tšaloʔe
       *Das einzige, was du Leuten nicht wegnimmst, sind ihre Hoden –*
       *die ißt du nur.* ((M und A schauen beschämt auf den Boden))

## Deutsch

R:  Herr M., Sie wissen, Sie brauchen sich zu dem gegen Sie erhobenen Vorwurf
    hier nicht zu äußern. Wenn Sie sich aber äußern wollen, dann sagen Sie uns
    bitte die Wahrheit. Sie wollen sich äußern?

A:  Ja.

R:  Ihnen wird also vorgeworfen, am 26. März 76 hier bei L.- L.-Werke eine
    goldene Uhr aus einem Schubfach – äh Schublade weggenommen zu haben.
    Äh – war'n Sie – befanden sie sich zu der Zeit damals in Strafhaft?

A:  Ja.

R:  Und waren im Außentrupp- und hier nebenan bei L. oder?

A:  Ich war bei L., bei de Waschmaschinen.

R:  Was ist denn das nu'?

A:  Wir waren Waschmaschinen – am Zusammenbauen und zwei Tage vorher,
    da sacht nun einer zu mir: »Da is ne goldene Uhr drin, nimm se!« Da hab ich
    gesacht: »Nein, das kommt gar nicht in Frage.« Ich sach: »Ich hab selbst zwei
    Uhren«, und da is der hingegangen, derjenige – ich kenn jetz den Namen nich
    mehr – der is äh – drei Tage später is der – von einer Außenstelle is er ab –
    laufen gegangen, da hat der mir die Uhr – bei uns im Lager – da hat der mir
    die Uhr verkauft – na ja – für – zwanzig Mark Tabak, und die hab ich dann
    Herrn D. gegeben, er möchte mir doch 'n paar Bilder dafür machen. Und da
    hatte mir der D.- mir paar Bilder gemacht und die hab ich im Urlaub mit
    nach Haus genommen, und da sollte ich 'n D. Bastelmaterial mitnehmen – äh
    mitbringen, und da hab ich ihm Sachen von mir gegeben, und da sollte ich
    noch Geld schicken. Ja Mann, ich war so in knapper Not, ich konnte ihm kein
    Geld schicken, und das Geld is – is ja heute noch offen, so ungefähr hundert-
    zwanzig oder hundertdreißig Mark. Aber die Uhr hab ich nich aus die Schub-
    lade rausgenommen, ich hatte selbst zwei Uhren da.

R:  Ja, sie sagen also praktisch, Sie hätten Sie dann äh war das dieselbe Uhr,
    hatten Sie die Uhr gesehen?

A:  Ich hatt se ein einziges Mal gesehen.

R:   Sie sagen, Sie hätten die Uhr nich weggenommen, sagen Sie. Sie sagen, Sie
     hätten se angekauft – eine solche goldene Uhr,
A:                              Ja.
R:   'n paar Tage später, aber Sie hätten nich gewußt, daß es diese Uhr war, daß
     der andere die geklaut hätte.
A:   Nein, das wußte ich nich.
R:   Herr M. =
A:   = Ja.
R:   = Das glaub ich nich.
A:   Ja, ich – 's- 's aber so gewesen.
R:   'n paar Tage vorher zeigt Ihnen jemand: »Das is ne Uhr, nimm die mit, wenn
     se haben willst«, und dann sag- sagen Sie: »Nee,
A:                  Nein, nein!
R:   will ich nich«, und 'n paar Tage später kommt derselbe nun plötzlich mit 'ner
     goldenen Uhr an und sacht: »Komm, willste die haben?«
A:   Das is so gewesen: d- die-
R:   Denn sagen Se, Sie hätten gar kein Verdacht geschöpft?
A:   N- doch, 'n bißchen hab ich schon geschöpft.

## 9. Berlinisch

Im folgenden Gesprächsbeispiel ist das übergreifende Thema ein
gemeinsam geplantes Essen einer Fußballmannschaft. Für das
Essen werden 20,- DM pro Spieler veranschlagt. Bei dem Problem,
was geschehen soll, wenn die Spieler ihre Freudinnen mitbringen,
kommt es zu folgendem Sprachspiel:

1. Bernd:  So, wenn de deine Freundin mitbringst, denn kostet dit Essen
2.         (mindestens) zwanzig Mark für die.
3. Torte:  Ick wünsche juten Appetit, ja.
4. Bernd:  Die Spieler machen wa vonna Mannschaftskasse. Wer seine Frau
5.         mitbringt, der muß für't Menü zwanzig Mark bezahln.
6. Olaf:   Wenn ick meine – Frau nich mitbringe, krieg ick dit
7.         ausjezahlt, dit Jeld?
8. Wolle:  Ja, kriegta die zwanzig Mark ((lacht)) ausjezahlt (..)
9.         We-wer z- wer 'ne Freundin hat noch dazu der kricht vierzig raus.
10.        Kannste ja 'ne echtet
11. Olaf:  der muß vierzich bezahln.
12. Wolle: Jeschäft machen.

Hinweis: *Frau* in Z4/6 umgangs-/jugendsprachlich für *Freundin*.
☛ Wie ist die Logik dieses Sprachspiels aufgebaut?

## 10. Deutsch*

In dem folgenden Beispiel geht es um eine Argumentation. Der
Transkription liegt ein Gremiengespräch über eine Stellenaus-
schreibung für eine C4-Professur zugrunde. ☛ Stellen Sie – wie
zuvor behandelt – die Logik und Pragmatik der Argumentation von
Sprecher B dar.

**A:** Ich habe mich davon überzeugt, daß diese Texte tatsächlich ausgelegen haben
äh ich lese lese sie am besten dann mal eben vor. Der Vorschlag von Frau L.
lautet: Fachgebiet ältere deutsche Sprache und Literatur, Aufgabengebiet Forschung und Lehre auf dem Gebiet der älteren Sprache und Literatur unter besonderer Berücksichtigung von Textdefinition und Textüberlieferung (2.0). Zweiter
Vorschlag von Herrn T.: Fachgebiet, das ist gleich ältere deutsche Literatur und
Sprache, Verzeihung, die Reihenfolge ist anders, müßte besonders ausgesprochen
werden. Ältere Literatur und Sprache, Aufgabengebiet Forschung und Lehre auf
dem Gebiet der deutschen Literatur des 16.-12. Jahrhunderts. (1.0) Dazu Wort-
meldungen? (2.0) Herr B.

**B:**  Ja äh ich mein, das war ja relativ kurzfristig ähm daß diese Vorschläge –
    ähm und ich habe einfach mal beide Revue passieren lassen und auch noch-
    mal Rücksprache mit Kollegen genommen äh uns schienen beide und zwar
    aus ganz verschiedenen Gründen äh nicht ganz optimal zu sein. Äh ich
5   nehme mal zuerst den von Frau L. äh die Gesichtspunkte, die also unter
    diesen erwünschten Themen stehen äh scheinen <u>mir</u> im Hinblick auf den
    Stellentypus, um den es geht, eine Zentralstelle, zu eng zu sein. Also äh ich
    würde auch davon ausgehen, daß eigentlich jeder Altgermanist hier also
    Hochschullehrer eben dann eigentlich das ohnehin zu seinen entscheidenden
10  Aufgaben mit sieht, denn das ist, wenn man die Tradition der Disziplin und
    der Germanistik oder der Altgermanistik sieht und wo die herkommen äh ist
    das philologische Geschäft ( ) und des Schreibers der Überlieferung eines
    der zentralsten Themen ist so zentral, daß sie für mich einfach unverzicht-
    bar sind bei jedem, sie scheinen <u>mir</u>, wenn sie ausdrücklich hier formuliert
15  werden als erwünschtes Kriterium in Bezug auf den Stellentyp angesichts
    auch dieser Überlegung zu eng zu sein und deswegen äh nicht glücklich. Äh
    der andere, das andere Zusatzkriterium, das genannt wird, scheint mir jetzt
    aus der umgekehrten Überlegung heraus nicht glücklich zu sein, denn ich
    gehe einmal davon aus, daß äh dieses Kriterium ja einerseits die
20  Einschätzung, die Selbsteinschätzung der möglichen Kandidaten etwas
    steuern soll und zweitens <u>auch</u> der Kommission ein ganz klein wenig die
    Arbeit eigentlich erleichtern soll. Es sollte als ein Differenzkriterium
    eingeführt werden über dieses Zusatzmoment und das scheint mir nun äh bei
    äh dieser oder bei diesem Vorschlag, den Herr T. eingebracht hat, überhaupt
25  nicht gegeben, denn ich würde davon ausgehen, daß jeder Altgermanist, der
    bis zur Habilitation gekommen ist bzw. äquivalente Leistungen vorgelegt
    hat, äh sich immer auch und zwar <u>entschieden</u> genau in diesem Bereich des
    12.-16. Jahrhunderts getummelt hat. Ich kenne keinen und ich glaube, man
    wird auch keinen finden, der sich ausschließlich in dem Zeitraum, der hier
30  ausgespart, nämlich das 9. bis einschließlich 11. Jahrhundert äh sich aus-
    schließlich dort aufgehalten hat. Also ist mit diesem Zusatzkriterium über-
    haupt nichts gewonnen. Es wird lediglich beschrieben eigentlich, nach meiner
    Einschätzung äh der Bereich, auf dem sich hier üblicherweise die <u>meisten</u> in
    Lehre und Forschung bewegen am Fachbereich. Äh das ist also überhaupt
35  keine Einengung so äh formuliert in einem Ausschreibungstext, meine ich,
    grenzt leicht ans Groteske. Dann wäre mein Vorschlag, man sollte auf ein
    Zusatzkriterium überhaupt verzichten ( ). Dann lieber gleich ohne ein-
    deutiges Zusatzkriterium. Ich muß auch sagen, genau diese äh dieser Ver-
    such, zeitlich sozusagen etwas vorwegzunehmen, mir äh überhaupt nicht

40    einleuchtet, denn wenn ich mal davon ausgehe äh, was hier bereits gut
      abgedeckt ist, dann ist das eben dieser Bereich des 12.-16. Jahrhunderts. Ich
      sagte es schon, da tummelt sich eigentlich <u>alles</u>.

## 11. Berlinisch

»Wer einer Geschichte zuhört, der ist in der Gesellschaft des Erzählers; selbst wer liest, hat an dieser Gesellschaft teil. Der Leser eines
Romans ist aber einsam«, schreibt Walter Benjamin.[26]
☛ Haben Sie teil an der folgenden Erzählung eines Arbeiters, bei
der es um eine Lohnsteuererklärung geht, und führen Sie eine Erzählanalyse durch.

 1 A:  Ick muß ja ooch 'ne Strafe bezahl'n beim Finanzamt.
 2 P:  Ja? Warum denn?
 3 A:  'ne Ordnungsstrafe.
 4 P:  Wieso'n das?
 5 A:  Naja (..) bin hinjefahr'n und hab jesacht, warum die dit noch nich fertig
 6     ham nach'm halben Jahr. Ick will mit meine Enkelkinder in Urlaub fahr'n
 7     und die kümmern sich. ›Naja‹, sagt der, ›wird doch überwiesen.‹ Ick sage,
 8     dit spielt doch keene Rolle, ob dit überwiesen wird oder nich. Denn Ende
 9     September, sag ick, kann ick ja keenen Einspruch mehr erheben, weil ick
10     ja vorjet Jahr Einspruch erhoben hatte, wa, da hab ick nachher beinah
11     nochmal ditselbe jekricht wie vorher.
12 P:  Ja?
13 A:  Mhm. Nu hab ick mir jesacht, naja, werd ick mal dieset Jahr frühzeitig
14     machen, damit'e wieder Einspruch erheben kannst und wenn ick denn
15     wieder wat krieje, dann laß ick dit inne Zeitung setzen, denn seh ick
16     nämlich *daran*, daß die bewußt die Bevölkerung über't Ohr hau'n.
17 P:  Hm.
18 A:  Nich? Naja, nu hab ick dem da 'n Glas Schnecken jeschickt.
19 P:  Was geschickt?
20 A:  Schnecken. Hab ick noch'n Zettel ranjeschriem, die möchten vorsichtig
21     sein, daß se noch, falls se von'e Schnecken während der Arbeitszeit
22     überholt werden.

## 12. Deutsch

In dem folgenden Gesprächsausschnitt wird Richard von Weizsäcker (W) von
Wolfgang Menge (M) in der Berliner Talkshow „*Leute*" vom 19.2.1983 interviewt.
Zuvor hatte bereits der Kabarettist Wolfgang Neuss (N) diese Prozedur absolviert,
bzw. Neuss nahm die Sache selbst in die Hand, redete ununterbrochen und ‚lan-
dete einen Joke nach dem anderen', was das Publikum (P) mit Lachen und Beifall
quittierte. Bereits am Anfang des Interviews mit ‚Richy' (so Neuss) verletzte
Neuss alle Diskursregeln, die sonst in derartigen Situationen gelten: Ständig
nahm er sich selbst das Rederecht und brillierte durch wohl plazierte Pointen. Zu
Beginn des folgenden Gesprächsausschnittes läßt sich festhalten, daß Neuss
(1) für das Gespräch zwischen von Weizsäcker und Menge den Ernst in gewisser
Weise außer Kraft gesetzt, den situativen und diskursiven Rahmen gesprengt hat;

(2) durch zündende Witze und brillante Interventionen beim Publikum Plus-
punkte gesammelt hat;
(3) durch ständiges Unterbrechen des damaligen Regierenden Bürgermeisters von
Berlin und Bundspräsidenten in spe Erwartungen hinsichtlich der Verteilung von
Rederechten durchbrochen hat. Er hat deshalb beim Publikum einen negativen
Eindruck hinterlassen, aber auch beim Talkmaster, der – wenn auch die Situation
genießend – versucht, das Gespräch mit von Weizsäcker zustande zu bringen. In
dieser Situation nun lenkt Menge das Thema auf die ,private Person':

```
 1 M:  Mich würde interessieren, welche Haarfarbe haben Sie früher
 2     gehabt? ((Lachen beim Publikum))
 3 W:  Ich habe (3.0) nich schwarz aber so: – dunkel – ah
 4     dunkelbraun oder sowas. ((Lachen beim Publikum))
 5 M:  Ich meine, ich werd mal sehen (   )
 6 W:                 Ja. Ja, ich war mit meiner
 7     früheren Haarfarbe mehr zufrieden als mit meiner heutigen,
 8     das kann ich nicht bestreiten. ((Lachen  beim Publikum))
 9 P:  ((Zwischenrufe des Publikums und von Ina Deter))
10 W:  > Na, dit is aber so! < =
11 M:  = Jaja =
12 W:  = > Ja, Sie ham mich ja früher jarnich jekannt! < Sie
13 P:                 ((Lachen))
14 W:  sind ja
15 M:  Ja er war ja gefragt.
16 W:  vierzig Jahre jünger als ich.
17 M:  Wer ist vierzig Jahre jünger als Sie?
18 W:                 Na diese junge Dame da.
19 I:  Ob blond, ob braun, ob Henna – Weihnachten gibts neue
20     Männer. ((I = Ina Deter))
21 W:  > Dit weeß ick nich, was dit is < (2.0) Also ich meine, eines möchte ich
22     allerdings sagen, die Haarfarbe wechselt, aber die Person bleibt ja
23     einigermaßen die gleiche.
24 I:  Na na na.
25 W:  das ist meine Meinung, is meine Antwort auf Ihre Frage nach
26     den neuen Männern.
27 P:  ((Zwischenfrage)) Werden Sie denn Ihren Bruder zu Ihrem Berater
28     machen als Bundespräsident in Zeiten der Friedensbewegung.
29     Ist das jetzt vielleicht ganz wichtig?
30 W:  Das will weder ich, noch will er es.
31 N:  Mach mir mal ein Mikrofon an, da muß ich was sagen. ((Lachen beim
32     Publikum)). Also, das ist (toll...) Nee! Also da muß ich mal was sagen,
33     Richy. Da würde ich doch empfehlen, den Bruder mal öffentlich zu
34     umarmen. Warum? Das ist der eigentlich Intellektuelle in der Familie.
35     Das wissen wir doch.
36 W:            Da ham Se recht! =
37 N:  = Ja?
38 W:  Ich habe gerade schon ((vereinzeltes Klatschen)) (2.0) zu Frau Marx gesagt
38     >ich bin jar keen Intellektueller<, hab ich auch nie behauptet.
39 N:            Das weiß ich ja, aber wir wollen doch ((Lachen beim Publikum))
40     ich meine ich hab das nicht so gemeint wie ich das eben gesagt habe.
41 W:  Ich fasse es ja auch nich als Beleidigung auf, wenn man von mir sagt.
```

42 N:   Ich finde, sie sind zwei tolle Typen für Deutschland, weil – ehrlich, ehrlich.
43      So was brauchen wir, egal ob CDU, SPD
44 W:                              Zweitens, drittens,
45      jetzt kommen wir nämlich auf das, was Sie vielleicht mit dem
46      Intellektuellen meinen. Ein Intellektueller ist nach meiner Vorstellung
47      einer, der zwar nachdenkt – ne Meinung hat – aber den letzten Schritt,
48      der sehr wichtig ist, nach meinem, nach meinem Gefühl nicht tut, nämlich
49      – wirklich rein-zu-springen in die politische Verantwortung und nicht
50 N:                          Außer Günter Grass, außer Günter Grass
51 W:   Auch.. nein, Günter Grass auch nicht, der springt
52 N:                          Ümma!
53 W:                          *NU HÖR DOCH MA UFF MENSCH HIER*! ((Beifall))

An verschiedenen Stellen wechselt von Weizsäcker seine Sprach-
lage, indem er vom Hochdeutschen ins Berlinische wechselt.
☛ Beschreiben und erklären Sie unter pragmatischen Aspekten
dieses Phänomen des ‚code-switching'.

## 13. Deutsch

Bei dem folgenden Diskurs handelt es sich um die Verschriftung
eines ironischen Sprachspiels von Jugendlichen. Der Verschriftung
liegt eine Selbstaufnahme bei einer Freizeitaktivität zugrunde.
☛ Beschreiben Sie die Passage hinsichtlich ihrer strukturellen und
konversationellen Eigenschaften.

C: Coop          E: Erwin        J: Joachim
R: Robert        S: Steffen      Q: Sprecher konnte nicht identifiziert werden
X: mehrere Sprecher gleichzeitig

 1 C:   ficken einhundert
 2 E:          ficken einhundert (.)
 3 X:   risiko
 4 Q:   nee
 5 J:   glücksspiel
 6 C:   was denn was war denn daran risiko (.) Rita Süßmuth oder was
 7 E:   ficken einhundert
 8 C:   Rita Süßmuth
 9 X:   risiko
10      ((Lachen))
11 C:   frau Meyer hat aids (..) herr herr Tropfmann hat herpes (..)
12      was möchten SIE einsetzen (...) öhöh (2.0) syphilis.
13      ((Lachen))
14 C:   also hier die frage (1.0) also hier die frage
15 E:   welche frage
16      ((Lachen))
17 S:   sein =
18 R:   = das ist hier die frage =
19 S:   = sein oder nicht sein
20 R:                      schwein oder nicht schwein

21    ((Lachen))
22 C:  schwein (..) oder nicht schwein
23 Q:  dein
24 J:  sein
25 S:  kein
26 R:  kein rabe (.) genau das is es

## 14. Yana

Yana ist eine Indianersprache, die bis zum Beginn dieses Jahrhunderts in Kalifornien gesprochen wurde. Ein interessantes Phänomen dieser Sprache ist es, daß
das Geschlecht der Sprecher sich in der Wahl lautlicher Varianten niederschlägt.
Die stimmlosen Verschlußlaute sind durchweg aspiriert.

☛ Kennzeichnen Sie die lautlichen Unterschiede zwischen den
Formen unter 1 und 2. (Vokale in Kapitälchen sind enttont)

|     | Variante 1 | Variante 2 |                        |
|-----|------------|------------|------------------------|
| 1.  | nisa:ti    | nisatɪ     | *er geht weg*          |
| 2.  | pa:di      | pa:tɪ      | *Stelle, Platz*        |
| 3.  | k'u:wi     | k'u:Φɪ     | *Medizinmann*          |
| 4.  | k'u:wi-ja  | k'u:wi-çA  | *Medizinfrau*          |
| 5.  | padza      | patsA      | *Schnee*               |
| 6.  | hi:ʔlala   | hi:ʔlałA   | *Stern*                |
| 7.  | ʔauna      | ʔauʰ       | *Feuer*                |
| 8.  | ʔauʔnidza  | ʔauʔnits   | *mein Feuer*           |
| 9.  | tu:sik'o:ʔa| tu:sik'o:  | *ich werde (es so) machen* |
| 10. | tu:siʔi    | tu:si      | *er wird (es so) machen* |
| 11. | tu:si      | tu:sɪ      | *er macht (es so)*     |
| 12. | nisa:ʔiʔ   | nisa:ʔɪ    | *Geh weg!*             |

Die grundsätzliche Unterscheidung zwischen den beiden Gruppen
unter A findet sich auch in dem nachfolgenden Auszug aus einem
Mythos, der aus einem Nachbardialekte stammt (die Formen sind
nicht voll identisch). ☛ Bestimmen Sie die Verwendung der unterschiedlichen Varianten (jeweils unterstrichen).

Eichelhäher kommt nach einem längeren Jagdausflug nach Hause zurück. Seine
Frau Wildkatze sagt zu ihm:

    mumarisi-ndz          *Ich (-nts) habe ein Kind geboren.*

Er antwortet: *a:* „Gut!". Früh am nächsten Morgen weckt er die Leute:

    piʔbal-wiʔiʔ          *Steht alle auf!*
    do:sit-ʔiʔ            *Schärft eure Pfeilspitzen!*

| amu:-ʔ | dzu | mannʔi | gi | ʔauna |
|--------|-----|--------|----|-------|
| *erwärmt!* | *eure* | *Bogen* | PART | *Feuer* |

                                          *Erwärmt eure Bögen über dem Feuer!*

| gi:mai-haʔnik | bana |
|---------------|------|
| *laßt uns suchen!* | *Hirsch* |

                                          *Laßt uns Hirsche suchen!*

Sie brechen noch in der Dämmerung zur Jagd auf. Eichelhäher begleitet sie zwar jagt aber nicht mit (Einem Mann, dessen Frau gerade niedergekommen ist, sind Tätigkeiten wie Jagen und Fischen untersagt.)

ni:da:widibilgu-sit'o:'a  *Ich werde euch nur begleiten!*

mumaripausiwa-ndza  *Mir wurde ein Kind geboren.*

Am Abend kehrt er nach Hause zurück. Bald darauf sagt er zu seiner Frau:

gama:' aits da:tɪ  *Gib (mir) das Kind!*

*gib!*  ART *Kind*

Sie gibt ihm das Kind und er spielt mit ihm:

ts'up'p'ánnai-s  ts'up'p'ánnai-s  da:ti-nik

*es ist sehr schön  es ist sehr schön  unser Kind*

*Unser Kind ist wirklich sehr schön.*

Das Kind wird älter und seinem Vater immer ähnlicher [...].

# 7. Ausblick: Datenerhebung und Korpusanalyse

Nachdem wir versucht haben, einen Überblick über einige wesentliche Gebiete der Sprachwissenschaft zu geben, wollen wir uns zum Abschluß noch einmal der Arbeit mit Korpora zuwenden. Anhand der vorausgegangenen Darstellung, der angeführten Beispiele und auch der Übungsaufgaben konnte der Leser eine Vorstellung davon gewinnen, was beim sprachwissenschaftlichen Arbeiten beachtet werden muß. Aber wer eine Sprache studiert, dem stehen in der Regel keine Daten zur Verfügung, die in Form von Übungsaufgaben didaktisch aufbereitet wurden. So nützlich diese Aufgaben sind, um Routine zu bekommen, die selbständige Bearbeitung eines sprachwissenschaftlichen Problems steht nicht nur quantitativ, sondern auch qualitativ auf einer anderen Ebene. Will man eine Sprache angemessen beschreiben, dann ist entscheidend, ob die Datengrundlage angemessen und ausreichend ist. Selten stehen geeignete Korpora zur Verfügung, so daß sie zunächst erhoben werden müssen. Daher soll hier noch kurz darauf eingegangen werden, wie Sprachwissenschaftler zu sprachlichen Daten kommen, und wie die gesammelten Daten, also Korpora, analysiert werden können.

Man mag nun einwenden, daß so viel Umstand überhaupt nicht nötig sei, denn als Sprecher einer Sprache und Mitglied einer Sprachgemeinschaft verfüge man über eine entsprechende Sprachkompetenz. ‚Richtig‘ ist, was ein kompetenter Sprecher, ein Linguist natürlich im besonderen, als richtig definiert. Dies ist die unausgesprochene Meinung vieler Sprachwissenschaftler und auch wohl der entscheidende Grund, weshalb sie sich auf ihre Intuition verlassen, d.h. auf die Forschungsstrategie der sogenannten **Introspektion**. Gegen ein solches Vorgehen ist prinzipiell nichts einzuwenden, problematisch wird es allerdings dann, wenn aufgrund weniger Daten weitreichende Folgerungen aufgestellt werden und ihnen eine sprachenspezifische oder gar universelle Gültigkeit zugesprochen wird. Aber auch in der Muttersprache ist die eigene Kompetenz kein eindeutiger Maßstab. Was der eine Muttersprachler als grammatisch korrekt empfindet, ist für einen anderen falsch. Nach Ansicht der Sprachwissenschaftlerin Marga Reis ist der Satz *dein Verhalten eckt bei uns an ungrammatisch,[1] nicht aber nach Meinung von Studenten; der im Einleitungskapitel zitierte Satz *nun ärgert man sich wo*, der für Postals Passivtheorie wichtig ist, wird dagegen mehrheitlich als grammatisch nicht korrekt eingestuft.[2] Äußerungen sind eben nur im Sinne von Prototypen richtig oder akzeptabel. Neben dem Problem, was nun richtig oder falsch ist, sind ‚erfundene' Beispiele häufig auch deshalb fragwürdig, weil der Kontext fehlt, in dem die Beispiele Sinn geben und daher eingeschätzt werden können. Anstatt sich also allein auf die Introspektion zu verlassen und ‚erfundene', aus dem Kontext abgelöste Sätze zum Gegenstand der Analyse zu machen, ist es sinnvoll, eine größere Menge sprachlicher Daten zu sammeln und systematisch zu analysieren. Dies ist wohl unbestritten die Voraussetzung, um eine unbekannte Sprache zu untersuchen – umso mehr, wenn nur wenige Informationen über die betreffende Sprache zur Verfügung stehen, was für die meisten Sprachen der Welt der Fall ist. Aber selbst für das Deutsche, das über eine lange Grammatiktradition verfügt und mit dem sich weltweit Tausende von ausgebildeten Sprachwissenschaftlern beschäftigen, gibt es noch keine Grammatik, in der die systematische Analyse von Texten und Diskursen zur Grundlage gemacht worden ist. Für diejenigen, die Sprachwissenschaft aufgrund empirisch erhobener Materialien betreiben wollen, gibt es also noch überall weite Betätigungsfelder.

Sprachdaten werden nicht zweckfrei erhoben, sondern hinsichtlich bestimmter Fragestellungen. Die Fragestellung bestimmt die Erhebungsmethode (‚Elizitierung') und auch die gewählte Stichprobe, das sogenannte **Sample**. Es ist etwas anderes, den Lautstand einer Sprache oder einer sprachlichen Variante zu untersuchen, als Höflichkeitsformen oder Verwandtschaftstermini. Als erster Schritt muß die Fragestellung genau spezifiziert werden, davon abhängig ist dann die Datenerhebung und schließlich die Datenauswertung. Die Daten müssen so erhoben werden, daß sie für die Fragestellung repräsentativ sind; allerdings können erhobene Sprachkorpora oft hinsichtlich verschiedener Fragestellungen analysiert werden. Entscheidend ist jedoch zunächst einmal die Auswahl des Samples sowie die Frage nach den Bedingungen der Gültigkeit und Repräsentativität der zu erhebenden Daten. Dreh- und Angelpunkt ist hierbei das Sample. Wollen wir beispielsweise eine Grammatik des Deutschen schreiben, so wird für die Stichprobe zu berücksichtigen sein, ob nur schriftsprachliche Texte oder auch Transkriptionen der gesprochenen Sprache analysiert werden. Diese Entscheidung bestimmt den Geltungsbereich der Analyse. Sollen bei der Auswahl der Texte/Diskurse nur literarische Texte von Thomas Mann, Heinrich Böll oder Christa Wolf oder Werbetexte oder auch Tonproben aus der gesprochenen Sprachen berücksichtigt werden? Wieviele Textproben und Tonproben sind nötig, um eine einigermaßen repräsentative Grammatik schreiben zu können? Wie erhebe ich die Daten? Für welche Teilfragestellungen brauche ich welche Daten?

All dies sind Fragen, die sich in den verschiedenen Ausrichtungen der empirischen Sprachwissenschaft wie der Dialektologie, der Ethnolinguistik, der Soziolinguistik, der Erst- und Zweitspracherwerbsforschung, der vergleichenden Sprachwissenschaft, aber auch der historischen Sprachwissenschaft stellen. In der historischen Sprachwissenschaft wird auf ältere Texte zurückgegriffen. Es stellen sich folglich Probleme wie das Ausfindigmachen und Lesen von Handschriften, das kritische Vergleichen verschiedener Fassungen und die Zuordnung von Lauten zu der Graphie und vieles andere mehr. Gravierender als solche Detailprobleme ist in diesem Bereich aber die Lückenhaftigkeit der Informationen, die normalerweise nicht mehr ergänzt werden können. Beim Erheben gesprochener Sprache hat man dagegen zumindest theoretisch immer die Möglichkeit, noch einmal nachzufragen. Dafür stellt sich das Beobachterparadox ein, das William Labov in folgender Weise formuliert hat: »Um die Daten zu erhalten, die am wichtigsten für die linguistische Theorie sind, müssen wir beobachten, wie Leute sprechen, wenn sie nicht beobachtet werden.«[3] Das Beobachterparadox hat weitreichende Konsequenzen für eine empirisch orientierte Sprachwissenschaft und ist besonders dort ein problematischer Faktor, wo Sprachwissenschaftler und Ethnologen zu fremden Kulturen gehen, um die dort gesprochene, meist nicht schriftsprachlich tradierte Sprache zu dokumentieren und zu analysieren. Aber selbst bei dem Unterfangen, einen deutschen Dialekt zu untersuchen, stellt sich das Problem: Wie gelangt man an natürliche Sprachdaten? Die Datenerhebung wird vermutlich nicht von Erfolg gekrönt sein, wenn man mit Mikrophon und Kassettenrecorder ausgerüstet einen Bauern in Niederbayern überfällt und ihn auffordert: *Nun sprechen Sie mal Dialekt!*

Um natürliche Sprachdaten zu erheben, gibt es unterschiedliche Strategien der Feldforschung, die nach Fragestellung und Kontext variieren. Eine klassische Elizitierungsmethode hat William Labov[4] in seiner bekannten Kaufhausstudie entwickelt. Labov ging es um eine phonologische Fragestellung im New Yorker Englisch, nämlich um das Vorhandensein oder Fehlen von [r] in postvokalischer Position, z.B. *car, card, four, fourth,* etc., und wie die Allophone hinsichtlich sozialer und stilistischer Faktoren variieren. Um die sozialen Faktoren zu berücksichtigen, wählte Labov drei unterschiedliche Kaufhäuser als Erhebungsorte aus, die in ihrem Rang und Status deutlich divergieren: ein Kaufhaus in der Fifth Avenue mit hohem Prestige, ein nach Preis und Prestige in der Mitte gelegenes und ein billiges Kaufhaus, nicht weit von Lower East Side. Labov trat nun an Angestellte in der Rolle eines Kunden heran und fragte sie nach einer bestimmten Abteilung im vierten Stock. Die Antwort lautete normalerweise: *fourth floor*. Labov fragte dann noch einmal nach und erhielt so eine zweite, emphatische Äußerung: *fourth floor!*. Anschließend notierte er die Daten: Kaufhaus, Stockwerk innerhalb des Kaufhauses, Geschlecht, Alter (geschätzt in Abschnitten von fünf Jahren), Tätigkeit (Verkäufer, Kassierer, etc.), Hautfarbe und – sofern vorhanden – ausländischer oder dialektaler Akzent. Neben den so ermittelten unabhängigen, außersprachlichen Variablen erhielt Labov den Gebrauch des [r] in vier verschiedenen Positionen: (a) präkonsonantisch, (b) auslautend, (c) zwanglos gesprochen (informell) und (d) emphatisch gesprochen (formell). In sechseinhalb Stunden ‚interviewte' Labov auf diese Weise 264 Personen. Anschließend wurden die Sprachdaten statistisch ausgewertet.

Die von Labov entwickelte Elizitierungsmethode ist geeignet, um schnell zu spezifischen Sprachdaten zu kommen. Andere Techniken sind z.B. Telefoninterviews[5] oder die Erhebung von Wegauskünften, wobei die so gewonnenen Daten für eine Vielzahl von Fragestellungen interessant sein können. Die rasche Datenerhebung hat jedoch den Nachteil, daß häufig Hintergrundinformationen fehlen. Zudem setzen sie voraus, daß man klare Hypothesen formuliert hat und den Kontext kennt, in dem man die Daten erheben will. Daß solche Techniken ungeeignet sind, wenn man sich z.B. in ein Dorf in Chiapas begibt, um eine Variante des Tzotzil oder Tzeltal zu untersuchen, liegt auf der Hand: Fremden fehlen in der Regel wesentliche Kenntnisse der kulturspezifischen kommunikativen Praktiken. Diese müssen erst einmal durchschaut, d.h. auch aus der Perspektive der Kommunikationsteilnehmer ermittelt werden. In der Ethnologie und Ethnolinguistik wird deshalb die sogenannte ‚teilnehmende Beobachtung' angewandt, die auch in der Soziologie und Soziolinguistik eine wichtige Rolle spielt. Ein Forscher begibt sich in die Sprachgemeinschaft und versucht für eine gewisse Zeit am Leben der Einheimischen teilzunehmen, wobei er das Sprachverhalten aufmerksam beobachtet. Seine Beobachtungen dokumentiert er durch Protokolle und durch exemplarische Tonaufnahmen möglichst umfassend und detailliert. Durch ergänzendes Sammeln von Informationen werden die beobachteten kommunikativen Muster und sprachlichen Strukturen in Abhängigkeit von ihren Rahmenbedingungen beschrieben. Dies ist sehr zeitaufwendig und kompliziert, da sich bereits der Zugang zu fremden Kulturen als schwierig erweisen kann. Nicht selten führen kulturspezifisch unterschiedliche Strategien zu Mißverständnissen. Hier sei nur an die im Kapitel Pragmatik gegebenen Beispiele und Übungsaufgaben aus dem Tzeltal bzw. Tzotzil erinnert, die sich durch ein uns fremdes, sehr indirektes und ritualisiertes Sprechverhalten auszeichnen. Abendländische ‚Direktheit' würde dort als brüskes und verletzend gemeintes Verhalten interpretiert, umgekehrt dürfte sich ein Ethnologe des öfteren darüber im unklaren sein, was ein Einheimischer von ihm will.

Diese Probleme spielen natürlich auch eine Rolle, wenn man durch die Befragung von Muttersprachlern grammatische Daten erheben will: Wie verhält man sich beispielsweise, wenn direktes Fragen als grob unhöflich gilt? Aber selbst unter günstigen Bedingungen kostet die Beschreibung einer Sprache auf diesem Wege viel Anstrengung. Zunächst müssen so lange Sprachdaten erfragt werden, bis genügend Material vorliegt, um Hypothesen über die Lautstruktur oder die grammatische Struktur der Sprache zu entwickeln, die durch gezielte Fragen überprüft werden können. Minimalpaare, Wortlisten oder syn- und paradigmatisch variierte Sätze, aber auch traditionelle Erzählungen können den Ausgangspunkt bilden. Dabei ist zu beachten, daß das Erfragte Bezug zum Alltag des Informanten hat und daß der Linguist durch seine Fragen die Antworten nicht unbeabsichtigt vorbestimmt. Bei der Befragung ergeben sich oft Mißverständnisse, zumal wenn der Informant und der Linguist die Verkehrssprache, mit der die Befragung durchgeführt wird, nur unzureichend beherrschen. Sie sind besonders häufig bei der Aufnahme von Wortlisten in wenigen Sitzungen, z.B. wie bei dem Völkerkundler Walter Lehmann, der vor mehr als fünfzig Jahren durch Mittel- und Südamerika reiste und an vielen Stationen Wörter indianischer Sprachen aufnahm. Lehmann erhielt in einer Befragung anstelle des Wortes für ›Dach‹ das Wort für ›Dachbalken‹ bzw. ›Dachgebälk‹ als Antwort. In einem anderen Fall gerieten die Bezeichnungen für verschiedene Arten von Körben durcheinander. Die Verwechslung der spanischen Phoneme /e/ und /i/ durch den Informanten, in dessen Muttersprache Quechua [e] und [i] Allophone eines Phonems sind, führte dazu, daß Lehmann anstelle des erfragten Quechuawortes für spanisch *arena* „Sand" das Wort für *harina* „Mehl" als Antwort notierte.[6] Aber selbst bei der intensiveren Beschäftigung mit einer Sprache braucht man neben Zeit auch Gespür. Es kann vorkommen, daß ein Sprecher einer Sprache bei der Antwort auf erfragte Wörter immer eine Fokusmarkierung verwendet. Es sollte aber nicht vorkommen, daß in dem veröffentlichten Wörterbuch dieser Sprache alle Wörter mit der gleichen Silbe auslauten, nämlich der Fokusmarkierung.[7] Fragt man im Quiché isolierte Paradigmen ab wie

| *ich komme* | kinulik | *ich kam* | šinulik |
| *du kommst* | katulik | *du kamst* | šatulik |

etc., kann man die Morphologie beschreiben, nicht aber die Semantik. Es bleibt unverständlich, warum in Sätzen wie dem folgenden
immer wieder ‚falsche‘ ‚Präsens‘-Formen für die ‚Vergangenheit‘ vorkommen:

| xutaq'ix ta | k-e-ul | tšik'ut | tširi | tši | k-otšotš |
| *täglich* | *PART* | *Ink-3pA-kommen* | *PART* | *dort* | *Lok* | *ihr-Haus* |

*Täglich kamen sie nach Hause zurück.*

Die Erklärung ist einfach: Im Quiché wird Aspekt und nicht Tempus
flektiert. Aber in vielen populären Grammatiken spricht man immer
wieder fälschlich von Zeiten. Neben Wort- und Satzelizitierungen
sollten daher auch immer Erzählungen und natürliche Gesprächsausschnitte aufgenommen werden, da nur durch zusammenhängende Sprachdaten im Kontext bestimmte semantische und pragmatische Phänomene aufgedeckt werden können. Solche Fehler unter-
laufen gut ausgebildeten Linguisten normalerweise nicht mehr.
Dennoch hat fast jede Sprachbeschreibung ihre kleinen Schwächen,
da die Vielzahl der zu berücksichtigenden Phänomene es unmöglich
macht, sie alle zu berücksichtigen. Außerdem irrt sich selbst ein
Muttersprachler gelegentlich, was unter Umständen gravierend sein
kann, da so aufwendige und langwierige Datenerhebungen meist
nur mit einigen wenigen Informanten durchgeführt werden.

Eine weitere wichtige Technik der Datenerhebung sind standar-
disierte Interviews. Sie setzen die Einwilligung und Bereitschaft von
Mitgliedern einer Sprachgemeinschaft voraus, bei einer Sprachda-
tenerhebung mitzuwirken. Interviews haben den Vorteil, daß systema-
matische Samples erstellt werden können, bei denen die Daten von
verschiedenen Sprechern direkt vergleichbar sind. In vielen Untersuchungen wird aufgrund von wenigen Sprachproben auf ‚das Chinesische‘ oder auf ‚den Konstanzer Dialekt‘ geschlossen. Wie Untersuchungen im Hinblick auf Dialekte gezeigt haben, können empirische Untersuchungen aber erst ab einem Sample von 25 Sprechern
als relativ zuverlässig gelten. Sprachdaten können in Interviews
systematisch und nach vergleichbaren Kriterien gesammelt werden.
Neben sozialen Daten werden – je nach Fragestellung – Wortlisten,
Satzlisten und Listen von Minimalpaaren zum Lesen gegeben und
aufgenommen, aber auch Erzählungen über ein bestimmtes Thema
können dokumentiert werden.

Im Anschluß an die Datenerhebung steht die oft langwierige
Analyse des Datenkorpus, das bei entsprechendem Umfang ohne
Einsatz der EDV kaum systematisch analysiert werden kann. Für

viele Fragestellungen bietet es sich daher an, die Daten von vornherein so aufzubereiten, daß sie per Computer analysiert werden
können. Es gibt eine Vielzahl von Programmen, die aus Texten
Wortlisten und Konkordanzen erstellen und statistische Analysen
ermöglichen. Nach der eigentlichen Datenerhebung folgt die Auf-
bereitung und die Analyse der Daten. Wir wollen den Prozeß der
Datenaufbereitung und Datenanalyse am Beispiel zweier verschiedener Untersuchungen demonstrieren, die unterschiedliche Korpora
und unterschiedliche Fragestellungen zum Gegenstand haben: eine
Studie zur lautlichen Variation im Berlinischen und dem Versuch,
die im Popol Vuh belegte Varietät des kolonialen Quiché möglichst
umfassend zu beschreiben.

Um den Lautstand des Berlinischen[8] zu beschreiben, wurde ein
umfangreiches Datenkorpus von Tonaufnahmen erhoben. Es umfaßt
37 ausführliche Interviews und gut 400 Wegauskünfte. Bei der Analyse ging es vor allem darum, inwieweit lautliche Umgebungen die
dialektalen Varianten beeinflussen. Im Falle der g-Spirantisierung
([je:gn], [jas], [ju:t]) zum Beispiel war von Interesse, wie folgende
Vokale und Konsonanten die anlautende Spirans beeinflussen. Deshalb wurde das Gesamtkorpus in einer phonologischen Form verschriftlicht und im Computer gespeichert. Anschließend wurden
Wortlisten ausgedruckt und die interessierenden Variablen kodiert.
In dem so aufbereiteten Datenmaterial wurden die Vorkommen
sämtlicher dialektaler Merkmale nach vorderem und/oder folgendem
lautlichen Kontext gezählt und ins Verhältnis zur Komplementär-
menge der standardsprachlichen Varianten gebracht. Die so ermittelten relativen Häufigkeiten wurden statistisch weiter analysiert.
So zeigte sich beispielsweise, daß die stimmhaft palatale Spirans vor
Konsonanten nicht realisiert wird: Es gibt keinen Beleg für *[jl] oder
*[jn] und die Wahrscheinlichkeit für [jr] liegt unter 1 Prozent.
Schreibweisen wie <jrade> oder <jleich>, die man immer wieder als
für ,Berlinern' typisch in der Belletristik findet, entbehren also
heutzutage jeder lautlichen Grundlage. Auf der anderen Seite tritt
die Spirans oft vor Schwa auf, besonders am Wortanfang – die
Wahrscheinlichkeit für [j] liegt hier bei 80 Prozent. Dies hängt
damit zusammen, daß die Kombination /gë/ extrem häufig als Präfix
vorkommt und im Korpus immer unbetont ([–bet]) ist. Man könnte
die folgenden variablen Teilregeln formulieren:

(1) $g \rightarrow j / \underline{\quad} r^{<0.01>}$

(2) $g \rightarrow j /\# \underline{\quad} ë^{<0.8>}$
$[-bet]$

Sprachhistorisch betrachtet – die Spirans war die ursprüngliche
Form, die durch Übernahme der hochdeutschen Lautung verdrängt
wurde – kann man die Regeln umgedreht formulieren:

(1a) $j \rightarrow g /$ ___ $r^{<0.99>}$
(2a) $j \rightarrow g /\#$___ $\ddot{e}^{<0.2>}$
       [–bet]

Nicht nur mögliche Lautwandelprozesse lassen sich durch solche
Analysen besser erklären, sondern auch Einzelphänomene wie das
folgende ‚code-switching'-Phänomen:

> Was sich hier seit Jahren tut wissen se, ich denke immer an eine, an einen
> Ausspruch unseres altverdienten und verstorbenen Willem Laulin. Ich hab
> das Gefühl ich spreche gegen eine Wand. Dieser Mann hat wahrscheinlich
> Zeit seines Lebens gegen eine Wand *je*sprochen, und so is es nämlich bis
> heute *je*blie'm. Sie denken immer, sie könn' den einfachsten Weg nehmen und
> auf die Kleingärten zurückgreifen.

Der Hörer beklagt sich in der Rundfunksendung *„Hörer fragen, Ex-
perten antworten"* des Sender Freies Berlin über die Flächennutzung
in Berlin. Neben den Faktoren emotionale Betroffenheit und formelle Situation, die die Wechsel ins Berlinische erklären, stellt sich
die Frage, warum die Wechsel in *je*sprochen und *je*blie'm stattfinden,
nicht aber in *gegen*. Neben den pragmatischen Faktoren spielen
auch im Lautsystem immanente Faktoren eine Rolle: Beim ‚code-
switching' wird die wahrscheinlichste Variante, hier [j] vor Schwa,
favorisiert. Anders formuliert: Wenn man annimmt, daß die wahr-
scheinlichere Variante den unmarkierten Fall bedeutet, so ist ein
Wechsel in unmarkierten Positionen erwartbarer als in markierten.[9]
Das Beispiel zeigt, daß aus systematischen Analysen Phänomene
und Ergebnisse zutage treten, die auf den ersten Blick (nach dem
ersten Höreindruck) nicht erkennbar sind und die Grundlage für
mögliche Erklärungen abgeben.

Im Falle der Beschreibung des kolonialen Quiché war die Aus-
gangslage eine andere. Zunächst wurde die Transkription einer
Handschrift aus dem frühen achtzehnten Jahrhundert manuskript-
getreu in den Computer eingegeben. Da nur ein einziges Manuskript
dieses Dokuments, des Popol Vuh, erhalten ist, entfiel der aufwendige Vergleich verschiedener Abschriften. Das ausgewertete
Korpus hat einen Umfang von etwa 48.000 Morphemen und reichte
aus, um das Quiché des Popol Vuh relativ umfassend zu beschreiben.[10] Im nachhinein erwies sich die Entscheidung, das Korpus auf
einen einzigen Text zu beschränken, als sinnvoll, da beim anschlie-
ßenden Vergleich mit anderen kolonialen Quiché-Texten z.T. erheb-
liche stilistische und grammatische Unterschiede zu Tage kamen.

Die entscheidende Grundlage für die Beschreibung bildeten verschiedene Wortlisten und Konkordanzen, d.h. Wortlisten mit Kontext und Stellennachweisen in der verwendeten Edition. Für die Bestandsaufnahme des Suffixinventars waren rückläufige Wortlisten hilfreich, also die Sortierung der Wörter von hinten nach vorn. Flexionsaffixe wie *xe-* „Kompletiv, dritte Person Plural Absolutiv" etc. wurden automatisch abgetrennt. Aufgrund der nicht geringen Fehlerquote von Anweisungen wie »Ersetze die Zeichenfolge › xu‹ durch › xu-‹« mußte der Text nach diesem Arbeitsschritt noch einmal korrekturgelesen werden. Anschließend wurden zusätzliche Listen erstellt, bei denen die Grundmorpheme ohne Flexionsaffixe sortiert waren [in der Orthographie des Manuskripts wiedergegeben]:

| alphabetische Wortliste | rückläufig alphabetische Wortliste | Liste der Grundmorpheme | | |
|---|---|---|---|---|
| xban | xelic | ban | x- | |
| xbanic | xbanic | | x- | -ic |
| xbanouic | xebanouic | | x- | -ouic |
| xebanou | xbanouic | | xe- | -ou |
| xebanouic | xquic | | xe- | -ouic |
| xelahuh | xquixah | | xqui- | |
| xelic | xelahuh | | xqui- | -o |
| xquiban | xucam | | xu- | |
| xquibano | xquiban | | xu- | -o |
| xquic | xuban | cam | xu- | |
| xquilo | xban | | xu- | -o |
| xquixah | xquixaho | el | x- | -ic |
| xquixaho | xquilo | il | xqu- | -o |
| xuban | xucamo | xah | xqui- | |
| xubano | xquibano | | xqui- | -o |
| xucam | xubano | xelahuh | | |
| xucamo | xebanou | xquic | | |

## Beispiel zur Konkordanzerstellung

S. 90, Zeile 17:   xa yboy xquixaho.
S. 92, Zeile 24:   ronohel xquixaho, xquixah cux, xquixah puhuy, xquixah yboy.

## Konkordanz mit Kontext

| | | | |
|---|---|---|---|
| xquixah | cux, | xquixah puhuy | 92.24 |
| xquixah | puhuy, | xquixah yboy | 92.24 |
| | ronohel | xquixaho | 92.24 |
| | xa | yboy xquixaho | 90.17 |
| ronohel xquixaho, | xquixah | cux, xquixah puhuy, | 92.24 |
| xquixah cux, | xquixah | puhuy, xquixah yboy. | 92.24 |
| xquixah puhuy, | xquixah | yboy. | 92.24 |
| xa yboy | xquixaho. | | 90.17 |
| ronohel | xquixaho, | xquixah cux, | 92.24 |
| xquixah | yboy. | | 92.24 |
| xa | yboy | xquixaho. | 90.17 |

Bei der Untersuchung von Syntax und Textstrukturierung halfen
die Konkordanzen nur indirekt. Da Nomina im Quiché keine Kasusmarkierungen aufweisen, dafür aber finite Verben die entscheiden-
den Markierungen nehmen, mußten die Satztypen über die Verben
erschlossen werden. Die indirekte Zugriffsweise führte dazu, daß
z.b. 700 transitive Verben durchgesehen werden mußten, um festzustellen, daß nur bei 36 transitiven Sätzen im Korpus beide Argumente durch Nominalphrasen vertreten sind. Ein anderes Beispiel:
aufgrund der Übereinstimmung des Relativpronomens *ri* mit dem
Artikel *ri* mußten die etwa 50 Relativsätze über den Kontext aus
mehr als 1000 Belegen heraussortiert werden, in denen *ri* Artikel
ist:

| xe-gha   | ri | varanel    | Verb  | ri | Nomen → | ri = ART |
| qui vach | ri | xe-ico     | Nomen | ri | Verb  → | ri = REL |
| ahau     | ri | xe-tacouic | Nomen | ri | Verb  → | ri = REL |
| xe-gha   | ri | xibalba    | Verb  | ri | Nomen → | ri = ART |

In solchen Fällen erleichterte die sinnvolle Sortierung nach Kontext-
faktoren die Durchsicht der Konkordanzen. Angesichts der Schwierigkeiten des Zugriffs wurde es notwendig, für bestimmte syntaktische Konstruktionen zusätzlich eine konventionelle Kartei anzule-
gen. Eine Reihe von Fragestellungen, so z.B. die Organisation des
Topicfadens, mußten dergestalt untersucht werden, daß längere
Textpassagen in kritischer Lektüre gesichtet wurden. Die Analysen
wurden dennoch entscheidend von den Konkordanzen geprägt, da
mit ihrer Hilfe relativ schnell die Gültigkeit für alle einschlägigen
Belege im Korpus überprüft werden konnte. Bei allen Analyseschrit-
ten wurden die bereits vorliegenden, jedoch recht unvollständigen
Informationen zum Quiché und zu eng verwandten Sprachen herangezogen, vor allem koloniale und moderne Wörterbücher und grammatische Teilbeschreibungen. Nach sorgfältiger Prüfung konnte
manches übernommen werden, vieles – so z.B. die Grundwortstellung – erwies sich aber als abweichend. Da sich eine Sprache in vier-
hundert Jahren verändern kann, darf dies nicht verwundern, aber
trotz der z.T. geringen Qualität mancher Arbeiten und trotz berech-
tigter Vorbehalte gegen die Ausweitung auf die im Korpus belegte
Varietät des Quiché halfen viele der Informationen bei der Auf-
stellung von Arbeitshypothesen. Arbeitsschritte wie die Zuordnung
der Orthographie zu Phonemen bzw. Allophonen konnten nur mit
Hilfe solcher Außendaten geleistet werden. So wird die gelegentlich
anzutreffende Schreibung <uh> für /w/ im Auslaut erst verständlich,
wenn man die phonologische Regel des heutigen Quiché kennt, nach
der auslautendes /w/ stimmlos wird. Nach Eingabe weiterer Doku-
mente konnte der gespeicherte Text für Vergleiche ausgewertet wer-

den. Die ausgezählten Häufigkeiten von Graphemen zeigen deutlich verschiedene Schreiberschulen, Abweichungen in der Morphologie erlauben die Zuordnung mancher Texte zu Dialektregionen etc., so daß derartige Untersuchungen auch Historikern, die über die betreffenden Texte arbeiten, wichtige Anhaltspunkte geben.

Korpusanalysen gestatten tiefere Einsichten in die Beschreibung von sprachlichen Phänomenen und bilden eine gute Grundlage dafür, nach Erklärungen zu suchen. Theoretische Postulate – auf welche linguistische Fragestellung auch immer sie sich beziehen – sollten durch entsprechende Daten und Datenanalysen gestützt sein. Bei Generalisierungen ist Vorsicht angeraten, damit keine zu große Diskrepanz zwischen weitreichenden Folgerungen und einer unangemessen kleinen Datenmenge entsteht. Die aus empirischen Untersuchungen gewonnenen Erkenntnisse der deskriptiven Linguistik – so wenig formalisiert sie auch gelegentlich sein mögen – bieten manchem theoretischen Ansatz, in dem Linguistik zum Flug über den Wolken wird, die Chance, in der Auseinandersetzung seine Postulate zu überprüfen.

Ausgewählte Literatur: Friedrichs (1973), Hymes (1979), Labov (1981), Milroy (1987), Samarin (1967), Saville-Troike (1982).

# Anmerkungen

## 1. Einleitung

1 Grewendorf (1986: 425-426)
2 Sapir (1961: 13)
3 Twain (deutsch 1969: 170; englisch 1929: 267)
4 Habenstein & Zimmermann (1967: 80)
5 aus Sivrikozoglu (1985: 65)
6 Twain (1969: 183-184)
7 Twain (1969: 185)
8 Ergänzung der Verfasser
9 Humboldt (1968: 321)
10 Vgl. Plank (1979: 20)
11 Whorf (1956: 57-64, deutsch 1963: 102-109); zur Widerlegung vgl. Malotki (1983).
12 Malinowski (1974: 346)
13 Ximénez (1929: 66)
14 Middendorf (1892: 49-50)
15 Postal (1986: 192-197)
16 Nida (1947: 1-2)

## 2. Phonetik / Phonologie

1 International Phonetic Association (1978)
2 Dyk (1959)
3 Trubetzkoy (1967: 30-31)
4 Boas (1947)
5 Jakobson (1941)
6 Poppe (1954)
7 Sherzer (1975)
8 Lewe (1969: 17)
9 Alexis (o.J.: IV)
10 Engels (1975: 393)
11 Goethe (1887: 48)

## 3. Morphologie

1 Carroll (1974: 90)
2 Pike & Pike (1982: 98-102)
3 Langacker (1972: 69, 39-40)
4 Vgl. hierzu auch Eisenberg (1989: 110-115)

5 In Hinblick auf die Artikel wird dies z.B. von Nida (1947: 154) vertreten. Sprachgeschichtlich gesehen ist eine solche Analyse jedoch durchaus sinnvoll, da im Germanischen der Endkonsonant tatsächlich kasusmarkierend war.
6 Swadesh (1946: 51)
7 Carroll (1970: 271)
8 Böhtlingk (1966, Bd. 2, Nr. 3339), Übersetzung nach Gundert, Schimmel & Schubring (Hrsg., 1965: 200)
9 Müller (1973: 32)

## 4. Syntax

1 Bühler (1934: 173)
2 Pickett (1983: 534)
3 Callaghan (1987: 21)
4 Eisenberg (1989)
5 Dürr (1987)
6 Rose (1981)
7 Sasse (1988)
8 modifiziert nach Li & Thompson (1981: 660)
9 Carroll (1974: 47)
10 Zhuang Zhou, Buch 3, Kap. 1
11 „Lunyu", Buch 1, Kap. 1 (Legge 1971)
12 Zhuang Zhou, Buch 17, Kap. 12; Übersetzung von Michael Dürr

## 5. Semantik

1 Carroll (1974: 88)
2 Hašek (1964: 310)
3 Einfügung der Autoren
4 Hašek (1964: 267)
5 Bühler (1982)
6 Rath (1981)
7 Wunderlich (1982)
8 Hill (1982)

9  aus Anderson & Keenan (1985: 300), Welmers (1973: 447)
10  Carroll (1974: 72-73)
11  Die Beispiele entstammen dem kolonialen Mythentext „Popol Vuh" (Dürr 1987).
12  Warkentin & Scott (1980)
13  Klein (1984: 142)
14  Whorf (1956: 146)
15  „ZEIT-Magazin" 43 (1987): 124
16  Carroll (1970: 247-250)

## 6. Pragmatik

1  Carroll (1974: 80)
2  Malinowski (1974: 329)
3  Malinowski (1974: 329-330)
4  Wittgenstein (1971: 28)
5  Coulmas (Ms.)
6  Luhmann (1984: 194)
7  Rühmkorf (Hrsg., 1976: 96)
8  Finck & Matzen (Hrsg., 1979: 21)
9  nach Habermas (1981: 427ff.)
10  Foley (1986: 165)
11  Aoki (1986)
12  Albee (1965: 26)
13  Labov (1980a: 254)
14  Carroll (1974: 125)
15  Gossen (1985: 89)
16  Klein (1980)
17  Klein (1980: 19)
18  Kilham (1977)
19  Labov (1980b)
20  Labov (1980b: 299)
21  Kintsch (1977)
22  Colby & Peacock (1973: 619)
23  „ZEIT-Magazin" 7 (1987)
24  Inoue (1979: 269)
25  Foley & Van Valin (1984: 116)
26  Benjamin (1977: 401)

## 7. Ausblick

1  Reis (1982: 180)
2  Nach einem Test mit 23 Studenten des Fachbereich Sprach- und Literaturwissenschaft der Universität Osnabrück.
3  Labov (1980c: 17)
4  Labov (1980d)
5  Labov (1981)
6  Dürr (1990b)
7  Wir decken hierüber den Mantel kollegialen Schweigens.
8  Schlobinski (1987)
9  Schlobinski (1988c)
10  Dürr (1987)

# Lösungshinweise

## 1. Phonetik / Phonologie

### 1.

| | | | |
|---|---|---|---|
| g | stimmhafter velarer Plosiv | γ | stimmhafter velarer Frikativ |
| f | stimmloser labiodentaler Frikativ | q | stimmloser uvularer Plosiv |
| β | stimmhafter bilabialer Frikativ | θ | stimmloser dentaler Frikativ |
| x | stimmloser velarer Frikativ | s | stimmloser alveolarer Frikativ |
| t | stimmloser dentaler Plosiv | δ | stimmhafter dentaler Frikativ |

### 2.

(i)  /(g,f,š,z,v,l,d,n)içt/

(ii)

| | | | |
|---|---|---|---|
| /f/ | stimmloser dentaler Frikativ | /g/ | stimmhafter velarer Plosiv |
| /š/ | stimmloser alveopalataler Frikativ | /z/ | stimmhafter alveolarer Frikativ |
| /l/ | stimmhafter alveolarer Seitenlaut | /v/ | stimmhafter dentaler Frikativ |
| /d/ | stimmhafter dentaler Plosiv | /n/ | stimmhafter dentaler Nasal |

**3.** Im Gegensatz zum Englischen werden stimmhafte Konsonanten im deutschsprachigen Raum am Wortende (auslautend) stimmlos gesprochen. Diese sogenannte ‚Auslautverhärtungsregel' wird von den Deutschstämmigen auf das englische System angewandt: Es kommt zu den angegebenen Interferenzen. Ein vergleichbares Phänomen findet man im belgischen Französisch aufgrund des Einflusses des (auslautverhärtenden) Holländischen auf das Französische, z.B. [pɛrt] anstelle von [pɛrd] „verlor". Zum Pennsylvania-Deutschen siehe Raith (1981), zur Auslautverhärtung im einzelnen Wurzel (1970).

**4.** ['parkëndë] gegen [park'ɛndë], ['ain?aktër] gegen [ain'naktër], ['vo:l:e:bën] gegen [vo:l'?e:bën], ['ɛrstraŋiç] gegen ['ɛrst'raŋiç]. Weiterführende Literatur: Vieregge (1989: 131-161).

**5.** Die indoeuropäischen stimmlosen aspirierten und nicht-aspirierten Plosive wurden im Germanischen zu den stimmlosen Frikativen. Die stimmhaften Plosive b,g,d wurden stimmlos. Die aspirierten stimmhaften Plosive schließlich wurden zu den entsprechenden nicht-aspirierten Frikativen.

Diese Gesetzmäßigkeiten werden auch Grimmsche Gesetze genannt, nach Jakob Grimm, der – neben dem Dänen Rasmus Kristian Rask – die Gesetzmäßigkeiten der germanischen Lautverschiebung erkannt und formuliert hat. Die nach 1 enstandenen Konsonanten f, θ, x wurden unter der Bedingung, daß der dem Verschiebelaut unmittelbar vorausgehende Vokal im Indogermanischen nicht den Akzent trug, zu den stimmhaften Frikativen β, δ, γ. Dieser Lautprozeß heißt das Vernersche Gesetz, nach dem Dänen Karl Verner, der diese Lautgesetzlichkeit 1875 entdeckte. Literatur: Behagel (1901).

**6.** Hier können wir sicherlich auf den Lösungshinweis verzichten. Literatur: Becker (1969).

**7.** Im Berlinischen wird das /i/ gerundet ausgesprochen: i → y /__ {m,r,l,š}. Zum Berlinischen siehe Lasch (1928) und Dittmar & Schlobinski (Hrsg., 1988).

**8.** Goethe, der aus Frankfurt stammte, hatte in seiner Sprechsprache keine gerundeten Vordervokale. Die Unterscheidung zwischen ungerundeten und gerundeten Vordervokalen wurde erst später aus dem Norddeutschen in die Hochlautung eingeführt. Deshalb darf Goethe Wörter reimen, die er graphisch scheidet und die im heutigen Standarddeutsch auch lautlich geschieden sind.

| Goethe: | /i/ | | /e/ | |
|---|---|---|---|---|
| | <i> | <ü> | <e> | <ö> |
| Heute: | /i/ | /y/ | /e/ | /ø/ |

Literatur: Maas (1989: 214-225).

**9.** Die stimmlosen Verschlußlaute /p/, /t/ und /k/ werden jeweils unter Beibehaltung der Artikulationsstelle nach dem Possessiv Singular

| | stimmloser Plosiv | p | t | k |
|---|---|---|---|---|
| 1. Person | aspirierter Nasal | mh | nh | ŋh |
| 2. Person | stimmhafter Plosiv | b | d | g |
| 3. Person maskulin | | b | d | g |
| 3. Person feminin | stimmloser Frikativ | f | θ | x |

realisiert. Die entsprechenden stimmhaften Verschlußlaute /b/, /d/ und /g/ zeigen das Schema

| | stimmhafter Plosiv | b | d | g |
|---|---|---|---|---|
| 1. Person | Nasal | m | n | ŋ |
| 2. Person | stimmhafter Frikativ | β | δ | Ø |
| 3. Person maskulin | | β | δ | Ø |
| 3. Person feminin | stimmhafter Plosiv | b | d | g |

Dieses Schema wird nur bei *waith* durchbrochen, wo anstelle des zu erwartenden stimmhaften Frikativs *γ vor *w* nichts (also Ø) steht. Diese Wechsel zeigen recht deutlich den paradigmatischen Wechsel der Artikulationsart bei gleichbleibender Artikulationsstelle. Zum Walisischen s. Williams (1980) und als Lehrbuch Bowen & Jones (1960).

**10.** Die Aspiration von [p,t,k] ist im Deutschen anlautend, auslautend und in betonter Silbe vor dem betonten Vokal besonders stark. Aber auch inlautend wird aspiriert. Nicht aspiriert wird:
1. in [ps, ps, ks, ks], sofern zwischen diesen Konsonantenverbindungen keine Silbengrenze liegt;
2. im ersten Teil eines $K_1K_2$, in dem $K_2$ hinsichtlich Artikulationsart und -stelle mit $K_1$ übereinstimmt, also nicht in [pp, pb, tt, td, kk, kg].
Zum Deutschen vgl. *„DUDEN"* (1984). Über Aspiration in mehr als 100 Sprachen s. Hurch (1988).

**11.** Stimmlose Verschlußlaute werden im Wortauslaut aspiriert, nicht aber im Anlaut; Affrikaten sind von dieser Aspirierung nicht betroffen. Semivokale und Liquide werden im Auslaut stimmlos. Man vergleiche diese Erscheinungen mit der Aspirierung der Verschlußlaute im Deutschen (vorige Aufgabe) bzw. mit der Auslautverhärtung des Deutschen, bei der stimmhafte Verschlußlaute im Auslaut stimmlos werden. Literatur: Mondloch (1978, 1981).

**12.** Für das Beispiel 1 läßt sich die Anwendung der Regeln wie folgt angeben:

|       | sunmakke-sa-suli                    |
|-------|-------------------------------------|
| R1    | *sunmakksasuli                      |
| R2    | *sunmaksasuli                       |
| R3    | sunmajsasuli                        |
| R1    | *sunmajssuli                        |
| R2    | sunmassuli  (mit /ss/ = [ts])       |

Der folgende Weg von der Ausgangs- zur Endform kommt mit weniger Schritten aus, berücksichtigt jedoch nicht die grammatisch korrekte Zwischenform:

| R1 | *sunmakksasuli |
|----|----------------|
| R1 | *sunmakkssuli  |
| R2 | *sunmakssuli   |
| R2 | sunmassuli     |

Das Beispiel 2 läßt sich wie folgt lösen:

|    | dakke-sa-suli-moga |
|----|--------------------|
| R1 | *dakksasulimoga    |
| R2 | *daksasulimoga     |
| R3 | dajsasulimoga      |

|    |               |                |                      |
|----|---------------|----------------|----------------------|
|    |               |                | alternative Verzweigung |
| R1 | *dajsasulimoga | *dajssulimoga | R1 |
| R2 | dajsasurmoga   | dassulimoga   | R2 |
|    |                | *dassulmoga   | R1 |
|    |                | dassurmoga    | R4 |

Daten und Analyse stammen aus Sherzer (1975); eine umfassende Sprechethnographie der Kuna gibt Sherzer (1983).

**13.** Bei den einfachen Verben liegt die Betonung auf dem Verbstamm.

$R_1$: Vor betonten Silben werden Präfixe nicht betont.

$R_2$: Vor unbetonten Silben werden Präfixe betont.

$R_3$: Erhält innerhalb eines Wortes ein Vokal einen Hauptakzent, so werden die folgenden akzentuierten Silben mit Nebenakzent realisiert.

Daraus folgt:   'stehen $-R_1\rightarrow$ ver'stehen $-R_2\rightarrow$ *'mißver'stehen $-R_3\rightarrow$ 'mißver$_|$standen.

Nach Kiparsky (1966) bilden Verben mit Hauptakzent auf der ersten Silbe die Perfektpartizipien mit dem Präfix ge-, sofern nicht $R_3$ gilt. Ausnahmen bilden bestimmte Verben, vor allem Fremdwörter auf -ieren. Eine vielleicht anschaulichere Erklärung geben Helbig & Buscha (1984:111-112).

**14.**
*Endet Endsilbe auf Vokal?* → Wenn JA, fällt der Akzent auf die vorletzte Silbe.
→    Wenn NEIN: *Endet Endsilbe auf s (oder n)?*
→    Wenn JA, Akzent auf vorletzte Silbe.
→    Wenn NEIN, Akzent auf letzte Silbe.

Es gibt allerdings zahlreiche Ausnahmen, die meist aus der Übernahme der lateinischen Akzentuierung herrühren oder Lehnwörter aus anderen Sprachen sind.
Der Wortakzent wird, sofern er nicht den obigen Regeln folgt, durch Akut ´ besonders gekennzeichnet, z.B. regelmäßig *mando* ['mando] „ich befehle", aber *man-
dó* [man'do] „er befahl". Literatur: Navarro Tomás, Haensch & Lechner (1970).

**15.** Im Suaheli haben wir offene Silben, d.h. jede Silbe endet mit einem Vokal. Bei
mehrsilbigen Wörtern liegt der Akzent normalerweise auf der vorletzten Silbe. In
einsilbigen Wörtern wie *mbu* wird das *m* silbisch und erhält den Akzent. Treffen
zwei nicht-identische Vokale in einsilbigen Wörtern aufeinander wie in *au*, so
formt jeder Vokal eine Silbe, wobei der erste betont wird; in mehrsilbigen Wörtern
hingegen wird wiederum die vorletzte Silbe betont (fa-'i-da). Weiterführende Literatur: Ashton (1977).

**16.** Es ergeben sich folgende Lesarten (vgl. auch Kapitel Pragmatik):

1 (a)   Klaus denkt und Hans lenkt.
  (b)   Klaus denkt, daß Hans lenkt.

2 (a)   Klaus (und nicht Michael) denkt, daß Hans lenkt.
  (b)   Klaus denkt, daß Hans (und nicht Michael) lenkt.

3 (a)   Klaus denkt, daß Hans lenkt.
  (b)   Klaus denkt, (ob) Hans lenkt?

**17.** Die ersten Formen zeigen die folgenden Silbenmuster:
        V   VK   KV   KVK     zusammengefaßt: (K)V(K)
Konsonantenhäufungen scheinen immer verschiedenen Silben anzugehören:
(K)VK.KV(K), Abtrennungen des Typs *(K)VK.V(K) sind jedoch nicht belegbar.

| | | |
|---|---|---|
| 7. bir.ga | das zweite [i] dürfte ein zusätzlicher, sogenannter Sproßvokal sein, der zwischen nicht zulässige Konsonantenhäufungen tritt. |
| 8. di.i | phonetische Langvokale sind Kombinationen aus zwei identischen |
| 10. mu.u | Vokalen, die phonemisch verschiedenen Silben angehören (solche phonologisch, nicht aber phonetisch existenten Silben nennt man Moren). |
| 9. gam.mai | die Längung von [m:] ist auf eine Kombination identischer Konso- nanten zurückzuführen, sogenannte Geminaten |
| 11. sab.ban | stimmlose Verschlußlaute sind die phonetischen Realisierungen |
| 14. dag.ge | von geminierten Verschlußlauten |
| 15. sad.de | |
| 16. u.wa | die Halbvokale /w/ und /j/ werden nach den ihnen verwandten |
| 17. u.waja | Vokalen phonetisch nicht realisiert. |
| 18. i.ja | |

Allerdings werden diese Lösungen nur von einem Teil der Sprecher verwendet,
andere verwenden als Silbenvertauschung *mu:, desa, bansa* oder *ajau.* Literatur:
Sherzer (1970)

**18.** Es wird einfach das Tonmuster des Satzes gepfiffen – ein schlagendes Argument für den extrem hohen distinktiven Wert der Töne im Mazatekischen, zumal zumindest theoretisch alles, was in der normalen Sprache gesagt werden kann, auch gepfiffen werden könnte. Obwohl viele Wörter im Mazatekischen das gleiche Tonmuster haben, sind Ambiguitäten in der Pfeifsprache selten. Sie können meist durch Umschreibungen vermieden werden und vieles läßt sich im Kontext auch zweifelsfrei erschließen. Literatur: Cowan (1948).

**19.** Der Vergleich der Formen mit identischer segmentaler Lautung und identischem Akzent (z.B. 5, 17 und 19; oder 3 und 20; oder 6 und 18) zeigt, daß diese unterschiedliche Tonmuster haben können – Töne haben also phonemischen Status. Die Negation wird durch Veränderung des basishaften Tonmusters zu einem ansteigenden Tonmuster gebildet. Der Intonationsverlauf steigt dabei bis zum Wortakzent an und fällt danach auf Tiefton ab. Hierbei sind drei auf der Grundlage der vorliegenden Daten willkürliche (arbiträre) Klassen anzusetzen:

Klasse 1:  1 2 '3
Klasse 2:  1 2 '31
Klasse 3:  1 2'3 1

Die Steig- und Falltöne auf phonetischen Langvokalen sind zweimorig; man beachte auch die unterschiedliche Akzentuierung dieser beiden Töne.

Unter Berücksichtigung weiterer Beispiele läßt sich der Wortakzent bestimmen, der nicht phonemisch ist; auch die drei Klassen sind morphophonemisch bedingt. Näheres siehe bei Pankratz & Pike (1967), zu Tonsprachen allgemein: Fromkin (Hrsg., 1978).

**20.** Wie der Tabelle zu entnehmen ist, ergibt sich im Durchschnitt, daß der Ansatzpunkt des vierten Tones weit über dem Hochton liegt, und zwar um 21 Hz. Ferner fällt der vierte Ton nicht auf den tiefsten Punkt von 137 Hz, sondern auf 178 Hz. Der Tonbeginn des zweiten Tones (166 Hz) liegt auf der Höhe des Endpunktes des dritten (167 Hz). Die realen Unterschiede der Töne untereinander und die Unterschiede zwischen idealisierter Darstellung der Töne und den tatsächlich meßbaren Konturen werden anschaulich, wenn man die in der Literatur angegebene 5-stufige Skala und relative Frequenzen aufeinander abbildet:

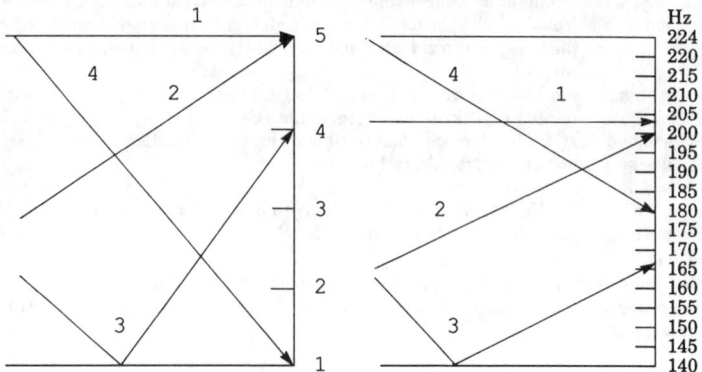

Demnach wäre die übliche 5-Stufen-Skala wie folgt zu modifizieren:
1. Ton 44 anstelle von 55
2. Ton 24 anstelle von 35
3. Ton 212 anstelle von 214
4. Ton 53 anstelle von 51.
Literatur: Chao (1968), Schlobinski (1989a).

**21.** Für die Schreibung mit Dehnungs-h (*Sehne*), die seltener auftritt als ohne h
(*Vene*), gilt – von einzelnen Ausnahmen wie z.B. *Fehde* abgesehen – die folgende
Regel:

$$\begin{bmatrix} V \\ lang \end{bmatrix} \rightarrow (<Vh>)/\_ \{<r>, <l>, <m>, <n>\}$$

**22.** Die Systematik in Form einer Tabelle zeigt, daß der Bruch zwischen phonologischer und orthographischer Repräsentation mit dem Kontrast zwischen vorderen und hinteren Vokalen zusammenhängt

| Phonem | Grapheme | | Graphem | Phoneme | |
|---|---|---|---|---|---|
| | vorn | hinten | | vorn | hinten |
| | (i/e) | (a/o/u) | | (i/e) | (a/o/u) |
| /k/ | \<qu\> | \<c\> | \<c\> | /θ/ | /k/ |
| /g/ | \<gu\> | \<g\> | \<g\> | /x/ | /g/ |
| /θ/ | \<c\> | \<z\> | \<qu\> | /k/ | —— |
| /x/ | \<g\> | \<j\> | \<gu\> | /g/ | —— |
| | | | \<z\> | —— | /θ/ |
| | | | \<j\> | —— | /x/ |

Der Kontrast Vorder- gegen Hintervokale bestimmt die teilweise Überschneidung
der orthographischen Repräsentation der Phoneme /k/ und /θ/ sowie die Verwendung zweier Grapheme für ein einziges Phonem

$$/k/ \quad \begin{bmatrix} <c> \\ <qu> \ <z> \end{bmatrix} \quad /θ/$$

Diesem Phänomen liegt sprachgeschichtlich eine Palatalisierungsregel zugrunde,
die vor Vordervokalen die velaren Verschlußlaute in Affrikaten umwandelte.
Diese Regel setzte für /k/ bereits im späten Latein ein und findet sich in allen romanischen Sprachen in der einen oder anderen Weise. Im Spanischen wurde sie
auf den stimmhaften Verschlußlaut /g/ ausgeweitet. Der Übergang von [ts] zu
[θ] und [dz] zu [x], der im 16. und 17. Jahrhundert stattfand, führte zum Zusammenfall mit den Phonemen /θ/ und /x/, wodurch sich eine Umdeutung der ehema-
ligen Allophone von /k/ und /g/ ergab. Mehr zu diesen – hier stark vereinfacht dar-
gestellten – Prozessen in Lloyd (1987).

**23.** Die folgende schriftsprachliche Version basiert auf einer Auswertung eines
Tests, in dem ein Teil der Fußballübertragung 28 Studierenden in Osnabrück vor-
gespielt wurde, und die aufgrund des Gehörten eine schriftsprachliche Fassung
erstellten. In der vorliegenden Version wurden die Satzzeichen berücksichtigt, die
am häufigsten verschriftet wurden:

Guten Abend meine Damen und Herren.
Das Wort von den Minimalisten hat hier in Mexiko die Runde gemacht. Gemeint war die deutsche Mannschaft, die mit geringem, mit geringstem Auf-

wand bisher die größtmögliche Wirkung hier erzielt hat, ohne eine wirklich
spielerisch überzeugende Leistung mit vier zu vier Toren nur ins Halbfinale
einziehen. Das ist ja schließlich auch gar nicht so einfach.

Zunächst ist klar, daß Satzzeichen und Tonmuster/Pausen nicht in einer
Eins-zu-eins-Relation stehen. So findet sich zwischen *gemacht* und *gemeint* zwar
ein trennendes Satzzeichen, aber der Sprechfluß wird nicht unterbrochen. Auf der
anderen Seite ist zwischen *spielerisch* und *überzeugende* sprechsprachlich eine
Pause, aber es steht kein Satzzeichen. In der Zeichensetzung einheitlich wurde
von den Studierenden der mit *die* eingeleitete Relativsatz durch Komma markiert.
Hier tritt deutlich das syntaktische Prinzip in Kraft, nach dem Relativsätze durch
ein Komma vom Hauptsatz abgetrennt werden. Ansonsten gibt es eine starke Variation. So finden sich zwischen *gemacht* und *gemeint* neben dem Punkt folgende
Trenner: Komma, Doppelpunkt und Punkt mit Bindestrich. Neben syntaktischen
Prinzipien der Zeichensetzung spielen auch pragmatische Faktoren eine Rolle,
also *wie* der Schreiber/Sprecher den Text strukturieren und gewichten will. Hier
spielt das Ausrufezeichen eine große Rolle, das nach der Begrüßung nur wenig
häufiger als der Punkt verwendet wurde. Neben den bekannten Regeln im
„*DUDEN*" siehe Maas (1989).

**24.** Das Schriftbild des Tschechischen ist stärker als das anderer europäischer
Sprachen von diakritischen Zeichen geprägt: Der Akut ´ bezeichnet dabei durch-
gängig die Langvokale, der Haček ˇ im weiteren Sinne palatale bzw. alveopalatale
Konsonanten:

| | |
|---|---|
| č [tš] | stimmlose palato-alveolare Affrikata |
| š [š] | stimmloser palato-alveolarer Frikativ |
| ž [ž] | stimmhafter palato-alveolarer Frikativ |
| ř [ɽ] | Kombination aus [r] und dem palato-alveolaren Frikativ [š] bzw. [ž] |
| t [c] | palatale Variante von <t> vor e <tě> oder im Auslaut <tʼ> |
| n [ñ] | palatale Variante von <n> vor e <ně> oder im Auslaut <ň> |

Die Palatalisierung von <t> und <n> vor /i/ wird durchgängig ausgeführt, in der
Orthographie jedoch nicht wiedergegeben; vor <e> können sowohl die palatale wie
auch die alveodentale Variante vorkommen. Auch für Palatalisierung nach <d>,
<b> und <m> wird <ě> mit Haček verwendet, sie sind im Beispiel aber nicht be-
legt. Die Verwendung von <č>, <š> und <ž> für palato-alveolare Frikative bzw.
Affrikaten hat sich in der Linguistik als Konvention neben den IPA-Zeichen
durchgesetzt und wird auch in diesem Buch angewendet. Aber auch im Hinblick
auf die Orthographie des Tschechischen gilt: ‚Keine Rose ohne Dornen' – auch
wenn tschechische Kinder anders als deutsche nicht verschiedene Schreibungen
für Langvokale (*her, hehr, Heer*) lernen müssen, so haben sie Schwierigkeiten mit
den komplexen Regeln bei der Schreibung <i> oder <y> für [i]. Literatur: Fischer
(1975).

Vergleicht man im Falle des Deutschen die engere mit der weiteren IPA-Notation, so muß man zu dem Schluß kommen, daß die engere Fassung nicht eng genug und die weitere zu weit gefaßt ist. So finden wir in der engeren Version
[ˈkampf], obwohl die Affrikate assimiliert als Frikativ gesprochen wird, nämlich
[ˈkamf]. Die Endsilbe [ən] und [əl] wird meistens silbisch gesprochen, z.B.
[ˌveːnign]. Daß die Glottalisierungen gegeben werden, ist löblich, aber warum
dann auch nicht die Aspirationen? <Wanderer> würde langsam ausgesprochen
[ˈvandəraʀ], schnell hingegen [ˈvandəra]. In jedem Fall steht der Zentralvokal,

<er> wird am Wortende als [a] gesprochen. Die grobe Transkription hingegen erinnert an die Normen der Bühnenaussprache Ende des 19. Jahrhunderts. Zumindest der Zentralvokal anstelle von [e] wie in [zone] wäre anzusetzen. Äußerst problematisch sind Formen wie [zix] – in der engeren Version [ziç] – weil implizit /x/ als Basisphonem und [ç] als Allophon angesetzt wird. Bei der groben Wiedergabe spielt offensichtlich die Orthographie des Hochdeutschen eine wesentliche Rolle. Ganz allgemein ist zu fragen, ob es nicht sinnvoller wäre, anstelle der fiktiven Phonetisierung eines schriftsprachlichen Textes eine Transkription einer tatsächlich gesprochenen Erzählung zu geben, und zwar einmal phonemisiert und das andere Mal phonetisch. Ein generelles Problem ist aber auch dadurch nicht gelöst, nämlich die Variationsbreite der standardsprachlichen Norm. Literatur: die offizielle Festlegung der IPA durch die ,International Phonetic Association' (1949), inzwischen mehrfach revidiert (zuletzt 1978), der auch die Transkriptionen des Tschechischen und Deutschen entnommen wurden.

**25.** Die Beispiele enthalten drei Bildungsmuster:

1. Die Schriftzeichen 1-7 und 9 sind <u>Bilder</u> der bezeichneten Objekte; dies ist in der heutigen Form der Zeichen nicht mehr deutlich erkennbar, sehr wohl aber in älteren Stufen der Schriftgeschichte. 8 zeigt einen Mund, aus dem Worte hervorkommen.

2. Die Schriftzeichen 10-17 zeigen die Verdoppelung bzw. Verdreifachung bildhafter Zeichen. Auf diese Weise werden Schriftzeichen für Wörter abgeleitet, die quantitativ oder qualitativ ein ›Mehr‹ des Wortes sind, das durch das zugrundeliegende Schriftzeichen ausgedrückt wird.

3. Die Zeichen 18 ff. zeigen ein am Lautstand orientiertes Bildungsprinzip. Die Zeichen bestehen aus einem phonetischen und einem semantischen Indikator, z.B.

螞 das *mǎ* (马) auszusprechende Insekt
杩 das *mà* (马) auszusprechende Ding, das etwas mit
(木) Bäumen bzw. Holz zu tun hat

Diese letzte Bildungsweise hat im Laufe der Schriftgeschichte des Chinesischen immer mehr an Bedeutung gewonnen, so daß im heutigen Chinesisch gut 95% aller Schriftzeichen diesem Bildungsprinzip folgen, wobei allerdings bei viele Bildungen durch sprachgeschichtliche Lautveränderungen die Gemeinsamkeit der Lautung verloren haben. Abschließend sei noch angemerkt, daß einige der hier angeführten Formen kaum gebräuchlich sind; einige sind Archaismen, andere sind orthographische Varianten, die in der Schriftsprache der Gebildeten gemieden werden. Literatur: Coulmas (1989), Norman (1988).

## 2. Morphologie

1. Die Beispiele haben alle die Struktur flektiertes Verb, bzw. flektiertes Hilfsverb + Verb und nachfolgende Ortsangabe. Die Betonung, die im Tschechischen immer auf der ersten Silbe liegt, ist ein guter Indikator für die Worttrennung. Wörter nach den einsilbigen Präpositionen *z* und *do* sind allerdings unbetont. Es könnte sich bei *z* und *do* um Präfixe handeln; da aber die Wörter auch ohne sie erscheinen können und andere Präpositionen mit ähnlicher Funktion in der gleichen Position wie *z* und *do* stehen, ohne daß sich der Akzent verlagert, sind *z* und *do* besser als eigenständige Wörter anzusehen. Wörter sind demnach: *chci* „ich will", *chceš* „du willst", *jít* „gehen", *domů, doma, domova* verschiedene Wortformen

von „Haus", *divadla* „Theater", *z* „aus, von", *do* „in", *musim* „ich muß", *musíš* „du mußt", *jdu* „ich gehe", *jdeš* „du gehst", *jíst* „essen", *jíš* „du ißt", *přijdu* (etc., wie *jdu*) „ich komme"; das einzige als Präfix erkennbare Morphem ist *při-*.

**2.**

|              | -Nomen      | -Verb        | -Adjektiv  | -Präposition |
|--------------|-------------|--------------|------------|--------------|
| Nomen-       | Regelfolge  | Turmspringen | eiskalt    | kopfüber     |
| Verb-        | Schreibtisch| Singsang     | trinkfest  | Schluckauf   |
| Adjektiv-    | Großstadt   | festfressen  | feuchtheiß | vollauf      |
| Präposition- | Vorstadt    | durchsehen   | vorschnell | vorab        |

**3.** Es lassen sich folgende Strukturtypen aufzeigen:

1.
```
              N
      ┌───────────┐
 Verbstamm      N
 schreib        unterlage
```
2.
```
              N
      ┌───────────┐
   ADJ          N
   klein        kind
```
3.
```
              N
      ┌───────────┐
   ADJ          N
   alt          stadt
```
4.
```
                  N
      ┌───────┬───────┐
      N       N       N
      arm     band    uhr
```
5.
```
              N
      ┌───────────────┐
      N               N
                ┌───────────┐
      N     Verbstamm      N
      reise schreib        maschine
```
6.
```
                   N
         ┌─────────────────┐
         N                 N
     ┌───────┐         ┌───────┐
   ADJ      N         N        N
   klar     sicht     schutz   hülle
```

**4.** Es können zwei Arten der näheren Bestimmung bei Komposita unterschieden werden, eine lockere und eine stärker lexikalisierte, enge Komposition. Die lockere Modifikation erfolgt durch Nachstellung des modifizierenden Elements: Nomen$_{Kern}$ Nomen$_{Modifikator}$. Die enge Modifikation erfolgt ebenfalls durch Nachstellung des Modifikators, allerdings tritt zusätzlich noch die Verkürzung des Kerns ein. Hierbei gibt es zwei Typen:

$K_1V_1{}^2V_1$ + Modifikator    →    $K_1V_1$-Modifikator
$K_1V_1K_2V_2$+ Modifikator    →    $K_2V_2$-Modifikator

Die Entscheidung, ob verkürzt wird oder nicht, hängt neben der Semantik sowohl von der Gebräuchlichkeit der Fügung ab und von Faktoren wie z.b. der Sprechgeschwindigkeit. Literatur: Dürr (1984), Macaulay (1987).

**5.** Bei den vorliegenden Nomina handelt es sich um von Handlungs- bzw. Vorgangsverben derivierte Nomina. Diese werden mit Hilfe folgender Affixe gebildet: *-er, -ung, -(e)n, -Ø* (z.B. *Schrei*), *-er(ei) Schreierei, ge-(+-e) Geschrei(e)*, -e. Allerdings gibt es hierbei eine Reihe von Einschränkungen morphologischer und semantischer Art, mit der Folge, daß eine Ableitung wie *\*Schreiung* nicht möglich ist. Literatur: *„DUDEN"* (1984: §836f.) und Fleischer (1976).

**6.** In den Beispielen unter <u>A</u> (1 bis 10) erfolgt die Pluralisierung durch Reduplikation der anlautenden Silbe nach dem Muster $K_1V_1$-, also mit Dehnung des Vokals, und durch Anhängen eines Pluralsuffixes: *-tin* / K __ und -$^2$ / V __ (anders: *-tli* / *-li* → *-tin*; *-tl* → -$^2$). Stämme, die ein Diminutivsuffix (11 bis 13) haben, zeigen einen anderen Typ der Reduplikation. Nicht nur die erste Silbe des Stammes, sondern auch das Suffix wird redupliziert: $K_1V_1$-<u>Stamm</u>-$K_1V_1$-Suffix (*-tin*). Bei Verben (Beispiele 1 bis 6 unter <u>B</u>) treten zwei Formen der Reduplikation auf:

$K_1V_1$-    *Intensität, Dauer* (eigentlich mit Vokaldehnung als $K_1V$:$_1$- )
$K_1V_1{}^2$-    *mehrfach geschehen, an mehrerer Orten oder mehrmals in zeitlicher Folge*

Der letzte Satz zeigt, daß das Reduplikationsmuster $K_1V_1{}^2$- auch bei Nomina zur Markierung des mehrfachen Vorkommens verwendet werden kann. Literatur: Andrews (1975), Carochi (1645, Nachdruck 1983)

**7.** Bei der Komposition wird jeweils die zweite Silbe der unter 1 bis 8 stehenden Elemente getilgt. *-r* und *-zi* haben hierbei nahezu den Status lexikalischer Suffixe. *biän* „Seite" tritt hinter die positionsanzeigenden Elemente (Nr. 5 bis 8), wenn die Raumlage nicht näher spezifiziert werden soll. Tritt zu einem der unter 1 bis 4 aufgelisteten Elemente ein adjektivischer oder nominaler Modifikator, so fällt die zweite Silbe (*-r* bzw. *-zi*) weg. Ein gleiches gilt für *biän* „Seite", wenn die Raumlage durch ein Nomen näher spezifiziert ist.

Berücksichtigt man nur die heutige Sprache, führen diese Verhältnisse zu Definitionsproblemen, vor allem: Was ist im Chinesischen ein Wort? Bei einer sprachhistorischen Betrachtungsweise werden die Gegebenheiten dagegen besser verständlich. Seit dem 14. Jahrhundert werden Romane verstärkt in der Volkssprache (im Gegensatz zur klassischen Schriftsprache der anderen Gattungen) abgefaßt, wobei in dieser Gattung immer häufiger zweisilbige lexikalische Einheiten vorkommen, die die einsilbigen Lexeme der klassischen Schriftsprache allmählich verdrängten. Diese in der Literatur dokumentierte Entwicklung der gesprochenen Sprache hin zu zweisilbigen Formen hängt mit Lautwandelprozessen zusammen, die nach der Táng-Zeit (8. und 9. Jahrhundert n. Chr.) einsetzten und durch die das Lautsystem des Chinesischen stark vereinfacht wurde. Dies führte vor allem in den nördlichen Dialekten zu einer hohen Zahl von Homophonen. Aufgrund der Eigenart der chinesischen Schrift wirkte sich dies beim

Lesen nicht aus, wohl aber in der gesprochenen Sprache. Als ‚Ausweg' wurde bei Mehrdeutigkeiten oft ein Lexem mit ähnlicher Bedeutung verdeutlichend hinzugefügt oder ein Morphem, das das lexikalische Feld bestimmte, oder auch Diminutive (-zi oder -r). Man vergleiche die folgenden Formen der gesprochenen Sprachen, die in der monosyllabischen Form der Schriftsprache alle yi lauten:

| 椅子 | yĭzi | *Stuhl* |
| 蚂蚁 | máyĭ | *Ameise* |
| 已经 | yĭjing | *schon* |
| 依靠 | yīkào | *sich stützen auf* |
| 所以 | suŏyĭ | *deshalb, damit* |

Beim Hinzutreten echter Modifikatoren ist die Eindeutigkeit der monosyllabischen Form in der Regel gewährleistet, ohne daß zusätzliche Indikatoren hinzugefügt werden müssen – in solchen Konstruktionen findet sich die monosyllabische Form erhalten. Literatur: Tiee (1979), zur Sprachgeschichte Norman (1988).

**8.** Zum Verständnis bestimmter Erscheinungen der Flexion und Derivation semitischer Sprachen ist es sinnvoll, als Wurzel nur das Konsonantengerüst eines Lexems anzusetzen, im folgenden jeweils $K_1K_2K_3$. Die unter <u>A</u> aufgelisteten Nomina gehören zu denen, die einen sogenannten gebrochenen oder inneren Plural haben (im Gegensatz zu Nomina, die ein Pluralsuffix nehmen). Es handelt sich bei den Beispielen nur um einen Ausschnitt, die Zahl der Klassen ist erheblich höher (im klassischen Arabischen sind es etwa 40). Bei gleichbleibendem Konsonantengerüst variiert der Vokalismus, in mancher Hinsicht vergleichbar deutschen Pluralformen wie *Mütter*, *Häuser* u.a.:

| | | |
|---|---|---|
| $K_1aK_2K_3a$ | $K_1aK_2aK_3$ | 1-3 |
| $K_1K_2iK_3$ | $K_1oK_2oK_3$ | 4-5 |
| $K_1oK_2K_3a$ | $K_1oK_2oK_3$ | 6-7 |
| $K_1VK_2K_3$ | $K_1K_2uK_3$ | 8-9 |
| $K_1VK_2K_3a$ | $K_1K_2uK_3$ | 10-11 |
| $K_1VK_2K_3$ | $K_1K_2ieK_3$ | 12-13 |
| $K_1VK_2K_3a$ | $K_1K_2ieK_3$ | 14-15 |

Die Bildung von Verbalnomina folgt einem ähnlichen Grundschema (vgl. Formen des Deutschen wie *trinken*, *Trunk*, *Getränk* oder *helfen*, *Hilfe*, ...):

| | | | |
|---|---|---|---|
| $K_1aK_2aK_3$ | $K_1aK_2K_3a$ | $K_1aK_2K_3$ | 16-17 |
| $K_1oK_2oK_3$ | $K_1oK_2K_3a$ | $K_1oK_2K_3$ | 18 |
| $K_1aK_2aK_3$ | $K_1aK_2K_3a$ | $K_1K_2aK_3$ | 19 |
| $K_1aK_2aK_3$ | $K_1aK_2K_3a$ | $K_1K_2uK_3$ | 20 |
| $K_1aK_2eK_3$ | $K_1aK_2K_3a$ | $K_1K_2uK_3$ | 21 |
| $K_1aK_2eK_3$ | $K_1iK_2K_3a$ | $K_1K_2iK_3$ | 22 |

**9.** Das Deklinationssystem im Türkischen ist einfach und klar strukturiert. Es gibt zwei Kategoriengefüge, die wie folgt aufgebaut sind:

KASUS                                    NUMERUS

```
  ┌──┬───┬───┬───┬───┬──┐        ┌──────────┬──────────┐
 Nom  Gen  Dat  Akk  Abl  Lok           Sg              Pl
```

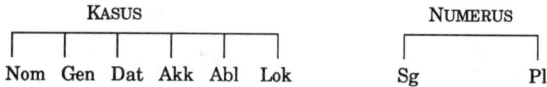

Die morphologischen Marker, mit denen Grundformen wie *yıl* „Haus" flektiert werden, sind Suffixe. Es gibt keine Formübereinstimmung der Einzelkategorien wie z.B. im Deutschen, wo *-en* Nom und Akk markiert (*die Menschen – den Menschen*), oder anders formuliert, es gibt keinen Synkretismus. Zum Türkischen vgl. Lewis (1967), zu Flexionsmustern Wurzel (1984).

**10.** Das Kasussystem des Sanskrit zeigt noch deutlich die Komplexität des ursprünglichen indogermanischen Typus, die in den meisten heutigen indogermanischen Sprachen stark reduziert wurde. Neben acht Kasus gab es eine Unterscheidung von Singular, Dual und Plural sowie von drei Genera. Hinzu kommen noch unterschiedliche Flexionsklassen. Die Sprachgeschichte vor allem der romanischen und germanischen Sprachen ist durch den Abbau dieses Systems gekennzeichnet. Im Deutschen sind vier Kasus erhalten, die allerdings bei Nomina weitgehend zusammengefallen sind und oft nur noch am Artikel erkennbar sind. In den romanischen Sprachen, im Niederländischen und im Englischen geht die Vereinfachung noch weiter, so daß im Englischen die morphologische Unterscheidung von Kasus und Genus nicht mehr existiert.

Die nachfolgenden Tabellen zeigen aber bereits für das Sanskrit einen teilweisen Zusammenfall von Formen (Synkretismus), der beim Dual besonders weit vorangeschritten ist:

1. Adjektiv *kānt-* (a-Deklination): kongruiert in Kasus Numerus und Genus mit dem Nomen, das es näher bestimmt.

| | Singular Mask. | Fem. | Dual Mask. | Fem. | Plural Mask. | Fem. |
|---|---|---|---|---|---|---|
| Vokativ | -a | -e | -au | -e | -āḥ | |
| Nominativ | -aḥ | -ā | | | | |
| Akkusativ | -am | -ām | | | -ān | -āḥ |
| Instrumental | -ena | -ayā | -ābhyām | | -aih | -ābhiḥ |
| Dativ | -āya | -āyai | | | -ebhyaḥ | -ābhyaḥ |
| Ablativ | -āt | -āyāḥ | | | | |
| Genitiv | -asya | -āyāḥ | -ayoḥ | | -ānām | |
| Lokativ | -e | -āyām | | | -eṣu | -āsu |

2. Nomina: *pitṛ* „Vater", *mātṛ* „Mutter", *rājan* „König" (die ersten beiden gehören zur r-Klasse der vokalischen Deklination, „König" zur konsonantischen):

| Singular | pit-/māt- | rāj- | Dual | pit-/māt- | rāj- |
|---|---|---|---|---|---|
| Vokativ | -ar | -an | | -arau | -ānau |
| Nominativ | -ā | -ā | | | |
| Akkusativ | -aram | -anam | | | |
| Instrumental | -rā | -ñā | | -rbhyām | -abhyām |
| Dativ | -re | -ñe | | | |
| Ablativ | -uḥ | -ñaḥ | | | |
| Genitiv | -uḥ | -ñaḥ | | -roḥ | -ñoḥ |
| Lokativ | -ari | -ñi/-ani | | | |

| Plural | pit- | māt- | rāj- |
|--------|------|------|------|
| Vokativ | -araḥ | | -ānaḥ |
| Nominativ | -araḥ | | -ānaḥ |
| Akkusativ | -r̄n | -r̄ḥ | -ñaḥ |
| Instrumental | -r̥bhiḥ | | -abhiḥ |
| Dativ | -r̥bhyaḥ | | -abhyaḥ |
| Ablativ | | | |
| Genitiv | -r̄ṇām | | -ñām |
| Lokativ | -r̥ṣu | | -asu |

Literatur: Böhtlingk (1971), Delbrück (1976).

**11.**

| | Tempussuffixe | Personalsuffixe | | |
|---|---|---|---|---|
| | | | Sg | Pl |
| Präsens | -Ø | 1 | -Ø | -mus |
| Präteritum | -ba | 2 | -s | -tis |
| Futur I | -bi | 3 | -t | -nt |

Bei auslautendem Stammvokal -a wird in der ersten Person Singular Präsens das -a getilgt, also *laud-ō*, während bei auslautendem -e, der Stammvokal erhalten bleibt: *mone-ō*. Man spricht deshalb von *a*-Konjugation und *e*-Konjugation. Literatur: Neue (1985).

**12.** Neben dem Subjekt muß in der transitiven Verbform auch das direkte Objekt markiert werden:

| Subjekt | | Objekt | | Verbstamm | |
|---|---|---|---|---|---|
| ni- | *ich* | mits- | *dich* | miktia | *töten* |
| ti- | *du* | netš- | *mich* | | |
| Ø- | *er/sie/es* | k-/ki- | *ihn/ihr/es* | | |
| | | kin- | *sie (Plural)* | | |
| | | te- | *irgendjemanden (eine unbestimmte Person)* | | |
| | | tła- | *irgendetwas (eine unbestimmte Sache)* | | |
| | | no- | *mich (Reflexiv)* | | |
| | | mo- | *dich/sich (Reflexiv)* | | |

Bei dem dreiwertigen Verb *maka* „(jemandem etwas) geben" zeigt sich, daß das obige Muster erweitert werden muß:

| Position 1 | Position 2 | Position 3 | Position 4 |
|---|---|---|---|
| ni- | mits- | te- | tła- |
| (ti-) | netš- | | |
| (Ø-) | k- | | tłaškal- (inkorporiertes Nomen) |

Objektpräfixe können sowohl auf direkte als auch auf indirekte Objekte referieren. *k-* verweist entweder auf das nachfolgende nominale (direkte oder indirekte) Objekt. Die Formen 15 und 21 zeigen, daß die Position 2 jeweils nur einmal besetzt werden kann, selbst wenn dies zur Folge hat, daß eines der Objekte nicht in der Verbform markiert ist. Ein direktes Objekt kann auch in die Verbform miteinbezogen (inkorporiert) werden, und zwar in der Position unmittelbar vor dem Stamm. Ob die inkorporierte oder die nicht-inkorporierte Form gewählt wird, hängt von dem Zusammenspiel von Syntax, Semantik und Pragmatik ab und kann hier nicht behandelt werden.

**13.** Intransitive und transitive Verben haben eine unterschiedliche Markierung des ‚Subjekt':

| Intransitive Verben | | | Transitive Verben | | |
|---|---|---|---|---|---|
| Zeit | Subjekt$_{intransitiv}$ | | Zeit | Subjekt$_{transitiv}$ | |
| š- *Vergangenheit* | in- | *ich* | š- | | |
| k- *Präsens* | at- | *du* | k-/ka- | a- | *du* |
| šk- *Futur* | Ø- | *er, sie, es* | | u- | *er* |
| | ox- | *wir* | | qa- | *wir* |
| | iš- | *ihr* | | i- | *ihr* |
| | e- | *sie* | | ki- | *sie* |

Beim ‚Präsens'-Präfix (Näheres zur Funktion s. im Kapitel Semantik) *k-/ka-* sind die Varianten morphophonemisch bedingt: ka- → k- / __ V.

Die Beispiele unter <u>C</u> zeigen, daß die unter <u>B</u> aufgeführten Formen einen Sonderfall finiter transitiver Verben darstellen, so daß man das Schema im Hinblick auf die Markierung der Mitspieler erweitern muß:

| Zeit | ‚Objekt' | | ‚Subjekt' | |
|---|---|---|---|---|
| š- | at- | *dich* | nu- | *ich* |
| k-/ka- | nu- | *mich* | a- | *du* |
| šk- | Ø- | *ihn, sie, es* | u- | *er, sie, es* |
| | ox- | *uns* | qa- | *wir* |
| | iš- | *euch* | i- | *ihr* |
| | e- | *sie* | ki- | *sie* |

Wie in der vorigen Aufgabe zum Aztekischen werden also auch im Quiché in der finiten Verbform beide Argumente referiert. Anders als im Aztekischen erfolgt die Markierung aber nach dem ergativen Schema, d.h. das Subjekt des intransitiven Satzes wird mit dem gleichen Pronominalpräfix wie das Objekt des transitiven markiert, das Subjekt des transitiven zeigt abweichende Präfixe (Näheres im Kapitel Syntax). Literatur zum kolonialen Quiché: Dürr (1987).

**14.** Körperteilbezeichnungen werden als lexikalische Suffixe in die Verbform hineingenommen. Die Suffixe stehen in keinem direkten Zusammenhang zu den frei vorkommenden Formen (*suxa-* „Hand, Arm" gegen *-ak*; *kułank* und *kułułik* sind aus *kuł-* + Suffix zusammengesetzt). Sie bewirken eine räumliche Spezifizierung der Verbhandlung, die nur im Falle von 1 im Deutschen ungefähr nachvollziehbar ist („meine Hand schmerzt" gegen „ich habe Handschmerzen"). Üblicherweise werden in der gesprochenen Sprache und in Erzählungen die lexikalischen Suffixe verwendet; die freien Formen dienen zur besonderen Hervorhebung o.ä. Literatur: Saunders & Davis (1975).

**15.** Suffixe sind: *-o* „Nomen", *-a* „Adjektiv", *-j* „Plural". Es gibt im Esperanto nur den bestimmten Artikel *la*. Die Artikelform wird nicht flektiert. Es gibt Präpositionen, die immer mit <u>einer</u> bestimmten Bedeutung verbunden sind. Adjektiv und Nomen kongruieren im Numerus. Literatur: Wells (1969).

**16.** Das Bliss-System besteht aus 100 Grundelementen, die beliebig kombiniert werden können. Das Zeicheninventar wird nach drei Wortklassen eingeteilt: Gegenstandswörter, Tätigkeitswörter und Bewertungswörter. In den Beispielen 1 bis 4 wird deutlich, daß ∩ das Basisgraphem für den konkreten Gegenstand „Gehirn" ist und deshalb mit einem oberhalb zu setzenden ⊡ markiert wird, wenn es ein Gegenstandswort ist, mit ∧, wenn es ein Tätigkeitswort ist. Diese Verbmarkierung impliziert gleichzeitig Präsens. Nicht-Gegenwart als abweichend von der Grundform wird mit ⊃ für Vergangenheit und ⊂ für Zukunft gekennzeichnet. Neben der Tempusmarkierung wird die Genus-Verbi-Markierung über das Verb und vor die Tempusmarkierung gesetzt. Der unmarkierte Fall (Aktiv) wird nicht weiter gekennzeichnet, der markierte (Passiv) erhält <. Die Personalpronomina der dritten Person sind ebenso wie das Zeichen für „Bett" Abbilder der bezeichneten Objekte: „er" = Mann + Indexzahl 3 ($\lambda_3$), „sie" = Frau + Indexzahl 3 ($\lambda_3$). Sätze werden durch einen Punkt abgeschlossen. Literatur: Bliss (1965), Helfman (1981).

**17.** Beim *Akkudativ* handelt es sich um ein sprachliches Phänomen, auf das erstmals Karl Philipp Moritz in seinen Briefen *„Über den märkischen Dialekt"* als öftere Verwechselung des Akkusativ's und Dativ's« (Moritz 1781:6) aufmerksam; gemacht hat. Wie die Daten zeigen, gibt es die noch heute gültige Grundtendenz der Verwechslung: Dativ anstelle des hochdeutsch geforderten Akkusativs bei den Personalpronomina, Akkusativ anstelle des Dativs bei nominalflektierenden Einheiten. Literatur: Schlobinski (1988a).

## 3. Syntax

Zu S. 112:

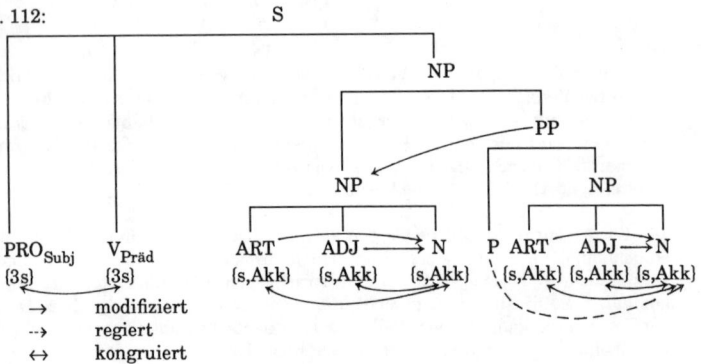

1. Agens-Verben haben in Subjektfunktion ein Agens-Argument als Mitspieler, Thema-Verben dagegen ein Thema- oder Patiens-Argument. Dies wirkt sich in folgender Weise aus:

|                        | Agens-Verben | Thema-Verben  |
|------------------------|--------------|---------------|
| Passiv                 | +            | –             |
| Perfekt                | mit *haben*  | mit *sein*    |
| Attributives Partizip 2| möglich      | nicht möglich |
| *er*-Nominalisierung   | möglich      | nicht möglich |

Weiterführende Literatur: Wunderlich (1985).

2. In den folgenden Baumgraphen markieren die Pfeile (→) die Attributrelation. Es sei an dieser Stelle darauf hingewiesen, daß es strittig ist, ob im Deutschen der Artikel eine Attributfunktion hat oder nicht. Obwohl wir der Meinung sind, daß

der Artikel genauso Attribut zu einem Kernnomen ist wie ein Adjektiv, lassen wir zur Vereinfachung den Artikel außer acht.

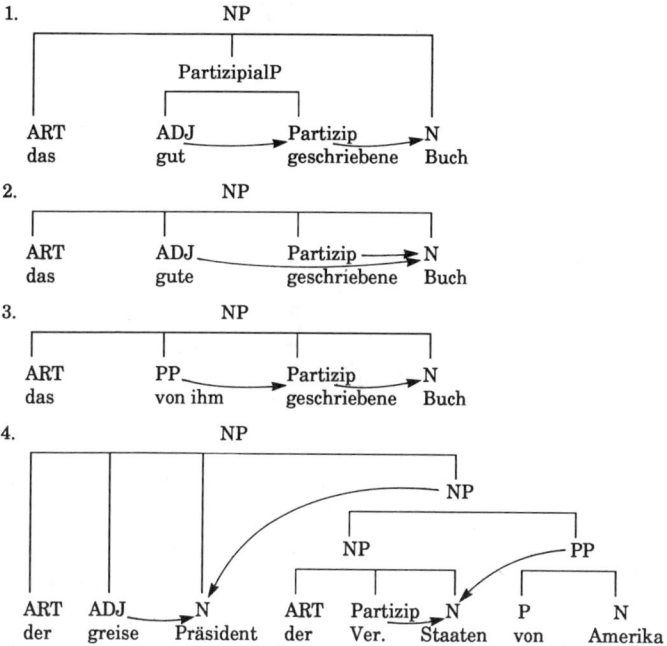

1.

```
                              NP
                    ┌─────────┴──────────┐
                    │    PartizipialP     │
                    │   ┌──────┴──────┐   │
              ART      ADJ ───► Partizip ──► N
              das      gut      geschriebene  Buch
```

2.

```
                              NP
              ┌───────┬──────────┬──────────┐
             ART      ADJ ──── Partizip ───► N
             das      gute     geschriebene  Buch
```

3.

```
                              NP
              ┌───────┬──────────┬──────────┐
             ART      PP ────── Partizip ──► N
             das      von ihm   geschriebene  Buch
```

4.

```
                              NP
                                              ┌──────────────┐
                                              │      NP       │
                                         ┌────┴───┐    ┌──── PP
                                        NP         │   │
      ART    ADJ ──► N      ART    Partizip ─► N   P        N
      der   greise Präsident der   Ver.      Staaten von    Amerika
```

**3.** In Satz 1a und Satz 1b hat das Pronomen anaphorische Funktion und ist syntaktisch Subjekt (in 1a) bzw. Objekt (in 1b). Es kann durch die koreferentielle NP ersetzt werden, kann aber nicht weggelassen werden, ohne daß der entsprechende Satz ungrammatisch wäre. In Satz 2 hat das Pronomen eine Platzhalterfunktion und kann weggelassen, aber nicht ersetzt werden. In Satz 2a nimmt *es* den Platz des syntaktischen Subjektes ein und hat eine stilistische Funktion. In 2b nimmt *es* den Platz eines syntaktischen Subjektes in einem sonst subjektlosen Passivsatz ein. Bei einer Reihe von Verben wie in Satz 3 ist *es* formales, inhaltsleeres Subjekt oder Akkusativobjekt. Es kann weder weggelassen noch ersetzt werden.

**4.** Der Satz *Gern schläft die Katze auf dem Sofa* ist mehrdeutig. Durch den sogenannten Spitzenstellungstest läßt sich die Ambiguität verdeutlichen und aufheben:

(a)     *Die Katze schläft gern* auf dem Sofa, mit der PP als Adverbial.

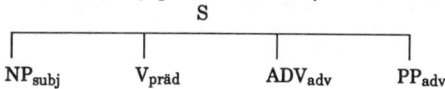

```
                              S
              ┌──────────┬──────────────┬──────────┐
          NP_subj      V_präd        ADV_adv     PP_adv
```

(b)    *Die Katze* auf dem Sofa *schläft gern*, mit der PP als Attribut:

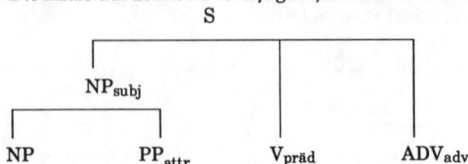

$$S$$

```
        NP_subj
    ┌──────┐
   NP        PP_attr        V_präd          ADV_adv
```

Vgl. im einzelnen „*Grundzüge einer deutschen Grammatik*" (1981: 114 und 182).

**5.**

|     |             | Subjekt          | Objekt          |
|-----|-------------|------------------|-----------------|
| (a) | transitiv   | Erg = Nom        | Abs = Akk       |
|     | intransitiv | Abs = Akk        |                 |
| (b) | transitiv   | Erg(Nom) = Akk   | Abs(Akk) = Nom  |
|     | intransitiv | Abs(Akk) = Nom   |                 |

|     |             |                              |
|-----|-------------|------------------------------|
| (a) | transitiv   | Der Mann schlägt den Hund.   |
|     | intransitiv | Den Hund stirbt.             |
| (b) | transitiv   | Den Mann schlägt der Hund.   |
|     | intransitiv | Der Hund stirbt.             |

**6.** ›Essen‹ wird durch das Präfix *x-* mit nachfolgendem Nomen ausgedrückt, wobei diese Kombination als Verbform behandelt wird. Im Falle von Nominalphrasen wie *samim wan* „Hirschfleisch" wird die getrennte Schreibung zum Problem, da (wie in Satz 8) zwischen *x-* und der Flexionsendung *-u* „ich" ein Leerzeichen steht, obwohl es sich um ein Wort handelt. Das gleiche gilt auch bei Verben mit inkorporierten Nomina (Sätze 9-14). Die Schreibung in 8a bis 14a scheint dagegen konsistenter zu sein, führt aber zu enorm langen Wörtern. Anderseits zeigt sich im größeren Zusammenhang, daß das Konnektivsuffix *-m* einzelne Wörter innerhalb von Phrasen verbindet und nicht Elemente innerhalb eines Wortes; Die Inkorporierung erfolgt also eher in eine Phrase als in ein Wort. Im Falle von *x-* „essen" mit nachfolgender Nominalphrase steckt man im Hinblick auf den Wortbegriff in einem kaum lösbaren Dilemma. Literatur: Dunn (1979).

**7.** Wie auch das deutsche *und* hat *and* mehr Funktionen als die einer logischen Konjunktion mit der Symmetrie p & q = q & p. Bei der Verknüpfung von Ereignissen, die temporal geordnet sind, muß die temporale Ordnung eingehalten werden; *and* wird also temporal und/oder kausal interpretiert im Sinne von *and then*. Man denke insbesondere an Erzählungen, mit dem im Deutschen typischen Konnektor von Ereignissen *und dann*. Literatur zur Semantik von Konnektoren: Lang (1977), zur Pragmatik von Konnektoren: Stubbs (1983).

**8.** Nicht das Verb, sondern das in Erstposition stehende Subjektpronomen wird nach Person, Numerus und Tempus/Aspekt flektiert. Es gibt keine Kongruenz. Die Verbform zeigt einen Wechsel des auslautenden Vokals: Folgt ein nominales direktes Objekt, so steht *-i*, folgt ein pronominales direktes Objekt *-e:*; in allen anderen Fällen *-a:*, also in Endstellung, vor indirektem Objekt und vor Ortsangaben. Literatur: Kraft & Kirk-Greene (1973).

**9.** Im Isländischen liegt wie im Deutschen die Grundwortstellung [subj präd io do] vor. Während im Deutschen jedoch das verbale Prädikat in finite Form in Zweitposition und infinite Form am Satzende aufgespalten wird, stehen finite und infinite Form im Isländischen zusammen. Nur bestimmte adverbiale Bestimmungen – in der Regel Relationsadverbien – können zwischen finiter und infiniter Form stehen, aber nicht Objekte. Bei den Beispielen 3 und 4 handelt es sich um Topikalisierungen des indirekten bzw. direkten Objekts. Die Spitzenstellung des finiten Verbs findet sich in Imperativsätzen (5), aber auch in Entscheidungsfragesätzen. Die Stellung des Akkusativobjektes vor dem Dativobjekt in Beispiel 7 gegenüber 6 ist durch die Verteilung der semantischen Rolle bedingt: Unabhängig von der Kasusmarkierung steht die Kodierung der semantischen Rolle ›Ziel‹ bzw. ›Benefiziär‹ vor der ›Thema/Patiens‹-Rolle. In Haupt- und Nebensätzen ist die Wortstellung – anders als im Deutschen – gleich (8). Adjektivische Attribute stehen vor dem Kernnomen (2,5), Possessivpronomina hingegen postnominal (7), wobei eine Teilklasse der Possessivpronomina durch Personalpronomina mit Genitivmarkierung gebildet werden. Wie im Deutschen ist die Subjektstelle in Aussagesätzen in der Regel obligatorisch und wird deshalb bei bestimmten Sätzen durch einen Platzhalter (Dummy) besetzt (1), und zwar durch das Adverb *nú* bzw. die Pronomina *það* „es" oder *hann* „er". Der Platzhalter kann jedoch im Isländischen wegfallen, insbesondere in Entscheidungsfragen: *Rignir?* „Regnet es?". Weiterführende Literatur: Kress (1982:263-273) und Pétursson (1978:138-140).

**10.** Die Fokussierung erfolgt dadurch, daß das zu fokussierende Element in die Position vor das Verb gestellt wird. Das vorangestellte Element wird durch ein dahinter gestelltes *ni* gekennzeichnet. Auf diese Weise können fast alle Nominalphrasen fokussiert werden: Subjekt, direktes Objekt, indirektes Objekt (Rezipiens), Komplemente, Ortsangaben und Zeitangaben.

Ein vorangestelltes Subjekt muß zusätzlich auch pronominal markiert sein. Im Falle von *mo* „1. Person Singular" geschieht dies durch *ó* „3. Person Singular" oder aber, hier nicht aufgeführt, durch *mo*. Fokussierte Pronomina sind von den einfachen verschieden: *èmi* „1. Person Singular" gegen *mo* (vgl. Französisch: *c'est moi, qui est le plus ...*).

Bei der Fokussierung des Komplements ist zu beachten, daß die Kopula *jé* wegfällt. Hier deutet sich der bei einer tiefer gehenden Analyse offensichtlich werdende verbale Charakter des Morphems *ni* an, man vergleiche die entsprechenden Konstruktionen des Deutschen: *ich bin's/war's, der Ajayi ein Buch gab* oder *ein Buch ist's/war's, das ich Ajayi gab*. Zum Yoruba s. Ogunbọwale (1970) und Rowlands (1969).

**11.** Satz (1) hat folgende Struktur:

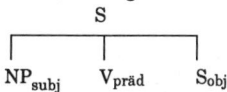

$$S$$

| NP$_{subj}$ | V$_{präd}$ | S$_{obj}$ |

Durch das paarige Komma in (2) entsteht eine andere syntaktische Struktur des Satzes als in (1): Das Subjekt des Objektsatzes in (1) ist Subjekt des übergeordneten Satzes in (2), während die Subjekt-NP *der Lehrer* durch die Aufspaltung des Objektsatzes in Erstposition steht und somit topikalisiert ist. In (3) ist der Objekt-

satz aus (1) passiviert und topikalisiert, während (4) die Diathese des nicht-aufge-
spaltenen Objektsatzes von (2) ist.

**12.** Ob es sich beim sogenannten *kriegen*-Passiv (Dativpassiv oder auch Rezipientenpassiv) um ein Passiv handelt, ist durchaus strittig (s. Haider (1984), Wegener
(1985), Reis (1985)). Klare Argumente für ein Passiv sind die Beispielsätze 1-3
und 6, da man – in Analogie zum Vorgangspassiv – folgenden Zusammenhang annehmen kann:

| Aktiv | | Rezipientenpassiv |
|-------|---|-------------------|
| Agens$_{subj}$ | → | Ø oder PP |
| Rezipiens$_{io}$ | → | Subj |
| [+FINIT] | → | [-FINIT] oder Ø + kriegen$_{finit}$ |

Die Beispiele 4, 5 und 7 fallen aus diesem Strukturmuster heraus. 5 und 7 haben
eine resultative Lesart: ›X erreichte es, Zustand Z herbeizuführen‹, die nicht passi-
visch ist. Das Subjekt ist in jedem Falle agentiv. 4 ist abgeleitet aus *Man gab ihm
eine Aufgabe zu lösen*, was wiederum für Passiv spräche.

**13.**
  a) Das fokussierte Element muß nicht in Erstposition stehen wie bei W-Fragen.
  b) Beispielsatz (7) ist ungrammatisch, weil beim Vorkommen mehrerer W-Wörter
das fokussierte Echo-W-Wort das letzte in der Reihe von W-Wörtern sein muß.
  c) Eine Echofrage ist dann möglich, wenn eine Vorgängeräußerung zu einem
problematischen Verständnis führt, z.B.
  A: Peter hat ein (   ) geschrieben.
  B: Peter hat was geschrieben?
Weiterführende Literatur: Wunderlich (1986).

**14.** Konditionalsätze werden gebildet, indem an das die Bedingung ausdrückende
Verb -*e²* bzw. -*aq* suffigiert wird. -*e²* tritt an das Verb, wenn die Subjekte der beiden verknüpften Sätze identisch sind, -*aq* (bei umfassenderer Betrachtung besser
als -*q* zu analysieren), wenn sie nicht identisch sind. Diese besondere Art, Argumente zu markieren, nennt man ‚switch-reference'. Diese Unterscheidung von
Satzverknüpfungen mit identischen bzw. unterschiedlichen Subjekten ist kennzeichnend für die Bildung abhängiger Sätze im Hopi.

Ein identisches Subjekt wird in der Regel im Satzgefüge nur einmal ausgedrückt, es handelt sich hierbei jedoch um eine optionale Tilgungsregel, so daß
Sätze wie *pam nime² pam ha:lajni* „Wenn er nach Hause geht, wird er sich (auch)
freuen" (vgl. Sätze 2 und 4) durchaus korrekt sind. Literatur: der Einführungs-
kurs des Hopi-Muttersprachlers Kalectaca (1978).

**15.** Nicht-eingebettete *daß*-Sätze sind für den gesprächstherapeutischen Diskurs
typische Konstruktionsmuster seitens des Therapeuten. Sie knüpfen in der Regel
nicht syntaktisch an den vorangehenden Satz an, sondern der Nexus ist allein
semantisch/pragmatisch bedingt und auf die Vorgängeräußerung bezogen. Es handelt sich also um Adjazenzellipsen. In ihnen ist Information kodiert, die zum
gemeinsam geteilten Wissen von K und T gehören, d.h., das Gesprächsthema wird
weiter vorangetrieben. Dabei werden vom Therapeuten einzelne Aspekte hervorgehoben und auf die Gefühlsebene gebracht. Es gibt folgendes Muster

| PART | K | ADRESSAT | GEFÜHL | SPEZIFIZIERUNG |
|------|---|----------|--------|----------------|
| hm | daß Sie | | das Gefühl haben | es bleibt ein Stachel des Zweifels |

Hinsichtlich der thematischen Entwicklung haben die *daß*-Sätze eine Spiegelfunktion: Das thematisch Relevante wird an den Klienten zurückgespiegelt, der dadurch immer wieder gefordert ist, ‚sein' Thema weiter zu entfalten. Weiterführende Literatur: Schlobinski (1988b). Zum Zusammenhang von nichteingebetteten *daß*-Sätzen und Sprechakten s. Weuster (1983).

**16.** Das Kernnomen steht in Erstposition, während Possessivpronomina, Numeralia, Nominalklassifikatoren und Determinatoren in dieser Reihenfolge dem Kernnomen nachgestellt sind. Modifizierende Adjektive und Sätze folgen direkt dem Kernnomen. Die Relativsätze sind in die NP so eingebettet, daß die koreferentielle NP getilgt wird: [[N[N V N → Ø]$_\text{S}$]$_\text{NP}$ V]$_\text{S}$. Regeln, die solche Tilgungen beschreiben, nennt man auch ‚equi-NP deletion'-Regeln. Literatur: Filbeck (1976).

**17.** Die Verknüpfung von Hauptsatz und Relativsatz erfolgt über eine Nominalphrase, die beiden Sätzen gemeinsam ist. Diese gemeinsame (referenzidentische) NP wird im Relativsatz getilgt, wobei in der Ergativsprache Dyirbal nur eine im unmarkierten Absolutiv stehende NP getilgt werden kann. Diese Bedingung führt dazu, daß die Verknüpfung anderen Prinzipien als im Deutschen folgt.

Im Dyirbal ist die Relativsatzbildung stärkeren Einschränkungen unterworfen als im Deutschen. Nur eine im unmarkierten Absolutiv stehende NP kann getilgt werden. Der Relativsatz folgt dem Bezugsnomen und das Prädikat des Relativsatzes nimmt anstelle eines tempusanzeigendes Suffixes die Relativsatzmarkierung -ŋu und die Kasusendung des Bezugsnomens.

| Bezugsnomen | Relativsatz | |
|-------------|-------------|---|
| Nomen-Ø$_\text{Abs}$ | Ø | Verb-ŋu$_\text{Rel}$-Ø$_\text{Abs}$ |
| Nomen-$_\text{Erg}$ | Ø | Verb-ŋu$_\text{Rel}$-ru$_\text{Erg}$ |

identisch

Während das Bezugsnomen im Satz beliebigen Kasus haben kann (hier Absolutiv und Ergativ, aber auch Dativ etc. sind möglich), ist das im Relativsatz getilgte Bezugsnomen nicht variabel und muß Absolutiv sein. Der variable äußere (zum Hauptsatz weisende) Bezug ist durch das kasusanzeigende Suffix am Verb explizit und eindeutig markiert, der invariable innere Bezug nur implizit durch Ø.

Satz 1 kann daher ohne weiteres als Relativsatz in Satz 2 integriert werden (= Satz 4). Beide haben die Absolutiv-NP *balan djugumbil* gemeinsam. Satz 1 kann auch als Relativsatz in Satz 3 verwendet werden, da aber das Bezugsnomen im Ergativ steht, muß dies beim Verb des Relativsatzes gekennzeichnet sein (= Satz 5). Die Umkehrung von Haupt- und Relativsatz ist bei Satz 1 und 2 nicht problematisch (= Satz 6), will man dagegen Satz 3 als Relativsatz in Satz 1 integrieren, so stößt man auf Schwierigkeiten, da das zu tilgende Bezugsnomen nicht im Absolutiv steht, sondern im Ergativ. Um hier einen Relativsatz zu bilden, müßte der transitive Satz durch das Genus-Verbi Antipassiv modifiziert werden, so daß die das Agens bezeichnende NP im Absolutiv stehen würde. Anstelle der nicht zulässigen Verbindung von Satz 1 und 3 kann nur die antipassive Umformung von Satz 3 zum Relativsatz in Satz 1 werden. Literatur: Dixon (1972).

**18.** Die minimale Diktion bei gleichzeitiger hoher Redundanz und Parallelität der Konstruktionen ist typisch für den Stil der klassischen Philosophen. Die normale Satzstellung ist S P O. Nach einem Bewegungsverb, aber auch nach einem transitiven Verb mit direktem Objekt, kann eine Ortsangabe folgen, die wie in Satz 1 durch *yú* (於) eingeleitet wird. Konjunktionen und Fragewörter stehen vor dem Kernsatz, Partikeln (Aspekt bzw. Modus ausdrückend) am Satzende:

> Konjunktion ⎫
> Fragewort  ⎬  KERNSATZ      Ortsangabe      Modalpartikel
> (Anrede)   ⎭

Es ist zu beachten, daß das Verb nicht flektiert wird. Die zeitliche Einordnung erfolgt durch das Zusammenspiel von Adverbien, Parallelverben und Modalpartikeln.

Die Nominalphrase hat die Struktur: $\text{Nomen}_{\text{Modifikator}}$ *zhī* (之) $\text{Nomen}_{\text{Kern}}$. Nominalphrasen mit und ohne *zhī* kommen im freien Wechsel vor. Die Koordination von Nominalphrasen erfolgt durch *yǔ* (與). Sätze können entweder durch abschließendes *zhě* (者) nominalisiert werden oder aber ohne jegliche Markierung eingebettet werden. Das direkte Objekt kann anaphorisch durch *zhī* vertreten sein, ein kontextuell (oder situationell) bekanntes Subjekt durch Null-Anapher.

Satz 2-B zeigt, daß Äquationssätze ohne Kopula gebildet werden: $NP_1$ : $NP_2$ „$NP_1$ ist $NP_2$". Das Auftreten von *zhī* in Satz 5-D zwingt zu einer komplexeren Analyse des Satzes als zunächst erwartet. Die Abfolge Subjekt *zhī* Prädikat Objekt stellt eine Form der Nominalisierung von Sätzen dar („ihr Nichtkennen der Fische"), das als Adverb behandelte *quán* (全) ist somit Prädikat eines Äquationssatzes, der vorausgehende Teil ist Subjekt.

Literatur zur klassischen chinesischen Schriftsprache: von der Gabelentz (1881) und Dobson (1959), zur Sprachgeschichte Norman (1988).


# 4. Semantik

**1.** Die Semantik der Verben kann grob wie folgt gefaßt werden:

> jé   *natürliches / angeborenes oder andauerndes Charakteristikum sein*
> șe   *zufälliges / erworbenes oder zeitweiliges Charakteristikum sein*
> wà   *sich an einem Ort, in einer Raumlage befinden*

Die tatsächliche Verwendung kann mit dieser groben Charakterisierung nur teilweise erklärt werden. Semantische Kategorien wie Tempus/Aspekt/Modus spielen eine Rolle, aber auch kulturspezifische Kategorisierungen. Eigenschaften, die sich auf sozialen Status beziehen werden in der Regel mit *jé* gebildet, selbst wenn sie erworben oder auch nur zeitlich begrenzter Natur sind:

> Olú jé akɛ́kɔ̀            *Olu ist Schüler / Student*

*Se* würde in einem solchen Falle nur verwendet werden, um zu betonen, daß der Status zufällig erworben oder nur kurzfristig eingenommen wurde.


**2.** Im Chinesischen werden bestimmte Substantivklassen durch sogenannte Klassenindikatoren bezeichnet. Der Klassenindikator *-zhāng* tritt mit Substantiven auf, die auf Objekte mit „ebener Oberfläche" referieren; *-bǎ* tritt mit Substantiven auf, die auf Objekte mit „Handgriff" verweisen. Die Bedeutung von *-bǎ* wird deutlich im adverbialen Gebrauch: *tā yìbǎ zhuāzhù wǒ* „Mit festen Griff packte er mich". Allerdings ist die Zuordnung nicht immer so eindeutig wie in den Beispie-

len und mit anderen Klassenindikatoren fast zufällig. Weiterführende Literatur:
Dragunov (1960), allgemein zu Klassifikatoren Craig (Hrsg., 1986).

**3.** Während der Vater bei der Bezeichnung seiner Kinder nach dem Geschlecht
unterscheidet, verwendet die Mutter immer den gleichen Begriff:

| Sprecher | Sohn | Tochter |
|---|---|---|
| Vater | k'axol | mi?al |
| Mutter | al | al |

Bei den Geschwistern wird Geschlecht und relatives Alter unterschieden, wobei
entweder der Geschlechtsunterschied zwischen Sprecher und Bruder/Schwester
oder aber das relative Alter gekennzeichnet wird:

| Sprecher | älter | jünger | |
|---|---|---|---|
| gleiches Geschlecht | ats | tšaq | |
| verschiedenes Geschlecht | anab | | *Schwester* |
| | šibal | | *Bruder* |

Im Deutschen findet sich sowohl bei Eltern als auch zwischen Geschwistern nur
die Unterscheidung nach dem Geschlecht des Bezeichneten, und zwar unabhängig
vom Geschlecht des Sprechers: *Sohn – Tochter, Bruder – Schwester*. Literatur: Zur
Verwandtschaftsterminologie des Quiché-Dialektes Nahuala-Ixtahuacán s. Mondloch (1980), allgemein Lounsbury (1964).

**4.**

| | Adler | Huhn | Krähe | Pinguin | Rotkehlchen | Strauß |
|---|---|---|---|---|---|---|
| sitzt in Bäumen | +/- | - | + | + | + | - |
| fliegt | + | - | + | - | + | - |
| zwitschert | - | - | - | - | + | - |
| legt Eier | + | + | + | + | + | + |
| hat kurze Beine | + | + | + | + | + | - |
| hat Federn | + | + | + | + | + | + |

Die Aufgabe geht auf einen Test zurück, den Rosch (1973) mit Versuchsper-
sonen durchgeführt hat und der für die Entwicklung der Prototypensemantik zen-
tral war. Rosch fand u.a. heraus, daß ein (proto)typisches Element einer Kategorie
leichter den Kategoriennamen ersetzen kann als ein weniger typisches. Demnach
ist das Rotkehlchen ein prototypischer Vertreter der Kategorie ›Vogel‹, der Strauß
hingegen ein atypischer. Weiterführende Literatur zur Prototypensemantik:
Lutzeier (1985:113-131), Clark & Clark (1977).

Exkurs: Häufig wird in Verbindung mit protoypischen Eigenschaften eine sogenannte Implikationsskala genannt. Bei der Implikationsskalenanalyse handelt es
sich um ein statistisches Verfahren, nach denen Merkmale implikativ geordnet
werden können, und das für den vorliegenden Fall wie folgt aussieht:

| | Rotkehlchen | Krähe | Adler | Huhn | Pinguin | Strauß |
|---|---|---|---|---|---|---|
| legt Eier | + | + | + | + | + | + |
| hat Federn | + | + | + | + | + | + |
| hat kurze Beine | + | + | + | + | + | - |
| fliegt | + | + | + | - | - | - |
| sitzt in Bäumen | + | + | +/- | - | - | - |
| zwitschert | + | - | - | - | - | - |

Der prototypische Vertreter, der über alle Merkmale von ›Vogel‹-Attributen verfügt, steht links in der Tabelle (Rotkehlchen), derjenige, der am wenigsten über

solche verfügt rechts (Strauß). Dabei besteht z.B. folgender Zusammenhang: Alle
Vögel, die fliegen, haben Federn und kurze Beine, was für Vögel, die nicht fliegen
können, nicht notwendigerweise gilt. Literatur: Dittmar & Schlobinski (1988).

**5.** Bei den Komposita werden zur Bildung neuer Begriffe kombiniert:
– Synonyme (bzw. weitgehend synonyme Begriffe): ›Recht‹ + ›Freiheit‹ → „(bür-
gerliche) Freiheiten", ›Verdienst‹ + ›Nutzen‹ → „Verdienst, Gewinn".
– Antonyme, um die übergeordnete Kategorie auszudrücken: ›kurz‹ + ›lang‹ →
„Länge", ›kalt‹ + ›heiß‹ → „Temperatur".
– Teilelemente bzw. Teilaspekte, um eine übergeordnete Kategorie auszudrük-
ken: ›Sattel‹ + ›Zaumzeug‹ → „Pferdegeschirr", ›Erde‹ + ›Wasser‹ → „Territorium",
›Farbe‹ + ›Gestalt‹ → „Aussehen, Erscheinung".
     Andere Fügungen lassen sich nicht so einfach einordnen, z.B. die „lebensge-
fährliche Notlage", die aus ›Feuer‹ + ›Wasser‹, kulturspezifisch als Antonyme
kategorisierte Begriffe, und ›Gefahr‹ zusammengesetzt ist, oder „Klima", das aus
›Zeit‹ + ›Wechsel‹ (im Sinne von „jahreszeitlicher Wechsel") besteht.. Mit Ausnahme von „Klima" könnte man die Bestandteile dieser Bildungen alle mit *und*
verbinden; es handelt sich um koordinative Komposita und nicht um determina-
tive nach dem häufigeren Muster *Armbanduhr, Zwiebelkuchen* u.a. Diese Art der
Komposition wird nach einem Begriff der Sanskrit-Grammatik gelegentlich
Dvandva genannt. Literatur zur mongolischen Schriftsprache: Poppe (1954).

**6.** Die Zahlen 1 bis 9 finden sich jeweils in den Zahlen 11 bis 19 wieder. Im
Georgischen werden sie unter Wegfall eines auslautenden *-i* zwischen *t-* und *-met'i*
eingefügt; *t-* ist aus *at-* „10" verkürzt, die Bildung ist somit als „zehn, ... mehr" zu
verstehen. Im Quiché wird unter Wegfall der Endung *-Vb* („Plural") bzw. im Falle
von *xun* „1" des auslautenden *-n* die Zahl vor *laxux* „10" gestellt („1 + 20", ...).
     Die Zahlen ab 20 werden mehr oder weniger konsistent von dem Zahlwort
„20" abgeleitet. Im Georgischen wird 21 bis 39 als „20 und (*-da-*) 1" bis „20 und 19"
gebildet, danach 40 als „2 mal (*-m-*) 20" etc.; „100" ist wieder ein eigenes, nicht
weiter segmentierbares Morphem, von dem aus bis 199 in der Form „100 + ..."V
weitergezählt wird. Im Quiché werden gleichfalls „20 + 1" bis „20 + 19" gebildet
sowie Vielfache von 20 (mit Ausnahme von *xumutš* „80"); bei „41" etc. wird jedoch
anders als im Georgischen nicht das additive Prinzip angewendet, sondern es wird
auf das folgende Vielfache von 20 hingezählt („1 auf 60" etc.). Zahlsysteme, die auf
der Grundzahl 20 beruhen, sind weit verbreitet und werden (im Gegensatz zu den
auf der Zahl 10 beruhenden Dezimalsystemen) Vigesimalsysteme genannt. Literatur: zum Georgischen allgemein Fähnrich (1987), zu den Zahlen des kolonialzeitlichen Quiché Brasseur de Bourbourg (1862).

**7.** Der Dialog, der aus einem Lehrbuch des Cree (Ellis 1983: 184-188) stammt,
illustriert auf schlagende Weise den Unterschied zwischen der ersten Person Plural Exklusiv *ni-...-a:na:n* / *ni-..-ina:n* und der ersten Person Plural Inklusiv
*ki-...-a:na:naw* / *ki-...-inaw*. Der Polizist schloß in seiner ermahnenden Rede die
Zielgruppe aus, die das Gesetz besser beachten sollte; der Pfarrer verwendet beide
Formen ohne Unterschied nebeneinander und bringt sich mit der Exklusivform
von „unser Vater" unbeabsichtigt in theologische Schwierigkeiten.

8. Bei transitiven Verben werden sowohl Agens als auch Patiens in der Verbform markiert, wobei allerdings die beiden Mitspieler zusammen in einem Präfix kodiert werden:

| Dialekt von Sayula | | | Dialekt von Oluta | | | |
|---|---|---|---|---|---|---|
| | Agens | Patiens | | Agens | Patiens | |
| tu- | 1 | 2 | tuš- | 1 | 2 | (tuš- -Ø) |
| tun- | 1 | 3 | | 2 | 1 | (tuš- -ʔk) |
| tuš- | 3 | 1 | tun- | 1 | 3 | |
| iš- | 2 | 1 | min- | 2 | 3 | |
| in- | 2 | 3 | tu- | 3 | 1 | |
| iš- | 3 | 2 | mi- | 3 | 2 | |
| i- | 3 | 4 | i- | 3 | 4 | |
| igi- | 4 | 3 | Ø- | 4 | 3 | |

Endungen: -ga / -ka *Plural*
          -p *‚Präsens'*

Endungen:
-pa /-pe /-u *‚Präsens'*
-ʔk *2 Agens 1 Patiens*

Die Systematik der Personalmarkierung ist im Oluta Popoluca komplexer als im Sayula Popoluca: das Präfix *tuš-* ist für sich allein doppeldeutig und wird für „ich dich" wie auch für „du mich" verwendet. Die ‚Präsens'-Markierungen *-pe* und *-up* werden im Gegensatz zu *-pa* verwendet, wenn eine dritte Person Mitspieler ist. Durch das Suffix *-ʔk* „2 Agens 1 Patiens" werden Verbformen mit *tuš-* eindeutig gemacht. Die Mitspielermarkierung erfolgt also im Verb auf eine uns ungewohnt und mittelbar erscheinende Weise.

In beiden Dialekten wird zwischen einer dritten Person (bereits bekannter Mitspieler) und einer vierten Person (neuer Mitspieler) unterschieden. Geht man von einer Grundform *tu-* zur Kennzeichnung der ersten Person aus, so läßt sich eine Markierungsmatrix aufstellen:

| Sayula Popoluca | | | | | Oluta Popoluca | | | | | |
|---|---|---|---|---|---|---|---|---|---|---|
| | 1 | 2 | 3 | 4 | | 1 | 2 | 3 | 4 | |
| 1 | – | 1 | 1 | 1 | 1 | – | 1 | 1 | 1 | vertikale Spalte: Agens |
| 2 | 2 | – | 2 | 2 | 2 | 1 | – | 2 | 2 | horizontale Spalte: Patiens |
| 3 | 1 | 2 | – | 3 | 3 | 1 | 2 | – | 3 | |
| 4 | 1 | 2 | 3 | – | 4 | 1 | 2 | 3 | – | |

Es lassen sich Personenhierarchien abstrahieren, aufgrund derer die Wahl der Mitspielermarkierung sich vollzieht. Im Sayula Popoluca gilt 1 / 2 > 3 > 4 und für 1. und 2. Personen Agens > Patiens. Im Oluta Popoluca gilt dagegen: 1 > 2 > 3 > 4. Im Oluta Popoluca wird also jeweils die in der Hierarchie ‚höhere' Pronominalform als Grundbestandteil gewählt, unabhängig davon, ob sie der Agens oder Patiens ist; das Sayula Popoluca folgt in den meisten Fällen dem gleichen Prinzip, wenn allerdings in einer Verbform 1. und 2. Person vorkommen (ich-dich, du-mich), dann wir jeweils die Markierung des Agens zugrundegelegt. Im Oluta Popoluca wird durch *-up* (im Gegensatz zu *-pe*) angezeigt, daß das Patiens in der Personenhierarchie höher als das Agens ist.

Anmerkung: Im Sayula Popoluca gibt es anders als im Oluta Popoluca bei der ersten Person die Unterscheidung zwischen Inklusiv- und Exklusivformen, wobei *tu-/tun-/tuš-* für die 1. Person Singular und Plural Exklusiv steht (als Inklusivformen *na-*/*naš-*). Literatur: zum Sayula Popoluca Clark (1961), zum Oluta Popoluca Clark (1981).

**9.** Der lateinische Ablativ geht auf Kasussynkretismus zurück und ist sprachhistorisch gesehen aus dem indogermanischen Instrumental/Soziativ und Lokativ entstanden. Die beiden Hauptfunktionen des Ablativs sind in den Beispielen deutlich erkennbar: die Kennzeichnung von Lokalangaben (semantische Rolle: Lokativ) und von Instrumentalangaben (semantische Rolle: Instrumental). In *Carthāgin-e* markiert das *e* (indogermanisch *i) die semantische Rolle Lokativ. Der Ablativ steht nur bei Städtenamen und Namen von kleinen Inseln und gewissen festen Fügungen; ansonsten findet sich eine lokale Präpositionalphrase. Der ‚ablativus locativus‘ kann ebenfalls bei Zeitangaben (semantische Rolle: Temporal) wie in Beispiel 3 stehen. In 4 und 5 liegt die Funktion des Instrumentals und Soziativs (Kasus der Gemeinschaft, des Zusammensein) vor, der in der Regel mit der Präposition *cum* ausgedrückt wird. Beispiel 1 wird in Grammatiken als ‚ablativus separativus‘ behandelt, ist aber im engeren Sinne eine Lokalangabe. Der lateinische Ablativ im Lateinischen ist also – wie andere Kasus auch – mit unterschiedlichen semantischen Rollen verbunden. Aufgrund der Tatsache, daß der morphologische Kasus semantische Funktionen kodiert, werden die semantischen Rollen auch Kasusrollen genannt. Dies ist erstmalig von Fillmore (1968) formuliert und ausgearbeitet worden.

**10.** Das Yoruba verwendet zur Kennzeichnung der Kasusrollen Rezipiens und Instrument systematisch eine Verbindung aus zwei Verben:

<u>Instrument:</u>
fi *nehmen* + Objekt (= Instrument) + Hauptverb
<u>Rezipiens:</u>
Hauptverb + Objekt (= Patiens) + fún *geben* + Objekt (= Rezipiens)

Diese sogenannte Verbseration spielt im Yoruba und in anderen westafrikanischen Sprachen eine wichtige Rolle in der Syntax. Die Semantik kann im Deutschen durch die folgenden Umschreibungen in etwa nachvollzogen werden: *Ich nahm die Machete und schnitt Holz* bzw. *ich nahm die Machete um Holz zu schneiden* (Satz 3); *er kaufte es und gab es mir* bzw. *er kaufte es, um es mir zu geben* (11).

**11.** Das Buch liegt auf dem Tisch. (lokal)
Auf morgen. (temporal)
Sie sagt den Satz auf Deutsch. (modal)
Zu den deutschen Präpositionen allgemein vgl. Helbig & Buscha (1984:401-444).

**12.**

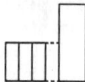

(1)

(2)

(3)

(4)

(5)

(6)

(7)

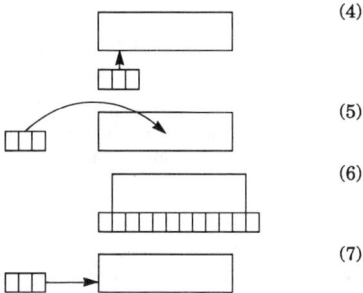

Eine genauere Analyse zu räumlichen Präpositionen bietet Wunderlich (1982). Speziell zum Gebrauch der Präposition *auf* siehe Bouillon (1984). *Sich an die Arbeit setzen* ist natürlich eine metaphorische Erweiterung der Raumpräposition. Zu diesem Problemkreis gibt es ein interessantes Buch von Lakoff & Johnson (1980), das wir dem Leser ,ans Herz legen'.

**13.** Nach Abtrennung des Suffixes *-tł* (bzw. seiner Allomorphe *-tłi* und *-li*) wird einfachen Ortsangaben das Suffix *-k* bzw. *-ko* angehängt:

    <u>Lokativ:</u>  -k / V ___          -ko / K ___

Daneben gibt es noch eine Reihe von anderen Suffixen – sogenannte Postpositionen –, durch die Angaben über räumliche Verhältnisse gemacht werden:

| | |
|---|---|
| -tła? | *Ort, der durch zahlreiches Vorkommen von ... ausgezeichnet ist* (häufig mit Reduplikation $K_1V_1$?-) |
| -tsalan | *zwischen* |
| -nepantła? | *inmitten* (umschlossenes Objekt) |
| -nawak | *bei, in der Nähe von* |
| -tikpik | *oben auf* |

Der Stamm *k<sup>w</sup>awi-tł* „Baum" gehört zur Unterklasse der Nomina, die ihren Endvokal *i* beim Hinzutreten von Suffixen (ausgenommen *-tł*) verlieren.

**14.** Bei der Beschreibung wird eine imaginäre Wanderung vom Ausgangspunkt zum Zielpunkt vollzogen. Der Ausgangspunkt umfaßt einen Hier-Bereich, der Zielpunkt einen Da-Bereich. Der Hier-Bereich umfaßt Origo und Bezugsraum (*der Gang hier* Wegauskunft 1, Zeile 7), der Da-Bereich den Verweisraum. Die Wegstrecke wird beschrieben mit Hilfe von a) Bewegungsverben wie *gehen, reinbiegen*, b) von visuellen Fixpunkten wie *Garderobe, Mensa* und c) von Lokaladverbien: *rechts, links*. Im Verweisraum ist der Zielpunkt, die Mensa und die Garderobe lokalisiert. Die Garderobe wird als sekundäre Origo eingeführt. Von dieser aus wird durch eine Existenzkonstruktion der Zielpunkt bestimmt: *zu beiden Seiten der Garderobe geht's rein in die Hörsäle* (3, Z5-6) und *... in der Garderobe, (...) der is da direkt dran* (2, Z7). Weiterführende Literatur: Klein (1979), Labov & Linde (1985).

**15.** Die Semantik von *tšuwatš* läßt sich recht gut mit der Umschreibung „im Angesicht von ..." nachvollziehen. Jedem Gegenstand wird metaphorisch eine Gesichtsseite zugewiesen. Infolgedessen entspricht bei einem vertikal orientierten

Gegenstand (höher als breit, Prototyp ›stehender Mensch‹) *tšuwatš* in der Regel der deutschen Präposition „vor" (Sätze 6, 7, 11, 15), bei einem horizontal orientierten Gegenstand (breiter als hoch, Prototyp ›liegender Mensch‹) aber der Präposition „auf, über" (1, 2, 3, 5). Trotz der größeren Breite wird bei „Berg" (9, 10) die Höhe als entscheidenderes Merkmal wahrgenommen, daher die Übersetzung „vor". Bei Gegenständen wird die Gesichtsseite nach der Art ihrer Benutzung zugewiesen (8 und 13). Fehlt die Möglichkeit, metaphorisch eine Gesichtsseite zuzuweisen, wird wie in Satz 4 oder die dem Betrachter zugewandte Seite als Gesichtsseite gewählt; dies gilt auch für Objekte wie Berge.

Durch die Verwendung von Körperteilbezeichnungen überwiegt im Quiché die intrinsische Perspektive bei der Wahl von Raumangaben. Literatur: Dürr (1990a); für das Zapotekische, eine andere mesoamerikanische Indianersprache, liegt eine detaillierte Studie von MacLaury (1989) zu ähnlichen Phänomenen vor.

**16.** Die Beispiele zeigen mehr als deutlich, daß das Hopi bei Zeitangaben durchaus räumliche Metaphern verwendet. Das System der Postpositionen ist allerdings komplexer, als es nach diesen Beispielen den Anschein hat, da es sich um Zusammensetzungen handelt – deshalb auch in Satz 3 der abweichende Endkonsonant. Im Hinblick auf Whorfsche Thesen wie «Hence, the Hopi language contains no reference to "time", either explicit or implicit.» (Whorf 1956: 58) kann der begründete Verdacht aufkommen, daß seine Behauptungen mit der sprachlichen Wirklichkeit des Hopi wenig zu tun haben. Dies hat Ekkehart Malotki (1983) in einer fast 700 Seiten umfassenden Studie *"Hopi Time"* auch zweifelsfrei nachgewiesen. Derartige Fehldeutungen sind in der linguistischen Literatur gelegentlich anzutreffen und erfreuen sich in der Sekundärliteratur wie im Falle der Whorfschen Thesen leider oft großer Popularität. Literatur: Malotki (1979 und 1983), woraus auch die Satzbeispiele stammen; zum ‚zeitlosen' Hopi Whorf (1956).

**17.**

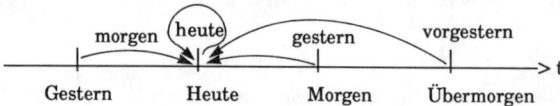

**18.**

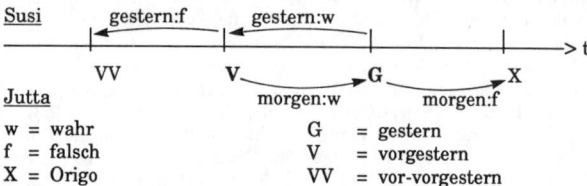

w = wahr          G  = gestern
f = falsch        V  = vorgestern
X = Origo         VV = vor-vorgestern

Unter der vorgegebenen Wahrheitsbedingung, daß Jutta und Susi stets die Wahrheit sagen und nur an ihrem Geburtstag lügen, hatte Jutta also *gestern* und Susi *vorgestern* Geburtstag.

**19.** Nach Meinung der Königin gibt es einen großen Vorteil, wenn man rückwärts in der Zeit lebt: Das Gedächtnis reicht dann nach vorn und rückwärts. Die Grundidee für diese Überlegung ist darin begründet, daß wir normalerweise – wenn wir vorwärts in der Zeit leben – die Vergangenheit *im Rücken hinter* uns haben und als bekannt im Gedächtnis speichern, während die unbekannte Zukunft noch *vor* uns liegt und wir erwartungsvoll in die Zukunft schauen. Eine Spiegelung führt eigentlich zu der Überlegung, daß, wenn wir rückwärts in der Zeit lebten, wir der Zukunft den Rücken zukehrten und diese für uns bekannt wäre, während nun die vor uns liegende Vergangenheit unbekannt wäre. Damit das Gedächtnis nach vorn und rückwärts reicht, müßte man in der Zeit rückwärts und vorwärts zugleich leben, was die Königin auch tut. Hier liegt offensichtlich eine Inkonsistenz in der ‚Spiegel'-Argumentation vor. Konsistent indes ist die Tempusmarkierung in dem Satz «... things that happened (Vergangenheit) the week after next (Zukunft)». Wenn Vergangenheit und Zukunft beide bekannt sind, dann wird die klassische Kategorisierung und Markierung in Vergangenheit und Zukunft hinfällig.

Die eigentlichen Spiegelungen hängen damit zusammen, daß das Ursache-Wirkungs- bzw. Ereignis-Folge-Prinzip umgedreht wird. Wir sind davon ausgegangen, daß folgender Grundsatz zu unserem Weltwissen gehört: Ist ein Ereignis $E_2$ die Wirkung von einem Ereignis $E_2$, bzw. ist $E_2$ die Folge von $E_1$ oder findet ein Wechsel zwischen $E_2$ und $E_1$ statt, so heißt $E_2$ später als $E_1$, bzw. $E_1$ früher als $E_2$. Dieses Prinzip ist nun auf den Kopf gestellt. Die Königin sieht, daß des Königs Botschafter heute bestraft wird, am Mittwoch der darauffolgenden Woche einen Prozeß bekommt und später ein Verbrechen begeht. Die so betrachtete Ereigniskette wird mit der ‚normalen' Ereigniskette konfrontiert, so daß der Botschafter in der Zukunft vielleicht gar kein Verbrechen begeht. Die eigentliche Zeitspiegelung läßt sich auf der Basis, daß wir unser Gesicht der Zukunft zuwenden, wie folgt darstellen:

| | |
|---|---|
| $E_1$: Bestrafung | $t_1$: heute |
| $E_2$: Prozeß | $t_2$: nächsten Mittwoch |
| $E_3$: Verbrechen | $t_3$: unbestimmt, später $t_2$ |
| $B_Q$: Betrachtzeit der Königin | |
| $B_L$: Betrachtzeit des Lesers | |
| **x**: Jetzt der Königin | |
| $E_1 \rightarrow E_2$: $E_2$ ist Wirkung/Folge von $E_1$ | |

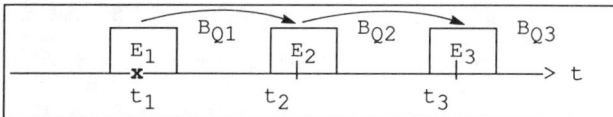

Die zweite Spiegelung erfolgt allein auf der Handlungslinie:

$E_1$: Die Königin heftet sich ein Pflaster an
$E_2$: Die Königin bindet das Pflaster mit einem Band fest
$E_3$: Sie beginnt zu schreien
$E_4$: Ihr Finger blutet
$E_5$: Die Brosche öffnet sich und die Königin greift nach der Brosche
$E_6$: Die Königin sticht sich mit der Brosche in den Finger

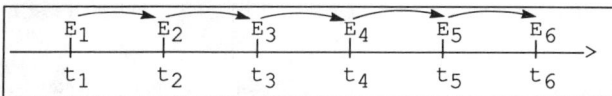

Grundsätzliches zu Zeitkonzepten und Zeitmarkierungen in diversen Sprachen
bietet Comrie (1985).

**20.** Die imperfektive – oder auch sogenannte durative – Aktionsart wird häufig
durch die Bedeutung des Verbs selbst ausgedrückt (*blühen*); dabei wird auf einen
zeitlich andauernden Zustand verwiesen. Die perfektiven Verben, mit denen eine
zeitliche Begrenzung ausgedrückt wird, haben meist zusätzlich Wortbildungs-
mittel (z.B. Präfigierung *er-blühen*). Ferner kann die Aktionsart eines Verbs durch
zusätzliche lexikalische Mittel (*plötzlich*) ausgedrückt werden oder durch syntaktische, vor allem durch Konstruktionen mit Hilfs- und Funktionsverben. Die im-
perfektivierende Konstruktion [*haben* + *zu* + Infinitiv] findet sich im Berlinischen,
der nominalisierte Infinitiv nach *am* insbesondere im Ruhrgebiet.

**21.** Es werden zwei Formen des Imperativs unterschieden. Die eine fordert dazu
auf, die Handlung zu beginnen, die andere, die Handlung weiterzuführen:

| | | |
|---|---|---|
| Beginn: | -la | (kuli-, kumpi-) |
| | -Ø | (waŋka-, jinka-, pukul̦-) |
| Weiterführen: | -ma | (kuli-, kumpi-, pukul̦-) |
| | -nma | (waŋka-, jinka-) |

Es gibt im Pitjatjantjara noch weitere Klassen der Imperativbildung, z.B. auf *-ari*
/ *-arima* bei *pukul̦-*, Näheres siehe Douglas (1958).

# 5. Pragmatik

**1.** Das «I deduce» von Sherlock Holmes (deutsch noch platter als »ich kombiniere«
wiedergegeben), geäußert in der Blütezeit des Positivismus, wäre wenig mehr als
eine Platitüde für einen Makah-Detektiv; andererseits – wo bliebe bei so genauer
Spezifizierung die Spannung eines guten Kriminalromans:

-Ø        *Feststellung aufgrund direkter Beobachtung*

-pi:t      *(ex post facto) Schlußfolgerung aufgrund physischer Indizien,*
           z.B. leerer Schnapsflaschen

-q'ad?i    *Schlußfolgerung aufgrund gehörter (oder gefühlter), nicht aber*
           *gesehener Indizien*

           mit *-ts* 2. Person" Schlußfolgerung aufgrund der direkten Beob-
           achtung des Gesprächspartners, vermutlich als Höflichkeitsstra-
           tegie zu verstehen: «They seem to be a way to avoid insulting a
           person's intelligence by appearing to tell him what he already
           knows about himself.» (Jacobson 1986: 13)

-tsaqitł   *ungesicherte Vermutung aufgrund gesehener Indizien*

-χa:lš     *logische Schlußfolgerung aufgrund nicht spezifizierter Indizien*
           (eigentlich *-χa:-....-š* mit eingeschobenem Pronominalsuffix *-ł*)

Pronominalsuffixe sind *-Ø* und *-ł* für die dritte Person Singular und Plural
und *-ts* für die zweite Person, bei Suffixkombinationen treten z.T. komplexe
morphophonemische Regeln ein. Literatur: zum Makah s. Jacobson (1986), allgemein der Sammelband von Chafe & Nichols (Hrsg., 1986), in dem dieser Beitrag
zu finden ist.

**2.** Es können zwei Intonationsmuster festgestellt werden, das Muster 4-1 (vom
höchsten zum tiefsten Register fallend) und das Muster 3-1. Das Muster 4-1

drückt Überraschung und Interesse aus, mehr über den Sachverhalt zu erfahren, der der Bemerkung zugrundeliegt; es wird eine Antwort erwartet. Das Muster 3-1 gibt einer Aussage Bestimmtheit, die in Verbindung mit Lauterwerden und erhöhter Sprechgeschwindigkeit Verärgerung ausdrückt. Als Reaktion wird entweder eine Handlung oder eine Erklärung erwartet.

Die Intonationskurve beginnt mit dem Satzakzent, Wörter vor dem Akzent liegen in normaler Stimmlage (Ebene 2). In Satz 5 zeigt der verlagerte Satzakzent die Fokussierung des Personalpronomens.

Beide Muster können durch leichtes Anheben der Stimme am Ende auf normale Stimmlage abgeschwächt werden, wodurch auch eine Antwort optional wird. Es gibt noch weitere Intonationsmuster für Spott (Ironie), Anspannung und Aufregung sowie Ungeduld. Beim Ungeduld ausdrückenden Muster ist abweichend jede Silbe akzentuiert, so z.B. im folgenden ehelichen Kurz-Dialog; die Sätze stammen aus Douglas (1958):

| Mann | | |
|------|------|------|
| kapi | 'wañcaca | Wo ist das Wasser? (Muster 2-4 gibt der Frage |
| *Wasser* | *wo\*seiend?* | eine herrische Komponente: „Los, gib' her!" |

| Frau | | |
|------|------|------|
| kapi | 'ña'ŋa'ca | *Das Wasser ist hier!* (Muster 2-3-2 gibt die Antwort |
| *Wasser* | *hier (Adv)* | eine ungeduldige Komponente „Siehst du es nicht" |
| | | bzw. „Hol's dir selber!") |

3. Der Gebrauch von *sagen* hat eine diskursorganisierende Funktion: Den Beteiligten wird verdeutlicht, daß etwas Wichtiges folgt, d.h. der Fokus wird auf die folgende Äußerung gelenkt. Im Sinne der bisher vorgenommenen Sprechaktklassifizierung handelt es sich bei den mit *sagen* geäußerten Sprechakten um regulative bzw. kommunikative Sprechakte. Nach dem bereits zitierten Klassiker Austin (1972: 177) können sie zur Klasse der ‚expositiven' Äußerungen gerechnet werden: »Expositive Äußerungen haben den Sinn, klar zu machen, wie die Äußerungen zu nehmen sind, mit denen man seine Ansichten darlegt, seine Begründungen durchführt, die Bedeutung der eigenen Worte erklärt.« Expositive Äußerungen spielen ferner nicht nur in der Bibel eine Rolle (*wahrlich ich sage euch*), sondern auch Politiker haben das Bedürfnis, dem Volk zu verdeutlichen – insbesondere in Wahlkampfzeiten –, wie ihre Äußerungen zu nehmen sind. Der Text stammt aus Schlobinski (1982).

4. Systematisch wird bei den Wortspielen Homophonie ausgenutzt, bzw. genauer segmentale Homophonie, d.h. identische Lautung mit Ausnahme der Töne:

| ža'a | *Chili* | žà'a | *vorbeigehen* |
|------|---------|------|---------------|
| ndoko | *Zapotefrucht* | ndoko | *mager werden* |
| nduʐà | *Gemüse* | nduʐa | *fallen* |

Zwei Sätze mit homophonen Elementen werden durch Konjunktionen in einem kausalen (*tši*) oder finalen (*náβà'a*) Zusammenhang gebracht, und zwar nach dem folgenden Schema:

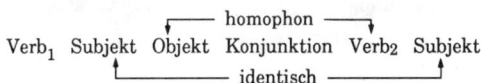

```
                        ┌──── homophon ────┐
Verb₁   Subjekt   Objekt   Konjunktion   Verb₂   Subjekt
        └──────────────── identisch ──────────────┘
```

Man beachte die doppelte Klammer durch Homophone (Objekt = $Verb_2$) und durch das identische Subjekt. Einer der beiden Teilsätze ist jeweils negiert, wobei die Sätze 3 und 4, die durch die Negation bedingt eine gegenteilige Aussage haben, den spielerischen Charakter dieser Bildungen unterstreichen. Literatur: Mak (1977).

**5.** In 1-3 handelt es sich um einfache adjacency pairs, die in 4-5 wie folgt verändert sind:

4. K:　　⌈　$F_1$　　(Reihung)
　 V:　　⌊　$A_1$
　 K:　　⌈　$F_2$
　 V:　　⌊　$A_2$
5. K:　　⌈　$F_1$　　(Kopplung)
　 V:　　⌊⌐　$A_1/F_2$
　 K:　　⌊　$A_2$
6. K:　　⌈　$F_1$　　(Einbettung)
　 V:　　⌈⌐　$F_2$
　 K:　　⌊　$A_2$
　 V:　　⌊　$A_1$

Weiterführende Literatur: Sacks, Schegloff & Jefferson (1974), Merritt (1976).

**6.**

| Äußerung | Grammatische Realisierung | Sprechhandlung |
|---|---|---|
| 1 | N | Gruß |
| 2 | Attr + N | Gegengruß |
| 3 | Attr + Attr + N | Erweiterung des Grußes |
| 4 | Attr + Attr + Attr + N | Erweiterung des Gegengrußes |
| 5 | Fragesatz | Abbruch der Grußüberbietung/ regulativer Sprechakt |

Weiterführende Literatur: Dittmar, Schlobinski & Wachs (1986:58-69).

**7.**
Verkaufsgespräch: Deutsch

| Z | Ps | Seq | Sprechhandlung | Handlungsmuster |
|---|---|---|---|---|
| 1 | K: | ⌐ | Gruß | ⌐ KONTAKT- |
| 2 | V: | ⌊ | Gegengruß | AUFNAHME |
| 3 | K: | ⌐—— | Aufforderung | ⌐ |
| 4 | V: | ⌊—— | Ratifizierung/Aufforderung | |
| 5 | K: | ⌊—— | Aufforderung (Kaufwunsch) | K |
| 6 | V: | ⌐ | Bitte um Information (Nachfrage) | A U |
| 7 | K: | ⌊ | Spezifizierung | F A |
| 8 | V: | ⌐ | Ratifizierung/Aufforderung | K T |
| 9 | V: | ⌊ | Schließung des Kaufaktes | ⌊ |

| 10 | K: | Feststellungen | ⌈ ZAHLAKT |
|----|----|----|----|
| 11 | V: | ⌐ Dank/Gruß | ⌐ |
| 12 | K: | ⊢ Gruß | |
| 13 | K: | ⊢ Gegengruß/Dank | KONTAKT-SCHLIEßUNG |
| 14 | V: | ⌊ Dank | ⌊ |

Verkaufsgespräch: Tzeltal

| **Z** | **Ps** | **Seq** | **Sprechhandlung** | **Handlungsmuster** |
|----|----|----|----|----|
| 1 | K: | ⌐ | Gruß | ⌐ |
| 2 | V: | ⌊ | Gegengruß | KONTAKT-AUFNAHME |
| 3 | K: | ⌐— | Bitte um Gesprächsaufnahme | ⌐ |
| 4 | V: | ⊢— | Bestätigung | |
| 5 | K: | ⌊— | Affirmation//Bitte (Kaufwunsch) | K |
| 6 | V: | ⌐ | Nachfrage | A U |
| 7 | K: | ⌊ | Wiederholung der Bitte und Spezifizierung | F A K |
| 8 | V: | ⊢ | Ratifizierung | T |
| 9 | K: | ⌊ | Affirmation | ⌊ |
| 10 | V: | ⌐ | Bitte | ⌐ WAREN-PRÜFUNG |
| 11 | K: | ⊢ | Bestätigung//Kommentierung | ZAHL-AKT |
| 12 | V: | ⌊ | Bestätigung | |
| 13 | K: | ⌐ | Initiierung des Gesprächs-abschlusses | ⌐ BEENDIGUNG |
| 14 | V: | ⌊ | Bestätigung | ⌊ |
| 15 | K: | ⌐ | Versicherung, sich wiederzu-sehen | ⌐ |
| 16 | V: | ⌊ | Bestätigung | |
| 17 | K: | ⌐ | Gruß | KONTAKT-SCHLIEßUNG |
| 18 | V: | ⌊ | Gegengruß | ⌊ |

Das Tzeltal-Verkaufsgespräch ist in hohem Maße von konventionalisierten Höflichkeitsstrategien gekennzeichnet. Kundin und Verkäuferin wahren in starkem Maße Distanz, sind unterwürfig-höflich und verhalten. Hierfür sprechen die nicht wiedergegebene besondere Stimmlage, die begleitenden Körperhaltungen und die Art der Bewegung; aber auch innerhalb des wiedergegebenen Textes lassen sich Indizien finden. Alle Sprechakte werden indirekt ausgedrückt, z.B. „Ist

es nicht vielleicht möglich, daß du mir Chilies verkaufst" (5), vor allem Imperative
werden gemieden. Wünsche werden pessimistisch im Irrealis oder bestenfalls im
Konjunktiv vorgebracht, das Anliegen wird durch Diminutive heruntergestuft,
z.B. „etwas für einen <u>kleinen</u> Peso". Hierbei fällt ein für uns ungewohntes asym-
metrisches Verhältnis auf: Alle diese Strategien werden von der Kundin verwendet, während die Verkäuferin sehr viel direkter spricht, z.B. Imperative und auf-
fordernde Formen verwendet (2, 8, 10, 14, 18) – der Kunde scheint keinesfalls wie
hierzulande ‚König' zu sein. Allerdings wird dieser Distanz durch die ungerecht-
fertigte Verwendung der ersten Person Plural Inklusiv entgegengearbeitet; in den
Sätzen 5 und 8 will weder der Kundin, daß auch die Verkäuferin die gekauften
Chilies ißt, noch die Verkäuferin, daß die Kundin mit nach hinten in den Laden
kommt, um die Chilies zu holen. Obwohl die Formen den Angesprochenen aus-
schließen sollen, wäre der tatsächliche Ausschluß durch Verwendung der Exklusivformen unhöflich.

Literatur: zu Verkaufsgesprächen s. Schlobinski (1982), Aston (1988); der Tzeltal-
Text und seine Interpretation entstammt Brown (1981); Brown & Levinson (1987)
behandeln Höflichkeitsstrategien unter vergleichenden Gesichtspunkten.

**8.** In dem Tzotzil-Gespräch stehen Tatumstände und Täter von vornherein fest.
Ein wichtiger Aspekt des Diskurses liegt in der öffentlichen Beschämung der
Täter, was nach Meinung vieler Angehöriger dieser Sprachgemeinschaft einen
wesentlichen Teil der Strafe ausmacht. Der Richter, eine der einheimischen Auto-
ritäten, inszeniert die öffentliche Beschämung der Diebe, die mittels emphatischer
Sprechakte erfolgt, deren Abfolge stark strukturiert ist. Die Sprechakte (Z. 17 ff.)
sind syntaktisch parallelisiert und haben die Funktion der Intensivierung. Die
Repetition kulminiert in der Anspielung auf den oral-genitalen Bereich, wodurch
die Täter metaphorisch auf die Stufe der Tiere gestellt werden. Entscheidend ist
hier nicht die Beweisführung, sondern die moralische Verurteilung der Tat vor
der Öffentlichkeit.

Bei der deutschen Gerichtsverhandlung wird der institutionelle Rahmen zunächst durch die Rechtsbelehrung im Hinblick auf die Aussageverweigerung eröffnet. Im Anschluß daran stellt der Richter die Kooperationsfrage, die der Angeklagte bejaht. Nach dieser Eröffnung wird auf den relevanten Anklagepunkt Bezug genommen, zu dem der Angeklagte in Form einer Erzählung Stellung bezieht,
wobei er einen komplexen Argumentationsstrang entwickelt. Der Richter nimmt
einzelne Argumente des Angeklagten auf, indem er ihn direkt zitiert bzw. seine
Argumente reformuliert, um Widersprüche bzw. Ungereimtheiten in der Argumentation aufzudecken. Im Zentrum des Diskurses steht die Erarbeitung des
wahren Sachverhaltes und die Prüfung der Aussagen des Angeklagten.

Literatur: Hoffman (1983), aus dem auch das Beispiel zum Deutschen entnommen
ist; der Tzotzil-Text stammt aus Gossen (1985).

**9.** Die Logik des Sprachspiels läuft in drei Stufen ab. (P = Person P und F(P) =
Freundin von P).

(a)

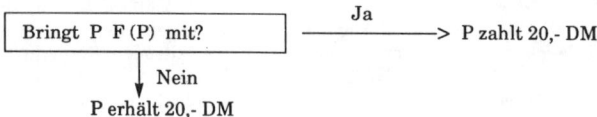

(b) Bringt P $F(P)+F(P)$ nicht mit, dann erhält er 2 x 20,-DM.

(c) Implizite Argumentation: Wer n x $F(P)$ nicht mitbringt, erhält n x 20,- DM. Daraus folgt, er macht ein ‚echtes Geschäft'.

Das Beispiel entstammt Hädrich (1988:168). Weiterführende Literatur zur Logik der Argumentation: Toulmin (1975).

**10.** Die Lösung zur Argumentationsaufgabe erfolgt vereinfacht/modifiziert nach Klein (1980). Als Ausgangspunkt stehen zwei Alternativvorschläge zur Diskussion. C. verschiebt die Quaestio dahingehend, daß er weder für den einen noch für den anderen Vorschlag Partei ergreift, sondern beide Vorschläge ablehnt. Die Ausgangshypothese $H_0$: <Die Vorschläge sind nicht akzeptabel> spezifiziert C. in die untergeordnete Hypothese, den Vorschlag von Frau L. abzulehnen ($H_1$), und in $H_2$, den Vorschlag von Herrn T. abzulehnen. Beide Hypothesen werden nacheinander abgehandelt und durch einzelne Argumente gestützt:

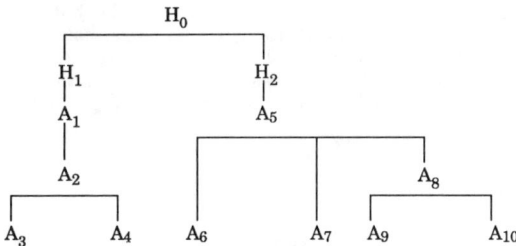

$H_0$: <Die Vorschläge sind nicht akzeptabel>
$H_1$: <Der Vorschlag von Frau L. ist nicht akzeptabel>
$H_2$: <Der Vorschlag von Herrn T. ist nicht akzeptabel>
$A_1$: <Die Ausschreibung ist für den Stellentyp zu eng>
$A_2$: <Die Themen in der Ausschreibung gehören zum Aufgabengebiet jedes
       Altgermanisten>
$A_3$: <Die Themen sind in der Tradition der Germanistik/Altgermanistik
       begründet>
$A_4$: <Die Themen gehören zum „philologischen Geschäft" des Altgermanisten>
$A_5$: <Die Ausschreibung ist durch das Zusatzkriterium zu weit gefaßt>
$A_6$: <Das Zusatzkriterium dient nicht der (Selbst-)Einschätzung der Kandidaten>
$A_7$: <Das Zusatzkriterium erleichtert nicht der Kommission die Arbeit>
$A_8$: <Das Zusatzkriterium ist kein Differenzkriterium>
$A_9$: <Jeder Altgermanist erfüllt das Zusatzkriterium>
$A_{10}$: <Es gibt keinen Altgermanisten, der sich nicht im 9.-11. Jh. getummelt hat>

Für die Pragmatik der Argumentation ließe sich eine umfangreiche Rhetorik schreiben. Wir wollen nur drei Aspekte herausgreifen:

(a) Fokussierung durch Akzentuierung (vgl. Unterstreichungen).

(b) Modalpartikeln und abschwächende Adjektive: ... *der Kommission ein ganz klein wenig die Arbeit eigentlich erleichtern soll.*

(c) Euphemismus: ... *das Zusatzkriterium scheint mir nicht glücklich zu sein.*

Weiterführende Literatur: Kopperschmidt & Schanze (1985); der Text stammt aus Schlobinski (1985).

**11.** Die Erzählung weist alle Merkmale auf, die für Alltagserzählungen typisch sind: (a) etwas Ungewöhnliches wird erzählt, (b) die Darstellungsweise ist szenisch vorführend, (c) direkte Rede und historisches Präsens werden gebraucht. Die Erzählung ist klar strukturiert. Am Anfang (Z.1-3) steht der Abstrakt, der zugleich das Resultat vorwegnimmt; dadurch wird Spannung erzeugt. In Z.5-18 werden die Teilereignisse dargestellt mit der Pointe (Evaluation) in Z.20-22. Die Handlungskomplikation ist ferner durch evaluative Passagen durchbrochen, u.z. in Z.10-11 und 18, durch die erzählte Teilereignisse kommentiert werden. Eine Koda fehlt, da der gelungenen Pointe nichts mehr hinzuzusetzen ist. Zur Erzählanalyse vgl. Labov (1980b) und Ehlich (Hrsg., 1980).

**12.** In allen Beispielen ist die Sprechaktebene von zentraler Bedeutung. In den einzelnen Äußerungen sind mehrere Sprechhandlungsschichten impliziert. So ist das elementare illokutive Muster im ersten Wechsel eine Bekräftigung der Proposition p ›ich bin mit meiner früheren Haarfarbe mehr zufrieden als mit meiner heutigen‹: Die im Pronomen kodierte alte Information p wird durch die nachgeschaltete Partikel *so* ,zoomartig' fokussiert wie durch das vorgeschaltete ankündigende *na*. Die Partikel *aber* impliziert, daß der in p implizierte Geltungsanspruch zuvor, nämlich durch die Zuschauer, bestritten worden ist und durch von Weizsäcker zurückgewiesen wird. Die Sprechhandlung ist doppelt geschichtet:

Sprechhandlung
↓
illokutives Basismuster: Bekräftigung von p
↓ impliziert
illokutives Muster: Zurückweisung von -p

Die Zurückweisung wird dann auch nach einer kurzen Pause durch von Weizsäcker bekräftigt und spezifiziert. Dem Switch im zweiten Fall liegt ebenfalls eine deutlich markierte Sprechhandlung zugrunde, markiert durch intonatorische Mittel und semantisch leere Reduplikation des Satztopiks. Hierdurch erfolgt eine Graduierung der Zurückweisung, deren Illokutionspotential höher ist als bei der prototypischen Sprechhandlung dieses Diskurstyps: der Feststellung. Beim dritten Wechsel ist die primäre Illokution eine Bestätigung, aber gerade durch den Switch wird eine ironische Distanzierung hergestellt und die Proposition p ›Carl Friedrich von Weizsäcker ist der eigentlich Intellektuelle in der Familie Weizsäcker‹ aufgehoben. Danach switcht Weizsäcker genau an dem Punkt, wo es um den neuralgischen Kern der Proposition geht (*keen Intellektueller*) und distanziert sich somit von der Negation.

Komplexer liegt der Fall beim letzten ,code-switching'. Auch hier haben wir eine stark markierte Sprechhandlung, nämlich eine direkte Aufforderung, die durch die Abtönungspartikel *doch* den Charakter eines Imperativs hat bzw. den Imperativ verstärkt. Dies wird verstärkt durch die deiktische Komponente von *nu* und *hier*. Die Äußerung ist aber auch ein reaktiver Zug auf die (berlinische) Unterbrechung durch Neuss und ein selbstinitiierter Redezug. Die explizite Selbstselektion des Rederechts durch von Weizsäcker stellt den Höhe- und Umschlagpunkt auf die vorangegangenen intervenierenden Äußerungen Neuss' dar, was sich auch im Gebrauch der perfektivierenden Partikel *mal* niederschlägt. Den Kampf um das Rederecht kann von Weizsäcker durch die Äußerung *Nu hör doch ma uff, Mensch* zunächst einmal für sich entscheiden.

Indem wir die interaktive Dimension in die Analyse einbeziehen, stoßen wir auf ein weiteres Phänomen, das mit der Rahmung des Gesprächs zusammenhängt. In Talkshows folgen die Gespräche gewissen Organisationsprinzipien und die Teilnehmer haben hinsichtlich dieser Prinzipien Erwartungshaltungen und richten ihr Verhalten danach aus. Der Zuschauer ist gewöhnlich in der Rolle des passiven Zuhörers, während der Talkmaster den Part des Interviewers, der Gast den des Interviewten übernimmt. Die Grenzen, die der Rahmen setzt, können nun in die eine oder andere Richtung verschoben oder gar aufgehoben werden. Es kommt zu Rahmenbrüchen. Rahmenbrüche sind in besonderer Weise markiert: Der Tagesschausprecher, der kurz husten muß, entschuldigt sich für sein Ausdem-Rahmen-Fallen, eine Filmunterbrechung wird durch die Einblendung *Kurze Unterbrechung* markiert. Richard von Weizsäckers Wechsel ins Berlinische finden fast immer dann statt, wenn zuvor aus dem Gesprächsrahmen ausgebrochen worden ist:

1. Der laufende Diskurs: das Interview Menge – Weizsäcker wird durch Einwürfe seitens Neuss' oder des Publikums durchbrochen.

2. Als Konsequenz wechselt der Adressat: Nicht mehr der Interviewer, sondern derjenige, der den Rahmenbruch zuvor ausgelöst hat, wird direkt angesprochen.

3. Dem Wechsel geht ein Angriff auf das Selbst-Bild von Weizsäckers voraus.

Weiterführende Literatur: Schlobinski (1988c), aus dem auch das Beispiel entnommen ist. Zum Phänomen des ‚code-switching' ganz allgemein s. Gumperz (1982).

**13.** Eine tiefergehende Analyse der Gesprächspassage ist nur dann möglich, wenn man weiß, daß es sich hierbei um eine Transformation und Umfunktionalisierung eines Handlungsmusters aus dem Fernsehquiz *„Der große Preis"*, speziell um das Handlungsmuster ‚Risikofrage', handelt. Das Handlungsmuster mit seinen Teilmustern wird übernommen und verfremdet.

Der erste Verfremdungseffekt entsteht in der ersten Äußerung auf der propositionalen Ebene, indem durch *ficken einhundert* (Z.1) das Spiel initiiert, ein sexuelles Leitmotiv etabliert. *Ficken einhundert* bezieht sich darauf, daß im Quiz die Kandidaten hinsichtlich einiger Themengebiete Fragen über Einsätze von 20, 40, 60, 80 und 100 DM auswählen können. Die Einsätze leuchten auf einer elektronischen Wandtafel auf und werden von den Kandidaten gewählt, z.B. *Film einhundert*, was meint, daß aus dem Themenbereich ‚Film' eine Frage mit dem Einsatz von 100 DM gewählt wird. Bei dem Einsatz von einhundert DM ist die Frage entsprechend schwieriger als bei einer 20-DM-Frage; bei richtiger Antwort erhält der Kandidat den Betrag gut geschrieben, bei falscher Antwort wird der Betrag von seinem ‚Konto' abgezogen. Von den drei Kandidaten gewinnt derjenige, der am Ende des Ratespiels an meisten Geld gewonnen hat. *Ficken einhundert* bezieht sich also auf einen Einhundert-Mark-Einsatz aus dem ‚Themenbereich Ficken'. Während die Sprechhandlungsfunktion übernommen wird, wird durch die Änderung des Themenbereiches auf der propositionalen Ebene die Originaläußerung modifiziert. Durch *ficken einhundert* wird zunächst einmal die Transformation des Quiz' *„Der große Preis"* in ironischer Art und Weise eröffnet. In der Quizsendung nun sind hinter den verschiedenen Einsätzen und den damit verbundenen Fragen zum einen Joker verborgen, zum anderen gibt es eine Risikofrage, die bei der Wahl des Einsatzes zufällig kommen kann und bei der ein Kandidat 500 DM gewinnen kann, sofern er die Frage richtig beantwortet. Diese Möglichkeit der Risikofrage wird in der Simulation in Zeile 3 etabliert und in 5 paraphrasiert, wobei dann die Handlungslinie des Musters ‚Risiskofrage' in Zeile 6 weiter geführt wird. Dabei wird *risiko* von C direkt aufgenommen und *Rita Süßmuth* wird thematisch neu etabliert, wobei sowohl die Alliteration als auch das sexuelle Leitmotiv, was dann thematisch über Rita Süßmuth und Aids(-Vorsorge) weitergeführt wird, die Wahl bestimmt haben könnte. Die Schlüsselsequenzen und inhaltlichen Schwerpunkte werden den Äußerungen Z.7-9 echoartig kopiert und das Initiierungsmuster wird somit geschlossen.

Nachdem das Muster Risikofrage etabliert ist, folgt in Z.11-12 die Simulation der Fragestellung nach dem Einsatz durch den Quizmaster. Auch hier wird das Sprechhandlungsmuster direkt übernommen, während auf der inhaltlichen Ebene das etablierte Leitmotiv weitergeführt wird. Wie im Original mit der Dreier-Struktur: Frau X hat a eingesetzt, Herr Y hat b eingesetzt, was möchten Sie einsetzen (als c), werden die Variablen a,b,c und die Variablen X, Y besetzt, allerdings zum einen durch Namen von aus der Nachbarschaft von J wohnenden Personen, andererseits aus dem Themenbereich *ficken*. Die Parodie ist hier eine doppelte: Zum einen werden die Nachbarn Gegenstand des Witzes, zum anderen werden Geschlechtskrankheiten/Aids als Spieleinsatz klassifiziert.

In Zeile 14-15 erfolgt die Simulation der eigentlichen Fragestellung seitens des Quizmasters, die Beantwortung durch den Kandidaten in der dann folgenden Äußerungen. Die Äußerung *also hier die Frage* wird wiederholt (Z.14) variiert (Z.15) und bereitet das Antwort-Spiel (Z.17f.) vor, das auf dem idiomatisierten Hamlet-Zitat *Sein oder nicht Sein, das ist hier die Frage* beruht. S initiiert in Zeile 17 das folgende Spiel mit *sein* und R übernimmt sofort den Turn, indem er die Äußerung von S als Schlüsselwort für das Hamlet-Zitat interpretiert und mit *das ist hier die frage* anschließt. Gleichzeitig wird dadurch die Verbindung zu der Äußerung *also hier die frage* Z.14) hergestellt, das Handlungsmuster der Fragestellung mit dem Handlungsmuster der Beantwortung formal in Verbindung gebracht. S führt den abgebrochenen Turn fort, der von R im Anschluß variiert wird, indem er die Konjunkte paradigmatisch modifiziert nach der zugrundeliegenden Struktur *X oder nicht X*; die so neu gebildete Sequenz *Schwein oder nicht Schwein* wird von C redupliziert. Sequentiell gesehen wird eine Dreier-Struktur geschlossen. Durch die Pause in 22 hinter *Schwein* wird die nächste Leerstelle markiert, in der das Variationsschema weiterläuft. Nach der Dreierstruktur *dein – sein – kein* erfolgt die Schließung des Sprachspiels, die gleichzeitig das ganze Handlungsmuster beendet. Ohne daß der Rahmen weiter geschlossen wird, beginnt eine neue Transformation eines komplexen Handlungsmusters, das ebenfalls aus einer Quizsendung herausmontiert ist. Literatur: Schlobinski (1989b).

**14.** Zum Yana gibt es nur wenig Material aus dem Anfang dieses Jahrhunderts, und zwar vor allem eine Sammlung mythologischer Texte; daher ist nur eine ungefähre Analyse möglich.

Zu A̱: Endsilben sind in Varietät 1 stimmhaft, in Varietät 2 stimmlos (Formen 1 bis 6). Einige Suffixe haben in Varietät 2 kürzere (reduzierte) Formen als in Varietät 1, z.B. mit Tilgung des Endvokals (7-11) oder des auslautenden Glottisverschlußlauts (8-11, 12).

Zu <u>B</u>: Der Gebrauch der Varianten 1 und 2 hängt vom Geschlecht der Interaktionspartner ab:

| Frau | → Mann | 2 | |
|------|--------|---|---|
| Mann | → Gruppe (hier nur Männer) | 1 | |
| Mann | → Frau | 2 | |
| Frau | → Frau | 2 | (in der Aufgabe nicht belegt) |

Es ist zu beachten, daß die Varietät 2 nicht nur pragmatisch bedingt sein kann, sondern auch syntaktisch.

Edward Sapir (1949: 211-212) erklärt die geschlechtsspezifischen Verwendungsweisen folgendermaßen: «In the great majority of cases the female forms can be best explained as abbreviated forms which in origin had nothing to do with sex but which are specialized female applications of reduced forms suggested by the phonetic and morphologic economy of the language. Possibly the reduced female forms constitute a conventionalized symbolism of the less considered or ceremonious status of women in the community. Men, in dealing with men, speak fully and deliberately; where women are concerned, one prefers a clipped style of utterance!» Zum Yana liegen verschiedene Veröffentlichungen von Edward Sapir vor.

# Literaturverzeichnis

Albee, George M. (1965). *Who's Afraid of Virginia Woolf?*. Harmondsworth, Middlesex.

Altmann, Hans (1981). *Formen der „Herausstellung" im Deutschen: Rechtsversetzung, Linksversetzung, freies Thema und verwandte Konstruktionen*. Tübingen.

Alexis, Willibald (ohne Jahr). *Der Roland von Berlin*. Halle/Saale.

Anderson, Stephen R. (1985a). *Phonology in the Twentieth Century. Theories of Rules and Theories of Representations*. Chicago.

—— (1985b). "Inflectional morphology." In: *Language Typology and Syntactic Description, vol. 3: Grammatical Categories and the Lexicon*. Hrsg. von Timothy Shopen. Cambridge, S. 150-201.

Andrews, J. Richard (1975). *Introduction to Classical Nahuatl*. Austin, Texas.

Aoki, Haruo (1986). "Evidentials in Japanese." In: *Evidentiality: The Linguistic Coding of Epistemology*. Hrsg. von Wallace Chafe und Johanna Nichols. Norwood, New Jersey, S. 223-238.

Aquilina, Joseph (1965). *Maltese. A Complete Course for Beginners*. Sevenoaks, Kent.

Ashton, E. O. (1977). *Swahili Grammar. Including Intonation*. London. [11944]

Aston, Guy (Hrsg., 1988). *Negotiating Service. Studies in the Discourse of Bookshop Encounters*. Bologna.

Atkinson, J. Maxwell, & John Heritage (Hrsg., 1984). *Structures of Social Action: Studies in Conversational Analysis*. Cambridge.

Austin, John L. (1972). *Zur Theorie der Sprechakte*. Stuttgart. [englisch 1962]

Bach, Kent, & Robert M. Harnish (1988). *Linguistic Communication and Speech Acts*. Cambridge, Mass.

Becker, Horst (1969). *Sächsische Mundartenkunde. Entstehung, Geschichte und Lautstand der Mundarten des obersächsischen Gebietes*. Neu bearbeitet und hrsg. von Gunter Bergmann. Halle/Saale. [11937]

Behagel, Otto (1901). *Die deutsche Sprache*. Leipzig. [11886]

Benjamin, Walter (1977). „Der Erzähler." In: Walter Benjamin: *Illuminationen. Ausgewählte Schriften*. Frankfurt/Main, S. 385-410.

*Bibliographie linguistischer Literatur. Bibliographie zur allgemeinen Linguistik und zur anglistischen, germanistischen und romanistischen Linguistik* (jährlich). Bearbeitet von Elke Suchan und Michael Pielenz. Frankfurt/Main.

Bierwisch, Manfred (1988). "On the grammar of local prepositions." In: *studia grammatica* XXIX: 1-63.

Bliss, Charles K. (1965). *Semantography*. Sydney.

Bloomfield, Leonard (1984). *Language*. Chicago. [11933]

Boas, Franz (1917). *Grammatical Notes on the Language of the Tlingit Indians*. Philadelphia. (= University of Pennsylvania. The University Museum, Anthropological Publications 8, 1)

—— (1947). "Kwakiutl grammar. With a glossary of the suffixes." In: *Transactions of the American Philosophical Society. New Series* 37, part 3: 201-377.

Böhtlingk, Otto (1966). *Indische Sprüche*. 3 Bände. Osnabrück. [11870-73]

—— (1971). *Panini's Grammatik*. Hildesheim. [11887]

Bouillon, Henri (1984). *Zur deutschen Präposition »auf«.* Tübingen.

Bowen, John T., & T. J. Rhys Jones (1960). *Welsh.* London.

Brasseur de Bourbourg, Charles E. (1862). *Grammaire de la langue quiché.* Paris.

Brown, Gillian, & George Yule (1983). *Discourse Analysis.* Cambridge.

Brown, Penelope (1981). *Position of Woman in Mayan Society: Evidence from Verbal Interaction.* Dissertation, Berkeley.

——, & Stephen C. Levinson (1987). *Politeness. Some Universals in Language Usage.* Cambridge. [überarb. 2. Aufl.]

Bühler, Karl (1982). *Sprachtheorie.* Stuttgart. [11934]

Bußmann, Hadumod (1983). *Lexikon der Sprachwissenschaft.* Stuttgart.

Bybee, Joan L. (1985). *Morphology. A Study of the Relation between Meaning and Form.* Amsterdam.

Callaghan, Catherine A. (1987). *Northern Sierra Miwok Dictionary.* Berkeley.

Carochi, Horacio (1983). *Arte de la lengua mexicana.* Faksimile-Ausgabe hrsg. von Miguel León-Portilla. México. [11645]

Carroll, Lewis (1970). *The Annotated Alice.* Hrsg. von Martin Gardner. Harmondsworth, Middlesex.

—— (1973). *Alice im Wunderland.* Frankfurt/Main. [englisch 1865]

—— (1974). *Alice hinter den Spiegeln.* Frankfurt/Main. [englisch 1872]

Cartagena, Nelson, & Hans-Martin Gauger (1989). *Vergleichende Grammatik Spanisch-Deutsch.* 2 Bände. Mannheim.

Chafe, Wallace, & Johanna Nichols (Hrsg., 1986). *Evidentiality: The Linguistic Coding of Epistemology.* Norwood, New Jersey.

Chao, Yuen Ren (1968). *A Grammar of Spoken Chinese.* Berkeley.

Clark, Herbert H., & Eve V. Clark (1977). *Psychology and Language. An Introduction to Psycholinguistics.* New York.

Clark, Lawrence E. (1961). *Sayula Popoluca Texts. With Grammatical Outline.* Norman, Oklahoma.

—— (1981). *Diccionario Popoluca de Oluta.* México.

Colby, Benjamin N., & James L. Peacock (1973). "Narrative." In: *Handbook of Social and Cultural Anthropology.* Hrsg. von John J. Honigman. Chicago, S. 613-635.

Comrie, Bernhard (1976). *Aspect.* Cambridge.

—— (1983). *Language Universals and Linguistic Typology.* Oxford. [korr. 2. Aufl.]

—— (1985). *Tense.* Cambridge.

—— (Hrsg., 1987). *The World's Major Languages.* London.

Coulmas, Florian (ohne Jahr). „Keigo. Höflichkeit und soziale Bedeutung im Japanischen." [Manuskript]

—— (1989). *The Writing Systems of the World.* Oxford.

——, & Konrad Ehlich (Hrsg., 1983). *Writing in Focus.* Berlin.

Couper-Kuhlen, Elizabeth (1986). *An Introduction to English Prosody.* Tübingen.

Cowan, George M. (1948). "Mazateco whistle speech." In: *Language* 24: 280-286.

Craig, Colette (Hrsg., 1986). *Noun Classes and Categorization.* Amsterdam.

Delbrück, Bertold (1976). *Altindische Syntax.* Darmstadt. [11888]

Dittmar, Norbert, Peter Schlobinski & Inge Wachs (1986). *Berlinisch. Studien zum Lexikon, zur Spracheinstellung und zum Stilrepertoire.* Berlin.

——, & Peter Schlobinski (1988). „Implikationsanalyse." In: *Soziolinguistik. Ein internationales Handbuch zur Wissenschaft von Sprache und Gesellschaft, Band 2.* Hrsg. von Ulrich Ammon, Norbert Dittmar und Klaus Mattheier. Berlin, S. 1014-1026.

Dittmar, Norbert, & Peter Schlobinski (Hrsg., 1988). *Wandlungen einer Stadtsprache. Berlinisch in Vergangenheit und Gegenwart.* Berlin.

Dixon, R. M. W. (1972). *The Dyirbal Language of North Queensland.* Cambridge.

—— (1980). *The Languages of Australia.* Cambridge.

Dobson, W. A. C. H. (1959). *Late Archaic Chinese.* Toronto.

Douglas, Wilfrid H. (1958). *An Introduction to the Western Desert Language.* Sydney.

Downes, William (1984). *Language and Society.* London.

Dragunov, Aleksandr A. (1960). *Untersuchungen zur Grammatik der modernen chinesischen Sprache.* Berlin (Ost).

*DUDEN. Grammatik der deutschen Sprache* (1984). Mannheim. [neu bearbeitete 4. Aufl.]

Dunn, John A. (1979). *A Reference Grammar for the Coast Tsimshian Language.* Ottawa.

Dürr, Michael (1984). „Die Etymologisierung von Komposita im Mixtekischen. Bemerkungen zur Problematik anhand einiger Beispiele." In: *Indiana* 9: 189-206.

—— (1987). *Morphologie, Syntax und Textstrukturen des (Maya-) Quiche des Popol Vuh. Linguistische Beschreibung eines kolonialzeitlichen Dokuments aus dem Hochland von Guatemala.* Bonn.

—— (1990a). "Reference to space in colonial Quiché." Erscheint in: *Función.*

—— (1990b). "Los vocabularios de lenguas indígenas recogidos por Walter Lehmann en la América Latina." Erscheint in: *Indiana* 12.

Dyk, Anne (1959). *Mixteco Texts.* Norman, Oklahoma.

Ehlich, Konrad (Hrsg., 1980). *Erzählen im Alltag.* Frankfurt/Main.

Eisenberg, Peter (1989). *Grundriß der deutschen Grammatik.* Stuttgart. [korr. 2. Aufl.]

——, Dieter Hartmann, Gisela Klann & Hans-Heinrich Lieb (1977). „Syntaktische Konstituentenrelationen des Deutschen." In: *Linguistische Arbeiten Berlin (West)* 4: 61-165.

Ellis, C. Douglas (1983). *Spoken Cree, West Coast of James Bay.* Edmonton. [korr. 2. Aufl.]

Engel, Ulrich (1988). *Deutsche Grammatik.* Heidelberg.

Engels, Friedrich (1975). „Engels an Minna Kautsky in Wien." In: Karl Marx & Friedrich Engels: *Werke,* Band 36. Berlin (Ost), S. 392-394.

Essen, Otto von (1957). *Allgemeine und Angewandte Phonetik.* Berlin (Ost).

Fähnrich, Heinz (1987). *Kurze Grammatik der georgischen Sprache.* Leipzig. [2. Aufl.]

Filbeck, David (1976). "Toward a grammar of relative clauses in T'in." In: *Austroasiatic Studies, Part 1.* Hrsg. von Philip N. Jenner, Laurence C. Thompson und Stanley Starosta. Hawaii, S. 285-307.

Fillmore, Charles (1968). "The case for case." In: *Universal in Linguistic Theory.* Hrsg. von Emmon Bach und Robert T. Harms. New York, S. 1-88.

Finck, Adrien, & Raymond Matzen (Hrsg., 1979). *Nachrichten aus dem Alemannischen. Neue Mundartdichtung aus Baden, dem Elsass, der Schweiz und Vorarlberg.* Hildesheim.

Fischer, Rudolf (1975). *Tschechische Grammatik. Leitfaden zur Einführung in die tschechische Sprache.* Leipzig. [überarb. 4. Aufl.]

Fleischer, Wolfgang (1977). *Wortbildung der deutschen Gegenwartssprache.* Leipzig.

Fodor, Jerry A. & Jerrold J. Katz (1964). *The Structure of Language. Readings in the Philosophy of Language.* Englewood Cliffs, New Jersey.

Foley, William A. (1986). *The Papuan Languages of New Guinea.* Cambridge.

——, & Robert D. van Valin (1984). *Functional Syntax and Universal Grammar.* Cambridge.

——, & Robert D. van Valin (1985). "Information packaging in the clause." In: *Language Typology and Syntactic Description, vol. 1: Clause Structure.* Hrsg. von Timothy Shopen. Cambridge, S. 282-364.

Friedrichs, Jürgen (1973). *Methoden empirischer Sozialforschung.* Reinbek bei Hamburg.

Fromkin, Victoria (Hrsg., 1978). *Tone: A Linguistic Survey.* New York.

——, & Robert Rodman (1988). *An Introduction to Language.* New York. [korr. 4. Aufl.]

Gabelentz, Georg von der (1881). *Chinesische Grammatik unter Ausschluß des niederen Stils und der heutigen Umgangssprache.* Leipzig.

Gibbon, Dafydd, & Helmut Richter (Hrsg., 1984). *Studies in Discourse and Phonology.* Berlin.

Givón, Talmy (Hrsg., 1983). *Topic Continuity in Discourse. A Quantitative Cross-Language Study.* Amsterdam.

—— (1984). *Syntax. A Functional-Typological Introduction.* Band 1. Amsterdam.

Gleason, Henry A. (1955). *Workbook in Descriptive Analysis.* New York.

—— (1961). *An Introduction to Descriptive Linguistics.* New York. [überarb. 2. Aufl.]

Goethe, Johann Wolfgang (1887). *Goethes Werke.* Band 1. Hrsg. im Auftrage der Großherzogin Sophie von Sachsen. Weimar, S. 48.

Gossen, Gary H. (1985). "Tzotzil literature." In: *Supplement to the Handbook of Middle American Indians, vol. 3: Literatures.* Hrsg. von Munro S. Edmonson. Austin, Texas, S. 64-106.

Grewendorf, Günter (1986). „Relativsätze im Deutschen: Die Rattenfänger-Konstruktion." In: *Linguistische Berichte* 105: 409-434.

Grimes, Barbara F. (Hrsg., 1988). *Ethnologue. Languages of the World.* Dallas, Texas. [11. Aufl.]

*Grundzüge einer deutschen Grammatik* (1981). Berlin (Ost).

Gumperz, John J. (1982). "Conversational code switching." In: *Discourse Strategies.* Hrsg. von John J. Gumperz. Cambridge.

Gundert, Wilhelm, Annemarie Schimmel & Walther Schubring (Hrsg., 1965). *Lyrik des Ostens.* München.

Habenstein, Ernst, & Herbert Zimmermann (1967). *Lateinische Sprachlehre.* Stuttgart.

Habermas, Jürgen (1981). *Theorie des kommunikativen Handelns.* Band 1. Frankfurt/Main.

Hädrich, Doris (1988). *Berlinisch unter der Lupe: Elemente des Berliner Sprachstils in ihrer sprachlichen und sozialen Bedeutung.* Wissenschaftliche Hausarbeit, Freie Universität Berlin.

Haider, Hugo (1984). „Mona Lisa lächelt stumm – Über das sogenannte deutsche ‚Rezipientenpassiv'." In: *Linguistische Berichte* 89: 32-42.

Haiman, John, & Sandra A. Thompson (Hrsg., 1988). *Clause Combining in Grammar and Discourse.* Amsterdam.

Hašek, Jaroslav (1964). *Die Abenteuer des braven Soldaten Schweijk.* Berlin (Ost). [tschechisch 1921]

Healey, Alan (Hrsg., 1975). *Language Learner's Field Guide*. Ukarumpa.

Helbig, Gerhard, & Joachim Buscha (1984). *Deutsche Grammatik*. Leipzig.

Helfman, Elizabeth S. (1981). *Blissymbolics: Speaking Without Speech*. New York.

Henne, Helmut, & Helmut Rehbock (1979). *Einführung in die Gesprächsanalyse*. Berlin.

Hill, Clifford (1982). "Up/down, front/back, left/right. A contrastive study of Hausa and English." In: *Here and There. Cross-linguistic Studies on Deixis and Demonstration*. Hrsg. von Jürgen Weisenborn und Wolfgang Klein. Amsterdam, S. 13-42.

Hockett, Charles F. (1962). *Language, Mathematics, and Linguistics*. The Hague.

Hoffmann, Ludger (1983). *Kommunikation vor Gericht*. Tübingen.

Holmes, Ruth Bradley, & Betty Sharp Smith (1977). *Beginning Cherokee*. Norman, Oklahoma. [korr. 2. Aufl.]

Hopper, Paul J., & Sandra A. Thompson (1980). "Transitivity in grammar and discourse." In: *Language* 56: 251-299.

Humboldt, Wilhelm von (1968). „Ueber den grammatischen Bau der Chinesischen Sprache." In: *Gesammelte Schriften*. Band 5. Berlin, S. 309-324. [¹1826]

Hurch, Bernhard (1988). *Über Aspiration. Ein Kapitel aus der natürlichen Phonologie*. Tübingen.

Hyman, Larry M. (1975). *Phonology. Theory and Analysis*. New York.

Hymes, Dell (1979). „Die Ethnographie des Sprechens." In: Dell Hymes, *Soziolinguistik. Zur Ethnographie der Kommunikation*. Hrsg. von Florian Coulmas. Frankfurt/Main, S. 29-97. [englisch 1962]

International Phonetic Association (1949). *The Principles of the International Phonetic Association*. London.

International Phonetic Association (1978). *The International Phonetic Alphabet*. London. (Beilage zu: Journal of the International Phonetic Association 8)

Jackendoff, Ray (1983). *Semantics and Cognition*. Cambridge.

Jacob, Judith M. (1968). *Introduction to Cambodian*. Oxford.

Jacobsen, William H. (1986). "The heterogeneity of evidentials in Makah." In: *Evidentiality: The Linguistic Coding of Epistemology*. Hrsg. von Wallace Chafe und Johanna Nichols. Norwood, New Jersey, S. 4-28.

Jakobson, Roman (1941). *Kindersprache, Aphasie, und allgemeine Lautgesetze*. Uppsala.

Kalectaca, Milo (1978). *Lessons in Hopi*. Hrsg. von Ronald W. Langacker. Tucson.

Keenan, Edward L., & Elinor Ochs (1979). "Becoming a competent speaker of Malagasy." In: *Languages and Their Speakers*. Hrsg. von Timothy Shopen. Cambridge, S. 113-158.

Kilham, Christine A. (1977). *Thematic Organization of Wik-Munkan Discourse*. Canberra.

Kintsch, Walter (1977). "On comprehending stories." In: *Cognitive Processes in Comprehension*. Hrsg. von Marcel Adam Just und Patricia A. Carpenter. New York, S. 33-62.

Kiparsky, Paul (1966). „Über den deutschen Akzent." In: *studia grammatica VII*: 69-98.

Klein, Wolfgang (1979). „Wegauskünfte." In: *Zeitschrift für Literaturwissenschaft und Linguistik* 33: 9-57.

—— (1980). „Argument und Argumentation." In: *Zeitschrift für Literaturwissenschaft und Linguistik* 38/39: 9-57.

—— (1984). *Zweitspracherwerb. Eine Einführung*. Königstein/Taunus.

Kohler, Klaus J. (1977). *Einführung in die Phonetik des Deutschen*. Berlin.
Kopperschmidt, Josef, & Helmut Schanze (Hrsg., 1985). *Argumente – Argumentation. Interdisziplinäre Problemzugänge*. München.
Kraft, Charles H., & A. H. M. Kirk-Green (1973). *Hausa. A Complete Working Course*. Sevenoaks, Kent.
Kress, Bruno (1982). *Isländische Grammatik*. Leipzig.
Labov, William (1980a). „Regeln für rituelle Beschimpfungen." In: William Labov, *Sprache im sozialen Kontext*. Königstein/Taunus, S. 251-286. [englisch 1972]
—— (1980b). „Der Niederschlag von Erfahrungen in der Syntax von Erzählungen." In: William Labov, *Sprache im sozialen Kontext*. Königstein/Taunus, S. 287-328. [englisch 1972]
—— (1980c). „Einige Prinzipien linguistischer Methodologie." In: William Labov, *Sprache im sozialen Kontext*. Königstein/Taunus, S. 1-24. [englisch 1972]
—— (1980d). „Die soziale Stratifikation des (r) in New Yorker Kaufhäusern." In: William Labov, *Sprache im sozialen Kontext*. Königstein/Taunus, S. 25-48. [englisch 1972]
—— (1981). "Field methods of the project on linguistic change and variation." In: *Sociolinguistic Working Papers*. Austin, Texas, 1-41.
——, & Charlotte Linde (1985). „Die Erforschung von Sprache und Denken anhand von Raumkonfigurationen." In: *Sprache und Raum*. Hrsg. von Harro Schweizer. Stuttgart, S. 44-64. [englisch 1975]
Lakoff, George (1987). *Women, Fire and Dangerous Things. What Categories Reveal about the Mind*. Chicago.
——, & Mark Johnson (1980). *Metaphors We Live By*. Chicago.
Lang, Ewald (1977). *Semantik der Koordination*. Berlin (Ost). (= studia grammatica XIV)
Langacker, Ronald W. (1972). *Fundamentals of Linguistic Analysis*. New York.
Lasch, Agathe (1928). *Berlinisch. Eine berlinische Sprachgeschichte*. Berlin.
Lass, Roger (1984). *Phonology. An Introduction to Basic Concepts*. Cambridge.
Leer, Jeff (1977). "Introduction." In: *Haida Dictionary*. Hrsg. von Erma Lawrence. Fairbanks, Alaska, S. 12-155.
Legge, James (1971). *Confucian Analects, The Great Learning and The Doctrine of the Mean*. New York. [Nachdruck der überarb. 2. Aufl. von 1893]
Levinson, Stephen C. (1980). *Pragmatics*. Cambridge.
Lewe, Markus (1969). *Der Witz der Sachsen*. München.
Lewis, G. L. (1967). *Turkish Grammar*. Oxford.
Li, Charles N. (Hrsg., 1976). *Subject and Topic*. New York.
——, & Sandra A. Thompson (1981). *Mandarin Chinese. A Functional Reference Grammar*. Berkeley.
Lieb, Hans-Heinrich (1983). *Integrational Linguistics. Volume I: General Outline*. Amsterdam.
*Linguistic Bibliography for the Year ... and Supplements for Previous Years* (jährlich). Dordrecht.
Lloyd, Paul M. (1987). *From Latin to Spanish, vol. 1: Historical Phonology and Morphology of the Spanish Language*. Philadelphia.
Lounsbury, Floyd G. (1964). "The structural analysis of kinship semantics." In: *Proceedings of the Ninth International Congress of Linguistics, 1962*. Hrsg. von Horace G. Lunt. The Hague, S. 1073-1093.
Luhmann, Niklas (1984). *Soziale Systeme. Grundriß einer allgemeinen Theorie*. Frankfurt/Main.

Lutzeier, Peter R. (1985). *Linguistische Semantik.* Tübingen.
—— (1988). „Syntaktisch-semantische Relationen: Ein Versuch fürs Deutsche." In: *Deutsche Sprache* 2: 131-143.
Lyons, John (1980, 1983). *Semantik.* Bände 1 und 2. München. [englisch 1977]
Maas, Utz (1989). *Grundzüge der deutschen Orthographie.* Osnabrück.
Macaulay, Monica (1987). "Clitization and the morphosyntax of Mixtec." In: *International Journal of American Linguistics* 53: 119-135.
MacLaury, Robert E. (1989). "Zapotec body-part locatives: prototypes and metaphoric extensions." In: *International Journal of American Linguistics* 55: 119-154.
Mak, Cornelia (1977). "Picturesque Mixtec talk." In: *Tlalocan* 7: 105-114.
Malinowski, Bronislaw (1974). „Das Problem der Bedeutung in primitiven Sprachen." In: Charles K. Ogden und Ivor A. Richards, *Die Bedeutung der Bedeutung.* Frankfurt/Main, S. 323-384. [englisch 1923]
Malotki, Ekkehart (1979). *Hopi-Raum.* Tübingen.
—— (1983). *Hopi Time.* Berlin.
Merritt, Marilyn (1976). "On questions following questions in service encounters." In: *Language in Society* 5: 315-357.
Middendorf, Ernst W. (1892). *Das Muchik oder die Chimu-Sprache.* Leipzig.
Milroy, Lesley (1987). *Observing and Analysing Natural Language. A Critical Account of Sociolinguistic Method.* Oxford.
Modern Language Association (jährlich). *MLA – International Bibliography of Books and Articles on the Modern Languages and Literatures, vol. 3: Linguistics.* New York.
Mondloch, James L. (1978). *Basic Quiche Grammar.* Albany, New York.
—— (1980). "K'eš: Quiché naming." In: *Journal of Mayan linguistics* 1,2: 9-25.
—— (1981). *Voice in Quiche-Maya.* Dissertation, Albany, New York.
Moritz, Karl P. (1871). „Über den märkischen Dialekt." In: Karl P. Moritz: *Deutsche Sprachlehre. In Briefen. Erstes Stück.* Berlin, S. 3-24.
Müller, Johann David (1973). *Notizen aus meinem Leben.* Hrsg. von Ilja Mieck. Berlin. (= Schriften des Vereins für die Geschichte Berlins 59)
Nater, H. F. (1984). *The Bella Coola Language.* Ottawa.
Navarro Tomás, Tomás, Günther Haensch & Bernhard Lechner (1970). *Spanische Aussprachelehre.* München.
Neue, Friedrich (1985). *Formenlehre der lateinischen Sprache.* 3 Bände. Hildesheim. [[1]1912]
Nichols, Johanna, & Anthony C. Woodbury (Hrsg., 1985). *Grammar Inside and Outside the Clause.* Cambridge.
Nida, Eugene (1947). *Morphology. The Descriptive Analysis of Words.* Ann Arbor. [korr. 2. Aufl.]
Norman, Jerry (1988). *Chinese.* Cambridge.
Oates, Lynette F. (1964). *A Tentative Description of the Gunwinggu Language.* Sydney.
Ogunbowale, P. O. (1977). *The Essentials of the Yoruba Language.* London.
Pankratz, Leo, & Eunice V. Pike (1967). "Phonology and morphotonemics of Ayutla Mixtec." In: *International Journal of American Linguistics* 33: 287-299.
Pape-Müller, Sabine (1980). *Textfunktionen des Passivs.* Tübingen.
Petursson, Magnus (1978). *Isländisch. Eine Übersicht über die moderne isländische Sprache mit einem kurzen Abriß der Geschichte und Literatur Islands.* Hamburg.

Pickett, Velma B. (1983). "Mexican Indian languages and Greenberg's 'Universals of Grammar'." In: *Essays in Honor of Charles F. Hockett*. Hrsg. von Frederick B. Agard, Gerald Kelley, Adam Makkai und Valerie Becker Makkai. Leiden, S. 530-551.

Pike, Kenneth L. (1967). *Language in Relation to a Unified Theory of the Structure of Human Behavior*. Den Haag. [überarb. 2. Aufl.]

——, & Evelyn G. Pike (1982). *Grammatical Analysis*. Arlington, Texas. [korr. 2. Aufl.]

Pinnow, Heinz-Jürgen (1964). *Die nordamerikanischen Indianersprachen*. Wiesbaden.

—— (1981). *Zusammenfassung der für die Grammatik wichtigen Morpheme und Morphemkombinationen nach Sachgruppen und Überblick über die Verb- und Nominalstruktur der Tlingit-Sprache*. Westerland. [unveröffentlichtes Manuskript]

—— (1985). „Die Anfangsgründe des Cree." In: *Anthropos* 80: 664-676.

Plank, Frans (Hrsg., 1979). *Ergativity – Towards a Theory of Grammatical Relations*. New York.

Poppe, Nicholas (1954). *Grammar of Written Mongolian*. Wiesbaden.

Postal, Paul M. (1986). *Studies of Passive Clauses*. New York.

Qin, Zhong (1982). *Chinesische Phonetik*. Beijing.

Raith, Joachim (1981). „Phonologische Interferenzen im Amerikanischen Englisch der anabaptistischen Gruppen deutscher Herkunft in Lancaster County (Pennsylvania)." In: *Zeitschrift für Dialektologie und Linguistik* 1: 35-52.

Rath, John C. (1981). *A Practical Heiltsuk-English Dictionary. With a Grammatical Introduction*. Ottawa.

Rehbein, Jochen (1977). *Komplexes Handeln. Elemente zur Handlungstheorie der Sprache*. Stuttgart.

Reis, Marga (1982). „Zum Subjektbegriff im Deutschen." In: *Satzglieder im Deutschen. Vorschläge zur syntaktischen, semantischen und pragmatischen Fundierung*. Hrsg. von Werner Abraham. Tübingen, S.171-220.

—— (1985). „Mona Lisa kriegt zuviel – Vom sogenannten ‚Rezipientenpassiv' im Deutschen." In: *Linguistische Berichte* 96: 140-155.

Rosch, Eleanor H. (1973). "On the internal structure of perceptual and semantic categories." In: *Cognitive Development and the Acquistion of Language*. Hrsg. von Timothy E. Moore. New York, S. 111-144.

Rose, Suzanne M. (1981). *Kyuquot Grammar*. Dissertation, Victoria.

Rowland, E. C. (1969). *Yoruba*. Sevenoaks, Kent.

Rühmkorf, Peter (Hrsg., 1976). *131 expressionistische Gedichte*. Berlin.

Sacks, Harvey, Emanuel Schegloff & Gail Jefferson (1974). "A simplest systematics for the organization of turn-taking for conversation." In: *Language* 50: 696-735.

Samarin, William J. (1967). *Field linguistics*. New York.

Sapir, Edward (1910). "Yana texts." In: *University of California Publications in American Archaeology and Ethnology* 9: 1-235.

—— (1922). "The fundamental elements of Northern Yana." In: *University of California Publications in American Archaeology and Ethnology* 13: 215-234.

—— (1949). "Male and female forms of speech in Yana." In: *Selected Writings of Edward Sapir*. Hrsg. von David G. Mandelbaum. Berkeley, S. 206-212.

—— (1972). *Die Sprache. Eine Einführung in das Wesen der Sprache*. München. [englisch 1921]

Sapir, Edward, & Morris Swadesh (1960). *Yana Dictionary*. Berkeley.

Sasse, Hans-Jürgen (1988). „Der irokesische Sprachbau." In: *Zeitschrift für Sprachwissenschaft* 7: 173-213.

Saunders, Ross, & Philip W. Davis (1975). "The internal syntax of lexical suffixes in Bella Coola." In: *International Journal of American Linguistics* 41: 106-113.

Saville-Troike, Muriel (1982). *The Ethnography of Communication. An Introduction*. Oxford.

Schlobinski, Peter (1982). „Das Verkaufsgespräch. Eine empirische Untersuchung zu Handlungsschemata und kommunikativen Zielen." In: *Linguistische Arbeiten Berlin (West)*, S. 1-236.

—— (1985). „Durchs wilde Germanistan." In: *wecker. Zeitschrift am FB Germanistik* 10: 3-14.

—— (1987). *Stadtsprache Berlin. Eine soziolinguistische Untersuchung*. Berlin.

—— (1988a). „Über den *Akkudativ* im Berlinischen." In: *Muttersprache* 3: 214-225.

—— (1988b). „Über die Funktion von nicht-eingebetteten *daß*-Sätzen im therapeutischen Diskurs. Eine Pilotstudie." In: *Linguistische Berichte* 113: 32-52.

—— (1988c). „Code-switching im Berlinischen." In: *Wandlungen einer Stadtsprache. Berlinisch in Vergangenheit und Gegenwart*. Hrsg. von Norbert Dittmar und Peter Schlobinski. Berlin, S. 83-102.

—— (1989a). „Spektrographische Analysen zum Tonsystem im Chinesischen." Erscheint in: *Zeitschrift für Phonetik, Sprachwissenschaft und Kommunikation*.

—— (1989b). „ ,Frau Meyer hat Aids, Herr Tropfmann hat Herpes, was wollen Sie einsetzen?' Exemplarische Analyse eines Sprechstils." In: *Osnabrücker Beiträge zur Sprachtheorie* 41: 1-34.

Schweizer, Harro (Hrsg., 1985). *Sprache und Raum: psychologische und linguistische Aspekte der Aneignung und Verarbeitung von Räumlichkeit*. Stuttgart.

Searle, John R. (1969). *Speech Acts*. London.

Sells, Peter (1985). *Lectures on Contemporary Syntactic Theories: An Introduction to Government-Binding Theory, Generalized Phrase Structure Grammar, and Lexical Functional Grammar*. Stanford.

Sherzer, Joel (1970). "Talking backwards in Cuna: The sociological reality of phonological descriptions." In: *Southwestern Journal of Anthropology* 26: 343-353.

—— (1975). "A problem in Cuna phonology." In: *Journal of the Linguistic Association of the Southwest* I: 45-53.

—— (1983). *Kuna Ways of Speaking*. Austin, Texas.

Shibatani, Masayoshi (Hrsg., 1988). *Passive and Voice*. Amsterdam.

Shopen, Timothy (Hrsg., 1979). *Languages and Their Speakers*. Cambridge, Mass.

—— (Hrsg., 1979). *Languages and Their Status*. Cambridge, Mass.

—— (Hrsg., 1985). *Language Typology and Syntactic Description*. 3 Bände. Cambridge.

Simons, Berthold (1989). *Komplexe Sätze im Dakota (Sioux)*. Frankfurt/Main.

Sivrikozoglu, Cicek (1985). *... Nix unsere Vaterland. Zweitsprache Deutsch und soziale Integration*. Frankfurt/Main.

Soeffner, Hans-Georg (Hrsg., 1979). *Interpretative Verfahren in den Sozial- und Textwissenschaften*. Stuttgart.

Stubbs, Michael (1983). *Discourse Analysis. The Sociolinguistics Analysis of Natural Language*. Oxford.

Swadesh, Morris (1946). "South Greenlandic (Eskimo)." In: *Linguistic Structures of Native America*. Hrsg. von Cornelius Osgood. New York, S. 30-54.

Tiee, Henry Hung-Yeh (1979). "The productive affixes in Mandarin Chinese morphology." In: *Word* 30: 245-255.

Toulmin, Stephen (1975). *Der Gebrauch von Argumenten*. Kronberg/Taunus. [englisch 1958]

Trubetzkoy, Nikolaj S. (1967). *Grundzüge der Phonologie*. Göttingen. [¹1933]

Twain, Mark (1929). *A Tramp Abroad*. 2 Bände. New York. (= The writings of Mark Twain. Stormfield Edition, Bände 9-10)

—— (1969). *Ein Bummel durch Europa*. Berlin.

Vieregge, Wilhelm H. (1989). *Phonetische Transkription. Theorie und Praxis der Symbolphonetik*. Stuttgart.

Voegelin, Charles F., & Florence M. Voegelin (1977). *Classification and Index of the World's Languages*. New York.

Warkentin, Viola, & Ruby Scott (1980). *Gramática ch'ol*. México.

Wegener, Heide (1985). „ ‚Er bekommt widersprochen' – Argumente für die Existenz eines Dativpassivs im Deutschen." In: *Linguistische Berichte* 96: 127-139.

Weinrich, Harald (1964). *Tempus. Besprochene und erzählte Welt*. Stuttgart.

Weissenborn, Jürgen, & Wolfgang Klein (Hrsg., 1982). *Here and There. Cross-linguistic Studies on Deixis and Demonstration*. Amsterdam.

Wells, John C. (1986). *Concise Esperanto and English Dictionary*. New York.

Welmers, William E. (1973). *African Language Structure*. Berkeley.

Weuster, Edith (1983). „Nicht-eingebettete Satztypen mit Verb-Endstellung im Deutschen." In: *Zur Wortstellungsproblematik im Deutschen*. Hrsg. von Klaus Olszok und Edith Weuster. Tübingen, S. 7-88.

Whorf, Benjamin Lee (1956). *Language, Thought, and Reality*. Hrsg. von John B. Carroll. Cambridge, Mass.

—— (1963). *Sprache, Denken, Wirklichkeit. Beiträge zur Metalinguistik und Sprachphilosophie*. Reinbek bei Hamburg.

Williams, Stephen J. (1980). *A Welsh Grammar*. Cardiff.

Wittgenstein, Ludwig (1971). *Philosophische Untersuchungen*. Frankfurt/Main.

Wunderlich, Dieter (1970). *Tempus und Zeitreferenz im Deutschen*. München.

—— (1982). „Sprache und Raum." In: *Studium Linguistik* 12: 1-19; 13: 37-59.

—— (1984). „Zur Syntax der Präpositionalphrasen im Deutschen." In: *Zeitschrift für Sprachwissenschaft* 3,1: 65-99.

—— (1985). „Über die Argumente des Verbs." In: *Linguistische Berichte* 97: 183-227.

—— (1986). „Echofragen." In: *Studium Linguistik* 23: 44-62.

Wurzel, Wolfgang U. (1970). *Studien zur deutschen Lautstruktur*. Berlin (Ost). (= studia grammatica VIII)

—— (1984). *Flexionsmorphologie und Natürlichkeit*. Berlin (Ost). (= studia grammatica XXI)

Ximénez, Francisco (1929). *Historia de la provincia de San Vicente de Chiapa y Guatemala*. Band 1. Guatemala. [Manuskript um 1700]

Zhuang Zhou (1978). *Nán huā zhēn jīng*. Taipeh. [Faksimile einer kommentierten Ausgabe aus der Song-Zeit]

Zylstra, Carol F. (1980). "Phonology and morphophonemics of the Mixtec of Alacatlazala, Mexico." In: *SIL-Mexico Workpapers* 4: 15-42.

# Register

Hinter Sprachnamen ist in [ ] die Nummer angegeben, unter der die Sprache auf den Karten (S. 14-16) zu finden ist. Seitenangaben, die mit einem Stern gekennzeichnet sind, beziehen sich auf Übungsaufgaben.

Absolutiv 108, 126, 135

‚adjacency pairs' 204ff.

Adjektiv 109f., 119f.

Adverb, Adverbial 119f.

adverbiale Bestimmung 117

Adverbialsatz 132f.

**Affix** Morphem, das nur an ein Grundmorphem gebunden vorkommen kann. Nach Stellung im Wort unterscheidet man Präfix, Infix und Suffix. 78

Affrikate 34

Agens 102ff., 158

**agglutinierende Sprachen** Begriff aus der Sprachtypologie, der im Gegensatz zum → flektierenden Sprachtyp Sprachen wie z.B. Türkisch, Aztekisch oder Japanisch umfaßt, in denen Wörter durch Aneinanderreihung von Morphemen gebildet werden, wobei jeder grammatischen Kategorie ein Morphem entspricht. *92, *95

Akzent 39, 50f.

Akzeptabilität 20, 245

Alemannisch 199

„Alice hinter den Spiegeln", „A. im Wunderland" 71, 82, 151, *190, 193ff., 207, 209

**Allo-** Vorangestelltes Element, das Formvarianten einer linguistischen Einheit bezeichnet. Allomorph ist die Variante eines → Morphems, Allophon die eines → Phonems.

Allomorph 74f.

Allophon 40f., 247ff.

alveolar 32f.

**Ambiguität** Doppel- bzw. Mehrdeutigkeit sprachlicher Einheiten. Neben lexikalischen Ambiguitäten (Polysemie) spielen insbesondere grammatische Ambiguitäten in der linguistischen Diskussion eine Rolle. Die Auflösung ambiger Strukturen bezeichnet man als Disambiguierung. 105, 116, *138, 156

**analytische Sprachen** Bezeichnung für Sprachen, die syntaktische Beziehungen eher durch grammatische Hilfswörter oder Stellung als durch die Morphologie markieren, z.B. die romanischen Sprachen im Gegensatz zum stärker synthetischen Latein. *148

**Anapher** Bezeichnet den Bezug auf eine andere Satzkonstituente. Wird auf Vorerwähntes Bezug genommen, so spricht man von anaphorischer Referenzierung; im Gegensatz dazu steht die kataphorische Referenzierung auf Nachfolgendes. Ist das bezugnehmende Element getilgt, spricht man von Null-Anapher, z.B. *Er geht zur Bibliothek und Ø leiht ein Buch aus.* 136, 193, 220, 226

Antipassiv 126f., 135, 223

Antonym 153

apikal 33

Applikativ 127

Äquationssatz 109f.

Arabisch [14] 29, 40, 44, 55, 110

Argument (syntaktisch) 101f., 125ff.

Argumentation 211ff., *237

**Artikulation** Begriff in der Phonetik für die lauterzeugenden physiologischen Komponenten: Bewegung und Stellung der Sprechwerkzeuge bei der Lautbildung.
Artikulationsart 33ff.
Artikulationsstelle 32ff.
**Aspekt** Grammatische Kategorie des Verbs, die auf die im Verb ausgedrückte Handlungskomponente Bezug nimmt. In europäischen Sprachen wird besonders der aspektuelle Kontrast perfektiv gegen imperfektiv häufig markiert. 172ff., 224f.
Aspirierung 19, 34, 40, 44
**Assimilation** Begriff aus der Phonetik, der die Angleichung von Lauten in Bezug auf Artikulationsart und -stelle bezeichnet. Ist der lautliche Angleichungsprozeß vorauswirkend, so spricht man von **progressiver A.**, ist er rückwirkend von **regressiver A.** 41f.
**Attribut** Syntaktische Funktion, die die adnominale Modifizierung von Wortgruppen ausdrückt, die dem Kernnomen nebengeordnet sind. 112ff.
Attributsatz 133f.
Auslautverhärtung 42ff.
Aztekisch [52] 72, 87, *90, *95, 99ff., 105, 127, *186

Bairisch 38, 197
Belebtheit 102, 157f., 226
Bella Coola [34] *96
Bemba [8] 110
Beobachterparadox 247
Berlinisch 43, *58, *98, *237, *239, 251f.
Bibliographien zur Linguistik 28
bilabial 45
Blisstalk *98

Cayuga (Irokesisch) [50] 121
Ch'ol [56] 82, 175f.
Cherokee [48] 156
Chinesisch [18] 23, 34, 40, 44, 48f., 51, 55f. *66, *70, *89, 99ff., 103ff.,

110, 113, 115, 118, 126, 129, 132ff., 136f., *148, 159, 168, *178
Choctaw [47] 229
‚coda' → Koda
**‚code-switching'** Bezeichnet das Wechseln von einer Sprache oder Sprachvarietät zu einer anderen innerhalb einer Äußerung oder Sprechpassage. 199, 209, 252
Comment → Topic
Cree [49] *182

Dakota (Lakota) [46] 157
Dänisch [65] 155
Datenerhebung → Elizitierung
(elektron.) Datenverarbeitung 250ff.
**Definitheit** Begriff aus der Semantik, der auf spezifische, identifizierbare Einheiten oder Klassen von Einheiten verweist. Im Kontrast zu definit ([+definit]) steht der Begriff indefinit ([-definit]). 111, 124
deiktische Perspektive 163ff.
**Deixis** Bezeichnet die Bezugnahme auf Eigenschaften der Sprechsituation. Deiktisch sind jene Ausdrücke, die auf die personellen, temporalen oder lokalen Charakteristika der Sprechsituation verweisen, z.B. *ich-du, jetzt-dann, hier-da.* 161ff., 170, 193f.
**Deklination** Flexionsparadigmen der nominalen Wortarten, z.B. nach Kasus und Numerus. 85f., *92, *93, 119
dental 32f.
**Derivation** Wortbildungsmechanismus durch Kombination eines freien (Grund-)Morphems und Affixes. Entsteht eine neue lexikalische Bedeutung, so spricht man von **lexikalischer D.**, z.B. *un-schön*; bei der **syntaktischen D.** ändert sich die Wortklasse, z.B. *Schön-heit.* 80f.
Destinativ 118, 159
Deutsch [66] 17, et passim
Deutsch von Ausländern 21, 42, 176f.
diakritische Zeichen 39, 55

**Diathesen** Ausdruck für die grammatische Kategorie von Verben, die die Relation zwischen den Argumenten regelt. Bei transitiven Verben finden sich in vielen Sprachen Aktiv und Passiv, in Ergativsprachen auch Antipassiv, wobei aus transitiven Sätzen durch die Umformung intransitive Passiv- bzw. Antipassivsätze entstehen. 125ff., 227

Diphthonge 38

Disambiguierung 104ff., 156, 227

**Diskontinuität** Bezeichnet in der grammatischen Analyse das Aufspalten einer Wortgruppe oder Konstituente durch Einfügen anderer grammatischer Einheiten, z.B. *Er pflückt einen Apfel ab.* 123

Dissimilation 43

ditransitiv 105

dorsal 33

durativ 174

Dyirbal [26] 44, *147, 162f., 170

Dynamik 102, 161, 166, 174f.

Ein-Wort-Satz 100, 121, 156

Elizitierung 246ff.

**Ellipse** Tilgung eines Satzteiles primär aufgrund stilistischer, sprechökonomischer oder kommunikativer Faktoren. 135ff.

Englisch [64] 19f., 33f., 52, 72, 85, 87, 104f., 116, 121, 125, 134f., *140, 155, 157, 161, 166f., *190, 203

Englisch der Pennsylvania-Deutschen [51] *57

**Enklitikon** Schwach betontes Wort, das an das vorangehende voll betonte Wort gebunden ist, z.B. *Er war's*; zumeist einsilbige Partikeln oder Pronomina.

Ergänzungsmorph 75

Ergativ 108, 126

Ergativität 23, 107ff., 135, *147, 175f.

Ersetzungsmorph 75

Erzählungen und Erzählmuster 24, 215ff., *239

Eskimo [29] 79f., 99, 221f.

Esperanto *97

Fasu [22] 202

finite Verbform 86

**flektierende Sprachen** Sprachen wie Deutsch oder Latein, deren grammatische Relationen durch Affixe oder Umlautung ausgedrückt werden, wobei die einzelnen Affixe mehrere grammatische Bedeutungen kodieren können. *92, *93, *94

**Flexion** Formveränderung der Nomina (→ Deklination) und Verben (→ Konjugation) nach grammatischen Kategorien. 84ff., 119f., 168, 172

**Fokussierung** Markiert Information als im Zentrum (im Fokus) des kommunikativen Interesses stehend. F. ist oft mit suprasegmentalen Eigenschaften wie Akzentuierung gekoppelt, z.B. *Es ist PETER, der morgen nach Berlin fährt.* 123ff., *143, 222f., 227

formell – informell 196ff.

Fragesatz 38f., 124, 136, *145

Französisch [68] 18f., 33, 38, 49, 55, 103, 115, 122, 172, 174, 196ff.

freie Morpheme 77

Frikativ 33

Frontierung 45

Funktionswort 120

gebundene Morpheme 77

**Geminate** Sequenz von benachbarten identischen Konsonanten in einem Morphem, die gedehnt gesprochen werden, z.B. ital. /bel:o/ „hübsch", was im Schriftsystemen häufig durch Doppelschreibweise, z.B. <bello>, ausgedrückt wird. 50, *64

Genera Verbi → Diathesen

**generisch** Referenz auf eine Klasse von Entitäten. Ein Satz wie *Der Mensch ist des Menschen Feind* sagt nichts über einen einzelnen Menschen oder über eine Gruppe von Menschen aus, sondern über

(die Klasse der) Menschen als solche. 170
Georgisch [12] *181
Germanisch (rekonstruierte Sprachstufe) *57
geschlossene Silbe 48, 50
geschlossene Wortklasse 120
glottal 32
glottalisierte Konsonanten 45, 53
Glottisverschlußlaut 33
Grammatikalität 20, 245f.
grammatische Morpheme 77
Graphem 40, 55
Grundbedeutung 156
Grundmorphem 77, 253

habituell 174
Haida [31] 162
Hausa [4] *141, 163
Hebräisch [15] 114
Heiltsuk [33] 162f.
Hixkaryana [1] 121
Homonym 156
Homophonie 54f., 205
Hopi [44] 23, *145, *189

idiomatisch Verweist auf eine Einheit, die aus einer Sequenz von Wörtern besteht und die eine Gesamtbedeutung hat, die nicht aus der Bedeutung und der Verknüpfung der Einzelelemente direkt abgeleitet werden kann, z.B. *mir wächst kein Gras aus der Tasche* im Sinne von „ich habe kein Geld mehr". 156f.
Igbo [6] 170
Illokution Die Komponente eines → Sprechaktes, die das Handlungspotential des Sprechaktes ausmacht. 199ff.
Imperfektiv 172ff.
Implikatur 194, 203
Implosive 31
inchoativ 172, 175
Infinitivkonstruktionen 130f.
Infix 78
Informationsgewichtung 176, 222ff.
Informationsrate 224
inkompletiv 172ff.

Inkorporierung (auch Polysynthese) Einbeziehung vor allem lexikalischer Morpheme in Wortformen. Sprachen dieses Typs sind wie z.B. Eskimo durch lange und komplexe Wortformen geprägt. Inkorporierende oder polysynthetische Sprachen stehen im Gegensatz zu analytischen bzw. isolierenden Sprachen. *95, *96, 101, *139
Instrumental 127
Intention 157f.
Interferenz 19
Internationales Phonetisches Alphabet (IPA) 30, 36, 37, *69
Intonation 38f., 50f., 202, 220
intransitiv 101ff.
intrinsische Perspektive 163ff., *188
Introspektion 245f.
Intuition 18, 221, 245f.
inzeptiv 172f.
IPA → Internationales Phonetisches Alphabet
Irisch [62] 55
Irokesisch → Cayuga
irreal 175
Isländisch [61] 122, *142
isolierende Sprachen Bezeichnung für Sprachen, die wie die klassische chinesische Schriftsprache nahezu ohne Morphologie auskommen. *145
Italienisch [71] 29, 38, 42f., 84
iterativ 174

Japanisch [19] 48, 115, 121, 202, 221f., 228
Jugendsprache Deutsch 203, *241
Junktur 42

Kambodschanisch (Khmer) [20] 78
Kasusmarkierung 23, 102ff., 107f., *184
Kasusrolle → semantische Rolle
Kategorisierung Begriff aus der Semantik und kognitiven Psychologie, der darauf verweist, wie menschliche Erfahrung kognitiv konzeptualisiert und sprachlich kodiert ist. 154ff., 162

Kausativ 127

Kikuyu [9] 163

Kilivila [23] 194f.

Khmer → Kambodschanisch

Koda 218ff.

Kölnisch 29, 40

Kommentierung → Topic

**Kompetenz** Bezeichnet ganz allgemein die menschliche Fähigkeit,
sprechen zu können. Im engeren
Sinne als **Sprachk.** verweist der
Begriff auf Wissensstrukturen eines Sprechers, die ihn befähigen,
nach einem System von Regeln
grammatisch korrekte Sätze zu
produzieren. Der Begriff der **kommunikativen K.** verweist auf die
Fähigkeit von Sprechern, hinsichtlich spezifischer Situationen und
Kontexte adäquat und effektiv zu
kommunizieren. 197, 221, 245

Komplement 109, 205

**komplementäre Distribution** Bezeichnet die sich gegenseitig aus-
schließende Verteilung von Varianten (z.B. Allomorphe, Allophone)
im Hinblick auf Umgebungsfakto-
ren. So hat /-s/ „Plural" im Englischen nach stimmhaften Konsonanten ein Allomorph [-z], nach
stimmlosen [-s]. 41

kompletiv 172ff.

komplexe Sätze 128ff.

Komposition 80f., *180

Konditionalsatz 133, 176

**Kongruenz** Korrespondenzrelation
zwischen Satzgliedern aufgrund
morphologischer Markierungen.
85f., 102, 106

**Konjugation** Flexionsparadigma
der Verben, z.B. nach den Kategorien Tempus/Aspekt und Modus.
23, 85f., *94, *95, 175

Konjunktion 129ff., 133

Konjunktionalsatz 131

Konnotation 156

Konsonanten 31

**Konstituente** Syntaktische Basiska-
tegorie zur Beschreibung von Kon-
stituentenstrukturen.          Aufgrund

von Testverfahren wie Umstellprobe und weiterer formaler Kriterien können Sätze in eine Reihe von
hierarchisch    organisierten    Konstituenten wie Nomen, Nominalphrase, Präpositionalphrase, etc.
zerlegt werden. 103, 106

Kontinuant 34

kontrastierende Fokussierung   124,
223

Kontrolle 102, 157f.

Konturtöne 39, 51

Koordination 128f., 133

Kopplung 205

**Kopula** ,Verbindungsverb' mit geringem Bedeutungsgehalt, dessen
Funktion darin besteht, ein Satzglied mit einem anderen zu verbinden, z.B. *Andrej ist Lehrer*. 108

**Koreferenz** Begriff, der auf Satzkonstituenten verweist, die auf den
gleichen Sachverhalt, das gleiche
Objekt, etc. verweisen. Koreferentielle Konstituenten werden oft
durch Koindizierung gekennzeichnet. In dem Satz *er$_i$ sagte mir, daß
er$_i$ kommen würde* verweist *er$_i$* auf
ein und dieselbe Person. In dem
Satz *er$_i$ sagte mir, daß er$_j$ kommen
würde* hingegen sind die durch *er$_i$*
und *er$_j$* kodierten Personen nicht
identisch.

Korpora 25f., 245ff.

Kuna [60] 47f., *61, *64

Kwak'wala [35] 44f., 54, 81, 167

Kwakiutl (Stammesbezeichnung) →
Kwak'wala


labial 32

Labialisierung 34

Labov, William 219ff., 247f.

laryngal 32, 42

Latein [72] 43, 45, 55, 79, 82, 85ff.,
99f., *94, 155, 159, 172, *184

lateral 34

lautliche Umgebung 41f., 251f.

Leerstellen 101ff.

**Lexem** Minimale Bedeutungseinheit
im semantischen System einer
Sprache. 77

lexikalische Morpheme 77
Lexikalisierung 155f.
Lexikoneintrag 102, 152
Liquid 34
Lokalangaben 119ff., 159
Lokativ 159
Lokution 199ff.
Luiseño [43] 73

Makah [37] *230
Malinowski, Bornislaw 23f., 194f.
Maltesisch [74] *92
Markiertheit 153, 174f., 252
Mazatekisch [53] *64
Merkmal 152ff.
Merkmalsmatrix 35, 41
**Minimalpaar** Paar von zwei Wörtern, deren Bedeutungsunterscheidung durch einen Lautwechsel markiert ist, z.B. *Weite* gegen *Weide*. 39
Mittelhochdeutsch 54f., 194
Miwok [42] 107
Mixtekisch [54] 39, 51, *65, *89, 120, 169, 165f., 196, 222ff., *231
Modalität 175
Modifizierung 111ff.
**Modus** Flexionskategorie des Verbs, durch die ausgedrückt wird, welchen Bezug ein Sprecher zu seiner Äußerung einnimmt; z.B. durch Konjunktivformen wird im Deutschen u.a. eine Aussage als möglich markiert. 175
Mongolisch [17] 46, 85, 87, 130, *180
**More** Minimale quantitative Einheit einer kurzen Silbe. Eine kurze Silbe ist einmorig, z.B. *Ra(t)-te*, eine lange Silbe ist zweimorig, z.B. *raten*.
**Morphem** Grundbegriff in der Morphologie: Kleinstes bedeutungstragendes Element einer Sprache. **Freie M.** können isoliert auftreten, z.B. *Arbeit*, während **gebundene M.** nur zusammen mit einem anderen auftreten können, z.B. *Schönheit*. **Grammatische M.** markieren im Unterschied zu **lexikalischen M.** (→ Lexem) grammati-

sche Funktionen, z.B. *schön-er*. 74ff.
morphophonemische Regel 75
Morphosyntax 112, 157f.
Muchik [2] 25

Nasale 34, 194
Nasalvokal 18, 38
Navajo [45] 155
Negation 109, 122, 153
Nomen 119f., 156, 220, 225ff.
**Nominalphrase** Erweiterte Satzkonstituente mit einem Nomen als Kern, z.B. *die deskriptive Linguistik*. 110ff., 158f., 226ff.
Nootka (Kyuquot) [36] 79, 120f., 124
Null (∅) 42
Null-Allomorph 75
Null-Anapher 136, 228
Null-Morphem 75

**Objekt** Syntaktische Funktion, die mit prototypischen Kasusrollen wie Ziel, Patiens, Rezipiens auftritt und gegenüber anderen syntaktischen Funktionen formal markiert ist, im Deutschen z.B. durch Akkusativ (direktes O.) oder Dativ (indirektes O.) gegen Nominativ. 103ff., 119ff., 158f.
Objektsatz 131f.
offene Silbe 50
offene Wortklasse 120
Okklusiv → Plosiv
optional 104, 120
Origo 162f., 170

palatal 32ff.
Paradigma 100, 249
**Paraphrase** Bezeichnet eine alternative Variante eines Satzes oder eines Textes unter weitgehender Beibehaltung des Inhalts z.B. der Bedeutung, z.B. *Es ist Klaus, der ein Buch schreibt* ist eine syntaktische Paraphrase zu *Klaus schreibt ein Buch*.
Partikel 118f., 130, 220
Partizipialkonstruktion 109, 130, 175

Passiv 125ff., 135
Patiens 108, 158
‚peak' 222
Perfekt 172ff.
perfektiv 172ff.
Performanz 197
Perlokution 199ff.
Persisch [13] 115
Pfälzisch 29
**Phon** Kleinste diskrete Lauteinheit im Lautkontinuum. 30
**Phonem** Bezeichnet minimale Einheiten im Lautsystem von Sprachen, die eine bedeutungsdifferenzierende Funktion haben. 40
phonetische Umschrift 30
phonologische Regeln 40ff., 47
Phonotaktik 48
Pitjatjantjara [28] 99, *192, *230
Pivot 123
**Platzhalter** (auch ‚dummy') In seiner Bedeutung unspezifisches Element innerhalb einer syntaktischen Struktur, das zur Aufrechterhaltung der Satzstruktur erforderlich ist, z.B. das Pronomen „es" in *Es regnet*. 132, *138
Plosiv 33
‚plot' 219, 224
Polysynthese → Inkorporierung
Pomo [41] 157
Popol Vuh 96, 252ff.
Popoluca [55] 105, 130, *183
Portmanteau 82
Possessivität 86
Possessor-Possessum 114ff.
**Prädikat** Kern der Satzaussage, der andere Satzteile wie Satelliten an sich bindet. Nach der das Prädikat bildenden Konstituente unterscheidet man verbale und nominale Prädikate. 101ff., 108ff., 119ff., 157f., 168, 175
Präfix 78
Präposition 112f., 119f., 165ff.
**Präpositionalphrase** Erweiterte Satzkonstituente mit einer Präposition als Kern, z.B. *in dem Buch*. 112, 158f., 169
Produktivität 83

progressiv 174
Pronomen 101ff., 109ff., 226ff.
**Proposition** Terminus aus der Aussagenlogik, der eine Bedeutungseinheit (p) bezeichnet, die durch einen Aussagesatz ausgedrückt wird und die wahr oder falsch sein kann. 200f.
Protagonist 219ff., 226
**Prototyp** Begriff aus der Gestaltpsychologie, der insbesondere in der Semantik eine Rolle spielt. Prototypen sind stereotype und konventionalisierte Klassifikationen mit spezifischen Merkmalen, z.B. für *Vogel* „Tier, das fliegen kann", „Tier, das Eier legt", „Tier, das Federn hat". 152f., *179
punktuell 173f., 224

Quaestio 211ff.
Quantität 38f.
Quechua [3] 249
Quiché [59] 24f., 44, 51, 53f., *60, 72, 75, 79, 84, 86f., *96, 101, 105, 108, 110, 114, 116f., 125ff., 130, 135, 156, 168, 172f., 175f., *179, *181, *188, 222f., 229, 249f., 252ff.
Quileute [38] 194

Raum-Zeit-Metaphorik 169f., *189
raumdeiktische Origo 161f.
Raumdeixis 161ff., 193
real 175
Redebeitrag 195, 204ff., 213ff.
Redezug (‚turn') 204
Reduplikation 82
Referenz 156, 226
Regelabfolge 47, 50
Regelschreibweise 41f.
Registertöne 39, 51
**Rektion** Im engeren Sinne die Festlegung des Kasus eines Wortes durch ein anderes, z.B. ist in *bei ihm* das Pronomen durch die Präposition kasusregiert. Rektion wird auf die Festlegung von → semantischen Rollen erweitert. 102ff.

**Relativsatz** In eine Nominalphrase integrierter Satz, der das Kernnomen der NP modifiziert. 134

restriktive Relativsätze 134

resultativ 174

Retroflexion 34

Rezipiens 106f., 158

Rhema → Topic

Rundungsregel 43

Sächsisch 29, 54, *58

‚sample' 246, 250

Sanskrit [16] *93

Satzbedeutung 156f.

Sätze als Argument 129, 131f.

Satzgliedstellung → Wortstellung

Schreibung – Lautung 29, 52f., 253

Schrift 51ff., *70

**Schwa-Laut** Bezeichnung für den unbetonten Zentralvokal [ë]. 251

schwache Verben 76f.

**Semantische Rolle** (auch Kasusrolle) Verweist auf prototypische semantische Eigenschaften von Satzgliedern, die vom Prädikat abhängig sind und in Relation zum Prädikat stehen. Zu Handlungsverben stehen Satzglieder in Relation, die einen Agens kodieren, z.B. *er arbeitet*; bei Verben wie *bekommen* liegt dem Subjekt-Argument ein Rezipiens zugrunde, z.B. *Er bekommt ein Buch.* 102, 158f.

Serbokroatisch [73] 48f.

Sichtbarkeit 162f.

Silbe 48ff.

Sonorant 34

Sonorität → Stimmhaftigkeit

Spanisch [70] 34, 43, 49, 52, 54f., *62, *67, 115, 130, 158, 198, 249

Spirant → Frikativ

Spirantisierung 251f.

Sprachregister 198

Sprachspiel 196

**Sprechakt** Terminus in der Pragmatik, der kommunikative Handlungen bezeichnet, mit denen Sprecher und Hörer sich verständigen und Handlungen koordinieren. Traditionellerweise werden drei Aspekte unterschieden: der lokutionäre Akt, der der → Proposition entspricht; der illokutionäre Akt, mit dem ein Sprecher eine Handlung vollzieht, indem er etwas sagt; der perlokutionäre Akt, durch den der Sprecher etwas bewirkt, indem er durch sein Sprechen handelt. 195, 199ff., *231

Sprechereignis 196ff., 207ff.

**Sproßvokal** zwischen Konsonanten eingeschobener Vokal aufgrund sprechökonomischer Faktoren. 43

statisch – dynamisch 161, 166, 174ff.

starke Verben 76f.

Stimmhaftigkeit 18f., 34

**Strukturbaum** Darstellungsform der Konstituentenstruktur in Form eines Graphen, durch den die hierarchische Strukturierung eines Satzes veranschaulicht werden kann. 103, 106, 214

Suaheli [7] *63

**Subjekt** Syntaktische Funktion, die in vielen Grammatiken als Ausgangspunkt des Satzes behandelt wird und/oder der eine besondere Stellung beim Aufbau von Sätzen eingeräumt wird: 102ff., 119ff., 158, 228f.

Subjektsatz 132

Subordination 129ff.

Suffix 78

suppletive Formen 76

**suprasegmental** Über Lautsegmente gelagerte und operierende Effekte wie Tonhöhe, Akzent, Lautstärke. 39, 50, 53

‚switch-reference' *145, 229

**Synkretismus** Zusammenfall morphologischer Formen aufgrund von Lautgleichheit, z.B. der Kasussynkretismus am Nomen in *die Mensch-en* gegen *den Mensch-en* gegen *dem Mensch-en*. 85, *93, 119

Synonym 156

Syntagma 100

Taxonomien 153ff.

Temporalität 168ff.
Tempus 23, 169f., 222ff.
Tempus-Aspekt-Modus 175
Textdeixis 193f.
Thema (Kasusrolle) 159
Thema → Topic
thematische Kohärenz 221ff.
Tilgung 43, 125f.
T'in [21] *147
Tlingit [30] 54, 162, 167
Tonsprachen 39, 51, *66
**Topic – Comment** (bzw. Kommentierung, auch Thema – Rhema) Zweigliederung eines Satzes in das, worüber etwas ausgesagt wird (=Satztopic), und in das, was über eine Person, ein Ding oder eine Sache ausgesagt wird (=Kommentierung). Das Topic ist häufig das Subjekt, z.B. in *Der Computer schreibt jetzt Bücher* mit *der Computer* als Topic und Subjekt und den Rest des Satzes als Kommentierung. Wird ein Satzelement in eine Topicposition gebracht, so spricht man von **Topikalisierung**, wie z.B. in *Bücher schreibt jetzt der Computer* mit einer topikalisierten Nominalphrase in Objektfunktion. 123ff., 223ff.
Topikalisierung 124f., 227
transitiv 103ff.
Transitivität 106
Tschechisch [67] 51, *69, *88
Tsimshian [32] *139
Türkisch [11] 43, *92
‚turn' → Redezug
Twain, Mark 20, 22
Tzeltal [57] *232
Tzotzil [58] 208, *235

Ungarisch [69] 52
uvular 32

**Valenz** Spezialfall von → Rektion. Festlegung der Argumente und Komplemente durch das → Prädikat, das Leerstellen eröffnet, die durch Wörter in entsprechender Satzgliedfunktion besetzt werden müssen oder können. 101ff., 127, 152, 158
variable Regel 43, 251
velar 32ff., 38
Verb 19, 99ff., 157f., 174
Verbalnomen 116, 129
Vibrant 34
Vokal 31, 37f.
**Vokalharmonie** (auch Synharmonismus) Angleichung eines Affixvokals an den Wurzel- oder Stammvokal. 46, 49
Vokalviereck 37

Walisisch [63] *59, 155
Whorf, Benjamin Lee 23, *189
Wik-Munkan [24] 162, 215ff.
Wort 53, 71ff.
**Wortart** (oder Wortklasse) Klassifizierung lexikalisch-grammatischer Einheiten nach gemeinsam geteilten Merkmalen, wie z.B. nach → Flexion. Wesentlich ist die Unterscheidung in Verben und Nomina. 119ff.
Wortbedeutung 151ff.
Wortbildung 80ff.
**Wortformen** Varianten eines Lexikoneintrages, z.B. Eintrag *Haus* mit den Wortformen *Hause, Häuser* etc. 84, 156
Wortlisten 249, 251ff.
Wortstamm 80
Wortstellung 121ff.
Wortwurzel 77

Yana [40] *242
Yoruba [5] 82, *143, *178, *184

Zeit 168ff.
Zeitangaben 118ff.
zeitliche Abfolge 224
zeitliche Deixis 170
Ziel 158f.

# Über die Autoren

*Michael Dürr,* geb. 1958; Dr. phil., M.A.; Studium der Linguistik, Altamerikanistik, Germanistik und Bibliothekswissenschaft; Magister Artium 1982, Promotion 1987.

1982-1989 Lehrbeauftragter für Indianersprachen, Ethnologie und Linguistik an der Freien Universität Berlin; 1987-1989 Bibliotheksreferendar am Ibero-Amerikanischen Institut, Berlin; Wissenschaftlicher Mitarbeiter an der Niedersächsischen Staats- und Universitätsbibliothek in Göttingen.

Arbeitsschwerpunkte sind Sprachen und Literaturen der Indianer Nordamerikas und Mexikos / Guatemalas.

*Peter Schlobinski,* geb. 1954; Dr. phil.; Studium der Germanistik, Sportwissenschaft, Philosophie und Pädagogik; Staatsexamen 1981, Promotion 1985.

1982-1987 Wissenschaftlicher Mitarbeiter am Fachbereich Germanistik der Freien Universität Berlin; seit 1987 Hochschulassistent im Bereich Allgemeine und Vergleichende Sprachwissenschaft / Deutsch an der Universität Osnabrück.

Arbeitsschwerpunkte sind Empirische Sprachwissenschaft, Funktionale Grammatik, Berlinisch und Deutsch / Chinesisch kontrastiv.

# Aus dem Programm
# Sprachwissenschaft

Gerhard Helbig

## Geschichte der neueren Sprachwissenschaft

8. Aufl. 1989. 393 S. (WV studium, Bd. 48) Pb. DM 16,80
ISBN 3-531-22048-9

Dieser Band bietet nicht nur für Studierende, sondern auch für Deutsch- und Fremdsprachenlehrer einen unentbehrlichen Überblick über die moderne Linguistik und ihre Theoriegeschichte. Ihre unterschiedlichen, oft gegensätzlichen und sich doch vielfach überschneidenden Richtungen werden eingehend und faßlich charakterisiert, sorgfältig verglichen und überlegt gewertet.

Gerhard Helbig

## Entwicklung der Sprachwissenschaft seit 1970

1990. Lizenzausgabe der 2., unveränderten Auflage 1988. 323 S. (WV studium, Bd. 161)
Pb. DM 24,–
ISBN 3-531-22161-2

Dieser Band ist eine Fortsetzung der „Geschichte der neueren Sprachwissenschaft" und gibt einen Überblick über die Veränderungen, die in der Sprachwissenschaft seit 1970 stattgefunden haben und unter dem Stichwort der „kommunikativ-pragmatischen Wende" in der Linguistik zusammengefaßt werden. Neben den Gründen für diese notwendige Akzentverlagerung und Gegenstandserweiterung werden die neuen Richtungen und Forschungsgebiete – z. B. Textlinguistik, Sprechakttheorie, Gesprächsanalyse, Soziolinguistik – sowie deren theoretische Grundlagen, Zielsetzungen und Methoden ausführlich vorgestellt.

Arnim von Stechow und Wolfgang Sternefeld

## Bausteine syntaktischen Wissens

Ein Lehrbuch der generativen Grammatik.

1988. VIII, 496 S. Kart. DM 74,–
ISBN 3-531-11889-7

Die sogenannte „Rektions- und Bindungstheorie" Chomskys ist die gemeinsame Sprache der generativ arbeitenden Syntaktiker unserer Tage. Die Beiden Autoren legen hier eine umfassende Einführung in die Grundlagen und den neuesten Stand dieser Theorie vor. Das Buch wurde als verläßliches Lehrbuch und Nachschlagewerk konzipiert; es liefert ein geschlossenes Lehrgebäude, das in zahlreichen Lehrveranstaltungen erprobt und laufend verbessert wurde. Aufbau und Darstellung zeichnen sich durch Kohärenz und Verständlichkeit aus. Neben den klassischen Beispielsprachen (Englisch, Holländisch und die romanischen Sprachen) spielt auch das Deutsche eine wichtige Rolle für die Anwendung der Theorie.

WESTDEUTSCHER
VERLAG

Postfach 58 29 · D-6200 Wiesbaden